초고령사회의 노인복지학

허준수 지음

신정

머리말

인구의 급격한 고령화로 인하여 우리나라는 2018년에 고령사회(Aged Society)으로 진입하였고 2026년에 노인인구 천만 명인 초고령사회(Super Aged Society)에 진입할 예정입니다. 그러나 우리나라는 급증하는 노인 문제들이 산적해 있음에도 불구하고 정부 차원의 효과적이며 체계적인 노인복지 대책이 매우 미흡한 실정입니다. 또한 우리나라는 공적노후소득보장제도의 미성숙으로 OECD 국가 중에서 노인빈곤율 1위를 계속 유지하고 있고 많은 노인이 경제적 빈곤 상황에 직면하고 있습니다. 그리고 노인들은 다양한 신체적, 정신적 및 사회적 문제 등으로 어려움을 겪고 있습니다. 이에 초고령사회에 대비하여 앞으로 우리나라가 어떠한 방향으로 노인복지정책, 노인복지사업 및 노인복지서비스 등을 확대해 나가야 하는지에 대하여 체계적이고 효과적인 전략과 방향에 대하여 논의하고자 본 저서를 서술하였습니다.

그동안 우리나라도 노인복지 분야에 양적인 성장이 있었으나 앞으로 질적인 성장을 위하여 많은 문제점을 개선해 나가야 합니다. 본 저서에서는 노인복지에 대한 단순한 개념이나 정의에 관하여 서술하는 것을 지양하고 사회복지학적인 관점을 통하여 노인복지 분야의 다양한 이슈와 쟁점 등을 학술적인 차원에서 심도 있게 다루고자 하였습니다. 특히 노인복지 분야의 정책입안자, 노인복지 실무자, 그리고 연구자들이 실제로 고민하는 주요 분야, 제도, 이슈, 그리고 쟁점들을 다루었습니다. 이를 위하여 노인복지 분야의 개념과 정의, 실태와 현황, 영향요인, 그리고 향후 방향 등으로 구분하여 서술하였습니다. 그리고 본 저서의 분석체계로 생태체계적 관점인 미시적 접근방법, 중범위적 접근방법, 그리고 거시적 접근방법 등을 활용하여 노인복지 관련 이슈와 문제 등을 분석하고 논의하였습니다.

본 저서에서는 노인복지 분야의 핵심적인 이슈와 문제인 다음과 같은 주요 주제들을 서술하였습니다: 1) 사회적 분야: 여가활동, 자원봉사활동, 사회참여활동; 2) 심리적 분야: 고독감, 생활만족; 3) 경제적 분야: 고용, 직무만족; 4) 집단프로그램: 퇴직준비프로그램, 부양자후원프로그램; 5) 재가서비스 분야: 재가복지서비스; 6) 자원활용전략: 인적자원 활용전략, 사회적자본 활용전략; 7) 노인복지기관에서 활용할 수 있는 원칙: 유엔(UN)의 노인을 위한 원칙, 마드리드(Madrid) 국제고령화계획; 8) 초고령사회 대비 전략: 초고령사회를 대비한 노인복지관의 기능과 역할.

본 저서에서 논의된 주요 내용이 우리나라 노인복지 제도, 서비스 및 현장 등에서 실제로 적용되고 활용될 수 있기를 진심으로 바랍니다. 특히 노인복지 분야의 정책입안자, 전문가, 실천가, 연구자 및 노인복지를 전공하는 학생들의 노인복지 관련 체계적인 관점과 지식의 지평이 확대하기를 바라면서 본 저서를 집필하였습니다. 본 저서에서 논의된 노인복지 분야의 이슈, 쟁점, 제언, 함의, 그리고 전략 등이 학술적인 차원의 논의에 머무르지 않고 노인들의 삶의 질과 성공적 노화를 위하여 실질적으로 활용되기를 바랍니다.

그리고 본 저서가 초고령사회를 대비하여 실제적이고 효과적인 노인복지정책, 제도 및 서비스 등을 수립하는 데에 도움이 되기를 진심으로 기원합니다. 또한 앞으로 본 저서를 읽고 노인복지 분야에서의 후속세대들이 학문적인 성취를 이루기를 진심으로 기원합니다. 그리고 본 저서의 출판을 적극적으로 도와주신 신정 출판사 임직원분들께도 진심으로 감사의 마음을 전합니다. 끝으로 저의 학문정진을 위하여 항상 묵묵히 지켜봐 주고 아낌없는 격려와 지지를 해준 가족들에게 사랑과 감사의 마음을 보내고 싶습니다.

2020년 7월

숭실대학교 조만식기념관 연구실에서

허 준 수

차례

CHAPTER 08 퇴직준비프로그램의 운영 및 활성화 방안

CHAPTER 09 부양자 후원프로그램의 운영 및 활성화 방안

CHAPTER 10 노인 재가복지서비스의 현황, 이슈 및 시사점: 미국 재가복지서비스(HCBS)를 중심으로

CHAPTER 11 노인과 인적자원 활용전략

CHAPTER 12 노인복지와 사회적 자본 활용전략

CHAPTER 13 노인복지기관에서 활용할 수 있는 원칙 I: 유엔(UN)의 노인을 위한 원칙

CHAPTER 14 노인복지기관에서 활용할 수 있는 원칙 II: 마드리드(Madrid) 국제고령화계획

CHAPTER 15 초고령사회를 대비한 노인복지관의 운영전략

CHAPTER

01

노인과 여가활동

1. 노년기의 여가활동
2. 노인과 여가활동 실태
3. 노인과 여가활동 영향요인
4. 노년기의 여가활동의 방향

CHAPTER 01 노인과 여가활동

1 노년기의 여가활동

우리나라는 2000년 이후로 고령화사회(Aging Society)를 맞이하여 노인 인구가 급속하게 늘어나고 있다. 과학 문명과 의료기술의 발달, 생활수준 향상 등으로 평균수명이 증가하면서 인생의 주기 중 퇴직 기간이 차지하는 비중이 높아지고 노년기의 여가활동(Leisure Activity)에 대한 관심이 매우 증대되고 있다. 현대사회에서 노인들은 강제적 혹은 자발적으로 노동시장에서 배제되고, 핵가족화로 인하여 가정에서의 역할마저 상실함으로써 활용할 수 있는 여가시간이 많아졌다. 이처럼 가정과 사회에서 역할이 축소된 노년기에 여가시간의 활용문제는 생계문제 이상의 중요한 문제로 주목받고 있다. 일반 성인의 경우에는 여가란 노동으로부터 발생하는 피로의 해소 및 재생산을 위한 활력의 개념으로 인식되지만, 퇴직한 노인의 경우 여가란 불가피하게 받아들여야 하는 하나의 현상이다(원형중, 1993).

노년기는 의무적인 직업활동에서 벗어나는 시기로 대부분의 시간과 활동은 여가활동이라고 볼 수 있다. 극단적으로 노인 생활의 전부를 여가시간으로도 볼 수 있으며, 이러한 여가시간 동안 무엇을 하며 어떻게 보내야 할 것인가는 노인복지의 큰 과제 중 하나이다. 노년기의 여가활동은 노화현상을 늦추어 주고, 체력 저하를 예방하는 효과가 있다(이천희, 1982). 여가활동의 하나인 체육활동에서 얻을 수 있는 효과로는 면역기능의 향상, 산소소모능력 감소 완화, 심혈관질환의 발생 감소, 뇌기능의 활성화 등이 있다(원영신, 1997). 여가활동은 퇴직 이후에 시간적 여유가 많은 노인에게 고독감, 소외감, 무료함을 극복하는 역할뿐만 아니라 노인의 생활만족감을 높이는 데 긍정적인 영향을 미친다. 또한 지속적인 여가활동은 노년기의 사망률을 감소시키는 긍정적인 역할을 한다(Lennartsson & Silverstein, 2001; Jenkins et al., 2001).

여가(Leisure)에 대해서는 많은 학자들이 다양한 정의를 내리고 있다. 이는 여가에 대한 명확하고 보편타당한 개념이 존재하기 어려움을 의미한다. 기본적으로 여가활동은 노동에 반대되는 개념이고, 강제성이나 의무성이 희박한 선택적 행위이며, 정서적인 측면에서 자유·즐거움 및 휴식 등과 관련되어 있다. 여가활동은 자유시간이나 비의무적인 시간에 자유재량으로 행해지는 자발적 행동과 관계된다. 그러므로 여가는 자유 또는 비의무적이라는 시간적 특성과 자유재량 또는 자발적이라는 활동의 주체적 특성을 주축으로 하는 개념이다. 여가활동은 노동이나 가족에 대한 의무 또는 사회적 제약에서 벗어나서 자유롭게 시간을 보내며 기분전환을 하고 지식을 넓히고, 자발적으로 사회활동에 참여하여 창조력을 발휘하기 위해 행하는 개인의 임의적인 활동의 총체이다.

여가는 시간개념, 활동개념, 심리적 개념 등 세 가지로 구분할 수 있다. 첫째, 시간개념이란 생활 총시간에서 노동시간과 생리적 필수시간 등을 공제한 나머지 시간을 의미하며, 둘째, 활동개념이란 자유시간에 행하는 활동을 의미하며, 셋째, 심리적 개념은 인간의 전면적 발달을 위하여 주체성을 지니고 자유롭게 행동하는 심리적 상태를 의미한다. 즉, 여가활동도 경우에 따라서는 노동의 형태로 나타날 수 있으나 노동과 여가활동의 다른 점은 여가활동은 개인이 내재적 동기에 의해서 자유롭게 선택한다는 특징이 있다는 것이다. 따라서 스포츠, 무용, 미술, 음악 등도 그것을 직업으로 삼는 경우와 여가활동의 방편으로 생각할 때에는 각기 다른 개념으로 받아들여야 한다는 것이다(Neulinger, 1981).

여가활동과 대립되는 활동들은 다음과 같다. 직업 관련 활동, 가정에서의 일, 생리적인 인간의 활동, 가족 간의 의례 및 의식, 학습이나 학교와 관련된 활동 등으로 앞의 활동들을 제외한 활동을 여가활동으로 규정할 수 있다. 앞의 관점에서 노인들의 여가활동을 살펴보면 대부분 노인이 노동시장에서 퇴직한 경우가 많은 편이어서 노동활동은 적은 편이고, 생활필수활동을 제외한 나머지의 활동들을 여가활동으로 규정할 수 있다. 그러나 여가활동에 적극적인 일부 노인들을 제외하고는 많은 노인이 생활필수활동을 제외한 다른 나머지 여가활동들을 적절히 활용하는 경향은 낮은 편이다.

여가는 단지 시간을 보내는 것이 아니라, 여가활동을 통하여 만족감을 느낄 수 있어야 진정한 여가활동이라고 규정할 수 있다. 예를 들어서 스포츠, 여행, 박물관 관람 등을 통하여 만족감을 느끼지 못하였다면 이러한 여가활동은 진정한 의미에서 여가활동이 아니라 노동에 가깝다고 할 수 있다. 또한 어떠한 여가활동을 통해서 시간을 보낼 것인가 보다는 어떠한 여가활동에 참여하는 것이 참가자의 만족도를 증대시킬 수 있는지가 더 중요하다. 선행연구에서 노년기에서의 적절한 여가활동은 건강과 삶의 만족도를 증대시키고, 노인의 긍정적인 정체감과 자존감(Self-esteem)의 형성에 많은 영향을 미친다고 보고하고 있다(Reitzes & Mutran, 1995).

노인들의 여가활동은 각자의 성격이나 과거의 관습에 따라 각기 다를 수 있다. 노인의 여가 유형은 단독충실형, 가족충실형, 우인교류형, 독서형, 사회참여형 등으로 구분할 수 있다. 단독충실형은 미술, 음악감상, 서예, 다도, 사진 촬영, 우표수집 등으로 시간을 보낸다. 가족충실형은 정원 손질이나 가옥의 미화 작업, 가족동반 외식 및 소풍 등으로 시간을 보낸다. 우인교류형은 친구들과 어울리는 일에 많은 시간을 할애하며 친구들과 어울려서 회식하고 대화를 나누기를 좋아한다. 독서형은 서재에서 계속 독서를 하거나 문집을 정리하는 데 시간을 보낸다. 사회참여형은 지역사회를 위한 봉사활동은 물론 동창회나 친목회 그리고 때로는 정치단체에 적극적으로 참여하기도 한다(김태현, 1996).

2 노인과 여가활동 실태

여가활동의 형태는 적극적 여가활동, 수동적 여가활동, 사회문화적 여가활동 등으로 구분될 수 있다. 적극적 여가활동(Active Leisure Activity)에는 육체적인 노력이 수반되는 다양한 활동을 의미한다. 예를 들어서 달리기나 자전거 타기 같은 활동이 여기에 포함된다. 수동적 여가활동(Passive Leisure Activity)은 개인의 적극적인 참여 없이도 이루어질 수 있는 활동이다. 예를 들어서 TV · VTR 시청, 라디오 청취, 음악감상 등이 이 범주에 속한다. 사회문화적 여가활동(Social and Cultural Leisure Activity)은 여가활동에 개인이 직접 참여하기보다는 스포츠경기의 관람, 영화감상, 박물관 관람 등에 참여하는 것을 의미한다(Hooyman & Kiyak, 1996). 노인들은 적극적인 여가활동보다는 수동적인 여가활동에 참여하는 경향이 높고, 사회문화적 여가활동은 비용적인 측면과 장소의 접근성을 고려해야 하므로 노인들이 이러한 여가활동의 참여 수준은 저조한 편이다.

일반적으로 노인들이 참여하는 여가활동의 형태 및 종류는 매우 다양하다(표 1-1 참조). 대부분 노인들은 공공기관이나 사회단체에서 기획한 여가프로그램에 참여하기보다는 노년기 이전부터 좋아했던 여가활동들을 지속하는 경향이 높다. 노인의 연령이 증가함에 따라 지역사회에서 이루어지는 체육활동, 야외활동, 여행, 공연 및 경기관람 등과 같은 동적인 활동에 참여하는 경우는 급격히 줄어들고, 반면에 집안에서 이루어질 수 있는 TV 시청, 친척 · 친구 집의 방문, 독서 등과 같은 정적인 활동에 참여하는 경우가 높아진다(한국보건사회연구원, 1995). 우리나라 노인들의 전형적인 여가 형태로는 TV 시청, 라디오 청취, 장기/바둑 등과 같은 소극적이며 정적인 활동 등에 많이 참여하는 편이고, 운동, 등산, 취미활동 및 예술 관련 활동 등과 같은 적극적이며 동적인 활동 참여는 적은 편이다.

보건복지부(2017) 노인생활실태조사에 의하면 거의 모든 노인이 TV 시청이나 라디오 청취를 하는 것으로 나타났다. 구체적으로 살펴보면 TV 시청이나 라디오 청취 시간은 1일 평균 약 3.8시간으로, 5시간 이상 장시간 시청자의 비율이 31.8%로 가장 높았으며, 3시간 21.6%, 2시간 20.9% 등의 순서로 나타났다. TV 시청이나 라디오 청취 다음으로 주된 여가활동은 취미 오락활동(50.5%), 사회 및 기타 활동(49.1%), 휴식 활동(43.5%) 등의 분포를 보이고 있다. 세부 항목별로는 가족이나 친지 방문이 34.9%로 가장 높으며, 다음으로는 산책이 27.5%, 그리고 스포츠 참여활동이 16.6%의 순으로 나타났다.

노인들의 연령별 특성에 따른 여가활동 참여 내용을 분석해 보면, 휴식 활동과 사회 및 기타 활동의 경우 나이가 많을수록 참여율이 높은 경향을 보인다. 그러나 문화예술관람활동, 문화예술참여활동, 스포츠참여활동 및 취미 오락활동은 나이가 많을수록 참여율이 낮은 경향을 보인다. 선호하는 여가문화활동을 조사해본 결과 휴식 활동 70.0%, 취미 오락활동 35.8% 및 사회 및 기타 활동 29.6%의 순으로 높게 나타났다(보건복지부, 2017). 노인들의 여가활동 참여의 연령별 특성을 반영하여 노인들을 위한 여가활동을 활성화해 나가야 한다.

노인의 여행경험률 및 여행횟수를 살펴본 결과 지난 1년간 여행을 한 경험이 있다는 응답자는 33.8%이며, 그리고 국내외 여행횟수는 1회가 52.9%로 가장 높은 비율을 보이고 있다. 특히 기능상태로 분석해 보면, 기능 제한이 없는 경우는 38.0%가 여행을 참여하였고, 기능상태 제한이 있는 노인에 비해 17.9% 높은 참여율을 나타냈다. 기능상태가 취약한 노인들에게 다양한 여행경험을 확대할 방안을 모색해 나가야 한다.

우리나라 노인들의 사회단체에 참여하는 비율은 매우 낮은 편이다. 노인의 동호회 활동 참여율은 4.4%, 친목단체활동 참여율은 45.6%, 그리고 정치사회단체활동 참여율은 0.4%로 조사되었다(보건복지부, 2017). 노년기의 삶을 풍요롭게 하고 노인들의 여가활동을 다양하게 하기 위하여 노인들의 사회단체활동을 증가시킬 수 있는 방안을 고려해야 한다.

〈표 1-1〉 여가활동의 유형별 참여도

	거의 항상 한다		비교적 자주 한다		보통이다		가끔씩 한다		전혀 안 한다		평균 (sd)	활동 내 순위
	n	%	n	%	n	%	n	%	n	%		
정적인 여가활동												
신문/잡지보기	20	10.8	9	4.8	4	2.2	8	4.3	144	78.0	1.66(1.36)	4
독서	24	12.9	12	6.5	5	2.7	8	4.3	136	73.7	1.80(1.46)	3
TV 시청	81	43.5	40	21.5	16	8.6	10	5.4	38	21.0	3.61(1.57)	1
라디오청취	43	23.1	16	8.6	17	9.1	15	8.1	94	51.1	2.44(1.68)	2
장기	8	4.3	15	8.1	12	6.5	8	4.3	142	76.9	1.58(1.17)	5
바둑	3	1.6	6	3.2	8	4.3	4	2.2	164	88.7	1.26(.82)	7
화투	8	4.3	13	7.0	5	2.7	13	7.0	146	79.0	1.50(1.11)	6
체육 관련 여가활동												
걷기/산책	46	24.7	32	17.2	11	5.9	17	9.1	79	43.0	2.17(1.70)	1
달리기	21	11.3	10	5.4	16	8.6	12	6.5	126	68.3	1.84(1.41)	2
자전거 타기	2	1.1	1	.5	5	2.7	7	3.8	170	91.9	1.15(.58)	7
등산	3	1.6	9	4.8	6	3.2	11	5.9	156	84.4	1.33(.88)	4
수영	5	2.7	3	1.6	4	2.2	7	3.8	166	89.8	1.23(.80)	5
구기종목	1	.5	5	2.7	5	2.7	5	2.7	169	91.4	1.18(.65)	6
에어로빅/춤/체조	1	.5	4	2.2	5	2.7	8	4.3	167	90.3	1.39(.59)	3
여행 관련 여가활동												
낚시	1	.5	2	1.1	2	1.1	10	5.4	170	91.9	1.12(.51)	5
캠핑	1	.5	0	0.0	1	.5	3	1.6	180	97.3	1.04(.29)	6
온천	1	.5	16	8.6	22	11.8	20	10.8	126	68.3	1.62(1.02)	2
드라이브	3	1.6	5	2.7	8	4.3	10	5.4	159	86.0	1.28(.80)	3
국내여행	1	.5	21	11.3	14	7.5	23	12.4	126	68.3	1.63(1.06)	1
국외여행	3	1.5	3	1.5	7	3.5	11	5.9	161	87.1	1.24(.75)	4
문화예술적 여가활동												
그림 그리기	2	1.1	1	.5	5	2.7	5	2.7	172	93.0	1.13(.58)	6
노래부르기	15	8.1	19	10.2	9	4.8	11	5.9	131	71.0	1.78(1.36)	1
음악감상/연주	12	6.5	15	8.1	3	1.6	17	9.1	138	74.7	1.62(1.23)	2
서예/묵화	9	4.8	8	4.3	7	3.8	8	4.3	153	82.8	1.44(1.08)	4
원예/식물 키우기	18	9.7	5	2.7	4	2.2	10	5.4	148	80.1	1.56(1.27)	3
영화관람/연극관람	4	2.2	7	3.8	3	1.6	9	4.8	162	87.6	1.27(.84)	5
가족/친구 관련 여가활동												
가족모임	27	14.5	27	14.5	13	7.0	23	12.4	95	51.6	2.27(1.55)	4
자녀집 방문	32	17.2	33	17.7	13	7.0	35	18.8	72	39.2	2.54(1.55)	1
친척집 방문	18	9.7	20	10.8	22	11.8	27	14.5	98	53.2	2.09(1.39)	5
친구모임	29	14.4	27	14.5	21	11.3	28	15.1	80	43.5	2.43(1.53)	2
친구집 방문	33	17.7	21	11.3	21	11.3	17	9.1	93	50.5	2.40(1.73)	3
사회참여 여가활동												
친목단체	16	8.6	22	11.8	11	5.9	12	6.5	124	67.2	1.90(1.48)	1
사회단체	5	2.7	11	5.9	5	2.7	12	6.5	152	82.3	1.42(1.10)	2
정치단체	3	1.6	3	1.6	2	1.1	8	4.3	169	91.4	1.19(.84)	4
자원봉사	2	1.0	5	2.7	4	2.2	8	4.3	166	89.8	1.23(.86)	3

출처: 허준수 (2002). 도시노인의 여가활동에 영향을 미치는 요인들에 관한 연구. 한국노년학, 22(2), pp. 227~247.

3 노인과 여가활동 영향요인

경제적 사정(Economic Situation)은 노년기의 여가활동 유형과 여가활동의 양에 지대한 영향을 미치는 요인이다. Riddick(1985)의 연구에 의하면 소득이 높은 노인들과 소득이 낮은 노인들을 비교해 본 결과, 소득이 높은 노인들이 그렇지 않은 노인들보다도 다양한 여가활동에 적극적으로 참여하고 있는 것으로 나타났다. 퇴직으로 인하여 소득을 상실한 노인들은 경제적 형편이 어려워 일정한 비용이 소요되는 여가생활에 참여하기에는 어려움이 있다. 우리나라는 사회보장제도가 미흡해서 노인들의 여가생활을 제한하는 요인 중에서 경제적인 문제가 가장 중요한 요인으로 지적되고 있다. 실제로 우리나라 노인들의 경우 경제적 어려움 때문에 여가생활을 즐기지 못하는 노인들이 많은 편이다.

노인의 여가생활에 가장 큰 영향을 미치는 요인 중 다른 하나는 노인의 건강상태이다. 선행연구들에 의하면 노인의 건강상태는 여가활동의 참여에 직접적인 영향을 미친다고 보고하고 있다(Searle & Iso-Ahola, 1988; Riddick & Stewart, 1994). 노인이 건강하면 여가활동의 참여도가 높아지고, 건강이 나쁘면 여가생활의 참여가 적어지는 것이 일반적이다. Haapanen 외(1999)의 연구에 의하면 심장질환이 있는 노인들을 대상으로 여가활동의 시간을 증대시킨 결과 그들의 건강상태가 호전되었고, 그리고 사망률이 현저하게 줄었다고 보고하고 있다.

일반적으로 노인들의 여가활동과 우울증은 부적 상관관계가 있지만, 여가생활에 참여하는 노인들은 여가활동의 유형과는 상관없이 여가활동에 참여하지 않는 노인들보다 우울의 정도가 낮은 편이다(Jonathan, 2000). 김도훈 외(1997)의 연구에 의하면 여가활동이 높은 노인집단이 여가활동이 낮은 노인집단에 비해서 우울 경향성이 낮고 생활만족도도 높게 나타났다고 보고하고 있다. 노년기의 여가활동은 생활만족도에 영향을 미치며 여가활동의 저하는 삶의 만족도 저하를 가져옴으로써, 특히 노인의 정신장애 유발요인으로 작용할 수도 있다. 노인들은 여가활동의 참여를 통해서 노인들의 정신건강상태를 향상시킬 수도 있다.

선행연구들에 의하면 노인들의 여가생활의 형태와 정도는 개인의 생활만족도와 밀접한 관계가 있다고 보고하고 있다. 김재수 외(1999)의 연구에서는 농촌 노인들의 여가활동과 생활만족도와의 관계를 조사한 결과 여가활동의 참여 정도가 높을수록 생활만족도가 높은 것으로 나타났다. 여가활동 중에서 체육활동과 같은 적극적 여가활동이 수동적 여가활동보다 생활만족의 향상에 영향을 미치고 있다고 보고하고 있고, 여가활동은 퇴직 이후에 일정한 역할이 없어서 시간적 여유가 많은 노인에게 고독과 무료감을 해소하는 역할뿐만 아니라 노인의 생활만족의 향상에 기여한다(원형중, 1994; 장현 외, 1996).

여가활동은 개인의 환경에 대한 통제와 능력을 증진시킬 수 있는 중요한 방법으로 이를 통하여 개인의 삶의 만족도를 향상시킬 수 있다. 좋아하는 여가활동을 중단한 노인들과 지속하는 노인들을 비교한 결과, 여가활동을 지속하는 노인들은 그렇지 못한 노인들보다 높은 인지된 여가 통제(Perceived Leisure Control)와 여가 능력(Leisure Competence)이 있고 일상생활 중의 무료한 시간이 경감되었으며 삶의 만족도가 크게 증가되었다(Searle et al., 1995). 김남진(1999)의 연구에 의하면 규칙적인 운동에 참여한 노인이 그렇지 않은 노인보다 생활만족도가 높게 나타났다.

Zimmer와 그의 동료들(1997)의 연구에 의하면 사회적 지원망(Social Support Network)의 정도와 여가활동 간의 관계는 매우 유의미하다고 조사되었다. 여가활동 참가 노인이 비참가 노인과 비교하면 물질적 지지, 정서적 지지 등에 대하여 높게 나타났다(서진교, 2000). 사회적 지원망이 큰 노인들은 사회적 지원망이 적은 노인들보다도 여가생활에 참여할 기회가 많고, 여가생활의 참여에 대한 제한들(Constraints)이 적은 것으로 나타났다. 노인들의 여가활동은 가족 지지, 활동적인 가족 구성원의 존재 여부, 여가활동의 혜택에 대한 이해, 건강한 식습관 등과 높은 정적관계가 있다. 그리고 가족이나 친구들의 지지나 격려 등은 노인들의 여가활동의 참여도를 높이는 데에 긍정적인 영향을 미친다고 보고하고 있다(Lian et al., 1999). 그러므로 일반적으로 노인들의 여가활동에 사회적 지지의 정도가 유의미한 영향을 미칠 것이다.

Rowe와 Kahn(1997)은 장애를 피하고, 육체적인 기능을 유지하며, 그리고 삶에 있어서 적극적인 활동의 추구 등이 성공적 노화(Successful Aging)를 위한 주요 요인이라고 주장했다. 여가활동을 통해서 노인은 적극적인 활동을 증대시킬 수 있으며 건강기능을 향상시킬 수 있으므로 여가활동의 효과적인 활용은 매우 중요한 의의를 지닌다. 그러나 우리나라에서는 노인정, 노인학교, 노인대학, 노인종합복지관, 종합사회복지관, 노인복지회관 등에서 노인들을 위한 여가활동 프로그램들이 시행되고 있지만, 노인들의 개인별 특성과 능력을 고려하지 않고 프로그램들을 기획하여 제공하기 때문에 노인들의 개별적인 욕구에 부합하는 여가활동 프로그램들은 매우 부족한 실정이다. 우리나라에서는 아직도 여가활동은 개인의 선택이나 생활양식에 전적으로 영향을 받고 있고, 노인들이 여가활동의 참여를 통한 신체적 기능 및 정신적 기능의 향상 및 사회참여의 활성화 등 여가활동의 긍정적인 측면을 추구하기에는 제도적인 차원에서 매우 미흡한 실정이다.

4 노년기의 여가활동의 방향

노인들은 여가활동으로 정적 여가활동이나 문화예술 관련 여가활동 등을 주로 하고 있다. 그리고 일반적으로 많이 참여하고 있을 것으로 여겨지는 가족이나 친구 관련 활동에 참여하는 노인들은 의외로 적게 나타났다. 특히 우리나라의 노인들은 여가시간을 효과적으로 활용할 수 있는 방법을 모르고 지내고 있으며 보람 있는 여가 경험(Leisure Experience)을 할 수 있는 환경이 매우 부족하다. 그리고 퇴직 전에는 노동에만 집중하는 경향이 높아 여가활용의 기술을 습득하지 못하였지만 퇴직 후에는 많은 여가시간을 주체하지 못하고 소모적인 여가활동이나 수동적인 여가활동(Passive Leisure Activity)에 전념하는 경우가 매우 높다. 그러므로 노인들의 여가활동에 대한 체계적인 정기조사를 통하여 이를 노인종합복지관, 종합사회복지관, 경로당 및 노인 관련 프로그램 등의 개발과 운영에 적극적으로 활용해야 한다.

선행연구들에 의하면 연령이 낮은 응답자들일수록 여가활동에 참여도가 높은 것으로 나타났다. 이는 일반적으로 젊은 노인 계층일수록 정기적으로 여가활동에 참여하는 빈도나 양이 높다고 추정할 수 있고, 응답자들의 연령과 여가활동은 부적관계가 있는 것으로 조사되었다. 고령사회에서 초고령사회로 빠르게 이완되는 현시점에서 75세 이상의 후기노인(Old-Old)들의 여가활동 활성화 방안을 모색하고, 현물급여만을 중심으로 이루어지는 재가복지서비스를 개선하여 거동이 불편한 재가 노인들에게 치료레크리에이션 프로그램을 제공하고, 활동에 지장이 없는 후기노인들에게는 다양한 여가활동을 제공하는 방안을 모색해야 한다.

노인들의 경제적인 지위(Economic Status)와 여가활동과는 매우 유의미한 관계가 있고, 특히 교육수준이 여가활동에 가장 영향을 미치는 결정요인으로 규명되었다(허준수, 2002). 전체 노인들의 여가활동 활성화 역시 성공적인 노화를 위하여 매우 중요한 과제이지만, 저소득 계층의 노인들이나 건강상태가 안 좋은 노인들을 우선으로 여가활동의 증대방안을 현실 가능한 차원에서 논의할 필요성이 있다. 이를 위하여 보건복지부 산하 노인 관련 부서에서는 저소득 계층이나 국민기초생활보장법의 수급자 중에서 노인들을 대상으로 대책회의를 구성하고 장기적인 계획하에 노인들의 여가활동 증대방안을 모색해야 한다. 특히, 저소득 계층의 노인들에게 경제적인 측면의 후원도 필요하지만, 문화 및 여가 소외현상을 극복할 수 있도록 기초자치단체들을 중심으로 여가전담팀을 구성하여 노인 여가활동의 증진방안을 마련해야 한다.

많은 노인들이 여가를 효과적으로 활용하고 싶지만, 우리나라에 노인들의 여가활동을 위한 여가시설이나 복지시설은 매우 부족한 실정이다. 그리고 노인종합복지관, 경로당, 노인학교 등으로는 다양한 노인들의 여가 욕구(Leisure Need)들을 충족하기에는 역부족이다. 정부와 지방자치단체는 노인들의 다양한 욕구에 부응할 수 있도록 지역사회 내에 접근성(Accessibility)이 높은 여가시설이나 복지시설 등을 확충해야 한다. 노인들의 여가활동 참여를 증대시키기 위하여 노인들을 위한 행사 위주의 프로그램들을 지양하고, 기초자치단체를 중심으로 노인들의 여가활동들에 활용 가능한 공공시설의 개방 및 여가시설 확충을 고려해야 한다. 그리고 노인들이 저렴한 가격이나 무료로 이용할 수 있는 체육시설, 문화시설, 여가시설 및 복지시설 등을 확충해야 하며, 초고령사회에서 노인들의 여가활동들을 효과적으로 지도할 수 있는 전문가들을 지원하고 배치할 수 있도록 노력해야 한다. 그리고 노인들의 연령, 성별, 교육 정도, 건강상태 및 기호에 따라서 차등적이며 개별화(Individualized)된 여가활동들을 제공할 수 있는 지원체계(Support System)를 확보해야 한다.

노인들의 여가활동을 진정으로 증진하기 위해서는 노인들의 개별적인 특성에 맞는 여가활동들을 북돋을 수 있도록 지역사회 내에 더욱 다양한 여가시설과 공간을 확충해야 한다. 그리고 노인들이 평소에 좋아하는 활동들이나 물리적인 제약 때문에 할 수 없었던 여가활동들을 노인들이 주체가 되어 체계적으로 전개할 수 있는 환경과 자원을 제공하는 것이 바람직하다. 현재 노인복지관련 기관 등에서 실시하고 있는 획일적인 사회교육 형식의 활동들을 지양하고, 노인들의 여가기능(Leisure Function), 동기 및 기호 등에 부합하는 여가활동 프로그램을 활성화해야 한다. 외국에서는 지역사회 내에 무료 여가교육, 노인호스텔 프로그램(Elder Hostel Program), 평생교육 및 자원봉사 등을 연계하여 노인들에게 다양한 여가활동 프로그램을 제공하고 있다(AARP, 2020). 그리고 외국에서 실시하고 있는 여가 및 여행 관련 물품권(Leisure and Tour Voucher)을 발행하여 노인들의 여가활동들을 보다 진작할 수 있는 방안도 적극적으로 모색해야 한다.

노인복지법의 여가 관련 규정 등을 개정하여 모든 노인이 적정한 여가활동들을 지역사회 내에서 손쉽게 할 수 있도록 하고, 특히 후기노인들에 대한 적합하고 효과적인 여가 및 레크리에이션 등에 대한 기본 매뉴얼 및 표준프로그램들을 개발하여 보급할 수 있는 체계를 구축해야 한다.

노인여가에 관련된 현행 노인복지법의 조항들을 살펴보면 다음과 같다. 첫째, 노인사회참여 지원에 관한 조항(제23조)은 지방자치단체는 노인의 사회참여 확대를 위하여 노인의 지역 봉사활동 기회를 넓혀야 한다고 규정하고 있다. 둘째, 노인여가복지시설에 대한 조항(제36조)은 노인복지회관, 경로당, 노인교실, 노인휴양소에 관한 목적을 설명하고 있다. 셋째, 노인여가복지시설의 설치 조항(제37조)은 노인여가복지시설의 설치에 관한 것이다.

앞의 내용을 살펴보면 노인들의 사회참여의 일환으로 자원봉사, 고용 확대 및 여가활동 등을 같이 다루고 있고, 노인여가복지시설은 복지시설과 여가시설을 통합하여 복지시설과 여가시설의 구분이 모호하다. 그리고 여가복지시설의 설치와 운영에 대한 것은 신고제라는 것 이외에는 상세한 조항이 부족하다. 우리나라의 노인여가 관련법령은 노인복지법 일부로서 노인들의 진정한 여가활동을 활성화시킬 수 있는 법적, 행정적, 인적·물적지원 등에 관한 규정은 매우 미비하다. 그러므로 정부는 단기적으로는 기존의 노인복지법 및 노인여가 관련 법령들을 전면 개정하여 현실화하고, 장기적으로는 초고령사회 노인들의 성공적인 노화를 뒷받침해 줄 수 있는 국가 여가정책(National Leisure Policy)을 수립해야 한다.

정부에서는 2015년부터 "국민여가활성화기본법"을 제정하여 시행하고 있다(국가법령정보센터, 2020). 이 법의 비전은 보다 나은 삶을 위하여 일과 여가의 혁신적 균형을 목표로 하고 있고, 이를 위하여 여가참여기반의 구축, 여가접근성의 개선, 그리고 여가생태계 확대 등을 추구하고 있다. 그러나 아직도 이 법에 대한 국민들에 대한 홍보와 인식이 미흡하고, 특히 노인들을 위한 여가활동에 대한 구체적인 활성화 대책이 매우 부족하다. 앞으로 노인들을 포함하여 전 국민의 진정한 여가활동을 생활화하기 위하여 인생 주기를 고려한 생애주기별 여가정책과 여가서비스를 보다 활성화해야 한다.

CHAPTER

02

노인과 자원봉사활동

CHAPTER

02 노인과 자원봉사활동

1 노년기와 자원봉사

자원봉사를 뜻하는 'Voluntarism'은 의지(will)를 뜻하는 Voluntas에 어원을 두고 있다. 의지의 힘은 자유주의(liberalism)의 이론과 실천체계를 통해서 실현되는데, 이것은 개인에게 부과된 강요된 복종 또는 조작된 행위를 거부하고 자신의 자발적인 행동을 가치지향의 중심으로 삼고 있다. 현대의 자원봉사활동은 사회단체나 종교단체 같은 비정부기관(Non Governmental Organization: NGO)들이 정부기관들보다 조직적이고 효율적으로 다양한 형태의 복지 및 사회서비스를 제공할 수 있으며, 기관의 재정도 조세에 의존하기보다는 자선적 기부 및 헌금에 의해서 조달되어, 자원봉사활동이 법률이나 권력에 의해서 강요되거나 조작되지 않고 외부에서 그 활동을 통제하지 않는 자유로운 상태에서 자발적인 의사에 의해서 행해지는 활동을 의미한다.

Manser와 Cass의 정의에 의하면 자원봉사는 개인 자신이 선택한 자원봉사활동기관을 통하여 활동, 창조, 실험하고 또 새로운 목표를 달성하려고 노력하는 과정에 있어서 최대의 자유와 민주적 과정에서 독특한 역할을 하고, 또한 공익의 이익을 증진하기 위하여 자발적이며 사적 노력으로 나타나는 활동이라고 정의하고 있다. 자원봉사자들은 자원봉사활동을 통하여 다양한 사회생활의 과제를 학습하고, 공공사회에 유익한 사회적 역할과 활동에 참여하여 개인의 자아실현을 가능하게 하며,

자발성을 향상시키며 무보상성의 활동을 통하여 공공성을 체험하며, 더욱 나은 사회인으로서 전인격적인 발전을 추구하기 위해 행하는 사회적 체험학습이다. 자원봉사활동은 인간의 공동복지를 향한 가치이념인 동시에 민주적 방법에 따른 자발적, 자주적, 협동적인 실천 노력의 과정이다.

자원봉사는 사회적인 면과 개인적인 면 모두에서 중요한 의의가 있다. 사회적인 관점에서 자원봉사는 시민의 자발성에서 우러나온 민간활동이고 또한 활동의 장의 과정을 통해서 공동체 의식을 높이는 것이므로, 복지사회를 향한 시민참여의 한 형태로서 중요한 의의를 지닌다. 또한 개인적인 측면에서는 자원봉사자는 자신의 시간, 기술, 지식 등의 자원을 자신이 아니 타인의 복지 혹은 공익을 위해 사용함으로써 성숙한 인격을 형성하게 되고 자기 성장을 이루게 되고, 지역사회에 대한 새로운 이해를 하게 되며, 자원봉사활동을 통하여 넓은 시각과 다양한 경험을 쌓을 수 있다(한정란 외, 2001).

현대의 자원봉사 영역은 매우 포괄적이어서 어느 기준 한 가치로는 설명하기 곤란하지만, 대개 활동의 장(Place)에 의한 영역과 활동의 대상(Population)에 의한 영역으로 분류될 수 있다. 우리나라에서 자원봉사활동이 가장 활발한 장은 사회복지기관 및 관련 시설들로서 자원봉사활동의 약 80%가 이루어지고 있다. 그 외 자원봉사활동의 장으로는 가정, 지역사회, 종교기관, 국제사회, 시민운동단체, 의료기관, 교육기관 및 사회문화단체 등에서 다양하게 이루어지고 있다. 일반적으로 자원봉사활동의 주요 대상은 아동문제, 청소년문제, 노인문제, 장애인문제, 여성문제, 빈곤문제, 비행 및 범죄문제, 성차별문제, 성폭력문제, 미혼모문제, 약물남용문제, 정신건강문제, 환경오염문제, 소비자권익문제, 외국인 노동자문제 등을 들 수 있다. 결론적으로 현대사회에 있어서 자원봉사의 활용 영역은 우리 사회에 존재하는 사회문제만큼 다양하게 존재한다고 말할 수 있다.

선진국에서는 정부와 비영리기관들이 힘을 모아 자원봉사자들을 교육하고 지원하여 자원봉사자들이 지속해서 봉사활동을 할 수 있도록 다양한 제도 및 서비스를 개발하여 자원봉사활동을 적극적으로 지원하고 육성하고 있다. 현대사회에서 자원봉사 활용 분야는 사회복지로부터 교육, 보건, 환경, 안전, 사회통합 및 사회변화에 이르기까지 매우 다양하다. 자원봉사활동을 매개로 지역사회의 기관들과 이를 후원할 수 있는 지역주민들과의 네트워크를 활성화할 수 있으며, 자원봉사자는 봉사활동을 통해서 사회참여의 증대와 현장경험을 축적할 수 있다. 정부는 더욱 적극적인 견지에서 국민의 자원봉사활동 참여를 고양할 수 있는 제도의 개발과 재정적 지원책을 마련하여야 할 책임이 있다. 자원봉사활동은 자원봉사자들만의 노력만으로 이루어지는 것이 아니라 정부, 지역사회, 그리고 자원봉사자들이 협력하여 노력할 때에만 진정한 효과를 달성할 수 있기 때문이다.

일반적으로 우리나라 노인들은 봉사서비스를 받는 대상이지 자원봉사를 제공하는 주체자로 인식되지는 않는다. 미국의 경우 65세 이상 노인의 40%가, 오스트레일리아의 경우 17%가 자원봉사에 참여하고 있는데 우리나라 노인의 경우 자원봉사 참여율은 아직 7%에도 미치지 못하고 있다(통계청, 2002). 우리나라 노인들의 자원봉사활동이 저조한 것은 노인의 자원봉사에 대한 인식 부족과 활용기관의 부재도 그 원인이 되겠지만 우리나라 노인들은 아직 건강이나 경제 수준이 남을 도울 만큼 여유롭지 못하다는 점도 지적된다. 또한 전통적인 사고방식을 가진 노인들의 권위주의적, 가족주의적, 수동적 성향이 자원봉사 참여에 부정적인 영향을 미치는 걸림돌이 되고 있다는 주장도 나오고 있다. 노인자원봉사의 활성화를 위해서는 노인들의 자원봉사에 대한 의식이 변화되어야 하고 또한 노인들의 가족과 지역사회도 노인자원봉사활동을 적극적으로 권장하고 지원해 주어야 한다.

앞으로 인구 고령화 현상의 진전으로 노인 문제에 대한 사회적 관심이 확대될 것이며, 이들 인력에 대한 사회적 활용이라는 문제 역시 제기될 것으로 보인다. 미래의 노인층은 지금의 노인층보다 사회적 변화에 더욱 민감하며, 이에 따른 사회의식 및 가치관의 변화와 함께 노인의 권리와 책임의식도 커질 것으로 예상하기 때문에 노인층 자원봉사자 비율은 점차 증대되리라고 기대된다. 그리고 노인들에 대한 사회의 부정적인 편견과는 달리 대다수 노인들이 아직도 사회적 활동을 하기에 충분히 건강하며 다양한 능력을 보유하고 있고 또한 그들의 인적자원을 사회를 위하여 이바지함으로써 삶의 보람을 찾으려는 열망을 지니고 있다. 이와 더불어 사회 일각에서도 노인의 유휴인력을 노인 자신과 사회발전을 위하여 더욱 적극적으로 활용하는 방안의 하나로 노인의 자원봉사활동에 관한 관심이 증대되고 있다(이가옥, 1999).

그동안 청소년이나 성인들의 자원봉사에 대한 지원체계의 구축 및 연구는 비교적 많이 진행되었으나 노인들의 자원봉사활동에 대한 지원 및 관심은 매우 적은 편이었다. 고령사회에서 노인들의 자원봉사활동에 관한 관심이 높아지고 실제로 많은 노인이 자원봉사활동에 참여하고 싶지만, 이들의 자원봉사를 효과적으로 관리 운영해 줄 수 있는 환경과 인적자원 등은 매우 부족한 실정이다. 노인들의 자원봉사활동을 활성화하기 위해서는 효과적인 관리운영체계의 도입 및 활용, 자원봉사관리자의 교육 및 훈련 그리고 그동안 자원봉사 분야에서 소홀히 다루었던 자원봉사활동의 수요처 개발 및 네트워크의 구축방안에 대하여 체계적으로 연구하여 자원봉사현장에서 적극적으로 활용할 수 있도록 해야 한다.

2 노인자원봉사활동의 의의 및 실태

1) 노인자원봉사활동의 의의

우리 사회에서는 노인의 사회참여와 여가선용의 일환으로 노인자원봉사의 필요성이 많은 관심을 받고 있다. 평균수명의 연장과 조기퇴직으로 길어진 노령기를 어떻게 살아가느냐에 따라 노후 삶의 의미와 보람이 달라질 수 있기 때문이다. 노인은 다른 연령계층과는 달리 정년이라는 퇴직제도 때문에 직업인으로서의 역할을 상실하는 경우가 많다. 그러나 은퇴자가 정년 직후 새로운 역할을 찾지 못하면 고독과 소외로 지내기 쉽다. 이러한 경우 그 대체역할로 자원봉사활동을 들 수 있다. 노인들은 자원봉사를 통하여 타인에게 도움을 주고 생산적인 활동에 참여함으로써 은퇴 생활에서 오는 고독감이나 소외감을 극복하고, 지역주민과 더불어 통합적인 생활을 영위할 수 있을 것이다.

일반적으로 노년기에는 빈곤, 질병, 고독, 무위 등 4고를 겪는데 이중 고독과 무위는 노인자원봉사활동으로 해결할 수도 있다. 그리고 노인들이 여가시간의 일부 혹은 전부를 자원봉사활동에 참여하는 것은 노인 자신은 물론 지역사회복지에도 크게 기여할 수 있다. 특히 노년기 자원봉사활동은 퇴직 생활에 대한 적응력을 높이고 상실되었던 사회적 지위와 역할을 보충해 주는 중요한 대체역할이 될 수 있다. 즉, 자신들이 유용하다는 느낌을 갖게 함으로써 고독감을 감소시키며, 또한 지역사회와의 연대감을 제고시키고, 세대 간 사회통합에 도움이 될 수 있고, 그리고 사회적으로 인적자원을 활용할 수 있다는 점에서 사회적 의의가 크다.

노인들에게 자원봉사활동은 신체적으로나 정신적으로 건강한 삶을 유지할 수 있도록 해 주는 수단이 된다. Grossman과 Furano(2002)의 연구에 의하면 노인들의 정기적인 자원봉사활동과 같은 매우 조직적인 활동의 참여는 장수(Longevity)와 삶의 활력(Vitality)에 긍정적인 영향을 미치는 것으로 조사되었다. 또 다른 연구에서는 노인들의 자원봉사활동의 영향에 대한 37개의 논문을 조사해 본 결과 사회인구학적인 지위와 건강을 통제한 후에도 자원봉사와 생활만족도는 매우 유의미한 긍정적인 관계가 있다는 것을 밝혀냈다(Wilson, 2000).

그동안 많은 선행연구에 의하면 노년기에 있어서 자원봉사활동은 노인들의 안녕감(Well-Being)을 유지해 주는데 주요한 작용을 하고 있고, 자원봉사와 안녕감은 정적인 관계에 있다고 보고하고 있다(Oman et al., 1999; Morrow-Howell et al., 2003). Moen과 그의 동료들(1992)의 연구에서 300명의 여성을 30년 동안 관찰한 결과 자원봉사활동은 안녕감을 향상시키는 가장 중요한 요인들로 밝혀졌다. Willigen(2000)의 연구에서는 노인자원봉사자들이 젊은 연령계층의 자원봉사자들보다도 자원봉사활동 후에 생활만족도가 더 많이 향상된 것으로 나타났다. Oman과 그의 동료(1999)의 연구에서는 자원봉사활동이 육체적인 활동, 운동, 종교적인 활동들보다도 사망률 감소에 가장 긍정적인 영향을 미치는 요인으로 조사되었다.

노인자원봉사는 노인들이 여생을 가치 있게 살 수 있고, 그들의 사회적 위상을 높여줌으로써 후손들로부터 존경을 받을 수 있는 계기를 만들어 주며, 평생 동안 축적된 경험과 지혜를 활용하여 젊은 세대를 지도하고 공익사업에 유휴인력을 제공함으로써 사회발전에 이바지할 수 있게 해준다. 또한 노인자원봉사는 수혜대상자였던 노인들을 복지의 제공자로 전환해 줄 수 있는 활동이다. 그리고 노인자원봉사는 유급의 직업 세계에서 물러난 퇴직자들에게 새로운 사회적 역할을 부여하는 과정이다. 자원봉사활동에 참여하는 노인들은 사회에서 주변인으로 밀려나지 않고, 여전히 사회적 주류에 통합되어 의미 있는 노후 생활을 영위할 수 있다(한정란 외, 2001).

2) 노인자원봉사활동의 실태

서울시에서는 1991년부터 노인의 자원봉사활동을 촉진하기 위하여 교통 할아버지 봉사활동, 골목 할아버지 봉사활동, 공원 관리 봉사활동, 할머니 사회 봉사활동, 할아버지 선생님 봉사활동의 다섯 개 부문에 걸쳐 노인자원봉사활동을 실시하고 있다. 1995년 서울시 전역 25개 구에서 총 11만여 명의 노인자원봉사자가 활동을 하였다. 1995년부터 노인들에게 지역사회에 봉사할 기회를 제공하고 소액의 봉사료를 서울시 노인복지기금에서 지급하여 용돈 벌이를 할 수 있도록 환경감시 할아버지 봉사대와 자율방범 할아버지 봉사대를 운영하고 있다. 경기도에서는 노인자원봉사학교를 열어 다양한 교육프로그램을 운영하고 있고, 과정을 수료한 노인들을 거주지에 따라 담당 지역을 배정하여 노인자원봉사활동을 운영하고 있다(유성호 외, 2002).

한국노년자원봉사회는 1997년에 설립되어 1999년 현재 서울, 부산, 대구, 경기도, 전라남도에 지회를 두고 있으며 전국적으로 2,400명의 자원봉사자가 활동하고 있다. 한국노년자원봉사회의 사업목적은 노인자원봉사자들이 사회봉사활동에 참여하며 노년기의 삶의 질, 보람 및 행복을 찾도록 하고, 노년자원봉사에 대한 정책개발, 정신교육, 기능교육 등 자원봉사의 새로운 문화를 창조하여 노인복지에 이바지하고자 하는 것으로 설명하고 있다.

또한 전국의 자원봉사센터들에서도 젊은이들과 함께하여 노인들이 자원봉사를 하기도 하고 일부 지역에서는 노인자원봉사단을 조직하여 활동하기도 한다. 예를 들면 부천시 자원봉사센터는 어르신 자원봉사대를 구성하여 외국어 통·번역 봉사, 또래노인 돕기 봉사, 지역사회 청소 및 교통정리 등 활발히 활동하고 있다. 최근에는 노인종합복지관, 한국노년자원봉사회, 한국노인복지회, 한국노인의 전화, 은천노인상담소 등 각종 노인단체나 기관에서도 다양한 자원봉사활동을 하고 있다. 특히 노인종합복지관에서는 노인봉사대를 대부분 조직하여 기관 내의 행사보조 안내, 식당 및 업무보조, 사회교육 강사와 외부의 환경보호, 도시락 배달, 교육기관 봉사 등 여러 가지 자원봉사활동을 하고 있다(유성호 외, 2002).

그동안 우리나라 노인자원봉사활동은 선진국들에 비하면 아직도 미미한 단계에 머물러 있다. 노인들은 자원봉사를 받는 대상자이지 자원봉사를 하는 주체자로 인식되지 않아 노인의 자원봉사활동은 활성화되지 못하였다. 이것은 무엇보다 자원봉사 참여율이 매우 낮은 현상에서 드러난다. 1988년 실시된 한국사회복지협의회의 조사에 따르면, 노인들의 자원봉사활동 참여율은 1.5%로 극히 저조하였다. 전국 조사를 한 통계청 자료에 따르면, 15세 이상 자원봉사 참여율은 1991년 5.4%, 1999년 13.0%, 2003년 14.6%로 증가한 것으로 나타나고 있다. 특히 15～19세의 자원봉사 참여율이 매우 증가한 것으로 나타나고 있다. 반면, 60세 이상 노인의 자원봉사 참여율은 1991년 3.8%에서 1999년 6.7%로 증가하였으나, 이후 2003년까지 변화가 없는 것으로 나타났다. 한편, 65세 이상을 기준으로 살펴보면, 2003년 65세 이상 인구의 5.6%만이 자원봉사활동에 참여한 경험이 있는 것으로 나타났다.

보건복지부(2017) 노인생활실태조사에 따르면 전체 노인의 3.9%가 현재 자원봉사를 하고 있었으며, 그리고 자원봉사경험이 있는 노인은 11.5%로 조사되었다. 또한 평생 1회라도 자원봉사를 경험한 노인은 15.4%로 나타났다. 교육수준이 높을수록 자원봉사 참여율이 높은 것으로 조사되었으며 이러한 차이는 연령에 따른 차이보다 더 큰 것으로 나타났다. 무학의 경우 현재 참여율이 0.3%인 것에 비해, 전문

대학 이상은 8.6%로 그 차이가 월등히 크다. 자원봉사경험률에서도 무학은 1.4%인데 반해 전문대학 이상 졸업은 22.8%로 교육수준에 따른 차이가 매우 크다는 것을 보여 주고 있다.

현재 자원봉사활동 참여 노인의 참여 빈도를 살펴보면, 월 1회가 23.2%로 가장 많았으며, 주 1회는 22.9%, 주 2~3회 18.7% 등의 순으로 나타났다. 주 1회 이상 자원봉사활동을 참여하는 노인은 52.2%로 조사되었다. 그리고 자원봉사 참여 노인의 활동 연계기관에 대해 살펴보면, 종교기관 29.8%, 지자체 20.8%, 복지기관 17.2%, 경로당 14.1% 등의 순으로 나타났다. 자원봉사활동 참여 노인의 참여 영역에 대한 분포를 살펴보면, 사회복지 분야에서의 자원봉사활동은 63.1%, 환경보호 12.4%, 교통질서 9.3% 및 보건의료 5.4% 등의 순으로 나타났다. 이는 노인들의 자원봉사활동이 전문자원봉사활동보다는 단순 노력형의 자원봉사활동이 대다수인 것을 보여주고 있다.

노년기의 자원봉사활동은 퇴직으로 상실된 사회적 지위와 역할을 보충해 주고, 소외감을 극복하며, 사회에 유용한 존재라는 사회적 가치성을 느끼게 하여 긍정적인 자아상 유지에 도움이 된다. 사회적 측면에서는 노인은 자원봉사활동을 통해 지역사회와 관계를 맺고 사회에 봉사하여 사회복지에 공헌할 뿐만 아니라 노인 또는 노화에 대한 인상을 긍정적으로 변화시킬 수 있다는 의의가 있다. 노인의 자원봉사활동은 일방적이지 않고 상호 주고받는 봉사활동이 되어야 한다. 이런 활동을 통해 바람직한 노인의 이미지가 정립되어 노인에 대한 사회의 부정적인 편견을 없앨 수 있다. 또한 노인들은 인생을 통한 경험과 지식을 자원봉사활동에 활용함으로써 노인 스스로 삶의 보람과 만족을 얻어 노년기의 생활을 더욱 풍요롭게 할 뿐만 아니라 이웃이나 사회에 공헌할 수 있다.

인구 고령화 현상의 진전으로 노인 문제에 대한 사회적 관심이 확대될 것이며, 이들 인력에 대한 사회적 활용이라는 문제 역시 제기될 것으로 보인다. 미래의 노인층은 지금의 노인층보다 사회적 변화에 보다 민감하며, 이에 따른 사회의식 및 가치관의 변화와 함께 노인의 권리와 책임의식도 커질 것으로 예상하기 때문에 노인층 자원봉사자 비율은 점차 증대되리라고 기대된다. 그리고 노인들에 대한 사회의 부정적인 편견과는 달리 대다수 노인이 아직도 사회적 활동을 하기에 충분히 건강하며 다양한 능력을 보유하고 있고 또한 그들의 인적자원을 사회를 위하여 이바지함으로써 삶의 보람을 찾으려는 열망을 지니고 있다. 이와 더불어 사회 일각에서도 노인의 유휴인력을 노인 자신과 사회발전을 위하여 보다 적극적으로 활용하는 방안의 하나로 노인의 자원봉사활동에 관한 관심이 증대되고 있다.

지금까지 자원봉사활동은 젊은 계층에 한정된 활동이라고 인식하는 경향이 매우 높았고, 노인들의 자원봉사활동에 대한 의의 및 필요성에 대하여 간과하고 있었다. 그러나 앞으로 고령사회로 다가서고 있는 상황에서 앞으로 초고령사회를 대비하여 건강하고 능력 있는 노인들을 자원봉사활동에 효과적으로 참여할 수 있게 하고, 자신이 가진 지속적인 자원봉사활동을 통하여 그들의 능력과 기술을 사회에 환원하고 또한 부족한 인적자원을 보충하는 차원에서 노인자원봉사활동에 대한 효과적인 관리운영방안의 모색 및 지원환경의 구축이 매우 필요하다.

3 노인자원봉사활동의 효과적인 관리방안

1) 노인자원봉사활동 관리자의 역할

자원봉사관리자(Volunteer Activity Manager)는 다른 사람들을 통하여 계획된 결과를 성취하고자 한다. 즉, 자원봉사관리자란 다른 사람들이 기관을 위하여 기꺼이 일을 잘할 수 있도록 하여 지역사회에 변화를 가져오도록 하는 사람을 말한다. 자원봉사활동의 성패에 가장 영향을 미치는 요인은 자원봉사자들이 어떻게 봉사활동을 하느냐의 문제이기보다는 기관의 자원봉사관리자가 어떻게 자원봉사자들을 효과적으로 관리할 것인가에 전적으로 달려 있다. 자원봉사활동에 대한 자원봉사관리자의 노력 정도와 자원봉사자들의 활동 효과는 매우 밀접하다. 경제적 보상에 의해서 동기화되지 않는 자원봉사자들을 모집하고 유지하는 데는 관리 운영상에 특수한 민감성과 기술을 필요로 한다.

특히 자원봉사관리자는 고도의 관리기술은 물론 인간성을 보살피는 강한 감정 및 감각이 필요하다. 자원봉사관리 문제들과 관련한 주요 과업은 크게 두 가지로서, 하나는 자원봉사 행동에 관련된 동기의 이해이고 다른 하나는 자원봉사자 관리를 위해 기획하고 준비하고 조직하고 직무를 배정하며 지시 감독하고 통제하는 관리 및 운영의 과업이다. 그런데 여기서 자원봉사자의 참여 동기는 자원봉사자 관리의 전체적 구성요소 및 전 과정에 영향을 주는 것으로 자원봉사관리자는 이들 동기를 모든 관리의 국면에서 적절히 통합하고 효과적으로 활용해야만 자원봉사자의 관리 업무를 성공적으로 수행할 수 있다.

노인들은 일이나 회사 육아로부터 해방된 연배이다. 바꾸어 말하면 인생의 후반이 되어 새삼스레 자신이 어떠한 존재로 있는가 하는 정체성을 묻게 되는 연배이다. 이는 노인들은 현역으로 일했던 시대의 정체성, 즉 과거 기업에서의 지위나 기업에 부속된 남성의 아내, 또는 누군가의 어머니라는 역할을 더 이상 수행하지 않아도 되기 때문이다. 따라서 노인들은 직위에서 벗어나 비로소 자기 자신에게 당면한 시간을 살아가는 것이다. 그러한 노인들이 자원봉사활동에서 마음 둘 곳을 찾는 경향이 높은 편이다. 물론 노인들 가운데 완고하거나 사람 사귀는 것이 서툰 사람도 있다. 노인자원봉사관리자에게 중요한 것은 그러한 노인들을 자연스럽게 인정하고 받아들이는 자세이다. 노인들이 살고 있는 다양한 사회경제적 상황 등에 관해서도 관심을 가지고 주의 깊게 살펴서 잘 이해하고 난 후에 자원봉사활동에 대한 지도 감독을 시행하는 것이 중요하다. 또한 한 시대의 교육, 문화적 배경, 정치 · 경제적 동향은 인간 형성에 깊이 영향을 미친다. 노인들을 잘 이해하기 위해서는 노인들이 어떠한 시대를 살아왔느냐를 파악하는 것도 중요하다. 특히 자원봉사관리자는 노인자원봉사활동의 지도 감독 및 관리를 위하여 다음과 같은 열 가지의 사항에 대하여 유념해야 한다(동경볼런티어센터 편, 1999).

① 노인자원봉사자의 성격이나 습관을 파악해야 한다.

노인들은 오랜 연륜과 풍부한 경험을 가졌지만 완고하거나 자기 과시욕이 강하다. 특히 집단에서 활동을 진행할 때 중요한 인간관계가 원만하지 않은 경우도 있다. 노인자원봉사자들 한 사람 한 사람의 성격이나 습관을 파악하여 객관적인 시점을 가지고 접근하는 것이 중요하다.

② 자원봉사활동을 인생 설계의 가운데에 둔다.

노인자원봉사자가 자원봉사활동을 시작하는 동기에는 자기를 찾을 수 있다는 입장과 마음을 둘 곳을 찾기 위한 경우가 많다. 제2의 인생을 즐겁게 살기 위해서 노인자원봉사자 한 사람 한 사람의 인생을 설계한다는 자세가 필요하다.

③ 건강 안전에 철저한 배려를 한다.

강좌나 실제 자원봉사활동을 할 때는 반드시 의사, 간호사, 돕는 사람을 곁에 두는 등 철저한 체제를 갖춘다. 노인자원봉사자는 신체가 부자유스럽거나 체력이 약해지는 등 예상할 수 없는 일이 일어난다는 것을 명심해야 한다. 자원봉사활동에 대한 보험에도 잊지 말고 가입하게 한다.

④ 경제적인 사정도 주의한다.

노인들은 새로운 수입이 생기는 경우가 적다. 자원봉사활동을 하는 만큼 교통비가 가중되어 경제적으로 부담되는 일도 있으므로 충분한 배려가 필요하다.

⑤ 도움이 필요한 사람일지라도 자원봉사활동을 할 수 있다.

거동이 불편한 사람이 남을 격려하거나 남에게 친절을 전하는 경우도 있다. 사회속에서 노인자원봉사자가 어떤 역할을 담당할 수 있는가 하는 넓은 관점에서 노인인 자원봉사자의 자원봉사활동을 파악하는 것이 중요하다.

⑥ 부부 및 가족관계도 배려한다.

노인자원봉사자들의 배우자나 자식이 자원봉사활동을 이해해 주지 않아 고민하는 사람들도 많으므로 부부나 가족과의 관계도 충분히 배려한다.

⑦ 노인자원봉사자는 대상자이기도 하다.

현재 당면한 문제를 갖고 있지 않아도 머지않아 건강상의 문제, 간호의 문제를 갖게 될 가능성도 크다. 같은 연배의 공통된 문제에 대해서 생각하고 서로 격려하고, 서로 의지가 되는 자조집단(Self-help Group)을 구성할 시점도 잊어서는 안 된다.

⑧ 다양한 메뉴를 준비해서 활동 계기를 만든다.

특별한 기술을 가지고 있는 것도 아니고, 무엇을 하면 좋을 것인지 동기가 좀처럼 파악되지 않아 고민하는 사람이 많다. 선택의 폭이 넓으면 개인에게 부합하는 활동들을 발견하기 쉽다. 다양한 활동 메뉴를 만드는 노력을 해야 한다.

⑨ 자원봉사활동 전에 충분한 강의를 듣는다.

장애인을 접촉하는 방법이나 보호 방법 등 전혀 경험한 적이 없는 노인에게는 이러한 활동들이 문화충격이라고도 할 수 있을 만큼 큰 쇼크를 주는 일도 있다. 사전의 충분한 훈련이나 강의는 필수적이다.

⑩ 남녀비율, 연령구성에 주의한다.

동성, 같은 연령층끼리, 집단 또는 같은 집단 내의 소수 사람을 따돌리지 않는가, 또 구성원의 고령화가 계속되고 있지 않은가 등 집단활동에서는 특히 관심을 기울일 필요가 있다.

노인자원봉사자들에게 다양한 자원봉사활동을 제공하고 그들이 자원봉사활동에서 다양한 긍정적인 혜택을 받을 수 있도록 하기 위해서는 자원봉사관리자들은 개별 노인들의 자원봉사활동에 대한 동기와 제한점에 대하여 충분히 검토하고 향후 그들의 활동에 반영해야 한다. 그리고 자원봉사관리자는 젊은 계층의 자원봉사자들을 관리할 때보다도 노인들이 어려움 없이 자원봉사활동을 지속해서 참여할 수 있도록 활동 장소, 활동 내용, 경제적 상황, 건강상태 및 교통편 등 매우 세심한 부분까지 체계적으로 모니터링해야 한다. 또한 자원봉사활동의 내용이 노인자원봉사자의 기대에 부합할 수 있도록 노인자원봉사자들의 축적된 경험과 지식을 적극적으로 활용하여 자원봉사활동을 수행할 수 있도록 하고, 새로운 분야나 활동에 참여할 경우에는 필요한 기술을 배울 수 있는 교육적인 환경이나 프로그램을 제공하는 것도 필요하며, 지속적이며 체계적인 사후관리가 실시되어야 한다.

자원봉사활동 프로그램의 활성화를 위해서는 자원봉사관리자는 자원봉사자와 자원봉사활동처의 직원들과의 원활한 관계가 설정될 수 있도록 노력해야 한다. 만일 자원봉사자들과 지원봉사활동처의 직원들 간에 이해하지 못하거나 서로의 욕구가 상충된다면 자원봉사활동의 목적을 성공적으로 달성하기 어려워진다. 이를 극복하기 위하여 자원봉사관리자는 자원봉사활동처 직원들의 협력 강화를 모색하기 위하여 다음과 같은 부분에 유의해야 한다.

① 직원들이 자원봉사자들과 함께 일한 경험에 대한 사전조사를 실시한다.
② 자원봉사활동 업무개발이나 설계 시 직원들의 참여를 독려한다.
③ 자원봉사자들에 대한 스크린, 오리엔테이션, 훈련에 직원들을 참여시킨다.
④ 자원봉사관리자와 직원들 간에 자원봉사자 관리 및 업무에 대한 감독 권한을 구체화한다.
⑤ 자원봉사자들에 대한 지도 감독 시 직원들의 참여를 권장한다.
⑥ 자원봉사자 활용의 결과에 대한 직원들의 피드백을 정기적으로 모니터링을 시행한다.
⑦ 자원봉사자들과 효과적으로 일을 한 직원의 경우 인정과 보상을 시행한다.

2) 자원봉사활동에 대한 관리방안의 기본 단계

(1) 모집

자원봉사자 모집(Recruitment)은 지역사회의 문제를 효과적으로 해결하기 위하여 잠재된 유용한 인적자원을 끌어내는 활동이다. 이는 무엇인가를 돕고자 하는 자원봉사자와 업무에 도움이 필요한 기관 혹은 수혜자의 욕구가 만나는 과정이다(볼론티어21, 2001). 최상의 모집을 위한 방법은 성실한 기획과 업무설계를 거쳐서 완성된 탁월한 자원봉사프로그램과 자원봉사자들의 욕구 동기에 맞는 의미 있는 업무 내용이다. 모집은 신중하게 계획되어야 하고, 자원봉사자들을 모집할 수 있는 최상의 장소를 결정하고 모집할 최적의 시기, 능동적 참여의 동기를 부여할 수 있는 메시지 준비 그리고 예비자원봉사자들이 가장 쉬운 방법으로 등록할 수 있는 절차의 확립 등이 이루어져야 한다. 자원봉사자의 모집은 철저한 사전계획에 의해서 준비되어야 하며 자원봉사자들을 모집하는 시기를 결정하고, 자원봉사활동의 개시 및 종결에 이르기까지 자원봉사자들이 능동적으로 참여할 수 있도록 지속적인 동기부여를 해야 한다. 모집은 프로그램의 욕구와 가장 부합하는 자원봉사자들을 선발할 수 있도록 그들의 관심과 특성을 자세히 분석하여 대상자를 선정해야 한다.

노인자원봉사자를 효과적으로 모집하기 위해서는 다른 연령 계층에서 활용했던 전통적인 방법으로부터 탈피하여 차별성을 가지고 출발해야 한다. 일반적으로 노인자원봉사자들은 활동에 대한 욕구를 충족시키기 위해서 자원봉사를 시작한다는 점에서 다른 젊은 자원봉사자들과 비교하여 자원봉사에 참여하는 동기가 다소 다를 수 있다는 것을 자원봉사관리자는 명심해야 한다. 특히 노인자원봉사자를 모집하기 위해서는 다양한 전략적인 모집방법을 활용해야 한다.

노인자원봉사자들을 모집하는 가장 유효한 방법은 현재 자원봉사활동을 하는 노인들이 개인적으로 알고 있는 노인들에게 자원봉사활동을 직접적으로 설명하고 참여를 권유하는 사적인 접촉(Personal Contact)이다. 이러한 사적인 접촉은 다른 방법들보다도 예비자원봉사자들이 사적인 요청을 거부할 경향이 매우 낮다. 그러나 모집방법을 사적인 접촉에만 의존한다면 자원봉사활동에 필요한 충분한 인력을 동원할 수 없는 단점이 있다.

노인들의 개인적인 욕구에 적합하도록 자원봉사 시간이 계획된다면 자원봉사자 모집은 성공할 확률이 매우 높다. 예를 들어서 자원봉사활동 시간이 저녁 시간이라면 자동차를 운전하지 못하는 노인들에게는 적합하지 않고, 추운 겨울 동안도 노인들이 자원봉사활동을 피하는 경향이 있다. 그러나 노인들은 젊은 계층보다도 직업 의무로부터 해방되어 여가시간이 많으므로 주간에 자원봉사활동을 하는 것을 매우 선호하는 편이다.

자원봉사활동을 전혀 하지 않았던 노인들을 대상으로 자원봉사자를 모집하는 것보다는 자원봉사의 경험이 있는 노인들을 대상으로 모집하기가 비교적 쉽다. 또한 지역사회에 대한 유대감(Community Ties)이 높은 노인들을 대상으로 자원봉사자를 모집하는 것이 지역사회 유대가 낮은 노인보다도 효과적이다. 또한 체계적인 모집방법을 통하여 자원봉사활동을 조기에 중단할 확률이 높은 대상자들을 선별하는 과정도 매우 중요하며, 특정 자원봉사활동에 적합한 예비자원봉사자들을 체계적으로 모집하는 것도 지속적인 자원봉사활동의 유지에 매우 중요한 요소이다. Francis(1983)는 자원봉사자에 부합하는 자원봉사활동 기관을 선정해 줄 수 있는 자원봉사자 욕구 프로파일(Volunteer Needs Profile)을 개발하였는데 이 프로파일의 주요 고려사항은 다음과 같다. ① 경험, ② 사회적 의무에 대한 감정, ③ 사회적 접촉, ④ 타인의 기대에 대한 반응, ⑤ 사회적 인정, ⑥ 미래에 대한 보상, ⑦ 도전정신이다.

(2) 면접 및 배치

자원봉사자 면접(Interviewing)은 잠정적 자원봉사자의 능력과 욕구가 기관 내의 어떤 직무와 부합하는지를 평가하는 것이다. 면접은 업무에 필요한 특성들과 자원봉사 지원자들을 비교하는 과정이 아니고 자원봉사자와 기관에 만족스러울 수 있는 근무환경을 형성하고자 하는 궁극적인 의도를 가지고 그들에 관해 알고자 노력하는 과정이다. 면접을 시작할 때는 먼저 잠재적 자원봉사자가 면접 중에 질문이나 걱정을 표현할 수 있는 편안한 분위기를 조성한다. 지원자의 관심, 능력, 개인적 상황을 알아내고, 가능한 자원봉사 기회들의 목적과 업무 상황에 관해서 설명함으로써 지원자가 여러 가지 업무에 어떻게 접근할지를 말하는 것을 통해 그들의 태도, 업무 기록, 비밀보장 등과 같은 업무조건에 대해서 논의함으로써 기관이 그들에게 요구하는 것이 무엇인지를 알게 한다. 면접을 마칠 때는 지원자에게 가능한 업무를 제안하거나 지금은 그들에게 적합한 업무가 없다는 것을 공손하게 설명해 주어야 한다. 선발된 지원자에게 다음의 일정에 관해서 설명해 주고 지원자의 신원보증인이나 배경에 대한 점검에 동의를 얻어내야 한다.

자원봉사자 배치(Placement)는 자원봉사자들의 욕구를 자원봉사활동처의 욕구와 적절히 연결하는 과정이다. 배치는 자원봉사 신청자가 처음 자원봉사활동을 시작할 때 한 번만 이뤄지는 것이 아니며, 자원봉사자들이 새로운 요구를 가지고 더 높은 단계로 성장해 가는 과정에서 자원봉사활동처나 담당하는 업무의 내용을 바꾸게 될 경우에도 이루어져야 하는 중요한 활동이다. 자원봉사관리자에게 유의해야 할 적절한 배치기술은 다음과 같다(볼론티어21, 2001). ① 자원봉사 신청자의 자원봉사활동에 대한 기대와 목표, 참여 동기에 따라 가능한 적합한 활동처 및 업무를 소개하도록 노력한다. ② 자원봉사 신청자가 자신이 희망하는 업무를 찾을 수 없을 때, 자원봉사관리자는 무리하게 배치하려고 하기보다는 다른 기관이나 단체에 의뢰하는 것이 바람직하다. ③ 단체 자원봉사 신청자를 배치할 때에는 단체의 목적, 구성원의 속성별로 분류하여 배치한다. ④ 배치 시 한 명보다는 두 명 이상 짝을 지어 배치하는 것이 참여자들의 연대감을 높일 수 있으며, 이를 통해 보다 지속해서 자원봉사활동에 참여할 수 있다. ⑤ 신규 자원봉사자를 배치할 때는 가능하면 기존에 배치되어 활동하고 있는 자원봉사자와 함께하는 자리를 만들어 활동에 대한 다양한 정보를 얻을 수 있도록 한다.

(3) 오리엔테이션 및 훈련

자원봉사자들에 대한 오리엔테이션(Orientation)은 기관의 사명, 목적, 조직, 구조 및 사업 등에 관련된 전반적인 소개와 내용으로 구성되어야 한다. 여기에 기관 모든 부서에 대한 소개와 탐방 그리고 관련 직원들의 소개는 기본적으로 포함된다. 즉, 자원봉사자들이 그들이 일할 부서뿐만 아니라 전체 기관 및 직원들과 친숙해질 수 있는 계기의 마련이 필요하다.

자원봉사자들을 위해 마련된 오리엔테이션 프로그램에 꼭 포함될 사항은 다음과 같다. ① 기관에 대한 역사, ② 기관의 전반적인 프로그램 운영사항 및 기관을 이용하는 클라이언트나 소비자에 대한 소개, ③ 기관의 조직도에 대한 간략한 설명, ④ 기관의 물리적인 구조에 대한 설명 및 탐방, ⑤ 기관의 일반적인 정책 및 절차에 대한 소개, ⑥ 자원봉사관리운영체계에 대한 소개이다.

자원봉사자를 훈련시키는 가장 큰 목적은 그들의 업무수행 또는 성과를 증진시키는 것으로서, 각자의 업무의 특성과 요구에 따라서 단기훈련 혹은 장기훈련이 결정될 수 있다. 교육과 훈련은 정보 및 지식 제공의 차원과 실천적인 기술 및 능력을 습득할 수 있는 차원에서 이루어져야 한다. 자원봉사자 훈련은 첫째, 특정한 업무를 시작하기 전에 기관의 목적, 정책, 구조, 절차 그리고 클라이언트에 대한 이해를 증진시킬 수 있는 사전훈련, 둘째, 특정한 업무에 대한 이해를 도와주는 준비훈련(강의 및 관찰), 셋째, 현직에서 업무수행에 필요한 지식 및 기술을 습득하게 하는 현직훈련, 넷째, 각 재인의 최대한 잠재력 개발과 실현을 도와줄 수 있는 계속 교육 및 훈련 등으로 구분된다.

특히 노인을 대상으로 자원봉사교육을 시행하면서 노인자원봉사자가 더욱 흥미롭고 유익한 교육프로그램의 개발 및 교육방법의 적용이 필요하다. 노인자원봉사교육으로는 자아발견, 리더십, 인간관계 항상 프로그램 등이 효과적으로 사용될 수 있다. 또한 자원봉사교육 시 노인들이 흥미 있고 실생활과 관련된 내용을 병행하는 것이 필요하다. 이외에도 자원봉사활동 시 복장이나 소지 물건, 자원봉사자의 자세, 자원봉사대상자 접촉방법, 보호 방법 등에 관한 기본 교육을 시행한다. 단순한 강의식 교육보다는 노인들의 흥미를 유발할 수 있는 체험학습, 역할극, 현장답사 등 다양한 교육방법이 활용되어야 할 것이다. 그리고 노인자원봉사자에게 적합한 자원봉사 커리큘럼 내용은 물론 인쇄 활자의 크기, 삽화, 색상 등을 고려하여 노인용 자원봉사 전문교재를 만들어 사용하는 것이 필요하다.

(4) 지도 감독

많은 기관이 일회성의 교육 이후에 정기적인 지도 감독(Supervision)을 외면한 채로 자원봉사자들을 방치하는 경우가 많은데 이는 지속적인 자원봉사자의 활동에 매우 치명적인 영향을 미치는 경우가 많다. 지도 감독이 없는 자원봉사활동은 조종사 없이 비행기에 탑승하는 것과 마찬가지이다. 자원봉사자의 지속적인 참여 동기를 진작시키고 그들의 활동들이 기관의 목적에 부합할 수 있도록 자원봉사들에 대한 정기적인 지도 감독은 매우 필수적이다. 효과적인 지도 감독을 위해서는 첫째, 업무에 관해서는 완벽한 지시를 하고 자원봉사활동 중에 생길 수 있는 다양한 문제에 대해서 적절한 해결책을 제시해야 한다. 둘째, 기관이 기대하는 것을 명확히 전달해야 한다. 셋째, 자원봉사활동에 대한 인정과 보상의 기회를 제공한다. 넷째, 부적절한 행동을 교정시켜 준다. 다섯째, 자원봉사자의 욕구 동기를 충족시키는 데 융통성을 발휘해야 한다.

자원봉사자들을 훌륭한 인적자원으로써 최대한 활용하기 위해서는 업무 분담 별로 자원봉사자들을 책임지고 지도할 수 있는 자원봉사관리자의 노력이 중요하며, 또한 그들을 지도 감독하여 잠재력을 개발해야 할 것이다. 또한 자원봉사자들이 오랫동안 봉사활동을 할 수 있도록 하기 위해서는 무엇보다도 정기적으로 자원봉사활동에 대하여 구체적으로 평가할 수 기회를 마련해 주는 것이 필요하며, 평가는 구두의 형식보다는 체계적인 평가양식에 의해서 작성되는 것이 효과적이다.

(5) 인정

효율적인 자원봉사관리를 위하여 빼놓을 수 없는 기능은 자원봉사에 대한 인정(Recognition)과 보상이다. 자원봉사자 집단은 일반회사나 공공기관의 조직과 같이 급여를 받으면서 활동하는 집단이 아니고 대부분이 무보수로 활동하는 집단이다.

이들이 지속해서 자원봉사활동에 참여하도록 하는 데는 고도의 관리기술이 필요한데, 이러한 관리기술 속에는 자원봉사자에 대한 적절하고 체계적인 인정과 보상이 포함된다. 자원봉사자 인정은 자원봉사자들 개개인이 이바지한 것을 알아주고 가치를 인정하는 것이며, 자원봉사자들이 계속하여 활동하게 하면서 더 큰 일이나 책임을 담당하도록 용기를 주고, 더 많은 기회를 제공하며, 숨겨진 창의성을 계발하도록 한다. 인정은 일 년에 한 번 개최하는 행사나 인정 시 수여에 국한하는 것이 아니라 전체적인 자원봉사 관리과정 중의 필수적인 한 부분이다.

정부나 지방자치단체는 자원봉사활동이 활성화될 수 있도록 자원봉사자 인정과 보상의 제도화 방안에 대하여 모색해야 한다. 구체적인 제도화 방안은 다음과 같다: ① 자원봉사활동의 사회경력 인정; ② 자원봉사활동 중 사고에 대비한 보험 도입; ③ 자원봉사활동과 관련된 최소한의 경비지원; ④ 사회적 분위기 조성이다. 그리고 자원봉사 활용기관에서의 인정과 보상에 대한 구체화 방안은 다음과 같다: ① 전담인력의 배치 및 재교육; ② 자원봉사활동에 대한 기관의 정책 확립; ③ 자원봉사에 대한 적절한 예산확보 및 편성; ④ 자원봉사자에 대한 신분보장; ⑤ 자원봉사자 편의시설 제공이다.

자원봉사관리자가 숙지해야 할 자원봉사자에 대한 구체적인 인정 방안은 다음과 같다: ① 다양한 영역에서 활동하는 자원봉사자들에 대한 다양한 포상 내용 개발; ② 자원봉사자들을 위한 만찬회 개최, 현수막이나 포스터 게시, 자원봉사자 대회 등의 행사 조직; ③ 자원봉사자 인정에 대한 지침 및 도구를 만들어 보급하고, 감사장, 인정서 견본 등 기념품 제작; ④ 지역사회 언론에 자원봉사자들의 활동을 알리고 보도자료 제공이다(볼론티어21, 2001).

4 노인자원봉사활동의 수요처 개발

1) 노인자원봉사활동 수요처 개발의 기본 방향 및 전제

자원봉사 수요처는 자원봉사자를 필요로 하는 지역사회의 비영리기관 및 공공기관과 사회복지 관련 단체들을 의미한다. 자원봉사 수요처 개발 및 지원은 이들 기관이 어떤 분야에서 어떤 자원봉사자를 필요로 하는지에 대한 욕구를 조사하며 자원봉사 업무를 개발하도록 돕고, 자원봉사관리에 필요한 제반 도움을 주는 것을 말한다(볼런티어 21, 2001). 특히 청소년이나 일반 성인 자원봉사자들에 대한 수요는 높은 편이지만 노인자원봉사자들에 대한 수요는 적은 편이고, 노인자원봉사자의 활동에 대한 이해가 부족한 편이므로 젊은 계층을 위한 자원봉사 수요처 개발과는 차별화되어야 한다. 지역사회 내의 노인자원봉사자를 위한 수요처 개발에 있어서 대상기관의 실무자나 담당자들에게 노인자원봉사활동에 대한 이해를 증진시키며, 새롭게 개척한 수요처에서 지속해서 노인자원봉사자들에게 활동을 제공할 수 있도록 지역사회 내의 자원봉사협의체나 전담기구를 설립하여 수요처에 대한 지속적인 관리지원을 제공해야 한다. 노인자원봉사활동의 수요처 개발 시 고려해야 할 기본 전제는 다음과 같다.

(1) 지역사회 내 노인자원봉사자들을 위한 활동의 터전을 지속해서 개발하라.

자원봉사활동의 장은 고정적이고 좁은 범위로 생각하는 경향이 있다. 실제로 고령자가 제공할 수 있는 활동 내용들은 자원봉사활동을 원하는 노인자원봉사자들의 다양한 욕구에 부합하지 못하는 경향이 높다. 자원봉사관리자는 지역사회 안에서 노인들이 봉사활동을 할 수 있는 분야들을 꾸준히 개척하여 새로운 분야를 노인자원봉사자들에게 제시해 주어야 한다.

또한 새로운 개척 분야에서 노인자원봉사자들이 효과적으로 활동을 할 수 있도록 각 분야에 필요한 중요사항, 기술 및 자세 등을 중심으로 자원봉사매뉴얼을 개발하여 노인자원봉사자들을 적절히 훈련하여 배치하는 것이 필요하다. 자원봉사자를 받아주는 장소를 찾는 것이 목표가 아니라 새로운 수요처에 노인자원봉사자가 배치되어 잘 적응하며 자원봉사활동을 통하여 자아계발이나 만족도가 증가할 수 있는 곳을 찾아내는 것이 필요하다.

(2) 수요처의 개발도 중요하지만 수요처에 대한 지속적인 관리체계의 확립이 더욱더 필요하다.

지역사회 내의 수요처를 개발한 이후에는 노인자원봉사자가 적절히 배치되고 잘 적응하고 있는지를 수시로 점검하며 새롭게 개발된 수요처에서 노인자원봉사자들을 잘 활용하고 있는지 점검해야 한다. 그리고 새로운 수요처에서 발생하는 노인자원봉사관리에 관련된 문제점들이 발생하였을 때 신속하게 문제를 해결할 수 있도록 인적 및 물적지원을 제공해야 한다.

자원봉사활동을 전혀 활용하지 않고 있는 기관이나 단체들이 새롭게 자원봉사자들을 활용하기 시작하면 많은 문제점이 발생하곤 한다. 자원봉사센터, 자원봉사협의체나 자원봉사 주관기관들은 그동안 축적된 노하우를 바탕으로 새롭게 개발된 수요처에서 발생하는 문제점들에 대하여 사후관리나 슈퍼비전을 제공하여 새롭게 개발된 수요처에서 자원봉사활동이 활성화되도록 노력해야 한다.

(3) 노인자원봉사들이 흥미를 가지고 있는 활동, 분야, 장소 등을 고려하여 수요처를 개발하라.

지역사회 내 수요처 개발을 할 때 유념해야 할 점은 앞으로 노인자원봉사자들이 수요처에 배치되어 효과적인 활동을 시행할 수 있도록 노인들이 흥미를 느끼는 활동 분야들을 개발하는 것이 매우 필요하다. 수요처 개발 시 각각의 기관들이 어떠한 자원봉사활동들을 노인자원봉사자에게 제공할 수 있는지에 대하여 자세히 조사하고, 또한 이러한 자원봉사활동이 노인자원봉사자들에게 흥미로운 활동인지도 신중히 고려해야 한다. 수요처 개발에 있어서 지역사회 내의 활동영역을 확장하는 것도 중요하지만 노인자원봉사자들이 이러한 기관에 잘 적응할 수 있는지에 대하여 자원봉사자 관점에서 고려하여 수요처를 개발해 나가야 한다.

2) 수요처 개발을 위한 주요 과정

(1) 자원봉사 수요처 개발을 위한 지역사회 운영회 및 전담기구의 수립

노인자원봉사 수요처 개발을 위해서는 개별 기관 단독으로 일을 수행하기에는 많은 어려움이 존재한다. 우선 지역사회 내의 노인자원봉사 관련 기관들의 실무자들이 모여서 지역사회 내의 자원봉사 수요처 개발을 위한 팀이나 위원회를 구성하여 정기적인 모임을 진행하는 것이 바람직하다. 노인자원봉사에 관심 있는 기관들의 실무자들이 정기적인 모임을 통하여 지역사회의 특성을 이해하고 노인자원봉사가 필요할 수 있는 기관들을 물색하고, 더 많은 기관이 노인자원봉사자를 활용할 수 있도록 인적 및 물적지원의 공유 및 연계작업이 선행되어야 한다.

또한 노인자원봉사의 활성화를 위하여 가장 시급한 과제는 노인자원봉사를 전담할 수 있는 지역사회 내의 기구를 설치 · 운영하는 것이라고 본다. 이러한 기구는 노인자원봉사의 홍보, 노인자원봉사자와 수요처의 연결 등 일련의 과정을 체계적으로 수행하기 위하여 필수적이기 때문이다. 최근 자원봉사센터를 설치하여 운영이 급속히 증가하고 있는데, 과도기적으로는 이러한 자원봉사센터 내에 하나의 독립된 부서로서 노인자원봉사 부서를 두는 방안도 생각해 볼 수 있을 것이다. 그러나 노인 인력의 활용에 주된 관심을 가지고, 노인자원봉사의 활성화를 위한 구체적 실천을 할 수 있는 노인자원봉사조직을 별도로 설치하여 운영할 필요도 있다고 본다.

(2) 자원봉사 수요처 개발에 관련된 계획수립

노인자원봉사를 위한 수요처 개발을 위한 위원회가 구성된 이후에는 지역사회 특성에 부합하는 노인자원봉사활동을 개발하고 배치할 수 있는 적합한 기관들을 탐색하는 작업이 필요하다. 지역사회 내에 다양한 기관들이 존재하므로 어떠한 기관들을 중심으로 수요처를 개발한 것인가를 자원봉사관리자들의 협의를 통하여 모색하는 것이 필요하다. 수요처 개발에 대한 기본적인 계획수립과정은 다음과 같다.

① 왜 수요처 개발을 해야 하는가에 대한 필요를 참가 기관들이 서로 협의하여 수요처 개발을 위한 목적과 목표를 설정해야 한다.

② 참가 기관들의 기관이나 조직의 상황분석을 통해 수요처를 개발하고 각각의 참여 기관들이 동원할 수 있는 인적 및 물적지원을 분석하여 수요처 개발의 범위와 방향을 설정해야 한다.

③ 수요처 개발을 효율적으로 진행하기 위하여 어떠한 절차를 거쳐서 프로그램 개발을 진행할지를 결정하여 수요처 개발에 참여하는 사람들의 역할을 배분해야 한다.

④ 노인들의 기본적인 욕구들에 대한 분석이 선행되어야만 수요처 개발의 효과성을 증대시킬 수 있고, 노인자원봉사자들의 참여를 촉진할 수 있다.

(3) 자원봉사자 수요처의 욕구조사

일반적으로 지역사회 내에는 다양한 기관들이 존재하고 있다. 우선 노인자원봉사자 수요처를 개발하기 위해서는 자원봉사자들을 필요로 하는 기관들을 선별하고 각각의 기관들이 어떻게 자원봉사활동을 활용하고 있는지, 어떠한 자원봉사활동 및 자원봉사기술들을 원하고 있는지에 대하여 체계적으로 조사해야 한다.

지역사회 내에서 자원봉사에 대한 수요는 매우 유동적이므로 체계적인 수요조사를 연 2회는 실시해야 하고, 필요시에는 지역사회기관이나 단체들을 분야별로 구분하여 각 분야를 대상으로 보다 구체적인 수요처 욕구 조사를 실시할 수도 있다. 자원봉사를 필요로 하는 욕구 조사는 언제, 어디서 어떤 일에 활동할 어떠한 자원봉사자를 필요로 하는지에 대한 조사를 의미한다. 자원봉사자에 대한 수요가 수시로 변하므로 각각의 기관에서 발생하는 새로운 욕구들을 수시로 파악할 수 있는 의사소통체계를 자원봉사전담기관과 수요처 기관들 사이에 구축해야 한다(볼론티어 21,

2001). 그리고 수요처에서 더욱 적극적으로 변화하는 수요를 자원봉사전담기관에 알릴 수 있는 장치를 마련하는 것도 바람직하다.

(4) 새로운 자원봉사 수요처의 창출

지금까지 자원봉사자들을 활용하지 않고 있는 기관들에 대해서는 자원봉사에 대한 이해를 높이고 그들의 업무 일부를 자원봉사자들을 활용할 수 있도록 다양한 지원방안을 모색한다. 이들 기관이 더욱 많은 자원봉사자 활동들을 창출할 수 있도록 격려하며, 노인자원봉사자들이 참여할 수 있는 업무와 분야를 지속해서 개발할 수 있도록 후원하며, 적절한 프로그램 사례와 모델을 제시하여, 지역사회 내의 다양한 기관들과 단체들이 노인자원봉사자들을 더 많이 활용할 수 있도록 지원하여 노인자원봉사자에 대한 새로운 수요처를 창출한다.

또한 수요처 개발에서 가장 중요한 점은 노인자원봉사자들의 동기, 능력, 특성 및 기술 등을 적절히 활용할 수 있도록, 수요처의 양적인 개발보다는 질적인 측면에서 자원봉사자의 측면을 고려한 노인자원봉사활동이 활성화될 수 있는 기관들을 중심으로 수요처를 개발해야 한다. 또한 기존의 전통적인 노인에 의한 노인자원봉사활동의 유형을 지양하고, 새로운 형태의 자원봉사활동을 활성화할 수 있도록 수요처를 개발해 나가야 한다.

(5) 노인자원봉사 수요처에 대한 정보시스템 구축 및 운영

정보시스템이란 정형화된 구조를 통해서 다양한 자료들을 수집하고, 저장하고, 처리하여 유용한 정보로 전환하는 것이다. 일반적으로 비영리기관에 필요한 정보시스템은 세 가지의 근본적인 하위 정보체계를 갖추어야 한다. 첫째, 클라이언트 정보시스템으로 클라이언트에 대한 정보 및 클라이언트가 프로그램과 상호작용하는 것에 관한 정보를 생성하는 정보시스템이다. 둘째, 조직정보시스템은 기획, 예산, 보고 및 지출 등에 관한 행정적 기능들을 보조하는 역할을 수행하는 것으로, 주로 외부의 자금 제공 기관들에 의해서 요구되는 정보를 관리하는 목적으로 활용될 수 있다. 셋째, 결과정보시스템은 의사결정의 향상이나 프로그램의 생산성 및 효과성을 평가하기 위한 정보를 다루는 것이다.

자원봉사 수요처에 대한 정보시스템을 구축하여 활용한다면 자원봉사의 운영이나 자원봉사자들에 대한 사례관리를 매우 효율적으로 사용할 수 있다. 또한 자원봉사협의체나 자원봉사의 네트워크에 관련된 인적 · 물적지원들에 대한 관리 및 통제업무를 보다 효율적으로 수행할 수 있다. 단기적으로는 자원봉사관리를 위한 정보시스템을 구축하는 데에 일정한 규모의 예산이 추가로 필요하지만, 장기적으로는 일단 정보시스템이 구축되고 적극적으로 활용한다면 수작업에 의존했던 많은 행정업무를 신속하게 처리할 수 있고, 자원봉사자들의 업무량을 감소시킬 수 있는 긍정적인 효과를 얻을 수 있다.

그러나 자원봉사에 관련된 정보시스템을 새롭게 구축하는 것은 예산적인 측면에서 많은 어려움이 존재하고 있다. 우선 지역사회 내의 기관들이 활용하고 있는 컴퓨터의 기종, 하드웨어 및 소프트웨어에 대한 체계적인 조사를 시행하고, 새로운 장비를 구입하기보다는 가장 저렴한 비용으로 자원봉사 정보시스템을 구축하는 방안을 모색해야 한다. 이를 위하여 기존의 소프트웨어 프로그램에 자원봉사 관련 내용을 새롭게 추가하여 활용하는 방안을 모색해야 한다. 자원봉사 정보시스템을 활용하여 주로 다루어야 하는 사항들은 지역사회 내의 수요처에 대한 상세한 내용, 자원봉사 수요에 대한 정보, 자원봉사 관리사항 및 자원봉사자의 활동 내용 등에 관한 것이다. 그리고 정보시스템이 구축되면 노인자원봉사자들이 자원봉사활동에 대해 문의를 해올 때에 기존의 자원봉사활동 기관들이나 새로운 수요처에 대한 내용을 신속하게 제공할 수 있고, 자원봉사활동을 보다 효과적으로 관리할 수 있는 장점이 있다.

(6) 자원봉사 수요처에 대한 평가

자원봉사 수요처에 대한 평가는 수요처에 자원봉사자를 배치한 이후에 노인자원봉사활동이 적절하게 시행되고 있는지에 대한 것이다. 계획단계에서 수립된 목적과 목표들이 구체적으로 현장에서 적용되고 있는지, 그리고 자원봉사관리나 자원봉사자들의 활동에 관련하여 발생할 수 있는 문제점들을 파악하는 과정이다. 체계적인 평가작업을 통하여 전반적인 자원봉사활동 프로그램을 평가하고, 이를 새롭게 프로그램이나 사업의 개정과정에 반영하여 자원봉사프로그램의 질적 향상을 도모하는 과정이다. 효과적인 평가작업을 위하여 자원봉사 전담기관이나 협의체에서는 자원봉사 수요처에 대한 평가도구나 설문지를 개발하여 일정한 기간을 두고 평가작업을 실시하는 것이 바람직하다. 수요처에 대한 평가작업은 과정 평가와 결과평가로 나누어질 수 있고, 과정 평가가 어려운 경우에는 결과 평가를 중심으로 시행해야 한다. 자원봉사관리자는 프로그램을 평가하고 문제점 및 개선점을 중심으로 프로그램의 내용을 개정할 수 있는 전문성이 있어야 한다.

자원봉사 수요처 평가를 위한 구체적인 단계는 다음과 같다.

① 평가항목 및 도구를 개발한다.

② 조사기관을 정하고 평가도구를 발송한다.

③ 필요할 때 조사대상 기관 중에서 자원봉사관리자나 자원봉사자를 선정하여 면접 조사를 한다.

④ 평가내용을 분석하고 이를 통하여 자원봉사활동의 방향을 수정한다.

⑤ 평가내용을 바탕으로 자원봉사 수요처에 대한 적절한 지원 및 교육을 시행한다.

(7) 자원봉사 수요처에 대한 지원방안의 모색

개별 기관에서 노인자원봉사자에 대한 관리체계를 구축하기는 어렵다. 자원봉사 전담기관이나 자원봉사협의체를 구축하여 개별 참여 기관들이 효과적인 자원봉사 관리체계를 확립할 수 있도록 지원해야 한다. 그리고 효과적인 자원봉사관리를 위하여 자원봉사 전담기구나 네트워크에서는 관리체계를 확립하여 개별 기관들이 어려움을 겪고 있는 부분들을 중심으로 기술적 및 물적지원을 해야 한다. 수요처 기관의 조직 역량에 따라서 자원봉사 관리체계를 적절하게 운영하기도 하고, 그렇지 못한 경우도 발생한다. 자원봉사 전담기관이나 협의체에서는 관리체계 단계에서 어떠한 부분이 부족한지를 분석하여 이에 따라서 다른 지원방안을 모색해야 한다.

특히 현재 자원봉사자들을 활용하고 있는 지역사회 내의 기관 및 수요처를 대상으로 자원봉사관리자에 대한 자원봉사관리나 지원을 위하여 다양한 기술과 정보를 제공함으로써 자원봉사자관리자들의 업무능력 향상과 자원봉사관리에 대한 변화를 유도하고 지지해야 한다. 자원봉사자를 배치받은 수요처들이 자원봉사관리를 원활히 하는데 필요한 도움을 주기 위하여 담당 직원들을 교육하고, 자원봉사활동들을 모니터링해주며, 자원봉사 프로그램 개발, 자원봉사관리자에 대한 자문 및 필요한 정보 등을 지속해서 제공해야 한다. 만일 자원봉사를 위한 네트워크나 협의체가 구축되었다면, 이러한 관리체계에 관련된 주요 내용과 전략 등을 네트워크나 협의체의 정기적인 모임이나 교육을 통하여 개별 기관에 신속하게 제공해야 한다.

5 노년기 자원봉사의 방향

노년기의 자원봉사활동은 퇴직으로 상실된 사회적 지위와 역할을 보충해 주고, 소외감을 극복하고, 사회에 유용한 존재라는 사회적 가치성을 느끼게 하여 긍정적인 자아상 유지에 도움이 된다. 사회적 측면에서는 노인은 자원봉사활동을 통해 지역사회와 관계를 맺고 사회에 봉사하여 사회복지에 공헌할 뿐만 아니라 노인 또는 노화에 대한 인상을 긍정적으로 변화시킬 수 있다는 의의가 있다. 노인의 자원봉사활동은 일방적이지 않고 상호 주고받는 봉사활동이 되어야 한다. 이런 활동을 통해 바람직한 노인의 이미지가 정립되어 노인에 대한 사회의 부정적인 편견을 없앨 수 있다. 또한 노인들은 인생을 통한 경험과 지식을 자원봉사활동에 활용함으로써 노인 스스로 삶의 보람과 만족을 얻어 노년기의 생활을 더욱 풍요롭게 할 뿐만 아니라 이웃이나 사회에 공헌할 수 있다.

노인들의 자원봉사활동의 활성화를 위하여 자원봉사관리자의 역할은 매우 중요하고 각 기관이 효과적인 관리운영방안을 도입하여 실천하는 것이 선행되어야 한다. 자원봉사관리자들은 노인자원봉사자들이 그들의 능력을 최대한 발휘할 수 있도록 노인들의 욕구와 능력에 부합할 수 있는 창조적인 프로그램을 개발하여 운영하는 것이 필요하다. 이를 위하여 노인들의 인생 주기별 특성을 충분히 이해하며, 노인자원봉사활동의 경향과 문제점들을 구체적으로 파악하고, 노인자원봉사자들의 활동을 효과적으로 운영할 수 있는 관리운영체계를 도입하여 체계적으로 실행해야 한다. 또한 자원봉사관리자는 노인자원봉사활동의 활성화를 위한 사회적, 경제적, 법적 장치의 마련에도 관심을 가져야 한다.

또한 노인자원봉사관리자의 기능을 강화하기 위해서는 노인자원봉사관리자 교육훈련프로그램의 개발이 우선적이라 할 수 있다. 자원봉사활동은 자원봉사자와 클라이언트의 당면한 욕구충족뿐만 아니라 상호 간의 협력관계 유지 및 제도변혁이나 창조를 향한 활동으로 이어져야 하므로 이러한 형태의 지원봉사활동이 이루어지려면 자원봉사활동에 관리자의 적절한 개입이 매우 필수적이다. 특히 노인자원봉사관리자의 경우 노인에 대한 이해와 노인의 인생 설계, 노인의 특성에 부합하는 자원봉사활동의 탐색 및 개발, 노인자원봉사활동 개입 시의 유의사항 등에 대한 지식 및 기술이 필수적이므로 이러한 내용을 중심으로 한 교육·훈련프로그램의 개발과 시행이 선행되어야 한다.

노인들을 위한 자원봉사활동 수요처 개발에서 가장 중요한 점은 지역사회 내에서 청소년이나 일반 성인 자원봉사자들에 대한 수요는 높은 편이지만 노인자원봉사자들에 대한 수요는 적은 편으로 젊은 연령 계층을 위한 자원봉사 수요처 개발과는 차별화되어야 한다. 특히 수요처의 자원봉사 담당자들이 노인자원봉사자의 활동에 대한 이해가 부족한 경향이 높으므로, 장기적인 측면에서 수요처 담당자들을 대상으로 한 노인자원봉사활동의 긍정적인 측면을 지속해서 홍보해야 한다. 또한 새롭게 개척한 수요처에서 지속해서 노인자원봉사자들에게 활동을 제공할 수 있도록 지역사회 내의 자원봉사협의체나 전담기구를 설립하여 수요처에 대한 지속적인 관리지원을 제공해야 한다. 그리고 노인자원봉사활동을 위한 수요처 개발에 있어서 지역사회 내의 노인자원봉사활동 영역의 양적인 확장을 추구하기보다는 노인들이 자원봉사활동을 지속할 수 있도록 노인들의 능력, 동기, 특성 및 기호 등을 충분히 고려하여 배치하며 성인자원봉사자들에 대한 관리보다도 더욱더 강화된 사전교육, 보수교육 및 체계적인 사후관리를 적극적으로 활용해야 한다.

또한 지역사회 내에서 노인자원봉사활동을 활성화하기 위해서는 지역 내에 존재하고 있는 노인 관련기관, 사회복지기관, 교육기관, 공공기관 및 자원봉사 수요처 간의 자원봉사 관련 업무 및 과업의 효과적인 운영 및 관리를 위하여 노인자원봉사 네트워크를 구축하여 연계기관 간의 진정한 인적 및 물적지원의 교류, 협력 및 원조 관계를 형성하고 유지하는 작업이 매우 필요하다. 그리고 네트워크의 범위를 확장하면서, 또한 네트워크 내에서 기관의 자원이 부족한 기관들에 후원을 지속하며, 네트워크에 포함되어 있지 않은 기관들을 파악하여 네트워크에 참여하는 방안을 모색해야 한다. 네트워크를 구축한 이후에는 네트워크를 효과적으로 운영하기 위해서 기관 내와 기관 간의 네트워크를 위한 자원의 교류, 협력 및 조정이 잘 이루어지고 있는지에 대하여 수시로 점검해야 한다. 그리고 네트워크에서 발생하는 문제점들을 조속히 해결할 수 있는 체계를 확립하여 네트워크가 지속해서 발전할 수 있도록 해야 한다.

지역사회 네트워크의 구축을 통하여 성취해야 할 가장 중요한 점은 네트워크를 통하여 노인자원봉사자들의 활동영역과 범위를 확대하는 작업이다. 노인자원봉사 네트워크의 효과적인 운영을 통하여 다양한 지역사회 기관에 효율적인 자원봉사관리방안을 제공할 수 있으며, 네트워크에 참여한 기관들이 기관의 전문성을 반영하여 예비노인자원봉사자들을 훈련하고 적합한 수요처에 배치할 수 있으며, 네트워크의 결집을 통하여 효과적인 자원관리를 시행할 수 있다. 특히 개별 기관에서 인지하지 못하거나 수행할 수 없는 활동들도 네트워크를 통해서 실시할 수 있다.

그리고 개별 조직이나 기관들이 자원봉사자들을 관리하는 것보다도 네트워크를 활용하는 경우에는 자원봉사자들에 더욱 체계적인 서비스, 교육 및 지원을 제공할 수 있어서 노인자원봉사자들의 참여 동기를 북돋우고 참여 기간을 극대화시킬 수 있다. 그리고 네트워크의 운영이 단순히 참여하고 있는 기관들의 자원을 효과적으로 활용할 수 있다는 장점뿐만 아니라, 네트워크가 효과적으로 운영되면서 그동안 노인자원봉사활동에 관심이 없었던 지역사회의 비영리기관, 공공기관, 종교단체, 시민단체나 복지기관들의 노인자원봉사활동에 대한 인지도가 향상되어 보다 다양한 노인자원봉사활동의 영역 및 범위를 확대하고 창출할 수 있다.

성공적인 노화(Successful Aging)를 위하여 노인들은 자신들의 능력과 기술을 활용하여 우리 사회에서 다양한 문제들로 고통받고 있는 사람들의 아픔을 함께 하고 그들을 도울 수 있도록 노력하는 적극적이며 주도적인 자세의 확립이 필요하다. 그리고 지속적인 노인자원봉사활동을 통하여 노인들은 자원봉사대상자라는 수동적인 입장을 탈피하여 세대통합(Intergenerational Ties)과 사회통합(Social Integration)을 추구해 나갈 수 있도록 노력해야 한다. 이를 위하여 정부나 지방자치단체들도 노인들을 단순히 수동적인 존재나 서비스의 수혜자로 인식하기보다는 노인자원봉사활동이 보다 체계화되고 내실화될 수 있도록 자원봉사관련 법규 및 제도를 정비하여 노인자원봉사활동이 시간 소모적인 차원에 머무는 것을 지양하고, 다양한 노인자원봉사활동들이 개발되고 활성화되어 사회복지단체 및 비영리기관들의 목적과 사업을 효과적으로 성취하는 데 실질적인 도움을 줄 수 있는 자원봉사활동이 될 수 있도록 정책적, 행정적 및 제도적 지원방안을 모색해야 한다.

CHAPTER

03

노인과 사회참여활동

CHAPTER

03 노인과 사회참여활동

1 노인과 사회참여활동

평균수명의 증가로 노년기가 길어지면서 노인들의 사회참여(Social Participation) 활동에 관한 관심이 더 중대되고 있다. 기나긴 노년기를 활기차고 의미 있게 영위해 나가기 위해서는 노인들의 개별적인 특성, 욕구 및 동기 등에 부합하는 다양한 사회참여활동들에 적극적으로 참여하는 것이 매우 필요하다. 사회참여활동을 통하여 노인들의 사망률을 감소시키고(Berkman, 1995; Glass et al., 1999), 삶의 질, 그리고 생활만족도 등을 향상시키며, 이를 통하여 성공적 노화(Successful Aging)를 추구할 수 있다(Levasseur et al., 2010). Rowe와 Kahn(1997)은 노년기의 삶에서 사회참여활동의 지속은 성공적인 노화를 유지하는 주요 요인 중의 하나라고 주장했다. 성공적 노화를 위하여 노인들의 전반적인 활동수준을 향상시키는 것은 매우 중요하며, 특히 사회참여활동의 활성화는 노인들의 건강을 증진시킬 수 있는 매우 효과적인 전략의 하나이다(Lee et al., 2008). 노인들의 일상적인 활동들과 성공적 노화와의 관계를 조사한 결과 개별적이거나 단독적으로 수행하는 활동보다는 다른 사람들과 함께 수행하는 사회참여활동에 참여하는 경우 행복감, 기능 향상 및 사망률 감소 등에 긍정적인 효과가 더 높게 나타나는 것으로 조사되었다(Menec, 2003).

노인들의 풍부한 인생 경험은 사회참여활동을 통하여 긍정적인 차원에서 사회에 기여할 수 있고 세대 간의 통합 기회도 마련할 수 있다. 노인들의 사회참여활동의 확대는 인구 고령화에 대비하여 UN의 국제건강기구(World Health Organization: WHO)의 노인 정책에서 가장 중심적인 정책 중의 하나이다(WHO, 2002). 노인들이 보다 적극적인 사회참여활동을 통하여 고령화로 발생할 수 있는 사회경제적인 문제를 포함하여 건강문제들도 최소화할 수도 있다. 그리고 노인들의 사회참여활동은 단순하게 무료한 시간을 보내는 것보다는 노년기의 삶을 보다 건강하고 풍요롭게 유지하는 데에 긍정적인 영향을 미친다(황종남 · 권순만, 2009). 특히 노년기에 사회참여활동의 기회 확충을 통하여 노인들의 우울과 스트레스를 경감시키고 삶의 만족도를 증진시키는 데 많은 도움이 된다(권현수, 2009).

우리나라에서도 정부 차원에서 노인들의 사회참여활동을 확대하기 위하여 다양한 노력을 기울이고 있다. 취업이 어려운 노인들에게 노인일자리사업을 제공하고 있고, 사회에 봉사하고 싶은 노인들을 위하여 자원봉사활동을 지원해 주고 있으며, 그리고 노인들의 여가활동의 활성화를 위하여 노인복지관, 경로당 및 노인학교 등을 중심으로 노인들의 다양한 여가선용을 위한 프로그램과 서비스를 제공하고 있다. 그러나 우리나라 노인들의 경우 선진국의 노인들과 비교하여 우리나라 노인들은 전반적으로 사회참여활동이 저조하고 일부 사회참여활동에만 국한되어 있는 경향이 높은 편이다.

2011년도에 실시된 전국 노인생활실태조사에서는 노인들의 사회단체별 참여율에서는 친목단체활동은 37.4%, 종교활동은 34.7%, 동호회활동은 3.8%, 정치사회단체는 0.7% 등으로 친목단체와 종교활동을 제외한 다른 사회활동에 대한 참여율은 매우 낮은 것으로 나타났다(한국보건사회연구원, 2012). 도시지역 연소 노인들의 사회참여활동의 실태를 조사한 결과에 의하면 절반 이상의 응답자들이 여가 및 친목활동에 참여하고 있었고, 그 다음으로 동창회, 종교활동, 향우회, 자원봉사 등의 순으로 조사되었다. 그러나 교양학습활동이나 시민참여활동의 참여율은 2% 미만으로 매우 낮은 편으로 조사되었다(한경혜 외, 2011). 특히 우리나라 노인들은 외국과 비교하면 시민단체나 정치단체 등과 같은 조직화된 사회참여활동보다는 자연발생적인 혈연이나 지연중심의 사회참여활동들이나 종교활동에 참여하는 경향이 높은 편이다. 노인들의 사회참여활동의 양적인 확충도 중요하지만, 노인들이 다양한 유형의 사회참여활동을 보다 활성화시키는 방안을 모색해 보아야 한다.

노인들의 사회참여활동의 활성화를 위하여 노인들의 사회참여활동에 대한 유형들을 면밀하게 검토해 볼 필요가 있다. 사회참여의 개념은 매우 포괄적이어서 경제활동, 여가활동, 취미활동, 문화활동, 종교활동, 정치 활동 및 자원봉사활동 등을 모두 포함하고 있다. 대부분의 선행연구에서는 노인들의 사회참여의 모든 유형을 포함하여 분석하기보다는 각각의 사회참여 유형에 국한하여 분석하는 경향이 매우 높은 편이다. 예를 들어서 노인들의 여가활동(최성애, 1999; 허준수, 2002; 김희년 · 정미숙, 2004), 체육활동(김양례 · 구해모 · 조성식, 2004), 종교활동(김수연, 1988), 정치활동(이인수, 2001) 및 자원봉사활동(고은숙, 2003; 이병순 · 김욱, 2006)에 대한 연구들은 많이 수행되었지만, 그러나 노인들의 모든 사회참여활동 유형들을 통합하여 분석한 연구는 미흡한 편이다. 그리고 대부분의 선행연구가 편의 모집에 의한 연구들로 우리나라 노인들의 사회참여활동에 대하여 포괄적으로 파악할 수 있는 대표성 있는 연구 자료들이 부족한 실정이었다.

2 노인과 사회참여의 개념 및 실태

그동안 노인 관련 선행연구들에서 사회참여활동에 관련된 많은 연구가 진행되었지만 사회참여활동에 대한 통일된 정의가 정립되지 않고 다양한 차원에서 사회참여를 정의하고 있다. Levasseur와 그의 동료들(2010)은 노인 관련 문헌들에서 43개의 사회참여활동에 대한 정의들을 통합하여 분석한 결과 사회참여활동에 대한 정의들은 다음과 같은 여섯 가지의 특성들로 분류되었다. 첫째, 다른 사람과의 연계를 위한 준비 활동, 둘째, 다른 사람과 함께 있는 활동, 셋째, 특정한 활동 없이 다른 사람들과 상호작용하는 활동, 넷째, 동일한 목표를 위해 다른 사람과 함께하는 활동, 다섯째, 다른 사람들을 도와주는 활동, 여섯째, 사회에 기여하는 활동이다.

사회참여활동의 개념은 사회적 연결, 사회적 연대, 사회적 자본(Social Capital), 사회적 지지, 사회적 연계, 사회적 통합 및 지역사회 참여 등으로 다양하게 규정되고 있다(Levasseur et al., 2010). 사회참여활동은 모임 참석, 종교적 모임, 그리고 자원봉사활동 등의 공식적 사회참여활동과 전화 그리고 친구들과의 접촉 등의 비공식 사회참여활동들을 포함하여 다차원적으로 구성되었다(Utz et al., 2002). Ingen(2008)은 사회참여활동을 공식적 사회참여, 가족 간의 비공식 사회참여, 가족 이외의 비공식 사회참여 및 사회적 접촉 등의 네 가지 형태로 구분하여 정의하고 있다. 공식적 사회참여활동은 사회 및 정치 관련 단체, 이익집단, 자원봉사단체, 종교단체 등에서의 활동들을 포함한다. 가족 간의 비공식 사회참여활동은 방문, 초대 및 가족 간의 대화 등을 포함한다. 가족 이외의 비공식 사회참여활동은 식당, 카페, 파티 및 각종 행사 등에 참여하는 것을 포함한다. 사회적 접촉은 편지나 전화 등을 활용하여 타인과의 대화를 포함한다. 사회참여활동은 개인적 자원들의 사회적 공유로 정의할 수 있고, 그리고 사회참여활동은 공공, 사회적 집단, 친구들 및 가족들과 함께 자신의 시간, 돈 및 노력을 공유하는 다양한 활동들을 의미한다(Hsu, 2007).

노인들은 퇴직 이후에 경제활동, 취미활동, 교육활동, 운동활동, 종교활동 및 자원봉사활동 등의 다양한 형태들로 사회참여활동을 하고 있어서 노인들에게 사회참여활동은 노인들의 생활 전체를 의미할 수도 있다. 노인들의 사회참여활동은 타인과의 상호작용을 통해 사회 내에서 자신의 임무를 수행하는 활동으로 사회참여활동의 유형은 매우 광범위하고 다양하게 유형화될 수 있다(황종만 · 권순만, 2009). 노인들의 사회참여활동은 사회적, 경제적, 조직적 성격이 포괄되는 광범위한 활동으로 경제활동, 교육활동, 운동활동, 단체활동, 정치활동, 종교활동, 자원봉사활동 등을 포함한다(이소정, 2009).

2011년 노인실태조사에서 조사된 우리나라 노인들의 주요 사회참여활동들의 실태들을 정리해 보면 다음과 같다(한국보건사회연구원, 2012). 종교활동의 경우 종교가 없는 노인은 34.7%라고 보고하고 있고, 종교별로 살펴보면 불교 31.3%, 개신교 21.8%, 천주교 9.7%, 유교 1.8%, 원불교 0.2%, 기타 0.6% 등의 순서로 나타났다. 여가활동 중 여행의 경우 지난 1년간 여행을 다녀온 응답자는 33.7%에 불과하고 대다수 노인은 여행을 다녀오지 않은 것으로 조사되었다. 정규교육과정을 제외한 학습 교육프로그램의 경우 노인들의 6.7%만이 참여하고 있는 것으로 나타났다. 노인들의 사회단체별 참여율을 분석해 보면 친목단체활동의 경우 전체 응답자의 37.4%가 참여하고 있으며, 동호회 활동은 3.8%, 정치사회단체는 0.7% 등으로 친목단체활동을 제외한 다른 사회단체 등의 참여율은 저조한 것으로 조사되었다.

3 노인들의 사회참여활동 영향요인

1) 인구 사회적 요인

노인들의 사회참여활동은 성별에 따라서 다소 차이가 있는 것으로 나타났다(Lee et al., 2008; Desrosiers et al., 2009). 선행연구에서는 남성 노인들이 여성 노인들에 비해 사회참여활동이 높은 것으로 조사되었다(Richard et al., 2008; 김영범 · 이승훈, 2008). 그러나 Zettel-Watson과 Britton(2008)의 연구에서는 여성 노인들이 남성 노인들과 비교하면 비공식 및 공식 사회참여활동이 높은 것으로 나타났다. 종교생활의 경우 여성 노인들의 종교생활 참여가 높은 것으로 나타났다. 예를 들어 종교가 없는 남성 노인은 46.5%인 반면에 여성 노인은 25.8%로 조사되었다. 유교를 제외한 불교, 개신교, 천주교를 믿는다는 응답이 남성 노인들과 비교하면 여성 노인들이 높았다. 그리고 평생교육의 경우 여성 노인의 참여율이 남성 노인의 참여율보다 다소 높은 것으로 조사되었다. 친목활동과 동아리 활동의 경우 여성 노인들의 참여율이 남성 노인들의 참여율보다 높은 것으로 나타났고, 그러나 정치사회 단체활동의 경우에는 여성 노인들의 참여율과 남성 노인들의 참여율이 비슷한 것으로 조사되었다(한국보건사회연구원, 2012).

연령과 노인들의 사회참여활동과는 깊은 관련이 있다. 연령이 증가하면서 일상생활동작에도 제한을 받으면서 노인들의 사회활동 참여는 감소하는 것으로 나타났다(Richard et al., 2008; Desrosiers et al., 2009). 75세 이상의 고령 노인의 경우 사회참여활동에 대한 제한이 많아져서 활동이 낮아질 가능성이 매우 크다(배진희, 2009). 연령이 낮을수록 비공식 및 공식 사회참여활동들에 대한 참여율이 높아지고, 특히 교육·고용 등의 사회참여활동이 높은 것으로 조사되었다(Van Groenou et al., 2010). 또한 연령이 낮을수록 자원봉사, 종교 및 취업 등의 사회참여활동에 참여하는 경향이 높은 것으로 조사되었다(이소정, 2009). 친목활동의 경우 연령별 특성은 차이가 없었지만, 평생교육 프로그램, 동아리활동, 정치사회 단체활동 및 자원봉사활동 등의 경우 연령이 낮을수록 참여율이 높은 것으로 조사되었다(한국보건사회연구원, 2012). 일반적으로 나이가 많아질수록 사회참여활동이 감소하는 것이 일반적인 현상이지만 연령 자체보다는 개인적인 건강상태가 사회참여활동에 많은 영향을 미칠 수 있다(Lee et al., 2008).

노인들의 학력은 노인들의 사회참여활동에 영향을 미친다(Hsu, 2007; Lee et al., 2008). 교육수준이 높을수록 사회참여활동의 정도가 높은 것으로 조사되었다(Richard et al., 2008). 교육을 통하여 개인의 사회적 네트워크와 사회적 기술이 향상하여 교육의 정도가 높을수록 사회참여활동은 증가하는 경향이 있는 것으로 조사되었다(Ingen, 2008). 김영범과 이승훈(2008)의 연구에서도 학력이 높은 노인들이 그렇지 않은 노인들보다도 사회참여활동이 높은 것으로 나타났다. 그리고 여행 여가활동, 평생교육프로그램, 친목활동, 동아리활동, 정치사회 단체활동 및 자원봉사활동 등의 경우 노인들의 교육수준이 높으면 그렇지 않은 경우보다 참여율이 높은 것으로 조사되었다(한국보건사회연구원, 2012).

거주 지역에 따른 노인들의 사회참여활동을 비교해본 결과 도시 거주 노인들의 사회참여활동이 농어촌 노인들보다 높은 것으로 조사되었다(이택영·김진경, 2010).

도시 거주 노인들과 농촌 거주 노인들을 비교한 결과 도시 거주 노인들의 동호회 클럽, 친목활동, 정치사회단체활동 및 자원봉사활동 등의 참여율이 농촌 거주 노인들보다 상대적으로 높은 것으로 나타났다. 그러나 문화활동의 경우 농촌 거주 노인들이 도시 거주 노인들보다 참여율이 높았다. 그리고 평생교육프로그램의 경우 도시 거주 노인들이 농촌 거주 노인들보다 참여율이 높은 것으로 나타났다. 또한 거주 지역에 따라서 참여하는 프로그램의 유형들이 상이한 것으로 조사되었다. 도시 거주 노인들은 일반교양, 정보화 교육에 대한 참여가 높았지만 농촌 거주 노인들은 여가와 취미프로그램에 참여율이 높게 나타났다(한국보건사회연구원, 2012).

결혼상태도 노인들의 사회참여활동에 영향을 미치는 것으로 조사되었다. 결혼상태에 따라서 사회참여활동의 장소가 다른 것으로 나타났다. 배우자가 있는 노인들은 주로 시·군·구의 회관이나 주민센터의 프로그램들에 참여하지만, 그러나 배우자가 없는 노인들은 종교기관에서 실시하는 프로그램에 참여가 높은 것으로 나타났다(한국보건사회연구원, 2012). 또한 미망인의 경우 그렇지 않은 경우보다 비공식 사회참여활동이 높은 편으로 조사되었다. 그러나 공식 사회참여활동은 미망인이나 그렇지 않은 경우 거의 동일하게 나타났다. 미망인의 비공식 사회참여활동이 증가하는 것은 배우자의 사망 이후 친구들이나 친척들 간의 비공식 사회참여활동이 더욱 증가하기 때문이다(Utz et al., 2002). Pihlblad와 Adams(1972)의 연구에서는 여성의 경우 배우자와의 사별 이후에도 전반적인 사회참여활동의 변화가 적었지만 남성의 경우에서 사별 기간과 비례하여 사회참여활동이 점차 감소하는 것으로 조사되었다.

2) 건강 관련 요인

노인의 사회참여활동에 영향을 미치는 요인 중에서 가장 중요한 요인들 중의 하나는 건강상태이다. 사회참여활동에 참여하는 노인과 비참여 노인들과의 건강상태를 비교해본 결과 사회참여활동 노인의 건강상태가 매우 양호한 것으로 나타났다. 사회참여활동은 다양한 측면에서 노인들의 생활과 삶에 긍정적인 영향을 미친다.

사회참여활동에 적극적으로 참여하는 노인들은 그렇지 않은 노인들보다 사망률이 낮고, 심리적 건강상태가 양호하고, 그리고 신체적이나 기능적 측면의 건강이 향상되는 것으로 조사되었다(Zettel-Watson & Britton, 2008). 13년간 노인들의 사망률과 사회참여활동, 생산적 활동 및 신체적 활동 등의 관련성을 조사한 결과, 사회참여활동이나 생산적인 활동에만 참여했던 경우 신체적인 활동에 참여하는 것보다 사망률이 현저하게 경감되는 것으로 나타났다(Glass et al., 1999).

주관적 건강상태가 양호할수록 사회참여활동이 증가하고 주관적 건강상태가 나쁠수록 사회참여활동이 감소하는 것으로 나타났다(Lee et al., 2008; Richard et al., 2008). 그리고 시력과 청각에 장애가 있는 노인들의 사회참여활동이 그렇지 않은 경우보다 저조한 것으로 조사되었다(Richard et al., 2008). 특히 시력에 장애를 가진 노인들은 그렇지 않은 노인들보다 가사활동, 사회활동, 노동, 자원봉사 및 여가활동 등에서 많은 제한을 받는 것으로 나타났다(Alma et al., 2011).

노인들의 일상생활동작 수준이 양호할수록 사회참여활동이 높아지는 것으로 조사되었다(배진희, 2009). 또 다른 연구에서도 노인들의 일상생활동작의 수준과 사회활동 참여는 정적인 관계로 나타났다(이효영 · 전경숙, 2009). 후기노인들의 사회참여활동과 기능적 능력의 관계를 5년간 종단적으로 조사한 결과 기능적 능력이 높으면 연령이 증가하더라도 사회참여활동의 수준은 거의 감소하지 않고 동일한 수준을 유지했고, 또한 사회참여활동이나 사회적 접촉이 낮으면 오히려 기능적 능력이 약화되는 결과가 나타났다(Sørensen, Axelsen, & Avlund, 2002).

그리고 인지적 기능이 양호할수록 노인들의 사회참여활동이 증가하는 것으로 조사되었다(Hsu, 2007). 노인들이 사회참여활동에 참여하는 경우 비참여 노인들과 비교하면 인지기능이 더 높은 것으로 나타났다. 특히 중 · 고령자의 종교, 여가, 공공집단 및 연고 집단 등과 같은 사회참여활동이 인지기능에 긍정적인 영향을 미치는 것으로 조사되었다(황종남 · 권순만, 2009). 그리고 노인들의 인지기능과 사회참여활동 간의 관련성을 종단적으로 조사한 연구결과에 의하면 한 가지 이상의 사회참여활동에 정기적으로 참여한 노인들이 사회참여활동에 전혀 참여하지 않은 노인들보다 인지적 기능이 양호하고 인지적 장애가 적은 것으로 조사되었다(Glei et al., 2006). 그리고 Graney(1975)의 연구에 의하면 사회참여활동에 참여한 노인들과 그들의 행복감과는 직접적인 관련이 있는 것으로 조사되었다. 노인들의 사회참여활동이 증가할수록 행복감은 상승하였고 불행감은 감소하는 것으로 나타났다. Zettel-Watson과 Britton(2008)의 연구에서는 우울감이 높은 노인들이 그렇지 않은 노인들보다 사회참여활동이 낮은 것으로 조사되었다.

3) 경제 관련 요인

노인들의 경제적 수준이나 상황에 따라서 노인들의 사회참여활동 참여율이 상이한 것으로 나타났다. 노인들의 가구소득이 높으면 그렇지 않은 경우보다 여행 여가활동, 동호회 클럽, 친목단체, 정치사회단체 및 자원봉사활동 등의 참여율이 높은 것으로 조사되었다(한국보건사회연구원, 2012). 그리고 노인들의 생활수준별 여가활동 참여도를 조사한 결과 생활수준이 높을수록 여가활동에 대한 참여빈도가 높은 것으로 나타났다(최성애, 1999). 소득이 낮을수록 그렇지 않은 경우보다 경로당 중심의 활동이 높은 것으로 조사되었다(김희년 · 정미숙, 2004). 그러나 다른 연구에서는 노인들의 가구소득과 용돈은 사회참여활동에 상이하게 영향을 미치는 것으로 조사되었다. 여성 독거노인들의 사회참여활동을 조사한 결과 소득이 높을수록 그렇지 않은 경우보다 사회단체활동의 참여가 높은 것으로 조사되었다(강현정, 2009).

Riddick과 Daniel의 여성 노인들의 여가활동에 관한 연구(1984)에서는 소득이 높거나 퇴직 전 직업을 가지고 있었던 여성 노인들의 여가활동에 대한 참여율이 높은 것으로 조사되었다. 그리고 서울 및 수도권 자원봉사센터에 등록된 노인자원봉사자들을 대상으로 조사한 결과 응답자들의 소득이 높을수록 자원봉사활동에 대한 지속의사나 참여율이 높은 것으로 조사되었다(이병순 · 김욱, 2006). Richard 외(2008)의 연구에서는 공공부조를 수급하는 노인들이 그렇지 않은 경우보다 사회참여활동이 저조한 것으로 조사되었다. 그러나 Zettel-Watson 외(2008)의 연구에서는 경제적 상태가 나쁜 노인들의 사회참여활동수준이 경제적 상태가 좋은 노인들의 사회참여활동수준보다 오히려 높게 나타났다. 그리고 종교활동의 경우 경제적인 상황은 노인들의 종교활동 참여에 영향을 미치지 않는 것으로 보고되고 있다(김수연, 1988).

4 노인들의 사회참여활동 실태분석

노인들의 사회참여활동을 유형별로 참여 실태를 분석한 결과는 다음과 같다(허준수, 2014)(표 3-1 참조). 종교활동의 경우 노인들의 대부분이 "2개월에 한 번 정도"(52.3%) 참여하고 있는 것으로 조사되었다. "3~4개월에 한 번" 정도가 15.5%, 그리고 "한 달에 두 번" 정도가 11.6%로 조사되었다. 일주일에 한 번 정도 종교활동에 참여하는 노인들은 불과 1.9%에 지나지 않았다. 친목활동의 경우 "한 달의 두 번" 정도가 41.7%, "일 년에 한두 번"이 20.0%, 그리고 "2개월에 한 번"이 11.4%로 나타났다.

여가스포츠활동의 경우 "한 달의 두 번" 정도가 34.8%, "3~4개월에 한 번"이 27.1%, 그리고 "2개월에 한 번"과 "일 년에 한두 번"이 비슷한 수치를 보인다(각각 14.2%). 연고집단활동의 경우 "한 달에 두 번"이 42.2%로 가장 많았고, "거의 매일"이 26.7%, "일주일에 두세 번"이 14.5%로 조사되었다. 공익관련 활동의 경우 "한 달에 두 번"이 37.1%, "3~4개월에 한 번"이 20.0%, "일 년에 한두 번"이 11.4%로 조사되었다. 노인들의 유형별 사회참여활동의 참여 실태를 분석한 결과 종교활동은 "2개월에 한 번"이 가장 많았고, 친목활동, 여가스포츠활동, 연고집단활동 및 공익관련 활동의 경우에는 "한 달에 두 번"이라고 응답한 경우가 가장 많았다.

종교활동을 제외한 다른 사회참여활동에 대한 참여도는 "한 달에 두 번"이 가장 많았고, 연고집단활동을 제외한 다른 사회참여활동에 일주일에 4회 이상 참여하는 경우는 1.3%에서 4.6%로 매우 저조한 편이다. 그러나 "일주일에 4회 이상" 연고집단활동에 참여하는 비율은 26.7%로 다른 나라와 비교해서 매우 높은 수치로 우리나라 노인들의 사회문화적 특수성을 반영하고 있다(허준수, 2014).

〈표 3-1〉 노인들의 유형별 사회참여활동의 참여 실태

빈도 / 유형	종교활동 (n=864)		친목활동 (n=1977)		여가·스포츠 활동 (n=155)		연고집단활동 (n=344)		공익관련 활동(n=35)	
	n	%	n	%	n	%	n	%	n	%
거의 매일 (일주일에 4회 이상)	40	4.6	71	3.6	2	1.3	92	26.7	1	2.9
일주일에 두세 번	30	3.5	60	3.0	2	1.3	50	14.5	1	2.9
일주일에 한 번	16	1.9	65	3.3	4	2.6	31	9.0	2	5.7
한 달에 두 번 (2주에 한 번)	101	11.6	825	41.7	54	34.8	145	42.2	13	37.1
한 달에 한 번	37	4.3	177	9.0	7	4.5	12	3.5	3	8.6
일 년에 대여섯 번 (2개월 1번)	452	52.3	226	11.4	22	14.2	5	1.5	4	11.4
일 년에 서너 번 (3~4개월에 1번)	134	15.5	157	8.0	42	27.1	6	1.7	7	20.0
일 년에 한두 번	54	6.3	396	20.0	22	14.2	3	0.9	4	11.4

출처: 허준수 (2014). 노인들의 사회참여활동 유형별 결정요인에 관한 연구. 노인복지연구, 64, 235-263.

1) 노인들의 특성과 유형별 사회참여활동 간의 관계

노인들의 사회참여활동 유형별 참여에 대한 인구 사회학인 변인들(성별, 연령, 교육, 결혼), 건강 관련 변인들(건강상태, ADL, IADL, CES-D10, 운동 여부) 및 경제 관련 변인들(한 달 용돈, 가구소득, 노동 여부) 등과의 상관관계를 분석하였다(허준수, 2014)(표 3-2 참조). 성별은 전체 사회참여활동, 친목활동, 연고집단활동, 공익관련 활동 등에 정적관계를 나타냈고, 종교활동에는 부적관계가 나타났으며, 여가스포츠활동에는 상관관계가 없었다. 이 결과는 종교활동의 경우 남성보다는 여성의 참여가 많다

는 선행연구결과와 일치한다(권현수, 2009). 그리고 전체 사회참여활동, 친목활동, 연고집단활동, 공익관련 활동 등의 경우 여성보다는 남성의 참여가 많은 것을 의미한다.

〈표 3-2〉 유형별 사회참여활동 참여에 대한 인구 사회학적인 변인, 건강 관련 변인 및 경제 관련 변인 등과의 상관관계

변수 \ 유형	종교활동	친목활동	여가스포츠 활동	연고집단 활동	공익관련 활동	전체 사회 참여활동
성별(남)	-.136**	.103**	.016	.254**	.053**	.061**
연령	-.066**	-.182**	-.044**	-.106**	-.043**	-.207**
교육	.043**	.124**	.108**	.311**	.119**	.172**
결혼(기혼)	-.035*	.115**	.015	.150**	.026	.102**
건강상태	.004	.118**	.081**	.133**	.044**	.114**
ADL	-.066**	-.169**	-.049**	-.065**	-.021	-.212**
IADL	-.091**	-.216**	-.071**	-.099**	-.021	-.270**
CES-D10	-.031*	-.165**	-.089**	-.212**	-.065**	-.191**
운동 여부(유)	.076**	.138**	.123**	-.119**	-.075**	.183**
한 달 용돈	.050**	.215**	.172**	.329**	.113**	.248**
가구소득	.013	.036*	.076**	.086**	.040*	.060**
노동 여부(유)	-.078**	.098**	-.014	.108**	.026	.064**

*$p<0.05$, **$p<0.01$

출처: 허준수 (2014). 노인들의 사회참여활동 유형별 결정요인에 관한 연구. 노인복지연구, 64, 235-263.

연령은 전체 사회참여활동, 종교활동, 친목활동, 여가스포츠활동, 연고집단활동 및 공익관련 활동 등 모든 사회참여활동에 부적관계를 나타냈다(허준수, 2014). 이 결과는 연령이 낮을수록 사회참여활동이 높다는 선행연구결과와 일치한다(Desrosiers et al., 2009; Van Groenou et al., 2010). 교육수준도 전체 사회참여활동, 종교활동, 친목활동, 여가스포츠활동, 연고집단활동, 공익관련 활동 등에 유의미한 정적관계가 나타났다. 이는 노인들의 학력 수준이 높을수록 모든 사회참여활동의 참여가 많은 것을 의미한다. 이 결과는 교육수준이 높을수록 사회참여활동이 높다는 선행연구결

과와 일치한다(허준수, 2002; Hsu, 2007; Lee et al., 2008).

결혼상태의 경우 전체 사회참여활동, 친목활동, 연고집단활동 등에 유의미한 정적관계를 나타냈고, 종교활동의 경우에는 부적관계를 나타냈고, 그러나 여가스포츠활동과 공익관련 활동에는 유의미한 관계가 나타나지 않았다(허준수, 2014). 이는 결혼상태를 유지하고 있는 노인일수록 전체 사회참여활동, 친목활동 및 연고집단활동 등에 대한 참여가 높았고, 그리고 배우자가 있는 경우 친목모임이나 동창회모임 같은 연고집단활동의 참여가 높다는 선행연구결과와 일치한다(권현수, 2009). 종교활동의 경우 기혼이 아닌 경우 참여가 높았고, 그리고 여가스포츠활동과 공익관련 활동 등과 결혼상태는 관련성이 없는 것으로 나타났다.

건강상태의 경우 전체 사회참여활동, 친목활동, 여가스포츠활동, 연고집단활동, 공익관련 활동 등에 정적관계가 나타났다(허준수, 2014). 이 결과는 건강상태가 양호할수록 사회참여활동이 높다는 선행연구결과들과 일치한다(Lee et al., 2008; Richard et al., 2008). 그러나 종교활동의 경우 건강상태와는 유의미한 관계가 나타나지 않았다. 이는 다른 사회참여활동보다는 노인들의 건강상태가 종교활동의 참여에 제한을 주지는 않는 것을 의미한다. 노인들의 일상생활동작(ADL)과 수단적 일상생활동작(IADL)의 수준은 공익관련 활동을 제외하고는 다른 사회참여활동들과 부적관계가 나타났다. 이는 공익관련 활동을 제외하고는 노인들의 일상생활동작이나 수단적 일상생활동작의 제한이 적을수록 사회참여활동에 참여가 높은 것을 의미한다. 우울수준(CES-D10)의 경우 전체 사회참여활동을 포함한 모든 사회참여활동 유형과 부적관계가 나타났다. 이는 우울중 수준이 낮을수록 노인들의 사회참여활동 참여가 높은 것을 의미한다.

정기적 운동 여부는 전체 사회참여활동, 종교활동, 친목활동, 여가스포츠활동 등과는 정적관계가 나타났고, 연고집단활동과 공익관련 활동과는 부적관계가 나타났다(허준수, 2014). 이는 노인들이 정기적인 운동에 참여할수록 전체 사회참여활동, 종교활동 및 여가스포츠활동의 참여가 높고, 그리고 노인들이 정기적 운동에 참여하지 않을수록 연고집단활동과 공익관련 활동에 대한 참여가 높은 것을 의미한다.

한 달 용돈의 경우 전체 사회참여활동, 종교활동, 친목활동, 여가스포츠활동, 연고집단활동 및 공익 관련 활동 등 모든 사회참여활동들과 유의미한 정적관계를 있었다(허준수, 2014). 이는 노인들의 용돈 수준이 높을수록 사회참여활동의 참여도가 높은 것을 의미하고, 그리고 노인들이 어떠한 활동에 참여하든 간에 그 활동에 대한 일정 정도의 비용이 소요된다는 것을 뜻한다. 가구소득의 경우 전체 사회참여활동, 친목활동, 여가스포츠활동, 연고집단활동 및 공익관련 활동 등에 정적관계가 나타났지만, 그러나 종교활동에는 유의미한 관계가 나타나지 않았다. 이는 종교활동과 가구소득의 정도는 관련성이 없는 것을 의미한다.

노동의 참여 여부와 전체 사회참여활동, 친목활동 및 연고집단활동 등은 정적관계가 있었고, 종교활동과는 부적관계가 나타났지만, 그러나 여가스포츠활동과 공익관련 활동과는 유의미한 관계가 나타나지 않았다(허준수, 2014). 이는 노동에 참여하고 있을수록 전체 사회참여활동, 친목활동 및 연고집단활동에 참여가 높고, 노동에 참여하지 않을수록 종교활동의 참여가 높지만, 그러나 노동참여 여부와 여가스포츠활동과 공익관련 활동 간의 관련성이 없는 것을 의미한다.

2) 노인들의 유형별 사회참여활동에 대한 결정요인

노인들의 전체 사회참여활동 결정요인을 분석하기 위하여 인구 사회적 변수, 건강 관련 변수 및 경제 관련 변수 등을 모두 포함하여 사회참여활동 영향요인을 분석한 결과, 인구 사회적 변수들 중에서는 여성일수록, 연령이 낮을수록, 교육수준이 높을수록 사회참여활동이 높은 것으로 분석되었다(허준수, 2014). 그러나 혼인상태와 거주지역은 노인들의 사회참여활동에 영향을 미치지 않는 것으로 조사되었다. 건강 관련 변수들의 경우 건강상태가 양호하거나, 기능적 일상생활동작(IADL) 수준이 양호할수록, 우울 수준이 낮을수록, 그리고 정기적 운동에 참여할수록 사회참여활동이 높은 것으로 분석되었다. 그러나 노인들의 일상생활동작(ADL)은 사회참여활동에 영향을 미치지 않는 것으로 나타났다. 경제관련 변수들의 경우 계층의식 “하”

와 비교하여 "중"이라고 인식할 경우, 한 달 용돈이 많을수록 사회참여활동이 높은 것으로 조사되었다. 그러나 가구소득과 노동 여부는 사회참여활동 결정요인에 유의미하게 나타나지 않았다.

5 노인들의 사회참여활동의 방향

노인들의 사회참여 결정요인들을 규명하기 위하여 노인들의 사회참여활동 여부를 인구 사회적 요인, 건강 및 경제 관련 요인 등의 측면에서 조사하고 분석하였다(허준수, 2014). 이에 관련된 주요 논의와 제언들은 다음과 같다. 첫째, 본 연구결과는 여성일수록 종교활동에 대한 참여도가 높다는 선행연구결과와 일치하고(한국보건사회연구원, 2012), 그리고 대도시거주 노인들보다 중소도시나 농촌지역의 종교활동에 대한 참여도가 낮은 것은 이러한 지역들의 종교기관에 대한 접근성이 대도시보다도 취약하기 때문이다. 지역사회 내의 노인복지관에서도 노인들의 다양한 종교에 따른 영적 상담이나 종교관련 서비스를 제공하는 방안을 모색해 보아야 한다.

둘째, 연령이 낮고 건강상태나 기능적 능력이 양호할수록 친목활동에 대한 참여도가 높은 것으로 나타났고, 이는 선행연구결과들과 일치했다(한국보건사회연구원, 2012). 그리고 사회참여활동을 참여할수록 건강상태가 호전되고 기능적 능력도 유지되는 긍정적인 효과가 높으므로 건강상태나 나쁘고 기능적 능력이 미흡한 노인들을 대상으로 하는 사회참여 활성화 방안을 마련하는 것도 필요하다. 또한 대도시거주 노인들보다는 중소도시나 농촌지역에 거주하는 노인들의 친목활동이 높은 것은 중소도시나 농촌지역 노인들의 일상적인 접촉과 만남이 대도시지역 노인들보다 높다는 것을 의미한다. 지역사회 내의 노인복지 관련 기관들을 중심으로 도시 노인들의 일상적인 접촉과 만남을 촉진하고 소외현상을 경감할 수 있는 프로그램들의 확충이 필요하다.

셋째, 남성 노인들보다는 여성 노인들이 여가스포츠활동에 더 많이 참여하는 것으로 조사되었는데, 이는 여성 노인들이 남성 노인들과 비교하면 지역사회의 노인복지관이나 노인복지 관련기관에서 시행하는 여가스포츠활동의 참여 빈도가 높은 것을 반영하고 있다. 그리고 활동량이 많은 여가스포츠활동의 특성으로 건강상태가 좋은 노인들의 참여가 높았다. 특히 여가스포츠활동에 일정 정도의 비용이 소요되기 때문에 경제적 상태가 양호한 노인들의 참여가 높은 것으로 나타났다. 그리고 노인들을 위한 여가스포츠활동의 공간에 대한 접근성이 대도시와 비교하면 농촌지역이 미흡하여서 농촌지역 거주 노인들의 여가스포츠활동의 활성화를 위한 대책이 필요하다.

넷째, 동창회, 향우회나 종친회 등의 연고집단활동은 여성 노인들보다는 남성 노인들의 참여가 높았고, 경제적 계층의식이 높거나 경제상태가 양호한 노인들이 그렇지 않은 노인들보다 연고집단활동에 대한 참여가 높았다. 우리나라에서 연고집단활동에 참여하는 노인들은 저소득계층보다는 경제사회적 지위가 비교적 양호한 중산계층의 노인들이라고 추정할 수 있다. 또한 우리나라 노인들이 다른 나라의 노인들보다 동창회, 향우회 또는 종친회 등의 연고집단활동을 많이 참여하는 근본적인 원인을 연구하는 것이 필요하고, 그리고 노인들의 연고집단활동의 참여가 사적인 만족보다는 사회의 공익적인 활동들과 연결될 수 있도록 지원해 줄 방안을 모색해 보아야 한다.

다섯째, 자원봉사, 정당활동 및 시민단체 등의 공익활동은 교육수준이 높고 경제적 상태가 양호한 노인들의 참여가 높은 것으로 나타났다. 선진 외국과 비교하여 우리나라 노인들의 공익활동에 참여가 매우 낮은 편으로 노년기 진입 이전에 중장년층을 대상으로 다양한 자원봉사, 정당활동 및 시민단체활동에 참여할 수 있도록 사회문화적 환경을 개선해 나가야 한다. 또한 노인들이 정치적 활동의 활성화를 통하여 노인들의 욕구들이나 정치적 의사를 체계적으로 대변할 수 있는 환경을 마련하고, 그리고 노인들의 자원봉사활동의 활성화를 통하여 노인들의 지혜, 경험 및 능력 등을 사회발전에 활용할 수 있는 방안을 모색해 보아야 한다.

여섯째, 노인들의 연령이 낮을수록 교육수준이 높을수록 사회참여활동이 높다는 선행연구결과들과 일치한다(Lee et al., 2008; Desrosiers et al., 2009). 우리나라의 고령화 속도가 다른 나라에 비하여 상대적으로 빠르고 평균수명이 증가하고 있는 시점에서 후기노인들을 위한 사회참여활동의 활성화 방안을 마련해야 한다. 그리고 교육수준이 낮은 노인들도 다양한 사회참여활동에 참여하는 방안도 모색해야 한다.

일곱째, 건강상태가 양호하고 일상생활동작(ADL)에 장애가 없고 정신건강 수준이 좋을수록 사회참여활동이 높은 것으로 나타났는데, 이는 선행연구결과들과도 일치한다. 선행연구결과에 의하면 신체적 및 정신적 건강상태가 양호한 노인들의 사회참여활동이 높은 것으로 나타났고(이혜영 · 전경숙, 2009), 또한 사회참여활동을 통하여 노년기의 신체적 및 정신적인 건강도 유지되거나 향상된다는 점을 고려하여 신체적 혹은 정신적 장애나 질환들을 앓는 노인들의 사회참여 활성화를 위한 환경과 서비스를 개발하는 것도 매우 중요하다.

여덟째, 노인들의 경제적 지위나 소득이 높을수록 사회참여활동이 높은 것으로 나타났다(허준수, 2014). 한 달 용돈이 많을수록 사회참여활동이 높은 것은 사회참여활동을 유지하는 데에 최소한의 경비가 필요하다는 것을 의미한다. 앞으로 노인들이 경제적 지위에 상관없이 다양한 사회참여활동을 지속할 수 있도록 지역사회 환경을 개선해 나가는 것이 필요하다. 특히 지역사회의 노인복지관을 중심으로 저소득계층의 노인들이 친목활동, 여가활동, 스포츠활동 및 자원봉사 등의 다양한 사회참여활동을 할 수 있는 서비스와 프로그램을 개발하여 운영해야 한다.

아홉째, 노인들의 사회참여활동의 결정요인들로 여성일수록, 연령이 낮을수록, 교육수준이 높을 경우, 건강상태나 기능적 능력이 양호할수록, 우울감이 적을수록, 경제적 의식이 높거나, 그리고 한 달 용돈이 많으면 등으로 조사되었다. 특히 여성 노인들보다는 남성 노인들의 사회참여활동이 저조한 것으로 조사되었다(허준수, 2014). 실제로 우리나라의 여성 노인들이 남성 노인들보다 지역사회의 노인복지 관련 기관이나 단체에서 제공하는 프로그램의 참여율이 높은 편이다. 앞으로 노인복지기관이나 관련 단체에서 남성 노인들의 사회참여활동을 활성화시킬 수 있는 환경과 프로그램의 개발에 역점을 두어야 한다. 그리고 연령이 높거나 학력이 낮거나 건강상태가 나쁘거나 혹은 경제적 지위가 낮은 노인들이 다양한 사회참여활동에 동참할 수 있도록 노인들의 연령별, 교육수준별, 건강상태별 및 경제적 특성을 고려하여 체계적인 시니어 사회참여활동 증진방안을 모색해야 한다.

Marshall과 Altpeter(2005)는 사회복지사들이 활용할 수 있는 활동적 노년(Active Aging)을 통한 사회참여활동의 활성화를 위한 개입전략들을 다음과 같이 제시하고 있다: ① 사회복지사들은 지역사회 내에서 사회계획과 노년층에 대한 옹호 전략을 활용하여 활동 친화적인 지역사회를 개발해야 한다; ② 사회복지사들은 노인들이 제한 없이 이동할 수 있도록 교통 친화적인 지역사회를 만들어가야 한다; ③ 사회복지사들은 기업과 협력하여 건강하고 활동 친화적인 노동환경을 만들어나가야 한다; ④ 활동 친화적인 지역사회를 만들기 위하여 인접 지자체, 기초단체 및 관련 기관들과의 협력과 조정을 증진해나가야 한다; ⑤ 건강하고 활기찬 노년을 위한 전문적이고 임상적인 서비스를 제공할 수 있는 환경을 제공해야 한다; ⑥ 지역사회 내의 노인 관련 단체와 기관들과 협력하여 활동적인 노인을 위한 지역사회의 역량을 향상시켜야 한다; ⑦ 활동적인 노년을 제약하는 빈곤과 실업을 방지하고 노인들에게 생산적인 활동과 노동을 제공해야 한다; ⑧ 노인들의 활동적 노년과 건강한 노년에 관련된 전문적인 연구조사를 진행하고 이에 관련된 적절한 정보를 제공할 수 있는 환경을 조성해야 한다.

WHO(2002)는 활동적 노화를 위한 정책적 고려사항에서 노인들의 사회참여활동을 활성화하기 위하여 다음과 같은 사항들을 고려해야 한다고 주장하고 있다. 첫째, 노인들의 사회참여 활성화 방안으로 생애주기별에 따른 교육과 학습의 기회를 제공해야 한다. 둘째, 노인들의 개별적인 욕구, 선호도 및 능력을 고려하여 경제활동, 자원봉사활동 및 다양한 사회참여활동에 참여할 수 있도록 환경을 조성해야 한다. 셋째, 연령이 증가하더라도 가정과 지역사회에서 다양한 사회참여활동에 지속해서 참여할 수 있도록 권장해야 한다.

앞으로 노인들의 사회참여활동의 활성화를 통하여 노인들 스스로가 건강상태를 유지하고 기능적 능력을 향상하며 삶의 질을 증진하고 나아가 성공적인 노화를 추구할 수 있도록 해야 한다. 그러나 저출산 · 고령사회기본법(국가법령정보센터, 2020)에는 정부는 노인들의 여가활동과 문화활동에 대한 기반을 조성하고, 그리고 자원봉사활동과 사회활동 참여를 촉진하는 사회적 기반을 조성해야 한다고 선언적으로 규정하고 있고 이에 따른 전달체계, 재원 및 인력 등에 대한 구체적인 방안들은 언급하고 있지 않다. 지자체, 노인복지 관련 기관, 전문가 및 지역주민들은 협력하여 노인들의 사회참여활동을 제약하는 지역사회 환경을 전면적으로 개선하고, 더욱 많은 노인이 그들의 능력, 관심 및 욕구 등에 부합하는 다양한 사회참여활동에 참여할 수 있는 실질적인 대책을 마련해야 한다. 끝으로 기존의 노인들의 사회참여활동을 제약하는 관련 제도 및 법규 등의 문제점들을 전면적으로 개선하고 노인들이 단지 부양대상이 아니라 노인들의 삶의 지혜와 풍부한 경험을 지속해서 사회에 환원할 수 있도록 국가 차원의 노인 사회참여활동에 대한 합리적 개선방안과 효과적인 전략을 수립해야 한다.

CHAPTER

04

노인과 고독감

1. 노인과 고독감
2. 고독감의 개념
3. 노년기 고독감에 대한 영향요인
4. 노인들의 고독감 개선방안

CHAPTER

04 노인과 고독감

1 노인과 고독감

산업화, 도시화 및 핵가족화로 인하여 노인부부 단독세대와 노인 단독가구들의 수가 증가하고 있고, 특히 노인 단독가구는 2010년 기준 백만 가구로 총가구의 6.0%를 차지하고 있으며 2030년에는 10가구 중 한 가구가 홀로 사는 고령자 가구로 전망되고 있다(2010, 통계청). 가족들과 함께 동거하면서 생활했던 과거에 비하여 노인 가구들에 대한 가족, 친척이나 친구 등의 비공식 차원의 정서적 유대나 사회적 지지는 점차 감소하고 있다. 이로 인하여 우리나라에서 노인들은 더욱더 비공식 지지망과의 관계가 미약해지고 소외감이 증가하며 고독감(Loneliness)도 점차 증가하고 있다.

노인을 포함하여 모든 사람에게 고독감은 정서적으로 유쾌하지 않고 스트레스가 동반되는 경험이다. 특히 고독감은 노년기의 생활 전반에 부정적인 영향을 미칠 수 있다. 그리고 노년층에 발생하는 우울, 애도 및 분노 등을 동반할 경우 고독감의 심각성은 더욱더 가중된다(Dugan & Kivett, 1994). 노인들은 경제적, 사회적 및 건강상의 이유로 사회적 활동이나 생산적인 활동에 적극적으로 참여하기보다는 수동적이고 무료한 생활들을 영위해 나가고 있다. 그리고 노인들은 젊은 계층에 비하여 사회적 자극이나 상호작용의 기회가 부족하고 우울, 심리적 소외감, 사회적 고립감 및 고독감 등을 경험하게 되는 경우가 높은 편이다(박연환 · 강희선, 2008; Golden et al., 2009). 우리나라 노인들에게 외로움 및 소외감의 문제는 경제적 어려움과 건강문제 다음으로 어려운 노인 문제로 지적되고 있다(통계청, 2010). 이러한 결과는 우리 사회에서 노인들은 퇴직 이후에 사회적으로 적절한 역할이 부여되지 않아서 노년기를 단조롭고 무료하게 보내게 되는 경향이 높고 이로 인하여 발생할 수 있는 심리 · 사회적 측면에서의 다양한 욕구나 문제들에 대한 효과적인 대책이 미흡하기 때문이다.

고독감을 경험하는 모든 사람이 심각한 정서적 문제나 정신질환으로 이환되지는 않지만, 그러나 노년기의 경우 고독감은 역할의 상실, 경제적 능력의 상실, 노화로 인한 신체적 능력의 감소, 가족이나 친구들의 사별 등으로 인해서 어떤 생애발달 주기보다도 깊거나 만성적으로 진행될 가능성이 높다(양순미 · 홍숙자, 2003). 노인들은 경제적, 심리적 및 사회적 측면 등의 다양한 스트레스를 경험하면서 우울증이 더욱더 깊어지는 경향이 있다(이민수 · 최윤경 · 정인과 · 곽동일, 2000). 만성적인 고독감은 우울증으로 이환될 확률이 높고(Luanaigh & Lawlor, 2008), 이는 노인들의 자살 증가와도 높은 연관성을 갖고 있다.

노인들에게 고독감은 삶의 질과 심리적 안녕감을 평가하는 중요한 기준의 하나이고, 그리고 고독감의 개념에는 심리적인 측면과 사회적인 측면이 포함되어 있다(Weiss, 1999). 일반적으로 노년기의 고독감은 정신건강의 문제인 우울과 비교하여 경미하거나 자연스러운 현상으로 간과되기 쉽다. 그러나 고독감의 증가는 의료기관의 이용 증가, 시설입소의 증가, 인지기능의 저하 및 수명의 감소 등 노인들의 건강 및 삶의 질에 간접적인 영향을 미칠 수 있다(박연환 · 강희선, 2008). 노인들의 일시적이거나 경미한 고독감이 심각한 정서적 장애나 정신적 질환 그리고 자살로 이어지지 않도록 노인복지기관이나 전문가들이 노인들의 고독감에 대해서 보다 많은 관심을 가져야 하고, 그리고 노인들의 고독감에 영향을 미치는 요인들을 보다 명확하게 규명하고 이를 예방하고 경감시키는 방안들을 모색해야 한다.

1980년대 이후 노인종합복지관(이후 노인복지관)이 전국적으로 확산하면서 2018년에 총 391개의 노인복지관이 운영되고 있다(한국노인종합복지관협회, 2020). 그동안 노인복지관을 중심으로 노인들의 경제적 문제, 건강 관련 문제 및 심리 · 사회적 문제들에 대한 서비스들을 포함하여 다양한 여가복지 프로그램들을 제공하여 노인들의 일상생활지원과 삶의 질 향상에 어느 정도 기여하고 있다. 그러나 노인복지관의 서비스를 받거나 프로그램에 참여한 노인들에게 구체적인 어떠한 변화와 영향을 미쳤는지에 대한 체계적인 평가작업이나 연구조사는 미흡한 실정이고, 특히 노인복지관의 이용 여부가 노인들의 정서적 안녕감이나 고독감과 어떠한 관련이 있는지에 대한 연구는 매우 적은 편이다.

그동안 국내의 선행연구들에서 노인들의 심각한 정서적 문제나 정신질환에 관한 연구들은 많았지만, 그러나 노인들의 고독감에 관한 심층적인 연구들은 미흡한 측면이 많다. 그동안 노인을 대상으로 한 고독감에 연구들을 살펴보면 농촌 노인들과 도농복합지역의 고독감에 관한 연구(양순미 · 홍숙자, 2003; 최송식 · 박현숙, 2009), 중년과 노인의 여가활동과 고독감에 관한 연구(송지준 · 엄인숙, 2008), 여성 노인의 고독감에 대한 연구(김미령, 2005), 노인복지관의 여가프로그램이나 사회 체육활동에 참여하는 노인들에 관한 고독감의 연구들(이상구 · 박인수 · 김지은, 2006; 강호정 · 김경식, 2007, 김양례, 2008) 등이 수행되었다. 그리고 노인복지관 이용 노인들의 사회적 고립감에 관한 연구(박연환 · 강희선, 2008)가 있었다. 그러나 노인복지관을 이용하는 노인들과 비이용 노인들의 사회적(Social) 및 정서적(Emotional) 측면을 포함한 고독감에 대한 영향요인을 분석했던 연구는 수행되지 않았다. 본 장에서는 노인들의 고독감에 어떠한 요인들이 영향을 미치고 있는지를 고찰하고, 특히 노인복지관 이용 노인들과 비이용 노인들을 중심으로 노인들의 고독감에 대한 영향요인들을 파악하고자 하였다. 그리고 노인들의 고독감 영향요인들을 중심으로 노인복지관 이용 노인들과 비이용 노인들의 고독감 경감에 대한 노인복지 분야의 실천적 함의 및 제언 등을 모색하고자 한다.

2 고독감의 개념

사람들은 여러 가지 다양한 이유와 인생의 사건들을 통하여 고독감을 경험하게 된다. 만일 친구 관계가 미약하거나 주변에 의미 있는 사람들이 부재할 경우 고독감을 느끼거나 우울감을 경험할 확률이 높다. 동시에 고독감은 만성적인 우울감과는 다른 사회적 혹은 심리적인 증상들을 동반하기도 한다. 일반적으로 사람들은 혼자 남겨졌을 때 고독감을 느끼게 된다. 그러나 이혼, 사별 및 중요한 친구의 상실 등으로 슬픔이 동반될 경우 고독감은 더 증가하기도 한다.

인지이론(Cognitive Theory)에서는 한 개인의 고독감을 인지적인 측면과 사회 관계적 측면에서 평가하고 있다. 이 이론에 의하면 고독감은 기대하는 것(Desired)과 실제적인(Actual) 사회관계에서의 차이 혹은 최적의 사회관계와 실제로 얻을 수 있는 사회관계의 인식적인 차이로 규정하고 있다. 한 사람의 사회적 상호작용에서의 지각되는 차이나 결핍이 중요한 요소이고 이로 인하여 고독한 감정을 느끼게 된다. 그리고 사회적 환경에서 과거의 경험들과 사람들과의 관계 등은 한 사람이 고독감을 지각하고 평가하는 과정에 영향을 미친다(Shiovitz-Ezra & Leitsch, 2010).

Weiss(1999)는 고독감을 정서적(Emotional) 측면과 사회적(Social) 측면으로 구분하여 설명하고 있다. 그의 정의에 따르면 성인들의 경우 배우자에게 익숙해져 있다가 배우자와의 결별, 이혼이나 사망할 경우 분리 스트레스를 경험하게 되고 이로 인하여 정서적 고독감을 느끼게 된다고 주장하고 있다. 이에 반해서 사회적 고독감은 사회적 지지망이 부족하거나 미흡한 경우 경험하는데 스트레스 상황에서 가족이나 친한 친구들의 부재나 혹은 지역사회에 잘 적응하지 못하는 경우 느끼게 되는 고독감을 의미한다.

고독감에 대한 또 다른 분류는 고독감의 시간적 차원에 따른 분류이다. 이 분류에 따르면 고독감은 일시적일 수도 있고 만성적일 수도 있다. 일시적 고독감은 일시적인 환경의 변화에서 생기는 것으로 쉽게 극복할 수 있다. 사회화가 부족한 사람의 경우 일시적인 고독감을 경험할 수도 있다. 그러나 만성적 고독감의 경우는 영구적이며 대부분 주위의 사람들로부터 얻게 되는 것으로 쉽게 극복하기는 어렵다. 만일 어떤 사람이 지속적인 가족, 친구 및 이웃들과의 모임들을 가지면서도 고독감을 느끼게 된다면 만성적인 고독감일 경우가 높다. 만성적인 고독감을 경험하는 경우 주변의 사람과 환경들을 변화시킨다고 해도 고독감을 감소시키기 어려운 경우가 많다. 고독감은 사회적 소외감의 주관적인 경험으로 환경 속에서 얻을 수 있는 기대되는 우정(혹은 우애)의 정도와 정서적인 지지 간의 차이를 느끼게 되는 유쾌하지 않은 주관적인 상태로 정의할 수 있다(Blazer, 2002; Golden et al., 2009).

노인들에게 고독감은 사회적으로 매우 흔한 증상의 하나가 되었다. 영국의 한 조사에 의하면 지역사회에 거주하는 노인들의 40%가 고독감을 느끼고 있고, 핀란드의 연구에서는 75세 이상의 노인들의 40%가 고독감을 느끼며, 그리고 미국의 경우 50세 이상의 응답자 중에서 17%가 고독감을 경험하고 있는 것으로 조사되었다(Victor et al., 2005; Savikko et al., 2005; Shiovitz-Ezra & Leitsch, 2010). 노인의 고독감은 정신병리학에 근거한 고독감이 아니라 사회적 역할상실에 의한 사회 심리학적 고독감을 의미한다. 따라서 노인의 여가활동이나 체육활동 등에 대한 지속적인 참여는 사회적 역할상실에 의한 고독감 해소, 우울증 감소, 자아정체감 유지 및 생활만족도 향상 등에 기여한다(송지준 · 엄인숙, 2008).

3 노년기 고독감에 대한 영향요인

1) 인구학적인 요인

선행연구에서는 노인들의 고독감은 성별에 따라서 차이가 있다고 주장하고 있다. 한 연구에 의하면 여성 노인들의 40%가 고독감을 경험하고 있는 반면에 남성 노인들은 25%만이 고독감을 경험하고 있다고 조사되었다(Golden et al., 2009). 그리고 Shiovitz-Ezra 외(2010)의 연구에서도 여성 노인들이 남성 노인들보다도 고독감을 더 느끼는 것으로 나타났다. 그러나 Prieto-Flores 외(2011)의 연구에서는 여성 노인들이 남성 노인들과 비교하면 고독감을 덜 느끼는 것으로 나타났다. 그리고 다른 연구에서는 노인들의 고독감과 성별과 차이는 없는 것으로 조사되었다(양순미 · 홍숙자, 2003).

일반적으로 노인들의 연령이 높을수록 고독감이 높아지는 것으로 조사되었고(Golden et al., 2009; Prieto-Flores et al., 2011), 그러나 일부 선행연구들에서는 노인들의 연령이 낮을수록 고독감을 더 느끼는 것으로 나타났다(Johnson & Mullins, 1989). 그리고 노인들의 교육수준이 높을수록 고독감이 낮은 것으로 조사되었다. 교육수준이 높은 노인들의 경우 저학력의 노인들보다도 사회적 자원이 많고 다양한 활동의 참여가 가능하고 삶의 문제를 잘 극복할 수 있는 자원이 있기 때문이다(Heinemann & Evans, 1990, 김미령, 2005 재인용). 그러나 일부 선행연구들에서는 노인들의 고독감에 교육수준은 통계적으로 유의하지 않은 것으로 나타났다(양순미 · 홍숙자, 2003).

선행연구결과에 의하면 노인들의 고독감에 배우자 유무나 결혼상태가 영향을 미치는 것으로 보고되고 있다(한경혜 · 윤순덕, 2001; Prieto-Flores et al., 2011). Dugan과 Kivett(1994)의 연구결과에 의하면 결혼상태는 고독감에 영향을 미치는 주요 요인들의 하나로 규명되었다. 특히 사별, 이혼 및 별거 상태 노인들의 경우 배우자가 있는 노인들보다 고독감이 높은 것으로 나타났다. 한 연구에서는 여성 미망인의 경우 고독감이 가장 높은 것으로 조사되었다(Golden et al., 2009).

독거노인들은 동거가족이 있는 노인들에 비하여 고독감이 높을 것으로 생각된다. 독거노인들의 경우 그렇지 않은 노인들에 비하여 가족들이나 동거 가구원들로부터의 지지를 받을 수 있는 경우가 낮기 때문에 동일한 상태에서 노인들의 가구 형태는 고독감에 영향을 미치는 주요 요인들의 하나라고 생각된다. 독거노인은 고독감의 고위험군으로 한 조사에 의하면 조사대상자의 50%가 중고도 이상의 고독감이 있는 것으로 조사되었다(이성훈 외, 2008). 우리나라의 경우 전통적인 동거문화 규범으로 자녀와의 동거가 노인들의 고독감이나 우울증을 경감시키는 경향이 높은 편이다. 반면에 다른 선행연구에서는 자녀와의 별거 및 동거가 노인들의 고독감에 영향을 미치지 않는 것으로 조사되었다(한경혜 · 윤순덕, 2001; 양순미 · 홍숙자, 2003).

2) 건강 관련 요인

노인들의 건강상태 역시 고독감과 깊은 연관이 있다(Luanaigh & Lawlor, 2008). 노인들은 보통 3~4개의 만성질환을 보유하고 있어서 중년기와 비교하면 유병률이 높기 때문에 이로 인하여 사회활동이나 생산적인 활동에 참여할 기회가 적어지고 정서적 문제들이나 고독감 등이 증가할 확률이 높다. 한 연구에 의하면 인구학적, 건강 행동들 및 심리 · 사회적 요인들을 통제한 상태에서도 고독감은 노인들의 혈압을 상승시키는 가장 유력한 요인으로 규명되었다(Hawkley et al., 2006). 또한 고독감은 노인들의 호흡 관련 활동에도 부정적인 영향을 미치는 것으로 보고되고 있고, 그리고 한 종단적인 연구에서는 고독감은 노인들의 사망에도 관련이 있는 것으로 조사되었다(Penninx et al., 1997).

지역사회 거주 노인들과 시설 거주 노인들의 고독감에 영향을 미치는 요인들에 관한 연구를 한 결과 연구대상자들의 건강상태가 좋지 않으면 고독감은 높은 것으로 조사되었다(Prieto-Flores et al., 2011). 그러나 우리나라 65세 이상 노인들의 고독감을 조사한 결과 신체적 건강상태는 고독감에 유의미한 영향을 미치지 않는 것으로 조사되었다(양순미 · 홍숙자, 2003; 최송식 · 박현숙, 2009).

노인들의 정신건강상태도 고독감에 많은 영향을 미칠 수 있다. 노년기에는 정서적 및 정신적인 질환들에 노출될 확률이 매우 높다. 이러한 정신적인 질환이나 질병으로 인하여 지역사회에서 다양한 활동과 행사들에 참여하기보다는 본인들의 집에서 머무는 경우가 높고 이로 인하여 노인들의 고독감이 증가할 수 있다. 선행연구결과에 의하면 시설 거주 노인이나 지역사회 거주 노인 모두 우울감이 높을수록 고독감이 높은 것으로 조사되었다(Prieto-Flores et al., 2011). 또한 고독감은 정서적인 안녕감과 부적인 관계로 나타났고, 그리고 자살이나 유사 자살의 생각과 태도 등에는 정적인 관계가 있는 것으로 조사되었다(Stravynski & Boyer, 2001).

일반적으로 노인들의 일상생활동작과 수단적 일상생활동작의 수준이 미약하면 활동성이 둔화되고 대인관계 및 사회활동 등이 적어지면서 이로 인하여 고독감이 높아질 수 있다. 한 연구에서는 ADL이 고독감에 유의미한 영향요인으로 규명되었다. 즉, 응답자들의 ADL의 수준이 나쁠수록 고독감은 높은 것으로 조사되었다(Kim, 1999; 최송식 · 박현숙, 2009). 그러나 Prieto-Flores 외(2011)의 연구에서는 상반된 결과가 나타났는데 시설 거주 노인들의 경우 기능적 독립성(Functional Independence)이 낮을수록 고독감이 높은 것으로 조사되었지만, 그러나 지역사회 거주 노인들의 경우 기능적 독립성이 높을수록 고독감이 높은 것으로 나타났다. 지역사회 거주 노인들의 경우 기능적 장애가 없을 때 기능적 장애가 있을 때보다 고독감을 인지할 확률이 높을 것으로 추정할 수 있다.

3) 사회적 요인

선행연구결과들에 의하면 노년기의 고독감에 영향을 미치는 주요 요인으로서 사회적 지지를 규명하고 있다(Golden et al., 2009; Prieto-Flores et al., 2011). 노년기는 주변의 사회적 지지가 감소되기 때문에 고독감이나 소외감이 증가하고, 반대로 사회적 지지의 수준이 높아지면 노인들의 고독감도 감소시킬 수 있다. 사회적 지지망과 고독감과의 관계를 분석한 연구결과에 의하면 사회적 지지망의 수준이 높을수록 고독감이 감소하는 것으로 조사되었다(Moorer & Suurmeijer, 2001; 강호정 · 김경식, 2007). 그리고 노인들의 사회적 지지망의 크기가 작을수록 고독감에 노출될 위험이 높은 것으로 나타났다(Kim, 1999). 특히 연령, 가구 형태 및 신체적 장애들을 통제한 상태에서 노인들의 고독감에 사회적 지지 수준은 거의 40% 정도의 영향을 미치는 것으로 조사되었다(Golden et al., 2009).

Shiovitz-Ezra 외(2010)의 연구에서는 배우자, 친척들 그리고 친구들로부터의 긍정적인 사회적 지지가 많을수록 고독감이 낮은 것으로 나타났고, 그리고 배우자, 친척이나 친구들 간의 관계가 나쁠 경우 고독감은 높아지는 것으로 조사되었다. 그리고 친척들과 친구들의 수는 고독감과 유의미한 부적관계를 나타냈지만, 자녀나 손자녀의 수는 노인들의 고독감에 아무런 영향을 미치지 않는 것으로 조사되었다. 한 연구에 의하면 노인들의 사회적 접촉에 대한 만족도와 고독감은 매우 밀접한 관련이 있고, 특히 노인들에게 친구들과의 만남이나 접촉에 대한 만족도가 높을수록 고독감이 감소하는 것으로 조사되었다(Kim, 1999; Holman et al., 2002).

노인들의 사회적 지지의 수준은 사회참여활동의 참가 강도와 사회적 지지를 통하여 간접적으로 고독감에 영향을 미치는 것으로 조사되었다. 이는 노인들의 사회체육활동 참여는 사회적 지지를 강화해 주고 궁극적으로는 고독감의 경감에 영향을 미치는 것으로 나타났다(강호정 · 김경식, 2007). 또한 다른 연구에서는 사회적 지지의 하위 요인 중에서 정서적 지지 및 도구적 지지가 노인들의 고독감에 영향을 미치는 요인들로 규명되었다. 즉, 정서적 및 도구적 지지가 낮을수록 응답자들의 고독감이 높은 것으로 조사되었다(최송식 · 박현숙, 2009).

가족자원(Family Resource)이 풍부할 경우 그렇지 않은 경우보다 가족 구성원들의 고독감 경감이나 정서적 상태에 긍정적인 영향을 미칠 것이다. 노인들에게 사회 및 경제적 자원의 보유 정도는 성공적인 노화와 독립적인 생활을 유지하는 데에 많은 기회를 제공하고, 그리고 안녕감과 고독감에도 영향을 미친다(Wenger et al., 1996).

경제적 자원이 부족한 경우의 노인들은 친척과 친구들 간의 교류, 만남, 식사 및 사회참여 등도 제한되는 경우가 높아서 경제적 자원이 풍부한 노인들보다도 고독감이 높을 확률이 높다. Gierveld와 Tilburg(1999)의 연구에 의하면 소득과 주택 소유 등과 같은 사회경제적 자원의 수준이 노인들의 고독감에 영향을 미치는 주요 요인으로 규명되었다.

그리고 노인들의 경제적 사정이 좋을수록 그렇지 못한 경우보다도 노인들의 고독감이 감소될 수도 있다. 그러나 노년기의 경제적 사정은 중년기와 비교하면 열악하여 적정한 노후소득을 확보하지 못해서 다양한 사회적 위험을 경감시켜줄 수 있는 경제적 자원이 부족하고 이로 인하여 노인들의 고독감도 증가할 수 있다. 한 연구에 의하면 노인들의 주관적 생활수준이 낮을수록 고독감이 높은 것으로 조사되었지만(이진희 · 김욱, 2008), 그러나 다른 연구들에서는 노인들의 고독감에 경제적 수준은 통계적으로 유의하지 않은 것으로 나타났다(양순미 · 홍숙자, 2003).

4) 노인복지관 이용 요인

일반적으로 노인복지관을 이용하는 노인들이 비이용 노인들과 비교하면 노인복지관의 이용을 통하여 정서적, 사회적 및 건강 측면에서 긍정적인 효과를 나타낸다. 특히 노인복지관을 이용하는 노인들의 경우 비이용 노인들보다는 노인복지관의 이용을 통하여 가족이나 동거인 이외의 다른 사람들과의 접촉빈도 및 정서적 유대관계가 높아지므로 비이용 노인들에 비해서는 정서적으로 보다 안정되고 고독감을 포함한 심리 · 사회적 문제들에 노출될 확률이 낮은 편이다.

노인복지관을 이용하는 노인들은 그렇지 않은 노인들에 비하여 다양한 여가, 체육 및 사회교육 프로그램들에 참여할 확률이 높고 이러한 활동들을 통하여 활력 있는 노후 생활을 유지해 나가는 경우가 많은 편이다. 특히 집안 내에서 수동적인 여가활동이나 소일을 하며 보내는 노인들보다 노인복지관 이용을 통하여 다양한 사회교육 및 체육활동들에 참여하면서 노인들의 삶의 질 향상과 고독감을 해소해 나갈 수 있다. 한 연구에 의하면 노인교육에 참여한 노인들이 비참여 노인들에 비해 고독감이 낮은 것으로 조사되었다(이진희 · 김욱, 2008). 특히 노인들은 여가활동을 통하여 자신들의 유용성을 느끼고 고독감, 소외감 등의 부정적인 정서를 경감시키며, 그리고 사회에 필요한 존재로 인식하며 신체적 및 정신적 건강을 유지하며 성공적인 노화와 삶의 질을 향상시켜 나갈 수 있다(이상구 · 박인수 · 김지은, 2006).

지속해서 체육활동에 참가하는 노인들은 참여하지 않은 노인들에 비하여 고독감의 수준이 낮은 것으로 나타났다. 또한 노인들의 체육활동 빈도가 많아질수록 고독감이 감소하는 것으로 조사되었다. 노인들이 체육활동의 참여를 통하여 타자와의 상호작용을 원활하게 하고, 그리고 노인의 소외감과 정체감의 위기를 중재하고 친밀한 사회관계를 형성하여 이러한 과정에서 고독감을 극복할 수 있다(강호정 · 김경식, 2007). 노인들의 여가스포츠활동 등은 노인들의 건강한 신체를 유지하고 증진시켜주며 이로 인하여 사회 · 심리적 안정감을 주어 고독감 및 소외감 등의 부정적인 요소들을 경감시켜 줄 수 있다(이상구 외, 2006).

노인 여가시설 이용 노인 중에서 생활체육에 참가하는 노인이 비참가 노인들과 비교하면 고독감이 낮은 것으로 나타났다(김양례 · 구해모 · 조성식, 2004). 그리고 여가스포츠활동의 참여빈도가 높은 노인들이 그렇지 않은 노인들보다도 고독감의 하위 요인인 소외감과 사회관계 및 역할상실이 낮은 것으로 조사되었다(윤귀현, 2009). 이러한 결과들을 종합해 보면 현재 노인복지관에서 실시되고 있는 사회체육 및 여가활동들이 노인들의 건강증진은 물론 고독감 경감 및 정신건강 증진에도 많은 영향을 미치고 있다.

4 노인들의 고독감 개선방안

노인복지관 이용 노인들의 사회적, 정서적 및 전체 고독감의 정도는 비이용 노인들에 비하여 낮은 것으로 조사되었다(허준수, 2011). 이는 노인복지관을 이용할 경우 여가, 문화, 복지 및 생활체육 프로그램들에 참여할 기회가 증가하고 이로 인하여 이용 노인들의 전반적인 고독감의 정도가 비이용 노인들에 비하여 낮아진다는 것을 방증해 주고 있다. 이러한 결과는 노인복지관을 통하여 이용 노인들이 받을 수 있는 직간접 효과 내지는 혜택으로 평가할 수 있다. 향후 연구에서는 서비스 유형별에 따라서 이용 노인들에게 어떠한 변화 및 효과 등이 나타나는지에 대하여 심층적인 연구가 필요하다.

노인복지관 이용 노인들의 전체 고독감에 영향을 주는 요인들로는 종교, 일상생활동작(Activities of Daily Livings: ADL), 기능적 일상생활동작(Instrumental Activities of Daily Livings: IADL), 사회적 지지 및 생활수준 등으로 규명되었다(허준수, 2011). 노인복지관 이용 노인들과 비이용 노인들의 전체 고독감에 동일하게 영향을 미치는 사회적 지지와 생활수준을 제외하면 노인복지관 이용 노인들의 고독감에는 종교와 기능적 능력이 영향을 미치는 요인으로 규명되었다. 이용 노인 중에서 종교가 없는 노인들이나 기능적 능력을 고려하여 고독감을 경감시킬 수 있는 프로그램을 개발하는 것이 필요하다. 특히 IADL의 경우 고독감에 부적 영향력을 나타내고 있어서 선행연구결과들과 일치하지만(최송식 · 박현숙, 2009), ADL의 경우는 고독감에 정적 영향력을 보이고 있어서 선행연구들과 다른 결과가 나타났다. 이는 기능적 능력이 양호하여 일상생활을 수행하는 것은 문제가 없지만 활동성이 강한 노인들이 기능적 능력 이외의 다른 요인들(예, 배우자 유무, 친구 관계, 사회적 관계망 등)과 결합되어 고독감을 더 인식하는 것으로 추정할 수 있다. 향후 연구에서 기능적 능력의 구분 및 수준에 따라서 노인들의 고독감에 어떠한 영향을 미치는지에 대한 보다 심층적인 분석 작업이 필요하다.

노인복지관 비이용 노인들의 전체 고독감에는 영향을 주는 요인들로는 성별, 정신건강상태, 사회적 지지 및 가족자원 등이 있다(허준수, 2011). 이용 노인들과 비이용 노인들의 전체 고독감에 같이 영향을 미치는 사회적 지지와 생활수준을 제외하면 비이용 노인들의 고독감에는 성별과 정신건강상태가 주요 영향요인인 것으로 규명되었다. 비이용 노인들의 경우 남성 노인들과 정신건강이 나쁜 노인들을 대상으로 고독감을 경감시키는 방안을 모색해야 한다. 특히 선행연구들에 의하면 여성 노인들이 남성 노인들에 비해 고독감이 높다고 보고되고 있지만(Golden et al., 2009; Shiovitz-Ezrs, 2010), 그러나 다른 연구에서는 남성 노인일 경우에도 고독감이 높은 것으로 조사되었다(허준수, 2011). 이는 남성 노인들의 경우 인생 주기를 통하여 직업을 중심으로 한 사회관계 및 사회적 접촉이 많지만, 지역사회에서의 지속적인 사회적 관계를 유지해 온 여성 노인들보다도 지역사회 내에서의 활동이나 모임에 참여하는 횟수가 낮고, 이로 인하여 고독감에 노출될 확률이 높은 것으로 추정할 수 있다. 앞으로 여성 노인과 남성 노인들의 특성을 고려한 성인지적(Gender Sensitive) 측면의 심리 · 사회적 프로그램을 개발하여 노인복지관을 이용하지 않는 지역사회 거주 노인들에게 보급하는 방안을 적극적으로 모색해 나가야 한다.

노인들의 고독감에 대한 주요 영향요인을 분석한 결과 종교가 없는 노인들의 경우 고독감이 높은 것으로 조사되었다(허준수, 2011). 한 연구에 의하면 영성, 종교활동 및 종교적 자원들은 노인들의 고독감과 우울감을 완충시키고, 그리고 정신건강과 삶의 질 향상에도 영향을 미치는 것으로 조사되었다(Han & Richardson, 2010). 종교를 갖고 있지 않은 노인들에게 새로운 종교활동을 권장하는 것은 어려움이 따르기 때문에 종교 생활을 중단한 노인들에게 종교 생활을 지속할 수 있도록 관련 정보와 환경을 제공하는 것도 바람직하다. 그리고 노인복지관 이용 노인들을 위하여 지역사회의 종교기관들과 연계하여 복지관 내의 다양한 종교 관련 행사와 프로그램을 진행하고, 그리고 지역에 거주하고 있는 노인들의 정서적 지원을 위한 프로그램 및 서비스를 개발하여 운영하는 것도 필요하다.

노인들의 고독감에 영향을 미치는 주요 요인으로 정신건강상태(KGHQ)가 규명되었다. 신체적 건강상태는 고독감의 영향요인으로 규명되지 않았지만 정신건강상태가 나쁠수록 연구대상자들의 고독감이 높은 것으로 조사되었다(허준수, 2011). 이 결과에 의하면 정서적 측면이 강하게 내포되어 있는 고독감에는 정신건강 수준이 신체적 건강 수준보다는 더 많은 영향을 미치는 것을 의미한다. 정신건강상태가 노년기의 심리적 안녕감에 영향을 미치는 주요 요인임에도 불구하고 지역사회에서 노인들의 정신건강증진(Mental Health Promotion)을 위한 서비스 및 프로그램들은 부족하다. 현재의 사회교육 및 여가프로그램 중심의 노인복지관 운영을 탈피하고 보다 전문적인 정신건강증진을 위한 서비스들을 개발하고 이에 필요한 적정한 인력과 재원을 배치해야 한다.

사회적 지지와 가족자원이 적을수록 노인들의 고독감이 높은 것으로 조사되었다(허준수, 2011). 노년층의 경우 젊은 연령계층보다도 가족, 친척 또는 친구 등의 비공식 지원망으로부터의 사회적 지지가 점차적으로 경감한다. 앞으로 노인들을 대상으로 개별적인 사회적 지지 수준과 정도(예, 사회적 지지망의 양적 수준 및 질적 수준, 사회적 지지에 대한 주관적 인식, 지지적인 관계의 정도, 지원과정 등) 등을 면밀하게 파악하고(Pierce et al., 1996), 그리고 노인들의 비공식 지지체계 문제점들을 정부나 지자체의 공식 지원망(Formal Support Network)을 통하여 보완하는 방안을 모색해야 한다. 또한 가족자원의 정도 역시 고독감에 대한 영향요인으로 규명되었다(허준수, 2011). 장기간을 통하여 축적되는 노인들의 가족자원을 일정 기간에 적정한 수준으로 향상하기는 어렵지만, 노인들이 보유하고 있는 사회적 및 경제적 측면 등의 다양한 가족자원들을 수시로 평가하여 부족한 자원들을 지역사회자원과 복지서비스 제공으로 보충하거나 대치시켜줄 수 있는 환경을 마련해야 한다.

끝으로 노인복지관 비이용 노인들이 이용 노인들과 비교하여 고독감이 높은 것으로 조사되었다(허준수, 2011). 노인복지관을 이용을 통하여 고독감 문제를 전적으로 해결할 수는 없지만, 그러나 선행연구들에 의하면 노인복지관의 교육, 생활체육, 여가 및 복지 관련 프로그램들이 노인들의 고독감 경감에 어느 정도 영향을 미치고 있다는 사실을 유념해야 한다(강호정 · 김경식, 2007; 김양례, 2008; 윤귀현, 2009). 노인들의 고독감을 해결하기 위한 효과적인 한 가지의 실천방법이나 프로그램은 존재하지 않는다. 노인복지 차원에서의 노인들의 고독감을 경감시키기 위하여 개인, 집단 및 환경적 차원에서의 다차원적인 개입 방안들을 시도해야 한다. 특히 노인들의 고독감 경감을 위하여 지역사회 기반의 조기발견 및 예방 프로그램을 시행하고 이에 부합하는 지역사회 역량(Community Capacity)을 강화해야 한다.

그리고 노인들의 고독감을 감소시키고 각자의 능력과 기술을 활용하여 노년기에도 다양한 활동에 참여할 수 있도록 우리 사회가 보다 고령 친화적 사회로 지향해 나아가야 한다. 이를 위하여 노인복지관은 양적 측면의 활동 중심 운영 방향을 지양하고 노인들의 심리·사회적 문제의 해결을 위한 전문적인 프로그램들을 운영하고, 정부나 지자체는 이에 필요한 적정한 예산과 전문 인력을 제공해야 한다. 노년기의 삶의 질(Quality of Life) 향상을 위하여 노인들의 고독감을 예방하고 경감시킬 수 있는 지역 단위의 정서적 지지 환경의 구축과 이에 관련된 심리·사회적 서비스를 효과적으로 제공할 수 있는 지역사회 전달체계를 마련해야 한다.

CHAPTER

05 노인과 생활만족

1. 노년기와 생활만족
2. 활동이론과 삶의 만족도
3. 노년기 생활만족 영향요인
4. 노년기의 생활만족 향상방안

CHAPTER

05 노인과 생활만족

1 노년기와 생활만족

학문적인 측면에서 노인의 삶의 질(Quality of Life)에 대한 다양한 접근이 이루어지고 있는데, 어떠한 요인들이 성공적인 노화에 영향을 미치는지에 대하여 과학적으로 규명하려고 노력하고 있다(장현 · 이철우, 1996). 성공적인 노화의 정도를 측정하기 위하여 많은 연구가 진행되었고, 생활만족도가 성공적인 노화의 주요 종속변인으로 사용되고 있다. Rowe와 Kahn(1997)은 장애가 없고, 육체적인 기능을 유지하며, 그리고 삶에 있어서 적극적인 활동 추구를 통한 생활에 대한 만족도 증가 등이 성공적 노화(Successful Aging)를 위한 주요 요인이라고 주장했다. 생활만족도의 개념이 일반화된 것은 Neugartem, Havighurst, Tobin 등의 활동이론(Activity Theory)과 분리이론(Disengagement Theory)을 검증하기 위하여 종속변수로 생활만족도 척도(Life Satisfaction Index)를 사용한 이후부터이다(서말희 · 유가효, 1999; 정혜정 외, 2000).

생활만족은 일상생활에서 기쁨을 느끼며, 자신의 생활에 대해 의미와 책임감을 느끼고, 자신의 목표를 성취하였다고 느끼며, 긍정적인 자아 관념을 가지고 자신의 현재 약점에도 불구하고 자신을 가치 있는 사람으로 여기고, 낙천적인 태도와 감정을 유지하는 것으로 정의하고 있다(Neugarten et al., 1961). 생활만족도란 다차원적인 개념으로 여러 학자들에 의하여 다양하게 정의되고 있지만, 노인의 생활만족도는 삶의 보람, 사기, 행복감, 심리적 복지, 적응, 기대와 보상, 기쁨, 성취감, 욕구충족 및 긍정적인 가치 등 혼합된 개념으로 규정할 수 있다(이신숙, 1997). 최성재(1986)의 연구에서는 생활만족도는 과거 및 현재의 삶과 활동에 대한 전반적인 평가와 미래의 삶과 활동의 전반적인 전망에 대한 긍정적인 정도라고 규정하고 있다. 결국 노인의 생활만족도는 생활에 대한 기대와 현실 사이의 충족 간의 합치 여부에서 오는 주관적인 만족감으로, 개인의 심리적 특성과 환경적인 여건뿐만 아니라 생활의 역사를 통해 영향을 받는 복합적인 감정이다(서말희 · 유가효, 1999).

현대화(Modernization)의 영향으로 과학 문명과 의료기술의 발전, 도시화, 생활수준 향상 등으로 평균수명이 증가하면서, 인생 주기에 있어서 노년기의 다양한 욕구 및 인식들에 관한 관심이 매우 높아지고 있다. 그러나 우리나라에서는 사회복지 측면에서 노인들에 대한 체계적인 사회적 준비나 대책을 마련하지 못한 채 빠르게 고령사회(Aged Society)로 진입하였다. 이로 인해서 노인들은 사회나 가정으로부터 외면된 채 질병, 가난, 고독 및 소외 등의 문제들로 고통을 받을 확률이 매우 높은 편이다. 그리고 조기퇴직으로 노년기 이전에 노동시장에서 퇴출당하여 노인들의 사회경제적인 상황도 매우 열악하고, 노인들의 전반적인 삶의 질(Quality of Life)의 수준도 낮은 편이다(Rogers, 1999). 노년기에는 역할상실로 인한 자존심이 저하되고 외로움과 소외감을 느끼며, 인생의 어느 단계보다도 주관적인 삶의 질의 저하가 초래된다. 국가의 노인복지정책의 최대 목표는 삶의 질의 향상에 있고, 노인의 삶의 질에 영향을 미치는 생활만족도의 이해를 위한 체계적이며 심층적인 연구는 우리 사회가 안고 있는 다양한 노인 문제들의 해결을 위한 출발점이 될 수 있다.

노인의 생활만족도는 획일적인 조건에 의해 얻어지는 것이 아니라, 노인의 주어진 특성과 사회환경적인 요인들과의 상호작용에 의하여 얻어진다. 특히 노인에게 있어서 성공적인 노화란 자신이 가진 가치관, 자아개념 등에 의하여 장기간에 걸쳐 복합적으로 형성되어 가는 연속적인 과정의 결과로서 얻어지는 것이라고 규정할 수 있다. 노인의 생활만족도는 생활에 대한 기대와 현실적인 충족 간의 일치 여부에서 발생하는 주관적인 만족감으로서 다양한 요인들에 의하여 영향을 받는 복합적인 감정이다. 노인의 전반적인 생활만족도는 배우자, 자식, 친척 및 친구 등과 같은 의미있는 사람들(Significant Others)에 의해서 영향을 받으며, 생활만족도를 통하여 전반적인 노인의 삶의 질을 파악하는 데에 유용하다.

우리나라 대부분의 노인은 생산적인 활동(Productive Activity)이나 여가활동(Leisure Activity)에 정기적으로 참여하는 경우가 적으며, 일정한 활동 없이 소극적이고 수동적인 활동(Passive Activity)을 통하여 무료하게 시간을 보내기도 한다. 그러나 이러한 지루한 생활이 반복되면 정신건강에 많은 문제점을 초래하게 된다. 적극적인 사회참여와 정기적인 여가활동은 퇴직 이후에 시간적 여유가 많은 노인에게 고독감, 소외감, 무료함을 극복하는 역할뿐만 아니라 노인의 생활만족감(Life Satisfaction)을 향상하는 데 긍정적인 영향을 미친다(Lennartsson & Silverstein, 2001; Jenkins et al., 2001).

또한 노인의 생활만족도와 사회적 지지(Social Support)는 정적인 상관관계가 있는 것으로 조사된(Krause & Borawski-Clark, 1994; Barrett, 1999) 선행연구들의 결과에 의하면 사회적 지지가 높은 노인일수록 생활만족도가 높은 것으로 나타났다(장현 · 이철우, 1996; 이신숙, 1997). 노인들의 생활만족도 향상은 삶의 질을 높이는 것을 의미한다. 이를 위하여 노인들의 사회적 지지를 담당하고 있는 가족, 친척, 이웃 또는 친구 등에 의한 비공식 후원이 진작될 수 있도록 다양한 노력을 기울여야 하고, 그리고 정부는 노인들의 생활만족도를 향상하기 위하여 기존 정책들의 문제점들을 바로잡고 초고령사회에 대비한 다양한 대책과 서비스를 확충해야 한다.

그동안 노인의 생활만족도에 관한 우리나라의 선행연구들은 생활만족도의 빈도 및 실태 등을 파악하는 것에 국한되었다(정혜정 외, 2000; 신혜숙, 2001). 그리고 생활만족도와 관련이 있는 인구 사회학적인 변인들과 사회 심리적인 변인들의 체계적 연구가 매우 필요하다. 특히 생활만족도, 사회적 지지, 우울감, 여가활동 및 기능적 능력 등에 대한 관계 규명이나 노인의 생활만족도에 영향을 미치는 결정요인들에 관한 심층적인 연구는 미비한 편이다. 본 장에서는 노년기 생활만족 영향요인을 고찰하고, 노인들의 전반적인 삶의 만족도를 향상시킬 수 있는 노인복지정책, 지역 복지사업 및 사회복지서비스 등을 활성화시킬 수 있는 대책과 방안들에 대하여 제언하고자 한다.

2 활동이론과 삶의 만족도

활동이론(Activity Theory)은 노인들이 활동적으로 생활하고 사회적 접촉을 지속해서 유지할 때 성공적 노화를 추구할 수 있다는 것이다. 이 이론에 따르면 노인이 사회적 활동을 지속하면 할수록 노화의 과정(Aging Process)은 늦추어지고 삶의 질을 향상시킬 수 있다고 주장하고 있다. 활동이론은 분리이론(Disengagement Theory)과는 상반되는 이론으로 이 두 이론은 성공적인 노화의 개념을 잘 설명해 주는 대표적인 이론들이다. 활동이론은 1961년에 Havighurst에 의해서 개발되었고, 1964년 Neugarten은 노년기의 삶의 만족도는 노인들이 특정한 활동을 얼마나 지속해서 유지하는가에 달려 있다고 주장하였다(Diggs, 2008).

활동이론에 의하면 지속적인 사회활동과 삶의 만족도 간에는 긍정적인 관계가 있다고 전제하고 있다. 한 사람의 자아개념은 사회적 역할과 관련이 있고 이를 통한 사회적 접촉은 긍정적인 자기발전이나 성장에 중요한 영향을 미친다. 이러한 지속적인 활동은 자기 자신에 대한 긍정적 자아개념을 향상시키고 노인들이 퇴직 생활에 잘 적응할 수 있도록 도움을 준다고 주장하고 있다. 그러나 노년기에는 퇴직, 배우자 또는 친구의 사망 등으로 인하여 비자발적인 역할상실(Role Loss)을 자주 경험하게 된다. 노년기에도 긍정적인 자아상을 유지하기 위해서는 역할상실을 대체시켜줄 수 있는 활동을 찾아야 한다. 노년기의 안녕감은 친교모임, 취미활동 및 자원봉사활동 등과 같은 새로운 역할의 획득을 통하여 향상시킬 수 있다(Bengtson & DeLiema, 2016).

활동이론에 의하면 노년기를 성공적으로 보내기 위해서는 중년기부터 노년기에 이르기까지 생산적인 활동을 지속하는 것이 매우 중요하다. 생산적인 활동으로는 다양한 조직이나 협회 등에 가입하거나, 자원봉사활동을 하거나 사회적 집단이나 활동에 적극적으로 참여하는 것 등이 있다. 활동이론에 따르면 이러한 생산적인 활동들의 적극적인 참여로 인하여 정신적인 사기(Morale)가 증진되고 삶의 만족도가 향상된다고 주장하고 있다(Diggs, 2008).

한 사람의 삶의 만족도를 증진하는 데에는 사회활동의 양, 질 및 종류 등에 따라서 차이가 있을 수 있다(Atchley, 2006). Lemon과 그의 동료들은 역할상실을 대체해 줄 수 있는 높은 단계의 활동을 유지하면 자아존중감이 향상되고 결국에는 삶의 만족도가 증가한다고 주장하고 있다(Lemon et al., 1972). 그리고 비공식 사회활동, 공식적 활동 및 개인적인 활동 등에 상관없이 이러한 활동들을 지속하면 삶의 만족도가 증가하는 것으로 나타났다. Mannell은 활동의 참여로 인한 삶의 만족도가 향상되기 위해서는 다음과 같은 조건들이 충족되어야 한다고 주장하고 있다. 첫째, 활동이 개인에게 매력적이어서 개인적인 시간과 에너지를 그 활동에 적극적으로 할애하는 경우, 둘째, 활동에 참여가 강제적이나 의무감이 아니고 자유롭게 참여 결정을 하는 경우, 셋째, 활동 참여를 통하여 집중, 도전 및 통제감의 상승 등 삶의 경험이 향상되는 경우 등이다(Mannell, 1993).

활동이론에 대한 비판으로 활동과 삶의 만족도간의 관계에 영향을 주는 다른 요인들(예, 개인적인 성격, 사회경제적인 지위, 생활습관 등)에 대한 설명이 미흡하다는 것이다. 활동이론이 노인들이 다양한 사회활동에 참여에 지장을 초래하는 노인들의 건강상태나 경제적 불평등을 과소평가하는 측면이 높다는 것이고, 또 다른 하나는 일부 노인들의 경우 새로운 도전이나 활동에 참여하고 싶은 욕구가 없을 수도 있다는 점을 간과하고 있다는 점이다. 노년기를 설명하는 이론으로 활동이론의 적합성이 최근에 감소하는 경향도 있지만, 아직도 활동이론은 지속적인 사회활동과 삶의 만족도 간의 긍정적인 관련성을 잘 설명해 주는 이론의 하나이다(Diggs, 2008; Bengton, 2016).

활동이론에 관한 연구 동향의 방향은 활동이론의 주요 개념들을 활용하여 활동과 삶의 만족도의 인과관계를 규명하는 작업이다. 이러한 연구를 통하여 구체적인 활동들과 삶의 만족도 간의 사회 · 심리적 관계들을 분석하려고 하고 있다. 특히 어떠한 구체적인 활동들이 어떠한 조건에서 노인들의 삶의 만족도 향상에 도움이 되는지를 규명하는 것이 향후의 주요 연구과제의 하나이다(Atchley, 2006).

3 노년기 생활만족 영향요인

1) 인구 사회학적인 요인

삶의 만족도는 성별의 차이에 영향을 받는 것으로 나타났다. 성별에 따른 생활만족도의 차이에 대해서는 상반된 결과들이 나타나고 있다. 어떤 연구에 의하면 여성노인들이 남성 노인들과 비교하여 생활만족도가 낮은 것으로 조사되었다(성기월, 1999). 그러나 다른 연구에서는 성별에 따른 노인의 생활만족도의 차이는 없는 것으로 밝혀졌다(Patmore & Newman, 1977). 남성 노인의 경우에는 건강, 직업에 대한 만족도가, 여성 노인의 경우에는 결혼생활에 대한 만족도가 생활만족도와 깊은 연관성이 있다. 여성 노인이 남성 노인보다 생활만족도가 낮은 것은 자녀들이 독립하면서 가정 내의 역할이 상실되기 때문으로 추측할 수 있다(박충선, 1998).

노인의 연령과 생활만족도의 관계는 유의미한 것으로 조사되었다. Chen(2001)의 연구에서는 노화 과정의 상실들을 통제한 후에 연령과 안녕감과의 관계를 조사한 결과 연령과 주관적인 안녕감과는 매우 유의미한 상관관계가 나타났다. 또한 연령이 증가할수록 가족에 대한 만족도는 낮아지지만 결혼이나 친구에 대한 만족도는 증가하는 것으로 나타났다(서말희 · 유가효, 1999). 최외선과 김한곤(1989)의 연구에 의하면 연령은 생활만족도와 부적관계가 있다고 조사되었다. 연령에 따라서 정신적 압박감과 절망감을 느끼는 정도가 달라져 삶의 만족도가 변하지만, 일반적으로 연령이 많아질수록 삶의 만족도가 경감되는 경우가 높은 편이다. 그러나 다른 연구에서는 연령과 생활만족도는 상관관계가 없다고 주장하기도 한다(박충선, 1998).

노인들의 교육수준은 삶의 만족도의 주요한 영향요인의 하나이다. 노인들의 교육수준은 통계적으로 유의미하게 삶의 만족도에 영향을 미치는 것으로 분석되었다(허준수, 2004; 김미령, 2008; Markides & Martin, 1979; Chou & Chi, 1999). 노인들의 교육수준에 따른 건강과 삶의 만족도에 대한 관계를 연구한 결과 노인들의 교육수준은 삶의 만족도에 영향을 미치는 것으로 조사되었다. 노인들이 교육수준이 높을수록 삶을 통하여 건강에 나쁜 습관을 적게 하는 경향이 높아지고 이는 노인들의 삶의 만족도를 긍정적인 영향을 미칠 수 있다(Meeks & Murrell, 2001).

노인들의 사회참여가 삶의 만족도에 미치는 영향에 관한 연구에서는 노인들의 학력이 높을수록 삶의 만족도가 저하되는 것으로 나타났다. 이는 고학력일수록 저학력과 비교하면 노후 생활에 높은 불안감을 보일 수 있기 때문이다(권현수, 2009). 남성 노인의 경우에는 교육수준, 소득의 적정성(Adequacy of Income), 실제 가구소득 및 종교성 등이 삶의 만족도에 영향을 미치는 것으로 나타났는데, 그러나 여성 노인들의 경우에는 교육수준이나 경제상태와 관련된 변인들은 삶의 만족도에 영향이 없었고, 단지 주관적 종교성(Self-rated Religiosity)만이 삶의 만족도에 영향을 미치는 것으로 조사되었다(Coke, 1992).

노인들의 경제상태도 삶의 만족도와 밀접한 연관이 있는 것으로 규명되었다. 노인들이 주관적으로 생각하는 본인 소득의 적정성이 삶의 만족도의 중요한 예측요인으로 나타났다. 노인들의 주관적인 경제 수준이 높을수록 노인들의 삶의 만족도가 증가하는 것으로 나타났다(김명숙 · 고종욱, 2013; Markides & Martin, 1979; Yuan, 2016) 그리고 노인들의 경제상태가 양호할수록 삶의 만족도가 높아지는 것으로 나타났다(윤명숙 · 이묘숙, 2011). 재정적인 궁핍을 적게 경험하는 노인들의 삶의 만족도가 그렇지 않은 경우보다 높게 나타난 것으로 조사되었다(Chou & Chi, 1999).

노인들의 경제적 상태는 생활만족도에 깊은 영향을 미친다(김춘택 · 박종우, 1999). 그리고 교육수준과 소득은 정적인 관계가 있어서 교육수준이 높은 노인들은 경제상태가 양호하고, 이에 따라서 삶의 만족도가 높아지고 생활만족도는 향상되는 경향이 높다(장현 · 이철우, 1996). 은퇴한 노인들의 생활만족도가 낮은 것은 퇴직에 따른 수입 감소에 기인한다고 밝혀졌다(이신숙, 1997). 김한곤(1992)의 연구에서는 노인들의 교육수준과 소득수준이 높을수록, 전문직종에 종사했을 때 전반적인 생활만족도가 높아지는 것으로 조사되었다. Aquino와 Russell(1996)의 연구에서는 근로 유무, 근로시간 및 임금노동(Pay Work) 등의 요인들이 생활만족도와 깊은 연관이 있다고 조사되었다. 노인의 경제적 빈곤은 한시적인 생활 사건이라기보다 지속적이라는 점에서 만성적인 생활 곤경을 설명해 주는 변인이며, 또한 노인의 생활만족도에 큰 영향을 미치는 요인이다.

결혼상태와 배우자의 유무 역시 노인의 생활만족도에 영향을 미친다. 선행연구에 의하면 배우자가 없는 노인들보다 배우자가 있는 노인들이 사회 심리적 적응도나 생활만족도가 더 높은 편이고, 사망률도 낮으며, 정신건강상태도 양호한 것으로 조사되었다(박성연 · 최혜경, 1985). 그리고 여성 노인 중에서 배우자 유무에 따라서 생활만족도의 차이가 나타났다(이효재 외, 1979). 배우자가 있는 여성 노인은 배우자가 없는 여성 노인들과 비교하면 자아존중감, 건강 정도 및 생활만족도가 높게 나타났다. 여성 중에서 배우자가 없는 여성 노인들에 대한 깊은 관심과 이해가 필요하며, 이들의 질적인 삶을 향상시키기 위하여 사회적 지지망의 강화를 촉진할 수 있는 프로그램의 개발이 필요하다.

노인의 동거형태에 따라서 생활만족도의 유의미한 차이가 나타났다. 특히 노인부부 단독세대의 경우에 다른 동거형태들보다도 생활만족도가 높게 조사되었다(김태현 · 서승희, 1987). 이 결과는 노인들 자신이 자녀와 함께 살기보다는 근거리에 살면서 정신적인 부양만을 원하고 있으며, 같은 주택 내에 주거하는 경우에도 노인들의 자율성과 독립성이 보장되어야 노인들의 생활만족도가 높아지는 것을 의미한다. 원영희(1995)의 연구에서는 자녀와의 동거나 별거 형태가 배우자가 있는 노인의 심리적 행복감에 영향을 미치지 않았으나, 배우자가 없는 노인에게는 상당한 영향력이 나타났다. 그동안 진행되었던 선행연구에 의하면 사회적 지원망(Social Support

Network)의 구조가 노인의 생활만족도에 영향을 미친다고 조사되었다. 노인들은 가족, 친척, 이웃 지원망의 크기, 빈도 및 거리 등은 생활만족도에 영향을 미치지 않았지만, 친구 지원망의 경우에는 빈도와 거리가 생활만족도에 영향을 미치고 있는 것으로 나타났다. 노인들에게 친구 지원망의 변인이 중요하며 이에 따라서 생활만족도의 수준이 높아졌다(서병숙 · 이현, 1995). 사회적 지원망이 큰 노인들은 사회적 지원망이 작은 노인들보다도 생활상의 어려움에 직면했을 때에 주의에서 도와줄 수 있는 사람들이 많으므로 전반적인 정신 상태와 생활만족도에 긍정적인 영향을 미친다(Chi et al., 2001; Hybels et al., 2001). 공적인 사회적 지원이 매우 부족한 우리나라의 실정에서 노인부양의 사적인 부양체계인 가족, 친척, 친구나 이웃 등의 사회적 지지의 정도와 이에 따른 노인들의 생활만족도를 심층적으로 분석하는 작업이 매우 필요하다.

2) 건강 관련 요인: 건강상태와 기능적 능력

선행연구들에서는 노인들의 건강상태와 삶의 만족도는 정적인 관계를 나타냈다. 노인들의 삶의 만족도에 대한 관련 요인들을 분석한 결과 노인들의 인지된 건강상태(Perceived Health Condition)는 삶의 만족도의 중요한 예측요인으로 규명되었다(김미령, 2008). 노인들에게 만성질환과 노화는 신체 기동력을 저하시키고 생활기능을 경감시켜서 삶의 질을 저하시킨다(조계화 · 김영경, 2008). 신체적 불편함(Somatic Complaint)이 적은 노인일수록 그렇지 않은 경우보다 삶의 만족도는 높은 것으로 나타났다(Chou & Chi, 1999).

노인들의 주관적인 건강상태는 통계적으로 유의미하게 삶의 만족도에 영향을 미치는 것으로 조사되었다(권현수, 2009; Gutiérrez et al., 2013). 서울소재 노인종합복지관의 60세 이상의 노인들을 조사한 결과 주관적 건강상태는 노인들의 삶의 만족도에 유의미한 영향을 미치는 것으로 나타났다(김명숙 · 고종욱, 2013). 그리고 여성 노인들을 대상으로 한 연구에서도 건강상태는 삶의 만족도에 정적인 영향을 미치는 것으로 조사되었다(윤명숙 · 이묘숙, 2011).

노인의 건강상태는 생활의 여러 영역에 영향을 미치기 때문에 건강이 나쁠수록 생활만족도가 저하되는 것으로 나타났다. 노인의 건강은 노인의 생활만족도의 주요 변인으로 조사되었다(김춘택 · 박종우, 1999). 실례로 Husani 등(1990)의 연구에서는 관절질환을 앓고 있는 노인들은 관절질환이 없는 노인들에 비하여 생활만족도의 정도가 낮았다. 노인들에게 있어서 건강은 다른 연령층보다 중요한 개인적인 자원으로서 생활만족도에 영향을 미치는 주요 요인들의 하나이다. 건강한 노인은 건강하지 못한 노인들과 비교해서 그들의 생활에 만족하며 사회활동에 지장이 없어서 생활만족도의 정도가 증가하는 것으로 나타났다. 신체적으로나 정신적으로 심한 손상이나 장애는 개인적인 역할뿐만 아니라 사회적 역할의 상실을 초래하여 타인에 대한 의존성이 높아지며 자아평가나 생활만족도에 부정적인 영향을 미친다.

노인들의 기능적 능력(Functional Capacity)의 정도는 생활만족도와 삶의 질과 긍정적인 상관관계가 있으며, 이는 노인의 일상생활동작의 정도가 양호할수록 주관적으로 인지하는 생활만족도가 높아지는 것을 의미한다(서순림 외, 1998). 기능적인 건강상태의 유지는 노년기의 삶의 질에 필요한 조건이다(Asakawa & Koyano, 2000). 이재면(1995)의 연구에서 노인들의 생활 기능상태와 삶의 만족도 간의 관계를 살펴본 결과 응답자의 인지기능이 높을수록, ADL의 제한이 없을수록, 그리고 가정 내 역할수행이 높을수록 삶의 만족도가 높은 것으로 조사되었다. 노인의 ADL 정도는 노인의 자립 수준을 측정할 수 있게 해주며 노화로 인하여 신체적 자립에 위협을 받게 되면, 다른 사람들의 도움이 필요하게 된다. 이러한 기본적인 ADL의 도움은 노인의 생활만족도에 영향을 미친다(성기월, 1999).

3) 심리 · 정서적 요인: 인지기능과 우울

인지기능(Cognitive Function)의 저하는 노인들의 일상생활에 부정적인 영향을 미치고 삶의 만족도를 저하시키는 요인 중의 하나이다. 치매가 발병하면 만성적으로 퇴행하면서 독립적인 생활능력이 현저히 감퇴하여 가족이나 주위로부터 간병을 받아야 하며 삶의 만족도는 급격하게 저하되게 된다. 또한 삶의 만족도는 주관적 측면의 평가이기 때문에 노인들의 인지 수준에 따라서 삶의 만족도의 정도는 달라질 수 있고, 그리고 삶의 만족도에 영향을 미치는 요인들도 노인들의 인지기능에 따라서 달라질 수도 있다.

노인의 인지기능 수준에 따른 삶의 만족도 영향요인들을 비교한 연구에서는 인지기능 정상군, 치매의심군 그리고 치매위험군 순으로 대상자의 인지 수준이 낮아짐에 따라 우울의 정도는 유의하게 높아지는 경향이 높고, 그리고 우울은 세 집단 모두에서 삶의 만족도에 통계적으로 유의미한 영향을 미치는 것으로 나타났다(황라일 · 임지영 · 이영휘, 2009). 노인들의 인지기능, 우울의 수준 및 삶의 만족도는 연관성을 갖고 있다. 우울 증상이 치매로의 진행을 예측할 수 있고 인지기능 장애가 진행되면서 우울이 심화될 수 있다. 그래서 노년기의 우울과 인지기능 장애는 노년기의 삶의 만족도에 부정적인 영향을 미칠 수도 있다(원종순 · 김계하, 2008).

노인들의 정신적 상태와 정서적 상태는 신체적 기능성(Physical Functionality)만큼 삶의 만족도에 영향을 미치는 중요한 요소들이다. 지역사회에 거주하고 있는 노인들의 삶의 만족도의 결정요인을 조사한 결과 우울감과 외로움이 주요 요인들로 규명되었다(Mhaoláin et al., 2012). 일반적으로 노인들의 우울에 관련된 영향요인들에 관한 한 연구에서 노인들의 우울감과 삶의 만족도는 부적관계가 나타났는데, 이는 노인들의 우울감이 낮을수록 삶의 만족도가 상승하는 것을 의미한다. 노인들의 정신적 건강상태가 양호하고 우울감이 낮을수록 삶의 만족도가 높은 것으로 나타났다(허준수, 2004). 그러나 다른 연구들에서는 노인들의 우울과 삶의 만족도 간의 통계적으로 유의미한 결과가 나오지 않았고(권현수, 2009). 그리고 방문간호 대상 노인들을 중심으로 인지기능, 우울 및 생활만족도 간의 관계를 연구한 결과 연구대상자들의 인지기능과 우울의 정도는 삶의 만족도와 통계적으로 유의미한 상관관계가 나타나지 않았다(원종순 · 김계하, 2008).

선행연구에 의하면 노인들의 우울감의 정도는 개인의 생활만족도와 밀접한 관계가 있다고 보고하고 있다(Rogers, 1999). 퇴직 이후에 일정한 역할이 없어서 시간적 여유가 많은 노인은 고독과 무료감을 많이 느끼며, 이로 인해서 전반적인 노인의 생활만족도는 감소한다(원형중, 1996). 생활만족도는 개인이 일상생활을 통하여 느끼는 삶에 대한 주관적인 느낌의 정도를 의미하며 삶의 질을 구성하는 중요한 영역이다. 자신의 생애를 의미 있게 받아들이고 주위의 환경과 변화에 잘 적응해 나가 개인의 욕구를 만족시키는 것이다(최순영, 2001). 특히 우울증을 겪고 있는 노인들이 지각하는 생활만족도는 대체로 낮은 편이다.

김도훈 외(1997)의 연구에 의하면 여가활동이 높은 노인집단이 여가활동이 낮은 노인집단에 비해서 우울 경향성이 낮고 생활만족도도 높게 나타났다고 보고하고 있다. 노년기의 적극적인 활동의 참여는 생활만족도에 영향을 미치며, 활동의 저하는 삶의 만족도 저하를 가져온다(Clark et al., 1999). 생산적인 활동이나 여가활동에 자주 참여하는 노인들은 개인의 환경에 대한 통제와 능력을 증진시키고, 이를 통하여 개인의 삶의 만족도와 정신건강상태를 증진시킬 수 있다. 좋아하는 활동을 중단한 노인들과 지속하는 노인들을 비교한 결과, 좋아하는 활동을 지속하는 노인들은 그렇지 못한 노인들보다 높은 인지된 여가 통제를 갖고 있었고, 그리고 일상생활 중 무료한 시간들이 경감되었고 삶의 만족도가 크게 증가되었다(Searle et al., 1995). 적절한 여가활동은 노년기의 생활만족도에 긍정적인 영향을 미친다(서병숙, 1994). 김남진(1999)의 연구에 의하면 여가활동의 하나인 규칙적인 체육 운동에 참여한 노인이 그렇지 않은 노인보다 생활만족도가 높게 나타났다. 그리고 노인들의 생활체육의 참여 기간, 빈도에 따라서 생활만족도에 유의미한 차이를 보였다.

4 노년기의 생활만족 향상방안

노년기의 생활만족을 증진하는 방안들을 정리하면 다음과 같다. 첫째, 노년기의 삶에서 경제적 측면이 매우 중요하다. 가구소득이 낮을 경우 노인이 빈곤한 생활을 영위할 확률이 높고 전반적인 삶의 만족도도 낮아지는 것으로 나타났다(허준수 외, 2017). OECD 국가 중에서 우리나라의 노인 빈곤율은 가장 높은 것으로 나타났다. 2014년 7월부터 기초노령연금 제도를 폐지하고 기초연금제도로 명칭을 변경하여 2020년에는 소득 하위 70% 이하의 노인들에게 최대 254,760원을 지급하고 있지만(보건복지부, 2020) 아직도 우리나라 노인들의 빈곤 문제는 심각한 실정이다. 노인들의 삶의 만족도 향상을 위하여 경제적 측면에서 최소한의 생활이 보장되는 수준으로 공적 노후소득보장제도가 개선되어 나가야 한다.

둘째, 노인들의 건강상태가 좋을수록 삶의 만족도는 높은 것으로 나타났다(허준수 외, 2017). 노인들은 일반 성인인구 계층보다 만성질환에 걸릴 확률이 높고, 그리고 노인들의 건강증진 및 향상이 단기간에 성취되기는 매우 어렵다. 그러므로 노인들이 본인들이 갖고 있는 만성질환 및 질병들을 잘 관리하고 개인별 건강특성에 부합하는 건강증진행위(Health Promotion Behavior)를 도모할 수 있도록 지지적인 가족환경과 체계적인 공공 건강관리시스템을 지역 단위에서 제공할 수 있도록 해야 한다.

셋째, 노인 스스로 독립적인 생활을 영위하기가 어렵고 만성질환이나 건강상태가 나빠서 ADL이나 IADL 등의 제한으로 가족이나 타인의 도움을 받아야 하는 경우 당연히 삶의 만족도도 낮아지고 전반적인 삶의 질도 하락할 수밖에 없다. 특히 허약하거나 만성질환을 가진 노인들의 ADL과 IADL을 체계적으로 분석하여 노인들이 일상생활에 제한이 되는 동작들을 최소화하거나 완충시킬 수 있도록 거주환경을 개선하고, 일상생활에서 노인들의 기능적 능력의 약화 및 제한들을 보완해 줄 수 있는 공식 혹은 비공식 보호제공자(Caregiver)를 배치하는 방안을 모색해야 한다.

넷째, 노인의 삶의 만족도를 증진하기 위해서는 노인들의 인지 수준에 따른 차별화된 대책이 필요하다. 이를 위하여 개별적인 인지 수준을 반영하여 말벗과 상담 및 돌봄 프로그램 등을 제공해야 한다. 그리고 인지기능이 정상인 노인들에게는 일상생활동작 능력을 향상시킬 수 있도록 프로그램을 제공하고, 그리고 인지장애가 심각한 치매 위험군 노인들에데는 보다 체계적이고 집중적인 다양한 우울 관리 프로그램의 제공이 필요하다(황라일 외, 2009). 노년기에서의 정신건강의 중요성을 인식하고 노인들이 현재의 인지기능을 지속적으로 유지하고 혹은 일부 개선해 나갈 수 있는 대책을 수립해야 한다.

다섯째, 우울 성향이 높을수록 삶의 만족도가 낮아지는 것이 사실이다(허준수 외, 2017). 따라서 노인들에게는 우울을 감소시키거나 중재를 하는 동시에 삶의 만족도를 증진할 수 있는 방안이 필요하다. 노인들의 심리 · 사회적 건강을 향상시키기 위한 미술치료, 치료 레크리에이션 및 원예요법 등 다양한 프로그램들이 개발되어 제공되어야 한다(원종순 · 김계하, 2008). 그리고 지역사회 내에서 노인 우울의 심각성을 인식시키고 체계적인 우울증 및 정신건강 검사를 통하여 고위험 우울 집단을 신속하게 파악하고 전문적인 정신보건 서비스를 제공할 수 있는 환경을 구축해야 한다.

여섯째, 노인들이 자원봉사활동에 참여하여 다양한 긍정적인 효과들이 나타났고 이는 노인들을 삶의 만족도 향상에도 긍정적인 영향을 미친다(허준수 외, 2017). 치매 노인들처럼 인지장애가 심하고 중증의 만성질환이나 장애가 있는 노인들을 제외하고는 노인들이 자원봉사활동의 활성화를 통하여 정신건강과 신체적 건강을 유지하고 기능적 능력(Functional Capacity)을 향상해서 삶의 만족도를 높이고 성공적인 노화를 추구할 수 있는 방안을 지역사회단위에서 체계적으로 수립해야 한다.

노인들의 삶의 만족도를 향상시키기 위한 정부, 관련 단체나 사회복지사의 역할 등을 정리하면 다음과 같다. 정부는 기존의 노인복지 및 노인복지서비스의 문제점들을 자세히 검토하여 바로잡고, 노인복지를 최우선 목표로 노인들의 생활만족도가 증진될 수 있도록 노인들에 대한 가족부양(Family Support)을 제도적으로 후원해야 한다. 그리고 노인들의 삶과 생활환경은 매우 다양하므로 노인들의 개별적인 특성을 고려하여 노인들의 생활만족도를 향상할 수 있는 다양한 서비스를 마련해야 한다. 이를 위하여 지역사회 내에 건강상태가 나쁘거나 가족 지지가 부족하며, 경제력이 없는 빈곤 노인들을 중심으로 그들이 당면하고 있는 시급한 문제점들을 해결할 수 있도록 의료 및 복지서비스를 동시에 제공할 수 있는 전달체계를 구축해야 한다. 그리고 노인복지전문가들을 중심으로 체계적인 돌봄관리(Care Management)를 노인복지관, 노인 양로시설 및 경로당을 중심으로 시행해야 한다.

사회복지사들은 노인들을 위한 서비스나 프로그램을 제공할 때에 노인들의 삶의 질의 향상에 도움이 될 수 있도록 노력하며, 그리고 삶의 질에 가장 큰 영향을 미치는 생활만족도를 고려하여 노인들을 지지할 수 있도록 노력해야 한다. 그리고 노인복지전문가들은 생활만족도에 영향을 미치는 요인들을 지속해서 연구하고, 이를 통하여 노인들의 생활만족도를 향상할 수 있는 복지대책이나 프로그램들을 개발해서 보급해야 한다. 그리고 향후 연구에서는 노인들의 사회인구학적인 특성에 따른 노인집단 간의 비교연구가 필요하며, 다른 연령집단과의 비교연구 및 노인 생활만족도의 종단적인 연구(Longitudinal Study)가 매우 필요하다.

끝으로, 노인들의 생활만족도 개선을 위하여 노인들이 자신의 능력에 따라서 다양한 생산적인 활동(Productive Activities)에 적극적으로 참여할 수 있도록 사회참여의 증진을 위한 후원적인 환경과 자원을 제공하는 것도 필요하다. 그리고 노인들 스스로 생활만족도를 향상시키기는 어려운 것이 사실이다. 노인들의 삶의 증진을 통한 생활만족도의 증진을 위해서는 기존의 노인복지정책으로는 한계가 있으며, 이를 개선하기 위해서는 정부, 사회복지기관이나 사회단체들은 협력하여 총체적인 노인의 환경을 개선하기 위하여 물리적인 자원과 인력자원들을 노인복지 관련 단체에 적절히 배치할 수 있도록 예산을 지원해야 한다. 궁극적으로는 노인들의 생활만족도를 향상할 수 있도록 기존의 노인복지법의 문제점들을 개선하고, 노인들이 실질적으로 체감할 수 있도록 지속적이고 행정적인 노력과 효과적인 대책을 마련하여 다가오는 초고령사회에 부응할 수 있도록 중장기 대책을 수립해야 한다.

CHAPTER

06

노인과 고용

1. 노년기와 고용
2. 노인의 취업욕구
3. 노인취업의 영향요인
4. 노년기의 고용 및 취업의 방향

CHAPTER

06 노인과 고용

1 노년기와 고용

우리나라의 65세 이상 고령 인구는 2000년 전체 인구의 7.2%를 넘어서 고령화사회(Aging Society)가 되었고, 2018년 14.3%로 고령사회(Aged Society)에 진입하였고, 2026년에는 20.8%로 초고령사회(Ultra Aged Society)에 도달할 전망이다. 2019년 65세 이상 인구는 768만 5천 명으로 전체 인구 중 14.9%를 차지하였고, 그리고 2050년에는 1,900만 7천 명까지 증가할 전망이다(통계청, 2019). 이러한 고령사회로의 급속한 진전은 생산가능인구의 감소 및 생산력 저하 문제를 가져오며, 생산가능인구가 부양해야 할 노인 인구가 상승하는 것을 뜻한다. 노년부양비는 2005년 12.6%이나 2020년 21.8%, 2030년 37.3%로 높아져서 2005년 생산가능인구 7.9명당 노인 1명, 2020년에는 4.6명당 노인 1명, 2030년에는 2.7명당 노인 1명을 부양해야 하는 심각한 상황에 이를 것으로 전망되고 있다(통계청, 2005).

2019년 노년부양비는 20.4명이고, 2065년에는 저출산 · 고령화의 영향으로 2065년에는 100.4명으로 생산연령인구를 넘어설 것으로 전망하고 있다(통계청, 2019). 또한 의료기술의 발달과 생활수준의 향상으로 우리나라는 평균수명이 크게 향상되어 2002년 현재 평균수명은 77.0세, 남자 73.4세, 여자 80.4세이며, 향후 2030년의 평균수명은 81.9세, 2050년에는 83.3세로 늘어날 전망이다(통계청, 2003). 보건복지부의 "OECD 보건통계 2019년" 자료에 따르면 2017년 기준으로 우리나라 기대수명은 82.7년(남자 79.7년, 여자 85.7년)으로 OECD 국가의 평균(80.7년)보다 2년 길었다.

그러나 우리나라에서는 대부분의 기업에서 퇴직연령을 55세 전후로 제한하는 경우가 대부분이어서 개인의 의사와 능력과는 상관없이 퇴직하는 경향이 매우 높은 편이다. 실제로 근로자들의 약 50% 정도는 50대 중반 이전에 생애 주된 일자리에서 퇴직을 한 것으로 조사되었다. 60세 이전까지를 기준으로 보면 남성 근로자의 약 70%, 여성 근로자의 약 66%가 주된 일자리에서 퇴직하게 되어 60세 이후에도 계속 고용되어 있는 비율이 약 1/3에 지나지 않는 것으로 추정되었다(방하남 · 신동균 · 김동헌 · 신현구, 2005). 그리고 2016년 퇴직한 55~64세 취업 경험자 가운데 권고사직이나 명예퇴직 · 정리해고로 일자리를 잃는 비율은 9.6%였다. 이 비율은 2017년에 11%대로 올라가더니 2019년에는 12.2%까지 높아졌다(통계청, 2019). 이를 인원수로 환산하면 권고사직이나 명예퇴직 및 정리해고로 퇴사한 경우 같은 기간 41만4000명에서 60만2000명으로 크게 늘었다. 중장년층의 고용안정을 위해 정년연장을 시행했지만, 그러나 인위적인 퇴직이 더 늘어나는 역설적인 결과가 나오고 있다.

이와 같은 현상은 유능한 인력을 조기에 노동시장에서 퇴출시킴으로써 노후복지 대책이 거의 되어 있지 않은 현실에서 노후소득보장을 더욱 어렵게 만들고, 이로 인하여 노인의 경제적 여건 향상이 지연되고 결국은 국가의 복지비용이 증대되는 결과를 초래하고 있다. 근로 능력이 있는 노인들도 사회적인 편견과 차별 등에 의하여 취업을 하지 못하는 경우가 많다. 일반적으로 고용주들은 고령 근로자들에 대한 부정적인 편견을 갖고 있으므로 그들을 고용하는 것을 회피하는 것이 사실이다. 고령 근로자들에 대한 고용주들의 전형적인 편견들로는 고령 근로자들은 적응이 느리고, 학습능력이 떨어지며, 그리고 젊은 근로자들과 비교하여 최신기술을 사용할 수 있는 능력이 적다고 인식하고 있다(Brewington & Nassar-McMillan, 2000). 이로 인하여 근로 의지나 근로 능력이 있는 노인들도 취업을 통하여 소득을 마련하기보다는 그들의 노후 생활을 자녀나 친척에게 전적으로 의존할 수밖에 없는 실정이다.

통계청의 조사에 의하면 2002년 60세 이상 고령자의 생활비나 용돈 마련방법은 본인 및 배우자 부담이 55.9%, 자녀 또는 친척지원이 40.1%로 나타났고, 2002년 65세 이상 노인의 생계수단으로 67.4%는 남에게 일부 또는 전부를 지원받아 생활하고 있는 것으로 나타났다(통계청, 2003). 최근에는 고령자 스스로 생활비를 마련하는 비율이 높아지고 있다. 2017년 일하는 고령자 91.5%는 "본인 및 배우자가 직접 생활비를 부담하고 있다"라고 응답하였고, 65~74세의 일하는 고령자의 생활비 마련방법은 "본인 및 배우자 부담"이 95.1%로 취업자 대부분이 본인 및 배우자가 직접 생활비를 마련하는 것으로 나타났다. 그리고 75세 이상의 일하는 고령자는 80.1%가 "본인 및 배우자 부담"으로 생활비를 마련하고 있는 것으로 나타났다(통계청, 2019).

특히 우리나라의 노인들을 위한 노후소득보장제도 역시 매우 취약한 실정이다. 2002년 말 국민연금, 공무원연금, 사학연금, 군인연금 등 공적연금 수급자[1]는 총 378,000명으로 65세 이상 노인들의 10%만이 공적연금을 받고 있다(통계청, 2003), 2004년도에는 공적연금을 받고 있는 노인들은 13.9%에 지나지 않았다(통계청, 2005). 2019년 고령자(55~79세)의 연금수령 비율은 45.9%이며, 월평균 연금수령액은 61만 원으로 2018년보다는 다소 증가한 것으로 조사되었다(통계청, 2019). 그러나 노인 빈곤도 증가하여 2018년 65세 이상 인구 중 국민기초생활보장 수급자 비율은 7.4%로 계속 증가하고 있다. 이처럼 노후소득보장제도가 취약한 상황에서 우리나라 노인들의 취업에 대한 욕구는 매우 높은 편이다.

고령자 재취업정책은 사회 및 노동정책의 주요 부분인 동시에 고령자의 사회적, 심리적 상태에 영향을 미치는 복지정책의 핵심에 해당한다. 고령자의 고용촉진은 개인적으로는 노후 생활에 필요한 소득을 제공할 뿐만 아니라 취업을 통하여 심신건강을 유지하고 자기정체감과 유용감을 줄 수 있고, 국가적으로는 사회보장기금의 절약과 산업현장에서 필요한 인력을 확보할 수 있으므로 노인 문제, 사회복지 재원

1) 국민연금수급자는 283,000명으로 7.5%, 공무원연금수급자는 63,000명으로 1.7%, 군인연금수급자는 25,000명으로 0.7%, 사학연금수급자가 7,000명으로 0.2%를 각각 차지하고 있음.

문제 및 노동 문제 등을 해결해 줄 수 있는 종합적인 방안이라고 볼 수 있다. 초고령사회에 대비하여 노인부양을 위한 복지제도 및 서비스 등의 확충도 매우 시급한 사항이지만 노인들의 고용을 증진시키는 것도 안정된 노후소득보장의 차원에서 중요한 사항의 하나이다. 노인들의 노동시장 참여율이 증가하면 할수록 노인부양을 위해서 소요되는 사회적 및 재정적인 비용들을 대폭 경감시킬 수 있다(Favreault, Ratcliffe, & Toder, 1999). 모든 노인들을 연령적인 기준으로 노동시장에서 조기에 퇴출시켜서 부양대상자로 만들기보다는 근로 능력과 근로 의사가 있는 노인들을 취업을 위한 정책과 대안을 수립하는 것이 고령사회로 다가가는 우리 사회에 매우 시급한 실정이다.

그러나 우리나라의 노인취업(Senior Employment)에 대한 정책은 매우 빈약하다. 1981년 노인복지법을 제정할 때 국가 및 지방자치단체가 노인적성직종을 개발 보급하고 노인의 취업을 위해 노력해야 한다는 규정을 도입한 바 있다. 그러나 이 규정은 선언적 성격에 머물렀고, 실제 보건복지부에서는 1982년부터 대한노인회 조직에 노인 인력은행을 설치하여 고령자의 취업 알선사업을 시작하였으나 그 성과는 미비하였다(차흥봉, 2002). 1992년부터 고령자고용촉진법을 제정하여 고령자의 고용을 증대시키려고 노력하고 있지만, 제도의 내용적인 면을 살펴보면 고용주의 고령자고용은 권고사항이지 의무사항이 아니어서 고령자 고용이 활성화되지 못하고 있다. 고령자고용촉진법과 고용보험법에 따른 고령자고용촉진 장려금 제도 역시 잘 정착되지 않고 있다.

또한 노인들의 취업 활성화를 위해서 설치된 고령자인재은행, 노인취업 알선센터, 노인 능력은행, 지역사회 시니어클럽(Community Senior Club)[2] 등이 있으나 물적 · 인적자원의 부족으로 효과적인 역할을 담당하지 못하고 있다. 2004년부터는 보건복지부에서 노인들에게 사회적 일자리를 제공하기 위하여 '노인일자리사업[3]'

2) CSC는 보건복지부에서 2001년부터 실시하고 있는 사업으로 민 · 관의 다양한 자원을 연계하여 노인들의 근로활동 및 사회참여에 대한 욕구를 충족시켜 활기찬 노후 생활의 보장을 그 목적으로 하고 있다.

을 추진하고 있으나, 취업 기간 및 지원 기간이 짧고 사업의 유형들이 단순노무직에 집중되어 있어서 앞으로 실질적인 노인고용 활성화 정책으로 정착하기 위해서는 개선되어야 할 점이 많다. 2000년 이후로 우리나라의 고령화 속도가 급격히 진행되면서 노인고용문제가 중요한 정책 이슈로 부각됨으로써 정부의 각 부처들[4]에서는 노인들을 위한 다양한 고용정책 및 일자리 창출을 위한 제도 등을 시행하고 있지만, 아직 구체적인 성과를 이루지는 못하고 있다.

모든 노인이 퇴직 이후에 동일하게 취업이나 일자리를 원하는 것은 아니다. 그러나 최근 정부의 노인고용정책들을 살펴보면 노인들의 취업에 대한 희망 여부, 개별적인 욕구 및 특성을 고려하지 않고 노인들의 일자리 창출의 양적 측면에 초점을 두는 경향이 높은 편이다. 인생주기(Life Cycle)에 따른 노인들의 심리·사회적, 경제적 및 건강상태 등에 따라서 노인들의 취업 의사 여부도 매우 다양할 수 있다. 노인들을 위한 고용정책을 보다 체계화하기 위해서는 퇴직 이후에 어떠한 특성을 가진 노인들이 취업을 원하고 있으며, 어떠한 노인들의 개별적인 특성과 취업 욕구와 관련이 있는지, 그리고 어떠한 요인들이 노인들의 취업 의사결정에 가장 큰 영향을 미치는지를 파악하는 것이 선행되어야 한다.

---

3) 노인일자리사업은 노인들에게 사회적 일자리 창출을 목적으로 하고 있고 그 유형으로는 공익형, 교육복지형, 시장참여형 등으로 구분하여 사업을 추진하고 있다.

4) 보건복지부, 노동부, 저출산·고령사회위원회 등 각종 노인고용 관련 정책 및 제도 등을 참조하기를 바람.

2 노인의 취업욕구

노후소득보장체계가 취약한 우리나라에서는 경제적 필요성에 의한 노인들의 취업 욕구가 매우 높은 편이다. 한 연구결과에 의하면 취업 중단 고령자 가운데 67.9%가 취업을 원하고 있었고, 나머지 32.1%는 취업을 원하지 않는 것으로 나타났으며, 현재 취업을 중단한 고령자 가운데 경제적인 이유로 재취업을 원하는 경우는 무려 76%에 이르는 것으로 조사되었다(황진수 외, 2001). 통계청(2005)의 조사에 의하면 55세에서 80세 미만의 고령층을 대상으로 조사한 연구에서는 향후 취업 희망자의 비율은 58.8%였으며, 이들의 주된 취업 희망 이유는 생활비 마련(31.7%), 노동의 즐거움(20.4%)의 순으로 나타났다. 다른 연구에서는 전체 응답 노인 중 취업을 원하는 노인은 78.8%로 나타났고, 취업 이유의 63%가 경제적인 것으로 조사되었다(김동배 외, 2004). 그리고 취업을 희망하는 미취업 노인들의 취업을 원하는 이유로는 경제적 이유가 56.8%, 건강 유지를 위해서가 16.2%, 능력을 느끼고 싶어서가 10.6%로 나타났다(한국보건사회연구원, 2005).

2019년 55~79세 고령자 중 장래에 일하기를 원하는 비율은 64.9%로 2018년보다 증가하였다. 취업 희망 사유는 생활비 보탬(60.2%), 일하는 즐거움(32.8%)으로 나타났다. 최근 5년 동안 "생활비 마련"은 증가 추세이나 일하는 즐거움은 감소 추세이다. 성별로 보면, 남자(75.5%)가 여자(55.2%)보다 장래에 취업 의사가 높았고, 그리고 근로 희망 사유는 남녀 모두 "생활비 마련"과 "일하는 즐거움" 등의 순으로 조사되었다(통계청, 2019).

현재 노동시장에 종사하고 있는 노인들도 취업 지속 이유로 "경제적 필요성"이 가장 중요한 요인의 하나이다. 한국보건사회연구원(1998)의 연구결과에 의하면 취업 노인들의 취업 이유는 돈이 필요해서가 66.1%, 일이 좋아서가 8.2%, 건강 유지를 위해서가 7.2%, 일손이 부족해서가 6.9%였다. 전국노인생활실태조사(한국보건사회연구원, 2005)에 의하면 취업 노인의 69.9%는 경제적인 이유로, 9.6%는 건강 유지를 위하여, 6.5%는 일이 좋아서 취업하고 있다고 나타났다. 이러한 사실을 경제적인 요인의 노인들의 취업 지속에 대한 영향력이 점차로 증가하고 있다는 것을 의미한다. 이를 종합해 보면 우리나라 노인들의 취업 이유에는 다소 약간의 차이는 있지만, 경제적인 요인이 노인취업의 가장 중요한 이유로 나타나고 있고 그 다음으로는 건강관리, 일에 대한 애착 및 일을 통한 사회참여 등으로 나타났다.

건강수명의 증가로 활동력 있는 노인계층이 증가하고 노년기의 노후소득이 불안정하여 우리나라 노인들의 취업 욕구는 선진국에 비하여 높은 편이다. 그러나 이러한 높은 취업 욕구와는 상반되게 65세 이후에도 지속해서 노동시장에서 활동하는 노인 인구는 적은 편이다. 정부통계에 의하면 2007년도 현재 55세 이상 64세 사이의 고령 근로자들의 71.2%가 취업을 원하고 있고, 그리고 65세 이상 79세 사이의 노인들의 42.7%가 취업을 원하고 있는 것으로 조사되었다. 그러나 65세 이상의 노인들의 실질적인 경제활동 참여율을 살펴보면 2002년도의 30.7%에서 2006년도의 30.5%로 거의 변함없이 30%에 머무르고 있다. 65세 이상 고용률은 2017년 30.6%(216만 명)에서 2018년 65세 이상 취업 고령자는 31.3%(231만 명)로 조금 증가하였다(통계청, 2019).

이는 그동안의 정부에서 노인고용 증대를 강조하고 있지만, 현행의 노인취업대책에 문제점이 있다는 것을 증명해 주고 있다. 또한 노인취업자의 산업별 분포를 살펴보면 특정 산업 분야에 노인들이 집중해 있는 것을 알 수 있다. 통계청 보고에 의하면 2006년 65세 이상 취업자의 산업별 분포를 보면 농림 · 어업 분야에 50.2%로 가장 많았고, 그 다음에는 사업 · 개인 · 공공서비스업 분야에 21.2%, 그리고 도소매 · 음식숙박업 분야에 17.5% 순으로 많았다. 2019년 55~79세 산업별 취업자는 사업 · 개인 · 공공서비스업(36.4%)이 가장 많고, 직업별 취업자는 단순노무종사자 직종(24.3%)이 가장 많았다. 산업별 취업자 비중 살펴보면 사업 · 개인 · 공공서비스업(36.4%), 도소매 · 음식숙박업(19.8%) 및 농림어업(13.8%) 등의 순서였다. 직업별 취업자 비중은 단순노무종사자(24.3%), 서비스 · 판매종사자(23.0%) 및 기능 · 기계조작종사자(22.0%) 등의 순서로 조사되었다(통계청, 2019). 일부 산업경쟁력이 취약한 특정 산업 분야에 고령 근로자가 집중되는 것을 방지하고 노인들의 다양한 직업 경험을 활용하여 노인들이 재취업할 수 있는 산업 분야를 다각화시켜 나가는 방안을 적극적으로 모색해야 한다.

각국의 미취업 노인의 취업 희망 이유를 분석한 결과 경제적인 필요성 때문에 취업을 원하는 비중은 일본이 43.2%, 미국이 38.5%, 그리고 독일이 33.3%로 우리나라의 51.3%보다도 낮게 나타났다. 그리고 2019년 55세부터 79세까지의 고령자 중 장래에 일하기를 원하는 비율은 64.9%로 조사되었다. 그리고 취업을 원하는 이유는 생활비 마련(60.2%) 그리고 일하는 즐거움(32.8%) 등의 순으로 나타났다(통계청, 2019). 이는 우리나라의 사회보장제도가 취약하여 노인들이 취업하지 않고서는 노년기에 안정적인 경제생활을 유지하기가 어렵기 때문이다.

선진국에서는 노인복지의 문제를 공적연금제도를 중심으로 한 소득보장제도를 이용하여 해결하고 있다. 예를 들어 외국 노인들의 주요 수입원에서 국가로부터 받는 연금이 차지하는 비중은 미국은 84.7%, 이탈리아는 82.5%, 일본은 77.0%, 덴마크는 76.5%로 조사되었다(황진수 외, 2001). 2019년 고령자(55~79세) 중 연금수령자는 45.9%이고, 월평균 연금수령액은 61만 원에 불과하다(통계청, 2019). 이처럼 우리나라의 경우 연금수급자가 제한적이며 평균 급여 수준이 미약하여 공적연금만으로는 적정한 노후소득보장을 기대하기는 어려운 실정이다. 앞으로 노인들의 경제적 지위가 향상되고 노후소득보장제도가 어느 정도 정착된다면 우리나라 노인들의 취업 욕구도 경제적인 이유보다는 시간 활용, 능력개발 및 사회참여 등과 같은 비경제적인 요인들로 취업 이유가 변경되고 있다.

3 노인취업의 영향요인

1) 인구 사회적 요인

노인들의 경제활동은 성별에 따라서 다소 차이가 있는 것으로 나타났다. 통계청(2000)의 조사에 의하면 우리나라 65세 이상 남성 노인의 경제활동 참가율은 40.19%로 나타났고, 여성 노인은 21.35%로 나타났다. 그리고 성별의 차이에 따라서 경제활동에 참여하는 이유가 상이한 것으로 나타났다. 성별에 따른 미취업 노인들의 취업 이유를 조사해 본 결과 남성 노인의 49%가 경제적 이유에 의해 취업을 희망하고 있었고, 여성 노인들도 67.9%가 경제적인 필요 때문에 취업을 원하는 것으로 나타났다. 남성 노인의 경우 건강 유지를 위해서가 21.4%, 능력을 느끼고 싶어서가 14.8%였지만, 여성 노인의 경우에는 시간을 보내기 위해서가 10.9%, 건강 유지를 위해서가 9.6%로 성별에 따른 취업 이유가 다소 차이가 있었다(한국보건사회연구원, 2005). 남성 노인들의 경우에는 사회적으로 성취감을 느낄 수 있는 전문성취형 직종을 선호하는 편이고, 여성들의 경우에는 특별한 기술이 필요하지 않은 단순경제형 직종을 선호하는 것으로 조사되었다(김동배 외, 2004). 이 결과에 의하면 여성 노인들이 남성 노인들보다 더 경제적인 이유로 취업을 원한다고 나타났다.

연령계층과 노인들의 취업 욕구와는 깊은 관련이 있다. 고령 근로자들의 재취업률을 살펴보면 50대 후반에는 낮아지다가 60대 초반까지는 수적으로 증가하며 이 증가 추세는 65세부터 감소하기 시작하여 70세 이후부터는 급격한 감소를 보인다. 노인 중에서 재취업 욕구가 가장 높은 연령집단은 60세에서 65세 미만의 노인들로 추정할 수 있다(이현기, 2001). 그리고 나이가 많아질수록 경제적 이유에 의해서 취업을 희망하는 비율은 낮아지지만 나이가 많아질수록 건강 유지를 위해 취업을 원하는 비율이 증가하는 것으로 나타났다(한국보건사회연구원, 2005).

노인들의 학력은 노인들의 취업 욕구 및 취업 결정에 영향을 미친다. 무학보다는 초중고의 학력을 가진 노인들의 재취업률이 높았고, 전문대 이상의 학력을 가진 노인들의 재취업률은 중간 정도의 수준이었는데 이는 퇴직 전 직업활동에서 어느 정도 노후준비를 마련했기 때문이라고 추정할 수 있다(이현기, 2001). 그러나 학력 수준과 취업자 특성을 살펴보면 취업 고령자의 학력 수준이 취업 중단 고령자들과 비교하여 높은 것으로 나타났다(황진수 외, 2001). 이는 교육수준이 낮은 노인들이 높은 노인들에 비해서 노동시장에서의 경쟁력이 낮기 때문이라고 볼 수 있다. 그리고 교육수준이 높아질수록 경제적 이유보다는 건강 유지와 능력을 느끼고 싶어서 취업을 희망하고 있었다(한국보건사회연구원, 2005). 교육수준에 있어서 고등학교 이상의 교육수준인 노인의 경우 전문성취형 일자리에 대한 욕구가 높았고, 중등학교 교육수준의 노인들은 단순성취형의 일자리를, 초등학교 졸업 이하의 노인들은 소득을 목적으로 하는 경제형 일자리에 대한 욕구가 높은 것으로 조사되었다(김동배 외, 2004).

고령 근로자들의 가정적인 환경, 가족관계 및 배우자의 노동 유무 등도 퇴직 후의 취업 결정에 영향을 미친다. 고령 근로자의 퇴직이나 취업 결정에 배우자의 영향력은 높은 편이다. 배우자의 기대 퇴직소득이 안정적이거나 높을 경우에 고령 근로자가 조기퇴직을 할 경향이 매우 높고, 배우자가 노동보다는 여가를 선호할 경우에 노동시장에서 조기에 퇴직할 경우가 높다. 또한 가족 구성원 중에서 만성질환이나 중병의 노인부양을 위한 부양의무(Responsibilities of Caregiving)를 수행할 경우 역시 고령 근로자의 퇴직 및 취업 결정에 결정적인 영향을 미친다. 예를 들어 노인부양은 가족의무와 직업수행 간의 갈등을 초래하고 노인부양으로 인해서 고령 근로자의 지각, 결근율 및 예정되지 않은 결근 등이 증가하는 경향이 높다.

2) 건강 및 심리사회적 요인

노인의 취업에 영향을 미치는 요인 중에서 가장 중요한 요인들 중의 하나는 건강상태이다(권승 · 황규선, 2004). 한 연구에 의하면 건강한 노인일수록 재취업을 희망하고 있는 것으로 조사되었고, 취업 중단 고령자의 경우 재취업 결정에 가장 중요한 요인은 건강상태로 나타났다. 또한 취업은 노인들의 인지된 건강상태에도 유의미한 긍정적인 영향을 미치는 것으로 나타났다(Mor-Barak & Margaret, 1993). 취업 노인과 미취업 노인들과의 건강상태를 비교해 본 결과 취업 노인의 건강상태가 매우 양호한 것으로 나타났다. 미취업 노인들의 8%만이 건강이 양호하다고 응답하였지만 취업 노인들의 45%가 건강이 양호하다고 응답하였다. 인지된 건강상태의 변화를 측정해 본 결과 대부분의 취업 노인들은 건강상태가 좋아진다고 응답하였고 대부분의 미취업 노인들은 건강상태가 나빠진다고 응답하였다(Soumerai & Avon, 1983). 노인취업과 건강상태는 매우 밀접한 관계가 존재하며 노인의 건강이 좋아야 취업을 지속할 수 있지만, 또한 취업을 통하여 노인의 건강을 유지하거나 향상시킬 수 있는 것으로 나타났다.

노동이 경제적인 보상을 줄 뿐만 아니라 노동을 통하여 근로자는 자아정체감, 사회소속감, 만족감 및 안정감 등을 느낄 수 있다. 근로자들이 노동과 가정의 요구들에 대해서 어떻게 반응하는가에 관한 연구에서는 대부분의 근로자들이 가정생활보다는 노동을 통하여 더욱 많은 통제감과 성취감을 느꼈다고 조사되었다(Hochschild, 1997). 직업은 일차적으로 생계유지의 수단으로서 자아정체감의 주요한 부분이며 자존감의 근간이며, 사회적 지위, 인정, 가치감 및 생성감(Generativity) 등의 원천이다. 그러나 직업의 상실은 정체감의 혼란, 사회적 지위와 인정의 상실로 인한 자존심의 손상, 사회적 유대관계의 상실에서 오는 소외감과 외로움 등을 초래한다. 특히 강제퇴직과 같은 부정적인 사건의 충격이 큰 이유는 직업을 통해서 획득할 수 있는 직업의 심리적 기능(Psychological Function)을 상실하기 때문이다. 직업의 심리적 기능은 여성이나 저소득계층의 근로자들보다는 중 · 상류층의 남성 근로자들에게 더욱 크게 작용한다. 어떤 근로자들은 은퇴와 정서적인 죽음을 동일시하여 가능한 은퇴를 미루거나 재취업을 시도할 가능성이 높다(김애순, 2000).

타의에 의한 노동시장에서의 퇴직은 심리적으로 배신감, 분노 및 좌절감 등과 같은 정서적 고통을 경험하게 되며, 조기퇴직은 역할상실감, 무력감 및 수입 상실에 따른 경제적 충격을 경험할 가능성이 매우 높다. 그리고 직업 상실은 개인에게 가장 스트레스를 유발시키는 요인이고 이로 인해서 신체적 및 정신적 건강에도 많은 부정적인 영향을 미치게 된다. 특히 고령 근로자들에게 실직이 심리적인 측면에서 매우 부정적인 영향을 미친다. 실직한 근로자들은 슬픔, 양심의 가책, 자존감의 저하 및 정체감의 상실 등 부정적이고 심리적인 상태들이 나타난다(Archer & Rhodes, 1993). 그리고 실직한 근로자들은 안정적인 고용을 유지하고 있는 근로자들에 비하여 높은 우울감, 분노감 및 질병률 등이 나타났다(Turner, Kessler, & House, 1991). 같은 상황에서 고령 근로자들은 젊은 계층의 근로자들에 비해서 실직으로 인한 고통을 더 받는 것으로 조사되었다.

대부분의 고령 근로자의 경우 건강하고 더 일할 능력이 있고, 또 일에 대한 의욕이 있다. 그럼에도 불구하고 정년퇴직이나 조기퇴직, 명예퇴직 등으로 퇴직하게 되면, 과거 오랫동안 유지했던 익숙한 업무를 놓게 되며, 사회에 대한 적극적인 참여에서도 물러나게 되어 소외감을 느끼고 자아존중감이 낮아질 경향이 높다. 특히 대다수 고령자가 처음에는 막연하게 직장을 구하려고 노력하지만, 일정 기간이 지나면 실망실업자로 있다가, 나중에는 취업 욕구가 완전히 상실됨으로써 고령 근로자의 숙련된 경험과 지식의 방대한 축적은 사장되어 버리게 되고 결국 사회적인 낭비로 연결된다. 따라서 고령자의 인력개발을 통한 취업의 활성화는 더욱 심각하게 고려되어야 한다.

Bosse와 그의 동료들의 연구에 의하면 취업은 노인들의 정신건강, 생활만족도, 결혼만족도 등에도 긍정적인 영향을 미치고 있는 것으로 나타났다. 예를 들어 육체적 건강을 통제한 후에 취업 노인과 미취업 노인들의 심리적 증상에 대하여 비교해 본 결과 취업 노인이 부정적인 심리적 증상이 적게 나타났다(Bosse, Aldwin,

Levenson, & Ekerdt, 1987). 다른 연구에서는 배우자 직업의 명성은 노인들의 결혼만족도에 유의미한 영향을 미치는 것으로 보고되었다(Cassidy, 1985). 특히 고령 근로자 중에서 여성 근로자들은 동일 연령집단 내의 가정주부나 미취업 노인들과 비교하면 전반적인 생활만족도가 높은 것으로 나타났다(Riddick, 1985).

노인들에게 직업과 노동은 단순히 경제적 부분의 결핍만을 충족시켜 주는 것은 아니다. 노동과 취업을 통하여 노인들은 노년기의 삶에 있어서 자신감을 갖게 하고 생활만족도를 향상시키고, 자아통합감의 증진을 통하여 자기실현의 기회를 실현할 수 있도록 해준다. 정신적, 정서적 행복감과 유용감은 개인의 심리적 복지를 향상시키며 노인들의 사회통합을 촉진해 주기도 한다. 그리고 자신의 경험과 기술을 보다 적극적으로 활용함으로써 비생산적인 노년기를 보다 생산적 시기로 나아갈 수 있게 한다. 노인들은 재취업을 통해서 그들의 삶의 질을 향상하며 생산적인 노화를 추구할 수 있게 된다.

3) 노동 및 경제적 요인

노인들의 취업 결정에 영향을 미치는 요인 중의 하나는 현재의 경제적 상황이다. 어떤 연구에서는 노인들의 경제상태가 재취업 결정에 가장 많은 영향을 미친다고 보고했지만 다른 연구에서는 노인들의 경제상태가 재취업 결정에 영향을 미치지 않는다고 나타났다(황진수 외, 2001). 중 · 고령자의 경우 고소득계층이 저소득계층보다 재취업을 원하지 않는다고 나타났다. 재산형성 정도가 높은 전문직업을 경험한 근로자의 경우 노동시장 재진입 시 취업할 수 있는 직업이 본인의 경험을 살리지 못하고 생산성에 기여할 수 없는 저임금의 직업일 때에는 사회적인 체면을 고려하여 포기하는 것으로 나타나고 있다(장창원, 2004).

고령 근로자들의 취업 결정에 영향을 미치는 경제적인 측면의 요인들로는 자산(Assets), 연금, 사회보장급여 등 퇴직 시기의 경제적인 자원들이다. 이러한 노년기의 경제적인 자원 간의 관계는 매우 복잡한 편이다. 사회보장급여는 퇴직 후 소득에서 가장 중요한 재원이고, 개인연금, 개인저축 등이 그 다음으로 중요한 재원들이다. 그리고 실질 사회보장급여의 상승은 조기퇴직(Early Retirement)을 늘리며, 개인연금은 급여의 범위와 혜택이 다양하므로 노동 행동에 대한 영향은 매우 복잡한 편이다. 기대 퇴직연금의 수준이 높은 고령 근로자들이 기대 퇴직연금의 수준이 낮은 고령 근로자들보다 조기퇴직하는 경향이 높고, 연금의 급여가 안정되면 될수록 퇴직 후 노동에 종사하는 경향이 적어지는 것으로 나타났다(Wise, 1997; Favreault et al., 1999).

노인들의 취업 결정에 영향을 미치는 것은 퇴직 후 노동과 여가 간의 혜택 비교에서 출발한다. 예를 들어서 노동시장에 참여하여 소득이 높은 근로자는 지속적으로 노동시장에 진입할 확률이 매우 높다. 그리고 고령 근로자의 학력, 현재 임금수준, 경력, 근로소득에 대한 세금, 추가소득, 건강 및 기타 보험의 급여 수준 등에 의해서 고령 근로자들의 취업 결정에 영향을 미친다. 이러한 모든 요인들이 고령 근로자들의 퇴직 후 재취업 결정에 영향을 미치지만 가장 중요한 것은 노동으로부터 얻을 수 있는 경제적 보상(Economical Return)이 가장 중요한 요소이며 대부분의 고령 근로자들은 매우 경제적으로 합리적인 수준에서 퇴직 후의 취업을 결정하고 있는 것으로 나타났다(Rust & Phelan, 1997).

4 노년기의 고용 및 취업의 방향

우리나라의 급격한 인구의 고령화는 앞으로 우리 사회 및 경제 전반에 다양한 형태로 영향을 미칠 것으로 예측되고 있다. 특히 고령화 진전에 따라 생산가능인구의 비중은 급격히 감소하는 반면 노인계층을 위한 연금, 각종 사회보장 및 의료비 지출이 상대적으로 급격히 증가하여 우리 사회의 노인에 대한 부양 부담은 더욱 가중될 것으로 전망하고 있다. 이러한 상황에서 노인취업과 노인일자리 창출은 단순히 개인적인 문제가 아니라 국가경쟁력을 유지시켜 나갈 수 있는 방안의 하나로서 초고령 사회를 대비하여 우리 사회가 시급하게 해결해야 할 국가적 과제 중의 하나이다.

현재 우리나라의 노인취업 현황 및 실태를 살펴보면 인구 고령화에 따른 현실성 있는 노인취업정책은 미비하고 앞으로 개선되어야 할 부분이 매우 많다. 일반적으로 우리나라의 대다수 기업에서는 정년제도가 형식적으로 마련되어 있지만, 일부 산업 분야와 전문직 종사자를 제외하고는 실제로 근로자가 정년에 퇴직하는 경우는 매우 적은 편이다. 소위 명예퇴직, 정리해고 및 자진 퇴사 등으로 50세 전후에 퇴사하게 되고, 일부 경영 임원진을 제외하고는 대부분의 근로자는 60세 이전에 퇴직하는 경향이 일반화되었다. 그리고 퇴직하여 재취업을 시도하는 경우 전일제 고용보다는 비정규직이나 임시직으로 이직하는 경향이 매우 높고 이로 인한 근로소득은 퇴직 전보다는 매우 적은 편이다. 그리고 퇴직 후 재취업을 하더라도 공적연금제도의 미비 및 사회안전망의 부족으로 노년층의 노후소득은 매우 불안정한 것이 사실이다. 외국의 경우 특수전문직(경찰, 군인, 소방관 등)을 제외하고는 연령에 의한 강제퇴직을 제한하여 정년 없는 지속고용사회를 지향하고 있다.

외국의 노인취업의 욕구를 살펴보면 퇴직 이후의 취업이 단순히 생계비 마련이 아니라 자아실현이나 사회에 대한 기여를 위하여 퇴직 이후에도 재취업을 선호하는 것이 일반적이다. 그러나 우리나라 노인들의 취업 희망 이유를 살펴보면 아직도 노후소득보장제도가 잘 정착되지 않아 생계비 마련이 노인취업의 주된 이유로 나타나고 있다. 2007년 고령자통계에 의하면 고령 인구계층의 취업 희망 이유는 생활비에 보탬이 되어서(32.4%)가 가장 많았고, 그리고 일하는 즐거움 때문(19.6%)이라는 응답이 두 번째로 많았다. 2019년 고령자통계(2019)에서는 고령자 중 장래에 일하기를 원하는 비율은 64.9%로 조사되었고, 그리고 취업 희망 사유로는 생활비 마련(60.2%)이 가장 많았고, 그 다음은 일하는 즐거움(32.8%)으로 나타났다. 최근 5년 동안 "생활비 마련"은 증가 추세이나 "일하는 즐거움"은 감소 추세이다.

이러한 사실은 우리나라 대부분의 노인은 특별한 장애나 질환이 없는 경우 다른 사람에게 의존하기보다는 취업을 통하여 노년기의 불안정한 소득을 보충하고 경제적 자립 생활을 유지해 나가기를 원한다는 것이다. 이러한 노인들을 부양해야 할 의존적인 존재로 여기지 말고 노인취업을 통하여 일정 정도의 경제적 기반을 마련할 수 있게 하고, 그리고 이를 통하여 노년기의 자아실현과 사회참여의 방안으로서 국가적 차원의 노인취업에 대한 문제점을 파악하고 효과적인 대책을 수립해 나가야 한다.

Rowe와 Kahn(1997)은 노년기의 삶에서 생산적인 활동(Productive Activity)의 지속은 성공적인 노년을 유지하는 주요 요인 중의 하나라고 주장했다. 노인들의 재취업 및 인력개발을 통하여 노인들 스스로 노후 생활을 건강하게 행복한 삶을 유지함으로써 노동을 통한 생산적 복지의 실현, 연금제도의 안정성 확보 및 복지급여의 재정적인 부담을 경감시킬 수 있다. 또한 초고령사회를 대비하여 노인고용을 활성화시켜 노인들을 단지 수동적인 수혜자나 보호의 대상자라는 인식에서 탈피해 노인의 삶의 질의 향상, 경제적 자립 및 사회참여 등을 추구할 수 있는 방안을 다각적으로 모색해야 한다.

정부와 기업은 고령 근로자들의 취업 욕구를 최대한 반영하여 관련 노동정책, 고용정책, 사회적인 분위기, 물리적인 노동환경 및 기업환경 등을 재정립하고 개선하여 노동현장에서 고령 근로자들이 차별받지 않고 경쟁력이 있는 근로자로서 역할을 감당할 수 있도록 해야 한다. 또한 노인고용 분야에 있어서 사회복지사의 주요 역할은 노인들의 고용, 직업 및 노동 등에 관련된 다양한 욕구, 특성 및 이슈 등에 대한 사회적인 인식을 향상시키고 현재 노인고용의 불합리한 환경을 개선하는 것이다.

산업복지 측면에서 사회복지사는 전통적인 사회복지 개입방법을 활용하여 노인들을 위한 개별적, 집단적 및 기업 조직적 차원 등에 관련된 복지 및 고용서비스 및 프로그램 등을 개발하고, 고령 근로자들에 대한 부정적인 편견을 개선하고, 고령사회에 부합하는 고용정책 및 서비스의 개발 및 대안 마련을 위하여 보다 적극적으로 활동하여야 한다. 또한 사회복지사는 지역사회 내의 공공기관, 기업이나 단체 등을 대상으로 고령사회에 있어서 노인고용의 중요성에 대하여 다양한 방법을 통하여 알리고, 그리고 노인고용 활성화를 위한 지역사회 네트워크 구축방안을 모색해야 한다. 그리고 공급자 중심이 아니라 더욱 노인들의 실질적인 욕구, 동기 및 능력 등이 반영된 클라이언트 중심(Client Centered)의 노인고용 관련 서비스와 프로그램을 개발하고 운영하여 진정한 노인들의 탈빈곤과 생산적인 사회참여활동의 활성화를 추구해야 한다.

국가적 차원에서는 노인일자리 창출을 통하여 인구 고령화에 따른 경제활동인구의 감소로 인한 부족한 노동력을 보완하거나 완충시킬 수 있는 장점이 있다. 이를 위하여 민간 영역에서는 단순한 연령 기준만으로 직업 경험과 기술이 높은 고령 근로자들을 일괄적으로 퇴직시키기보다는 개별근로자들이 능력 및 특성을 고려하여 동일한 직장이나 동일 산업 분야에서 지속고용이 가능한 근로환경을 구축해 나가는 것이 바람직하다. 외국에서는 오래전부터 고령 근로자들의 지속고용을 위하여 근로환경 개선, 근로시간의 탄력적 운영 및 다양한 인센티브를 제공하여 고령 근로자들을 노동시장으로 유인해 오고 있다. 일부 서비스 분야에서는 사회보험에 대한 고용주의 부담이 없어진 고령 근로자들을 다양한 산업 분야에서 적극적으로 활용해 오고 있다.

그리고 사회적 측면에서는 노인들을 단순히 보호와 의존 대상이 아니라 노인들을 주체적이고 독립적인 대상이라고 인식하고 노인들의 지식, 능력 및 지혜 등을 적절하게 활용하여 사회적 참여를 증대시킬 수 있는 고령 친화적 사회적 환경의 구축이 절대적으로 필요하다. 노인 일자리 창출은 단기적인 차원에서는 개인 및 가족에게 일정 부분 경제적 이득을 도모할 수 있고, 장기적 차원에서는 노인취업을 통하여 의료비, 연금 등 노인에게 소요되는 사회복지비용을 간접적으로 절감시킬 수 있는 유용한 고령 인적자원 활용 방안의 하나이다.

노인취업을 활성화하기 위해서는 우선적으로 우리 사회에 만연하고 있는 노인취업에 대한 다음과 같은 부정적인 인식 및 불합리한 고용제도를 개선해 나가야 한다. 우리 사회에서 고령 근로자와 노인계층의 직업수행 능력에 대한 부정적인 인식과 편견이 매우 높은 편이다. 외국의 선행연구들에 의하면 직업수행 능력은 연령집단 간(Young vs Old)의 차이보다는 연령집단 내(Old vs Old or Young vs Young)의 차이가 높다고 보고하고 있다. 우리 사회에서는 직업수행능력에 있어서 연령의 증가보다는 개인 간의 차이가 크다는 것을 인식하지 못하고 있다. 그리고 고령 근로자들의 고용 확대를 위하여 '고령자고용촉진법'을 마련해 두었는데 강제 의무규정인 장애인고용촉진법상의 '장애인고용률'과 달리 고령자고용촉진법의 '고령자고용률'은 권고사항이어서 고령 근로자의 고용 확대에 전혀 도움이 되지 않고 있다. 2009년 3월부터 시행된 고령자고용촉진법상의 '연령제한 금지사항'이 선언적인 수준에 머무르지 않고 산업현장에서 보다 강력하게 집행되어야 한다. 또한 노인취업 및 일자리 창출을 위해서 국가 차원의 고령 인적자원개발 제도 개발, 상시적 고령 근로자 직업훈련 프로그램의 시행 및 관련 전문 인력양성 등 다양한 방안 등을 모색해 나가야 한다.

노인취업을 실제로 증대시키기 위해서는 노인고용을 가로막는 사회·환경적인 장애물들을 제거하고 개선해 나가야 한다. 이를 위해서는 민간 영역에서 경쟁력이 취약한 노인들을 위한 노인일자리사업의 확충, 공공·민간 영역의 고령자고용 활성화, 고령자 우선 고용직종의 개발 및 보급 등이 필요하고, 궁극적으로는 공공 및 민간 영역에서 정년제도의 안정적인 정착이 매우 필요하다. 기업 측면에서는 노인근로자 고용업체에 대한 인센티브 확대, 다양한 근로시간(시간제, 탄력적 시간제) 및 급여지급 방법(임금 피크제) 개선, 고령 근로자들을 위한 직업·재교육 훈련의 활성화, 퇴직예정자를 위한 퇴직준비프로그램의 도입, 그리고 고령 근로자를 위한 취업 및 창업센터 운영이 필요하다.

특히 고령 근로자를 포함하여 모든 근로자가 인생 주기에 걸쳐서 적응적인 경력진로들(Flexible Career Paths)로 나아갈 수 있도록 해야 한다. 그리고 개인적인 능력, 생산성, 가능성에 부합하는 고용을 증진시키며, 개별근로자들의 선호도에 따른 탄력적인 카페테리아식(Cafeteria-type)의 급여계획을 제공하며, 융통적이고 점진적인 퇴직을 위한 노동환경을 조성해 나가는 것도 중요하다. 지역사회에서는 노인취업을 활성화하기 위하여 지역사회 내의 노인취업 관련 공공 및 민간 영역의 기관들이 연계하여 지역별 특성에 맞는 노인취업 분야를 개발하고, 그리고 상시적으로 예비 노인취업자들을 위한 교육, 훈련 및 정보제공을 효과적으로 제공할 수 있는 전달체계의 구축이 시급하다.

최근 정부와 우리 사회 일각에서 노인취업 활성화에 많은 관심을 가지고 정부나 민간 영역에서 다양한 대책들을 모색하고 있다. 그러나 고령사회에서 노인 일자리 창출은 노인복지 분야의 경제적 분야에서 중요한 문제 중 하나이지만 노인 일자리 창출만이 우리 사회가 직면하고 있는 모든 노인복지 관련 문제들을 해결할 수 있는 유일한 대책은 아니다. 노인 일자리 창출만 너무 강조하면 우리나라의 전반적인 노인복지발전의 저해요인으로도 작용할 수도 있다. 실제로 2004년부터 정부가 노인 일자리사업을 시작하면서 노인일자리 사업에 대한 예산은 급격히 증가했지만 그 이외의 노인복지예산은 거의 답보상태에 머무르고 있다. 앞으로 노인일자리 창출 사업과 병행하여 전반적인 노인복지 분야를 균형 있게 발전시켜 나갈 수 있는 방안을 모색해야 한다.

많은 노인이 본인들의 능력과 기술을 활용하여 노동시장에 참여하기를 원하고 있다. 그러나 우리 사회는 노인에 대한 편견과 부정적인 인식으로 인하여 어르신들의 노동시장 참여를 직간접적으로 제한하고 있다. 이를 개선하기 위해서는 단기적 차원의 노인취업대책 마련도 중요하지만, 궁극적으로는 우리 사회가 보다 성숙하고 세대통합적인 사회(Intergenerational Society)로 지향해 나가며 어르신들이 사회적 · 문화적 · 경제적 측면에서 소외되거나 차별받지 않는 고령 친화적인 사회(Aging Friendly Society)로 나아갈 때 노인들의 노동시장 참여도 보다 활성화될 수 있을 것이다.

CHAPTER

07

독거노인과 직무만족

1. 독거노인과 직무만족
2. 직무만족의 개념
3. 노인들의 직무만족 영향요인
4. 독거노인들의 직무만족 향상방향

CHAPTER

07 독거노인과 직무만족

1 독거노인과 직무만족

인구 고령화와 더불어 우리나라에서는 1인 가구도 급속하게 증가하고 있다. 우리나라의 1인 가구 비율은 2000년 15.5%였지만 2010년에는 23.9%로 급격하게 증가하였고, 2019년에는 총가구 대비 1인 가구 비율이 29.1%에 도달할 전망이다. 특히 노인 1인 가구화가 급속하게 진행되고 있다. 2017년 전체 1인 가구 중 노인 1인 가구의 경우는 133만 7천 명으로 전체 1인 가구의 24%에 이르렀고 전체 노인 가구의 33.4%를 차지하고 있다(통계청, 2017). 또한 55세 이상의 고령 1인 가구의 경우 224만 6천 명으로 전체 1인 가구의 40%에 이른다. 이처럼 압축적 고령화로 인한 고령인구의 급격한 증가와 55세 이상의 고령 1인 가구의 증가는 초고령사회로 진입하는 우리 사회에서 시급하게 대응해야 할 주요한 사회적 이슈 중의 하나이다.

우리나라는 대가족의 가족 단위에서 핵가족으로 급격하게 변화했으며, 현재는 1인 가구가 급속하게 증가하고 있다. 특히 1인 가구 중에서도 고령기에 배우자와 사별하거나 이혼하여 혼자 사는 고령 1인 가구의 비중이 급속하게 증가하고 있다. 통계청의 인구조사에 의하면 1990년에는 노인 1인 가구는 193,000명이었으나 2035년에는 2,489,000명이며 2045년에는 3,719,000명으로 늘어날 예정이다. 노인 1인 가구의 연령대를 살펴보면 65~69세 비중은 25.1%이며 80세 이상은 28.0%이지만

2045년에는 80세 노인들은 38.2%로 늘어날 예정이다. 55세 고령자의 경우 2000년에는 839,744명이었으나 2035년에는 4,270,758명이며 2045년에는 4,920,909명으로 늘어날 예정이다(통계청, 2018).

현재 고령 1인 가구는 129만 명으로 남성 고령 1인 가구는 32만 명, 여성 고령 1인 가구는 96만 명으로 고령 1인 가구의 성비는 1 : 3의 비율로 여성 고령자 1인 가구가 훨씬 많다(통계청, 2017). 이러한 노년기의 여성화 현상(Feminization of Old Age)은 고령사회에 진입한 국가들의 특징으로 우리나라만의 독특한 현상은 아니다(Arber & Ginn, 1991). 노인 인구에서 여성의 비율이 높은 현상이나 여성의 평균수명이 남성보다 길다는 점은 여성이 배우자의 사망, 황혼이혼 등으로 여성 가구주가 되는 경우가 많고 경제적 어려움에 처할 위험이 크며 이로 인해서 여성 고령 1인 가구가 경제적 욕구에 의한 경제활동에 참여할 가능성은 크다고 추정할 수 있다.

독거노인가구는 경제적으로 취약하며 비공식자원(Informal Resource)이 미비하여 사회적 소외와 고립의 위험에 노출되어 있다. 특히 주거 빈곤 인구가 많고 우울과 죽음 불안 등의 심리 · 정서적 문제들에 노출되어 있고 근로 배제, 경제 배제 및 건강 배제 등과 같은 사회적 배제(Social Exclusion)가 높은 편이다. 그리고 고령기에서의 성별 차이가 존재한다. 예를 들어서 직장을 중심으로 사회화되었던 남성 고령자들은 퇴직 이후에 여성 고령자들보다 사회적 관계망이 대폭 축소될 가능성이 큰 편이다(모선희, 2015; 김태완 · 이주미 · 정진욱, 2015). 이렇게 성별에 따라서 남성과 여성 고령자들이 경제, 소득, 주거, 영양, 질병, 건강, 소외 등의 문제가 성별에 따라서 각각 다르게 나타날 수 있다(정경희, 2015).

우리나라에서는 공적 노후소득 보장제도의 미성숙으로 인하여 공적연금 수급자가 45.6%이고 평균 연금이 58만 원에 불과하여 경제적 필요성에 의하여 고령자의 경제활동 참여율은 지속해서 증가하고 있다(통계청, 2018). 그리고 고령자가 취업 의사 및 취업을 원하는 경우는 "생활비를 위한 경제적 이유"가 58.3%에 이르며 장래에 근로를 원하는 비중도 62.4%로 지속해서 증가하고 있다(통계청, 2017).

일반 노인들보다도 고령 1인 가구는 경제적 측면에서 더욱 심각한 어려움에 직면하고 있다. 우리나라 고령자의 상대적 빈곤율은 49.6%로 OECD 국가 중에서 가장 높은 수준이다(김복순, 2017). 특히 고령 부부 가구의 빈곤율은 47.1%이지만 노인 단독가구의 빈곤율은 70.9%로 고령 단독가구 세대의 빈곤율이 매우 심각한 수준이다(보건복지부, 2011; 윤희숙 · 권형준, 2013).

고령 1인 가구의 주요 심각한 문제들은 경제 문제(75.9%), 건강 문제(71.0%), 소외 문제(64.5%) 및 무위 문제(58.6%) 등의 순으로 경제문제가 다른 노인 문제들보다도 심각한 것으로 조사되었다(정경희, 2015). 그리고 고령 1인 가구의 절반 이상인 53.6%가 최저생계비 미만의 가구소득으로 생활하고 있다. 이는 고령 1인 가구 대부분이 자산이나 소득의 안정성이 취약한 집단으로 나이가 많아질수록 빈곤 집단으로 전락할 가능성이 크다는 것을 의미한다(석재은 · 김태완, 2000; 최현수 · 류연규, 2003).

또한 다인가구에 비해서 대다수의 고령 1인 가구의 경제활동 참여율이 낮으며 소득이나 주택의 자가 소유율도 낮으며, 특히 경제활동에 참여하더라도 노동환경이 열악한 일용직, 정부 일자리, 단순 노무 및 시간제 일자리 등으로 나타났다(강은나 · 이민홍, 2016). 고령 1인 가구의 경제적 문제가 심각함에도 불구하고 그동안의 대부분 선행연구는 일반 노인들의 경제적인 측면에 관한 연구들이 대부분이었다(석재은 · 김태완, 2000; 최희경, 2004; 최옥금, 2006). 그리고 일반 노인들에 관한 연구들은 노인일자리사업에 관한 연구들이 주류를 이루고 있다(서양열, 2004; 지은숙, 2011).

대부분의 독거노인가구에 대한 선행연구들은 인구 사회적 혹은 심리 사회적 측면들의 연구들이 많이 진행되었다(서홍란 · 김희년, 2010; 김현미 · 최현희, 2011). 이처럼 고령 1인 가구에 대한 경제적 측면에 관한 연구보다는 고령 1인 가구의 일반적인 현황 혹은 제도개선이나 지원방안 등에 관한 연구들이 대부분이다(정경희, 2015; 모선희, 2015). 현재 우리나라 많은 고령 1인 가구는 높은 빈곤율과 경제적 필요성에 의하여 다양한 취업형태로 노동시장에 참여하고 있으나 이에 대한 심층적이고 체계적인 연구조사는 매우 미흡하다.

그동안 노인계층을 제외한 일반계층의 경제활동 참여자들의 직무만족도(Job Satisfaction)에 관한 연구들은 많이 수행되었지만, 그러나 고령 인구에 대한 직무만족도에 관한 심층적인 연구는 미흡한 실정이다. 고령자에 대한 직무만족도에 관한 선행연구들로는 근로 고령자들의 근로 만족과 생활만족도와의 관련성에 관한 연구(김동배 · 유병선 · 이은진, 2013), 고령자들의 직무만족도와 삶의 질 및 심리적 만족감 등의 관련성에 관한 연구(전지원 · 박미석, 2006), 노인 일자리 사업 참여자들의 직무만족도와 생활만족도 간의 관계에 관한 연구(지은숙, 2011), 그리고 고령자의 직무특성이 삶의 질에 영향을 미친다는 연구가 있다(강소항 · 문상호, 2010). 그러나 경제활동에 참여하고 있는 고령 1인 가구에 대한 직무만족도에 관한 연구는 거의 수행되지 않은 실정이다. 이는 우리 사회에서 고령 1인 가구는 경제활동의 주체적 독립(Independent)의 대상보다는 복지서비스의 대상자인 의존(Dependent)의 대상으로 간주했기 때문에 그동안 경제활동을 하는 독거 고령 근로자를 대상으로 하는 직무만족도에 관한 연구는 매우 부족한 실정이다.

선행연구들에서 고령 근로자의 성별과 연령에 따른 직무만족도는 매우 상이한 결과들이 도출되어 이에 대한 심층적인 분석이 필요한 실정이다. 어떤 연구에서는 남성 노인의 직무만족도가 여성 노인의 직무만족도보다 높은 것으로 보고하고 있지만(Spector,1997; 배화숙, 2008), 다른 연구에서는 여성 고령자의 직무만족도가 남성 고령자의 직무만족도보다 높은 것으로 조사되었다(방하남, 2000; 김진숙, 2007). 그리고 연령의 경우도 고령 근로자의 연령이 낮을수록 직무만족도가 높다는 결과(Ekerdt & DeViney, 1993)와 고령자의 연령이 높을수록 직무만족도가 높다는 상반된 결과들이 있다(Ng & Feldman, 2008).

본 장에서는 노동시장에 참여 고령 1인 가구의 직무만족도에 영향을 미치는 결정요인들에 대하여 고찰하고자 한다. 그리고 독거노인의 성별과 연령에 따라서 직무만족도 결정요인들에 어떠한 차이가 있는지를 인구 사회적 요인, 건강 · 심리적 요인 및 노동 관련 요인 등으로 구분하여 고찰하고자 한다. 특히 노동시장에 참여하는 독거노인의 직무만족도의 주요 결정요인들을 파악하고 관련 분야를 향상할 수 있는 제도, 서비스 및 프로그램 등 활성화 방안들에 대하여 제언하고자 한다.

2 직무만족의 개념

직무만족(Job Satisfaction)은 사회학, 심리학 및 경제학 등 다양한 분야에서 주요한 연구 변수로 경영학에서는 생산성의 결정변수로 사회학에서는 소외의 정도를 평가하는 변수이며 경제학에서는 효용성의 대리변수로 노동시장 현상의 예측변수로 활용되어 오고 있다. 또한 직무만족도는 좋은 일자리의 개념과 깊은 연관성이 있다(Kumar & Chaturvedi, 2018; 배기준, 2008).

직무만족에 대한 개념적 정의들은 매우 다양하다. 직무만족은 개인이 자신의 직업을 어떻게 인정하고 경험하는지에 따른 감정적 상태로 이해할 수 있으며(Kumar & Chaturvedi, 2018), 그리고 직무만족은 조직구성원이 수행하고 있는 자신의 직무와 관련된 감정 상태와 직무를 유지하려는 긍정적 태도이고(배기준, 2008), 또한 본인의 직무에 대한 태도로서 주관적으로 인지하는 만족감(김광자, 2011), 그리고 근로활동에 대한 태도, 가치, 신념 및 욕구 등의 심리 상태를 의미하며 직무를 수행하며 개인이 인지하는 직무에 대한 평가라고 정의할 수 있다(Porter & Steers, 1999; 김선주 · 최영진, 2015; 조미희 · 윤동열, 2016).

또한 직무만족을 개인의 태도와 가치, 신념과 욕구 등의 충족에 따라 종사자가 직무와 관련한 임금, 승진기회, 작업조건 등에 대해 좋고 싫음의 감정적 상태라고 정의하고 있으며(Spector, 1997), 그리고 직무만족은 조직 내 의사소통, 자율성과 책임, 업무 습득 시간 등 직무에 대해 감정이 좋으면 만족하는 것이고 싫으면 불만족하는 것으로도 정의할 수 있다(전용득, 1998). 직무만족은 직무에 대한 개인적 심리적 반응이며 근로를 통해 얻고 싶은 목표와 실제로 경험하는 것을 비교하는 주관적 개념이며 직무 자체뿐 아니라 직무의 다양한 요인인 임금, 승진 기회, 근로시간, 근로환경, 감독 정도, 동료와의 관계 등에 대한 감정, 태도, 가치, 신념 및 욕구 등으로 정의할 수 있다(김옥희, 2011).

다른 정의에서는 자신이 종사하는 직업활동의 만족 정도를 나타내는 직업만족과 다른 개념인 직무수행과정에서 느끼는 직무만족도 외에 직업의 가치와 사회적 자부심을 나타내는 사회적 만족도를 포함하는 확대된 개념으로 직무만족도를 정의하였다(한종국, 2014). 직무만족은 개인과 조직의 성과와 밀접한 관련이 있다(Judge et al., 2001; Ng & Feldman, 2008). 그리고 직무만족도는 조직의 성과 발휘뿐 아니라 구성원의 건강, 사회적 관계 및 생활만족도 등에도 영향을 미치고 직무수행능력과 조직성과에 영향을 미친다(Judge et al., 2001; Shah et al., 2018).

직무만족도는 직무수행과정에서 느끼는 전반적인 만족감으로 표현되기도 하지만 단일 특성으로 제시되기보다는 대부분 직무구성 요인들에 의한 만족감으로 나타난다(조혜정 · 장희정, 2000). 직무만족의 구성요인은 종사자들의 직무 자체가 직무만족을 결정짓는 가장 중요한 내재적 요인이다. 내재적 요인은 직무특성에서 오는 것이며 그 일에 대한 중요성과 가치 수행과정 등에서 개개인이 느끼는 성취감과 인정을 통해 직무만족이 결정된다고 본다(김옥희, 2011).

Hackman과 Oldham은 직무특성을 기능의 다양, 과업의 정체, 과업의 중요, 자율 및 피드백 등과 같은 다섯 가지 특성으로 분석하였다(Hackman & Oldham, 1975). 그리고 이러한 특성이 직무수행에 있어 고려될 때 직무만족도가 높아지고 업무성과가 높아진다고 보고 있으며 직무만족과 높은 상관을 갖고 있다고 주장하고 있다(Hackman & Lawler, 1971). 직무만족은 개인의 직무에 대해 가지고 있는 태도로 개인이 추구하는 가치나 욕구와 정신건강 차원에서 중요하고, 그리고 조직차원에서 직무만족은 근로 의욕을 증가시켜 조직발전에 긍정적 영향을 미치기에 조직운영 평가의 기준이 된다(박정민 · 윤영채, 2018).

직무만족의 요인들로는 보수, 신분의 안정성, 직원과의 관계, 근로환경, 관리자의 성격, 발전의 기회, 조직의 정책과 기대, 보람, 합당한 명령, 성취에 대한 안정 및 책임 등으로 구분할 수 있다(오석홍, 2005). 그동안 많은 국내외 연구에서 직무만족도에 대한 정의가 다양하고 명확하게 합의된 개념은 도출되지 않았으며 그래서 연구들의 특성이나 연구자의 성향에 따라서 직무만족도에 대한 다양한 상이한 정의들을 활용되고 있다(한인섭, 2002).

직무만족도에 대한 정의는 다양하지만 직무만족도에 대한 대표적인 이론적 기반으로는 Herzberg의 동기요인(Motivation Factor) · 위생요인(Hygiene Factor)가 있다(이재경 · 최정길; 2012). 동기요인은 직무만족과 관련이 있지만, 위생요인은 직무 불만족 요인과 관련이 있다고 주장하고 있다. 동기요인에는 성취감, 인정 및 성장과 발전 등이고 이러한 요인들의 충족 수준에 따라서 직무만족도가 결정된다고 한다. 위생요인들에는 정책, 관리 · 감독, 작업조건, 대인관계 및 임금 등이고 이러한 요인들이 부족하면 직무만족도에 대한 불만족이 증가한다고 한다. 그래서 관리자들은 근로자들의 동기요인과 위생요인들을 잘 파악하여 근로자들의 직무만족도를 향상시킬 수 있는 방안들을 모색해야 한다.

3 노인들의 직무만족 영향요인

1) 인구 사회학적 요인

2016년 고령 1인 가구의 취업자 성별은 여성이 73.1%, 남성 26.9%로 남성보다 여성이 2.7배 정도 많으며 연령으로는 70대가 53.3%이며 65세부터 69세가 32.5%, 그리고 80세 이상은 14.2%이다(통계청, 2017). 성별에 따른 직무만족도는 선행 연구마다 상이하게 나타났다. 성별이 직무만족에 영향을 미치는 요인으로 남성 노인의 직무만족도가 여성 고령자의 직무만족도에 비하여 높게 나타났다(Spector, 1997; 배화숙, 2008). 다른 연구에서는 여성 고령자의 직무만족도가 남성 고령자에 비해서 높은 것으로 나타났다(방하남, 2000; 김진숙, 2007). 이는 일반적으로 여성이 남성과 비교하면 일을 중단하는 가능성이 크고 상대적으로 직무만족도가 높은 여성이 계속해서 근로하는 경향이 높다는 현상을 반영해 주는 현상일 수도 있다(배기준, 2008).

연령에 따라 직무만족에 영향을 미치는 연구도 일관적이지 않은 결과를 나타낸다. 한 연구에서는 연령과 직무만족의 관계에서는 연령이 높을수록 직무만족도가 높아지고 조직에 대한 이해도가 더 높고 편안한 감정을 느낀다고 조사되었다(Ng & Feldman, 2008). 또한 고령화 연구패널조사에서는 고령자의 연령은 직무만족에 영향을 미쳤다는 연구가 있다(이정의, 2011; 정효채, 2013). 이와 반대로 연령은 직무만족에 영향을 미치지 않은 연구들도 있었다(한종국, 2014; Oshagbemi, 2003). 연령이 높아지면 퇴직 시기가 가까워지면서 연령이 하나의 불안요인으로 직무만족도를 경감시킨다는 연구결과도 있다(Ekerdt & DeViney, 1993). 그리고 직무만족도는 취업 시점 이후 하락하다가 퇴직 시기에 다시 향상된다는 연구도 있다(배기준, 2008).

학력에 따른 고령자의 직무만족도를 조사해 본 결과 교육수준은 근로자들의 직무만족도에 높은 영향을 미치고 있다(송진영, 2007; 배화숙, 2008; 이정의, 2011). 다른 연구에서는 이와는 상반되게 교육수준이 높을수록 직무만족이 낮게 보고된 연구도 있다(정광호 · 김태일, 2003). 이는 교육수준에 부합하는 직업에 종사하지 않거나 교육수준이 높을수록 근로자의 기대치가 높을 수도 있기 때문이다. 그리고 배우자가 없는 취업 노인들보다는 배우자가 있는 취업 노인들의 직무만족도가 높게 나온 연구도 있다(윤희열, 1996).

소득에 따른 직무만족도의 연구에서는 직업에 대한 기대소득은 급여 수준에 따라서 직무만족에 의미 있는 영향을 준다고 보고하고 있다(박지혜 · 전용관, 2009). 특히 고령자의 노동시장에 참여하는 근본적인 이유가 생활비를 충당하기 위한 경제적 요인이 가장 중요한 요인으로 작용하는 것으로 조사되었다(김동배 외, 2004; 허준수, 2006). 특히 정규직으로 고용되고 급여가 많을수록 직무만족도가 높게 나타나며 보수 처우에 만족할수록 직무만족도에 유의한 영향을 미치는 것으로 조사되었다(김혜영, 2011; 황해익 · 주철안 · 김병만, 2011). 그리고 노동시장에 참여하는 고령자의 평균임금이 높을수록 직무만족도가 높게 나타났고, 특히 급여만족도가 직무만족도에 영향을 주는 주요한 요인으로 나타났다(Shah, Ali, Dahri, Ahmed, & Brohi, 2018).

2) 건강 · 심리적 요인

일반 고령자와 독거노인의 건강상태는 다른 것으로 나타났다. 65세 이상의 고령 1인 가구 중 자신의 건강상태가 "나쁘다"라고 응답한 사람은 전체 고령자보다 11.5% 많은 것으로 나타났다(통계청, 2017). 일반적으로 고령자는 건강상태가 양호할수록 직업활동을 보다 적극적으로 수행할 수 있어 건강상태는 경제활동에 참여하고 있는 고령자의 직무만족도에 정적인 영향을 미친다고 볼 수 있다(윤희열, 1996).

건강상태에 따른 직무만족도를 분석한 결과 건강에 관한 생각이 긍정적일수록 직무만족도가 높은 것으로 나타났다(나성식 · 구수연 · 박영례, 2013; 김태열 · 양정훈, 2015). 그리고 근로자의 직무만족도가 높을수록 주관적 건강에 긍정적인 영향을 미치는 것으로 나타났다(김춘지 · 이수영, 2017). 그러나 고령 노인의 직무만족도를 만성질환 유무로 구분한 연구에서는 만성질환의 고령 근로자들과 건강한 고령 근로자들 간의 직무만족도 차이가 없었다(김동배 외, 2009).

행복이라는 개념은 긍정적인 정서이고 주관적으로 바람직한 경험임과 동시에 상황에 따라 변화하는 정서적 경험으로 정의된다. 그리고 부정적 정서보다 긍정적 정서를 더 많이 느끼는 사람을 행복한 사람으로 간주한다. 선행연구들에 의하면 독거노인들의 사회참여활동과 경제활동이 행복한 삶에 영향을 미치는 주요 요인들이며, 그리고 심리 · 사회적 문제를 억제하는 요인으로 나타났다(주경희, 2011). 특히 노년기의 경제적 안정은 고령자의 행복 수준을 향상시키는 데 큰 영향을 미치게 된다. 직무만족도에 영향을 주는 행복은 최근에 직무만족도 연구에서 많이 연구되고 있다(이혜경 · 남춘연, 2015).

직무만족도에 영향을 주는 긍정적 요인 중 하나인 심리적 행복은 최근에 직무만족도 연구에서 많은 연구가 진행되고 있고, 직무만족도가 높은 경우 더 높은 심리적 행복을 느끼며, 그리고 개인의 심리적 행복은 직무만족으로 이어져 생산성 향상과 기업이나 조직의 성과에 바람직한 영향을 미치게 된다(Boswell & Boudreau, 2005). 행복에 따른 직무만족의 다른 연구에서도 개인의 행복은 직무만족에 전반적으로 높은 영향을 주며 기업 조직구성원의 행복은 직무만족도에 정적 영향을 미친다(이경민 · 최윤정, 2009; 송준호 · 우문식, 2013).

조직구성원들의 직무수행과정 또는 직무수행결과에 따른 적절한 대우가 자신의 기준에 부합할 때 조직의 목적에 몰입하며 이러한 조직몰입이 직무만족이라는 동기를 형성하며 공공 부분 사회복지종사자들의 연구에서도 비슷한 상관관계가 보고되고 있다(Balfour & Wechsler, 1990). 사회복지시설 간호사들의 조직몰입이 직무만족도에 영향을 미치며, 그리고 사회복지사들을 대상으로 한 연구에서도 조직몰입이 직무만족에 영향을 미치는 주요 변수였다(임지영 · 박은숙 · 박영주, 2004; 김숙희, 2010). 조직몰입은 직무만족의 선행변인으로 작용하며 근로자의 조직몰입이 직무만족에 영향을 미치는 주요 요인 중의 하나로 조사되었다(Vandenberg & Lance, 1992; 옥장흠, 2009).

3) 노동 관련 요인

2016년 65세 이상 고령자 1인 가구의 취업자는 44만 2천 8백 명으로 2015년보단 13천 3백 명이 증가하였고 지속해서 증가하고 있다. 고령자 1인 가구의 생활비 마련 방법은 근로소득이나 사업소득인 경우가 39.5%이며, 연금이나 퇴직급여가 40.2%이며, 그리고 정부와 사회단체 지원이 26.6% 등으로 나타났다(통계청, 2017).

고용형태별 직무만족 결정요인 연구에서 정규직이 비정규직보다 직무만족도가 높은 것으로 조사되었고, 그리고 비정규직 근로자 중에서 한시적 근로자들이 장기임시직 근로자들의 직무만족도보다 높게 나타났다(문영만, 2013). 그리고 계속 근로할 수 있다는 고용 안정성(Job Security)의 경우 근로자들의 고용 안정성이 높을수록 직무만족도가 높게 나타났다(최지선, 2009). 사회적 기업의 연구에서 고용 불안정이 직무만족도를 낮게 하여 직무만족도에 고용 안정성이 가장 영향을 미치는 중요한 요인으로 분석되었다(강은나, 2011). 한편 장애 근로자에 관한 연구에서는 근로자들에 대한 차별과 직무만족도 간에 고용 안정성이 매개의 역할을 하는 것으로 조사되었다(송진영, 2012).

근로기간에 따른 직무만족의 연구는 드물지만 직무만족도는 근로자의 이직, 결근 및 조직몰입 등과 연계되어 있고 직무만족이 고용 유지와 근로기간에 긍정적인 영향을 미치는 것으로 나타났다(박우성 · 노용진, 2002; 이채식 · 김명식, 2002). 또한 고령 근로자에게 자산들의 기술 수준에 적합한 일자리를 제공하면 할수록 직무만족도가 높아지는 것으로 나타났다(강소항 · 문상호, 2010; 이정의, 2011). 다른 선행연구에서는 근로자의 임금이 높을수록 직무만족도가 향상되고 근로자들의 이직률을 경감시켰다(Summers & Hendrix, 1991). 특히 성과급과 같은 보상은 동기부여가 되어 근로자들의 직무만족도에 영향을 미치는 것으로 나타났다(정연앙 · 최장호, 2008).

4 독거노인들의 직무만족 향상방향

노동시장 참여 남성 독거노인과 여성 독거노인의 직무만족도 결정요인들이 상이하게 나타났다. 남성 독거노인의 경우 행복, 조직몰입도, 근로기간만이 직무만족도에 영향을 미쳤지만, 그러나 여성 독거노인은 연령, 행복, 조직몰입도 및 기술 수준 등이 직무만족도에 영향을 미치는 것으로 분석되었다(허준수 외, 2019). 남성 독거노인의 경우 근로기간이 적을수록 직무만족도가 높은 것으로 나타났는데 이는 일반적으로 남성 근로자는 노동시장에 종사하는 기간이 긴 편이어서 공적 노후소득보장의 수급자가 되면 노동시장에서 은퇴하고 싶은 욕구가 높은 것을 반영하는 것으로 추정할 수 있다.

여성 독거노인의 경우 연령, 행복, 조직몰입도 및 기술 수준 등은 직무만족도에 정적인 영향을 미쳤다. 여성 독거노인의 경우 기술 수준이 직무만족도에 영향이 미치는 것으로 분석되었다(허준수 외, 2019). 여성 독거노인의 직무만족도를 향상시키기 위하여 여성 고령 근로자들의 직업능력과 기술 향상을 위한 성인지적(Gender

Recognized) 직업훈련모델을 개발하여 보급하는 방안을 모색해야 한다. 이를 위하여 지역 단위의 여성개발센터를 중심으로 여성 고령 근로자들을 위한 프로그램과 제도를 체계적으로 개발해 나가야 한다.

성별의 차이에 상관없이 행복감 같은 정서적 안녕감(Psychological Well-being)이 직무만족도에 영향을 미치는 요인으로 규명되었다(허준수 외, 2019). 독거노인의 직무만족도를 향상시키기 위하여 노동시장에 참여하고 있는 독거노인에 대한 심리·정서적 후원체계를 개발하고 경제활동에서 발생할 수 있는 다양한 갈등과 이슈들을 중재할 수 있는 체계와 고령 근로자 특성에 부합하는 노동환경을 구축하는 것이 필요하다. 또한 독거 고령 근로자들의 노동시장에 대한 참여가 높음에도 불구하고 이들에 대한 정부나 지자체의 지원은 전혀 없는 실정이다. 지역사회 내에서 고령 근로자들을 체계적으로 관리하고 지원을 해 줄 수 있는 지원체계의 구축이 시급하다.

조직몰입도(Organizational Commitment) 역시 남성과 여성 1인 가구의 직무만족도에 정적인 연관성이 있는 것으로 조사되었다(허준수 외, 2019). 독거 고령 근로자가 본인들이 종사하고 있는 산업, 직업, 직무 및 조직 등을 잘 이해할 수 있도록 체계적으로 지원하여 조직 몰입도를 높이고 직무만족도를 향상시킬 수 있도록 개별 고령 근로자들에게 적합한 직업 관련 교육, 정보제공 및 지도 감독이 필요하다.

55~64세(연소노인), 65~74세(노인), 75세 이상(후기노인) 등의 세 연령집단으로 구분하여 직무만족도 결정요인들을 분석한 결과 연령집단별로 각각의 직무만족도 결정요인들은 상이하게 분석되었다(허준수 외, 2019). 55~64세의 경우 소득, 조직몰입도, 고용 안정성 등은 직무만족도에 정적인 영향을 미쳤지만, 그러나 근로기간은 직무만족도에 부적인 영향을 미쳤다. 근로기간에 대한 직무만족도에 대한 논의는 남성 고령 1인 가구의 직무만족도 결정요인에서 언급한 내용과 유사한 측면이 있다.

65~74세(노인)의 경우에는 직무만족도에 교육 정도는 부적인 영향을 미쳤고 조직 몰입도와 기술 수준은 직무만족도에 정적인 영향을 미쳤다(허준수 외, 2019). 교육수준은 직무만족도에 정적인 영향을 미치기도 하고 부적인 영향을 미치기도 하는데 64~74세의 경우에는 교육수준은 직무만족도에 부적인 영향을 미쳤다. 이는 퇴

직 후 노동시장의 참여 여부는 퇴직 전 근로자의 사회경제적 지위와 관련성이 높고 저학력 고령 근로자의 경우 노후소득보장의 미흡으로 퇴직 후 경제활동에 참여하는 비율이 높은 편이다. 저학력 근로자들은 주로 3D 업종에 종사하는 경향이 높은 편이다. 경제적인 이유로 노동시장에 참여하는 저학력 고령 근로자들을 위한 좋은 일자리(Good Job)를 개발하여 보급하는 방안을 모색해 보아야 한다.

65~74세의 경우 직무에 대한 기술 수준이 높을수록 직무만족도가 향상되는 점을 고려하여 고령 근로자들의 취업 욕구, 취업 동기, 직업기술 및 직업 선호도를 고려한 개별화(Individualized)된 서비스를 제공할 수 있는 고령자고용촉진법을 활성화하여 고령자를 위한 직업훈련, 고령 친화적(Aging Friendly) 노동정책 및 사회적 환경을 구축해야 한다. 현재 정부에서 시행하고 있는 "노인일자리사업"의 핵심 연령계층이 65세에서 74세의 연령집단임으로 이들에 대한 직업 관련 욕구들을 잘 반영하여 운영하는 것이 필요하다.

75세 이상(후기노인)의 경우 교육 정도와 행복이 직무만족도에 대한 결정요인들은 규명되었다(허준수 외, 2019). 이는 후기 고령 독거노인의 경우에는 대부분 경제적인 어려움으로 인하여 노동시장에 참여하는 경우가 많고, 그리고 정부의 노동통계에도 분류되지 않는 재활용품 수거 활동이나 한시적 일자리 등의 제한된 노동활동에 생계형으로 참여하는 경우가 매우 많은 편이다. 특히 후기 독거노인들은 경제활동의 독립적인 주체로 간주하기보다는 우리 사회가 보호해야 할 의존(Dependent)의 대상인 복지대상자로 인식해야 한다. 그리고 고령임에도 노동시장에 참여해야 하는 근본적인 원인을 찾아서 이러한 부분을 해결할 수 있는 공식적인 경제적 후원의 방안을 모색해 보아야 한다. 특히 후기 고령 독거노인들에 대해서는 노동정책보다는 적극적인 복지정책과 서비스를 중심으로 정서·사회적 돌봄(Psycho-Social Caring)을 제공할 수 있는 지역공동체를 구축해 나가야 한다.

독거노인들의 직무만족도의 결정요인들을 분석한 결과 연령, 소득, 행복, 조직몰입도, 고용 안정성, 기술 수준 등은 선행연구결과들과 일치하였다(허준수 외, 2019). 이와 같은 결과는 독거노인들의 인구 사회학적 배경과 노동 관련 요인들 간의 밀접한 관련성을 가지고 있다고 추정할 수 있다. 일반적으로 경제활동에 참여하는 독거노인들은 공적 노후보장제도 수급자인 일반 노인들보다 경제적 지위가 낮고 사회적 자본(Social Capital)과 인적자본(Human Capital)이 낮은 경우가 많은 편이다. 이로 인하여 대부분 비정규직이나 임시직에서 생계형 노동에 종사하기 때문에 교육수준과 근로기간이 직무만족도에 대하여 부적인 영향을 미치는 것으로 추정할 수 있다.

독거노인들의 직무만족도에 영향을 미치는 요인들에 관련된 노동 분야와 복지 분야에 대한 정책적 및 실천적 제언은 다음과 같다. 첫째, 근로 능력이 있는 독거노인들을 대상으로 성별을 고려한 성인지적(Gender Recognized) 노동정책 및 서비스를 제공해야 한다. 그리고 생애주기별(Life Cycle) 단계에 맞추어서 나이 집단별 특성을 고려하여 맞춤형 일자리와 직업훈련을 추진해 나가야 한다. 우리나라에서는 노동시장 내에서 고령 근로자들에 대한 차별이 심하고 노인들을 위한 일자리의 내용과 수준이 단순노무직, 저임금, 비정규직 및 임시직인 경우가 대부분이어서 근로활동을 통하여 생계에 필요한 재원을 마련하기가 어려운 실정이다. 그래서 고령 근로자들을 위한 적극적 노동정책과 공적 노후소득보장제도의 발전이 동시 개선되어야 경제활동에 참여하고 있는 독거노인들의 경제 사회적 지위가 개선되고 삶의 질이 향상된다. 이를 위하여 정년연령을 점차적으로 연장하여 노동시장의 참여 유무가 연령 기준으로만 결정되는 것이 아니라 개별 고령 근로자들의 직업적 능력, 기술 수준, 경제적 욕구 등에 의해서 결정되는 것이 필요하다.

둘째, 고령자 취업직종 개발에 있어서 질적 측면과 양적 측면을 동시에 고려하여야 한다. 일반적으로 고령 근로자들이 참여하는 직업이나 직종은 저학력, 단순근로 및 단순직종에 한정된 경향이 높은 편이다. 급격한 노인 인구의 증가로 인해 다양한 특성을 가진 고령 근로자들이 노동시장에 참여가 많아지는 시점에서 노인들에게 적합한 다양한 산업, 직업 및 직무들이 개발되고 보급되어야 한다.

앞으로 초고령사회(Super Aged Society)와 4차 산업혁명 사회를 대비하여 고학력과 기술을 보유한 베이비붐 세대들이 노년기에 완전히 진입할 경우를 대비하여 고령 근로자들에 대한 연령차별을 없애고 독거노인을 포함하여 고령 근로자들에게 다양한 고용의 기회를 제공할 수 있도록 다양한 산업군, 직업군, 직종 및 직무들을 개발해야 한다. 또한 고령 근로자가 원하는 경우 장기적으로 노동시장에 머물 수 있는 근로환경을 제공하고, 그리고 퇴직 후에도 노동시장에 참여를 원하면 재진입하여 생산적인 경제활동을 통해 노년기 삶의 질을 향상할 수 있도록 해야 한다.

이를 위하여 현행 고용노동부의 한정된 고용보험 가입 연령(65세)보다 확대해 나가고, 활성화되지 않은 "고령자 우선 고용직종"을 보다 의무화하고, 그리고 현재 60세 정년 연령을 연차적으로 상향 조정하여 선진복지국가처럼 노동시장에서의 연령에 의한 차별을 보다 적극적으로 해결할 수 있도록 사회적 합의를 통하여 개선해 나가야 한다. 또한 기업 역시 고령 근로자들의 고용, 취업 및 이직에 대한 다양한 근로자후원프로그램(Employee Assistance Program: EAP)을 도입하여 다양한 고령 근로자들의 경제활동에 대한 욕구들을 반영해 나가야 한다.

셋째, 초고령사회에 진입하는 우리나라의 압축적 고령화 현상에 대응하기 위하여 더욱 적극적인 차원에서 노동정책이 필요하다. 활동적인 독거노인을 포함하여 고령 근로자들이 노동시장에서 적극적으로 참여하여 본인들의 직업 경험과 인적자본을 활용하여 사회에 참여할 수 있도록 고령 친화적인 지역사회 환경을 구축해야 한다. 특히 독거노인들에 더 심각하게 제기되고 있는 빈곤, 고독, 질병 및 무위 등으로 인한 노인 문제들을 사전에 예방하기 위하여 고령 근로자들을 위한 고용조건, 근로환경 및 급여제공 등의 혁신적인 노동정책을 지향해 나가야 한다. 단순히 연령으로 인한 노동의 단절이나 지속성이 배제된 일회성 일자리 제공이 아닌 사회적이나 경제적 독립생활을 영위해 나갈 수 있는 노동환경을 구축해야 한다.

노동정책에서 중앙정부나 지자체의 노력도 중요하지만 우리 사회의 독거노인에 대한 부정적 이미지를 극복하기 위해 독거노인도 스스로 긍정적이고 적극적인 자세로 경제활동에 참여하려는 태도가 필요하다. 그리고 제도적인 차원에서 독거노인을 위한 다양한 직무 관련 교육 및 훈련의 기회가 제공하며, 특히 사각지대에 있는 독거 고령 근로자들을 제도권 안으로 유도하고 경제활동 참여를 통하여 빈곤을 극복하고 사회참여(Social Participation)를 보다 촉진할 수 있도록 해야 한다.

모든 독거 고령근로자가 경제활동에 참여하고 싶은 것은 아니므로 다만 건강하고 근로 능력이 있고 활동 가능한 독거 고령근로자가 노동을 원하면 연령차별(Ageism)이나 성차별 없이 공정한 노동의 기회를 제공할 수 있도록 노동환경과 지역사회 환경을 개선해 나가야 한다. 이를 위하여 중앙정부, 지자체, 기업, 지역주민, 복지기관, 시민단체 및 학계 등은 협력하고 연대하여 사회 통합적 노동정책과 적극적인 복지정책의 효과적인 연계하여 노동시장 참여 독거노인의 성공적인 노화(Successful Aging)를 추구하고 삶의 질이 향상될 수 있도록 해야 한다.

CHAPTER

08

퇴직준비프로그램의 운영 및 활성화 방안

1. 퇴직의 개념과 퇴직준비프로그램
2. 퇴직준비프로그램의 이론적 배경
3. 퇴직준비프로그램의 방법 및 운영 절차
4. 퇴직준비프로그램의 운영을 위한 사회복지사, 기업 및 정부의 역할
5. 퇴직준비프로그램의 방향

CHAPTER 08

퇴직준비프로그램의 운영 및 활성화 방안

1 퇴직의 개념과 퇴직준비프로그램

퇴직(Retirement)은 인간의 생활주기에 있어서 매우 주요한 전환점의 하나이다(Hornstein et al., 1985). 퇴직은 인생의 다른 전환들과 같이 각 개인에게 미치는 영향은 다양하고 개개인이 퇴직을 맞이하고 느끼는 의미와 정도가 상이하다. 왜냐하면 각 개인이 속하고 있는 사회와 문화에 영향을 받기 때문이다. 어떤 사람에게 퇴직은 힘들었던 노동으로부터 탈출을 의미하며, 또 다른 사람에게는 자기 생애에 가장 소중했던 직업이나 노동으로부터의 격리를 의미하기 때문에 퇴직 자체가 매우 부정적으로 작용할 수도 있다.

일반적으로 퇴직은 그동안 일 때문에 미루어 왔던 여가생활을 할 수 있고, 오랫동안 해온 일로부터 자유로워지며 또한 일의 대가에 대한 보상을 받을 수 있는 계기가 될 수 있다. 그러나 이러한 과정이 어떤 사람에게는 굉장히 괴로운 변환이 될 수가 있다. 퇴직 자체가 지위 상승(Status-enhancing) 역할을 정지시키기 때문이다(Monk, 1985). 정년은 개인에게 선택을 허용하지 않는 직업 생활의 종료를 의미한다. 미국에서 퇴직준비프로그램이 활성화되기 시작한 것은 1970년대에 들어와서부터이다. 평균수명의 상승과 조기퇴직자의 증가에 따라서 퇴직 후의 생활이 장기화한 것이 그 배경이다.

퇴직에 대한 정의는 정규적인 직장에서 일정 연령이 되면 직장에서 물러난다고 이해되고 있지만, 우리나라 노동시장에 참가하는 모든 근로자가 정규적인 직장에 소속되어 있지 않기 때문에 퇴직에 대한 일반적인 정의가 모두에게 적용되기에는 한계가 있다.

한정적인 퇴직 개념을 극복하기 위해서 다음과 같은 개념을 활용할 수 있다.

① 취업시간이나 기간의 단축

② 연금에 의한 수입이나 자발적인 퇴직계획의 시작(자영업자 혹은 어업이나 농업에 종사하는 사람)

③ 퇴직 지위에 대한 주관적인 평가

이 퇴직의 개념을 우리나라에 적용해 보면 다음과 같다. 퇴직이란 55세 이상인 근로자가 지난 1년간 전일제(Full Time)로 고용되지 않은 경우, 연금을 받기 시작한 경우, 자발적인 퇴직계획이 시작된 경우, 혹은 자신이 사업 전선에서 물러나 스스로 퇴직했다고 생각하는 경우라고 할 수 있다. 퇴직이란 사회적 사건이 정년과 맞물려 제도화된 것으로 세계적인 추세이고 선진국일수록 정년의 연령이 높다. 우리나라의 정년 연령은 보통 55세에서 57세 사이지만, 영국은 남자 65세, 여자 60세이며 프랑스는 남녀 모두 60세이고, 독일은 남녀 모두 63세로 제한 연령이 높아질 전망이다. 미국만이 유일하게 정년의 연령제한을 폐지하여 퇴직을 스스로 결정할 수 있게 되었지만 퇴직 그 자체가 사라진 것은 아니다. 외국 정년제도의 목적은 노령자를 강제로 퇴직시키는 데 목적이 있는 것이 아니고 근로자가 자발적으로 은퇴하여 연금수급자가 될 수 있는 연령을 규정할 목적으로 운영되고 있다. 세계노동기구(ILO)의 조약이 정년 연령을 인구, 경제, 사회적 기준을 준용하여 65세 이하로 규정하도록 한 것은 노령자의 취업 박탈의 의미가 아니라 고령 근로자의 복지증진 차원에서 권고한 것이다.

노동연구원(1998)의 조사에 의하면 일반 기업체에서 규정한 정년 연령은 높아지고 있으나 퇴직은 반대로 크게 줄어들고 있다. 약 850개의 기업체의 1996년도 남성 근로자의 정년 연령은 약 40%가 근로자 연령 56세에서 59세 사이로 가장 많이 차지하고 있고, 55세가 가장 많았던 1990년에 비해 정년 연령이 높아지는 추세를 보였다. 그러나 최근 통계청(2019) 조사에 따르면 취업 경험이 있는 55세부터 64세까지의 고령근로자가 생애 동안 가장 오래 지속하던 직업을 그만둔 나이의 평균 연령은 49.4세로 조사되었다. 우리나라는 2016년 1월부터 정년 60세 규정을 공공기관, 지방공사, 지방공단, 300인 이상 사업장에 적용하고 있으며, 그리고 2017년 1월 1일부터는 국가 및 지자체, 300인 미만 사업장에 적용된 뒤 모든 사업장으로 확대되었다. 반면에 일본의 정년 경향을 살펴보면 정년 연령이 60세까지인 기업이 전체 기업의 84.1%를 차지하고, 65세를 정년으로 하는 기업도 20.7%가 되었다.

이처럼 퇴직은 급격히 줄어든 대신 권고사직, 정리해고, 휴 · 폐업에 따른 퇴직 등 중도퇴직은 증가하고 있는 것으로 나타났다. 특히 고령근로자에게 중도퇴직은 정상적인 퇴직보다 더 심리 · 사회경제적 부담 등을 가중시키는 측면이 강한 편이다. 기업체에서 퇴직예정자들을 위한 퇴직준비프로그램을 실행할 때 중년의 중도퇴직자들도 프로그램에 참여시키는 방안을 마련하는 것도 바람직할 것이다. 퇴직준비프로그램의 주요 내용과 방법은 현재 경제위기로 직장을 갑자기 떠나게 되는 다른 연령대 근로자들의 문제를 대처하는 데에도 활용할 수 있는 가능성이 매우 크다.

현재 우리나라의 경제는 산업구조조정과 경제불황으로 많은 청 · 장년층의 근로자들이 명예퇴직과 해고를 당하는 시점에서 고령 근로자들의 퇴직을 위한 준비프로그램(Preretirement Planning Program)의 활성화 방안에 대한 사회적 후원을 기대하기는 매우 어려운 것이 사실이다. 하지만 많은 퇴직자가 아무런 준비나 계획 없이 정년을 맞이할 경우, 장기적으로 정부나 사회에서 노인의 삶의 증진에 필요한 대책을 위해서 더 많은 사회적 비용을 부담해야 한다. 현재 우리나라에는 퇴직예정자들이 성공적이고 의미 있는 노후 생활을 위해서 퇴직 이전에 준비하고 계획할 수 있는 기회는 마련되지 않은 채, 대부분의 근로자가 퇴직을 맞이하기 때문에 퇴직 후 다양한 사회적 · 심리적 · 경제적 어려움에 직면하고 있는 것이 사실이다.

우리나라에서는 아직 여러 가지 사회 · 문화 · 경제적 요인으로 퇴직 준비에 대한 논의와 연구가 활성화되지 못하고 있다. 첫째, 사회적인 이유로는 기업에서의 퇴직

제도의 미정착과 퇴직 준비에 대한 사회구성원들의 이해와 인식의 부족을 들 수 있다. 둘째, 기업 문화적인 요인으로서 퇴직에 대해서 퇴직예정자가 적극적인 자세로 퇴직 이후의 생활을 계획하고 준비하면서 맞이하는 것보다는, 수동적인 자세로 아무런 계획과 준비 없이 퇴직을 맞이하고 있다. 셋째, 경제적인 요인으로서 정부나 고용주가 퇴직준비프로그램의 필요성에 대한 인식 부족으로 프로그램 운영에 필요한 인력과 재원 마련의 어려움을 들 수 있다.

퇴직준비프로그램은 퇴직에 대한 긍정적인 태도를 함양하고 퇴직 후의 생활에 더욱 잘 적응하여 성공적인 노령기의 삶을 영위하는 데 그 목적이 있다. 퇴직준비프로그램은 퇴직예정자가 오랫동안의 직장생활을 마치고 퇴직을 맞이하기 이전에 느끼는 사회 정서적 긴장과 불안 등을 완화해 주고, 또한 퇴직 후의 평안한 삶을 위한 경제적 준비(Financial Planning) 및 사회 심리적 대책을 마련하여, 퇴직 후의 인생에 보다 적극적으로 적응할 수 있도록 마련된 교육 및 상담프로그램이다. 퇴직준비프로그램은 이미 다른 선진국에서 산업복지 측면에서 매우 활발하게 진행되고 있다.

미국에서 퇴직준비프로그램은 1970년부터 체계화되기 시작했다. 그 실시 배경은 평균수명의 연장과 Social Security의 연금수혜 자격 연령의 단축으로 인한 조기퇴직자(Early Retirement)의 증가에 따라서 근로자들의 퇴직 후의 생활이 장기화하기 시작하면서부터였다. 일본은 기본적으로 기업의 고령화 대책으로 1970년 후반부터 기업과 노동조합이 신청을 받기 시작하여 1980년대 후반에는 대기업을 중심으로 현재에는 퇴직준비프로그램의 보급률이 50%를 넘어섰다.

우리나라 대부분의 근로자는 퇴직에 대한 준비나 계획을 전혀 세우지 않고 있다가 퇴직하기 불과 몇 년 전부터 관심을 보이기 시작한다. 퇴직 준비는 빠르면 빠를수록 그 효과가 크고, 특히 40세를 전후해서 퇴직 준비계획을 시작하는 것이 가장 효과적이다. 퇴직준비프로그램에 대한 인식이 부족한 우리나라에서는 퇴직 3~5년 전부터 실시하는 것이 이상적이고 늦어도 1년 전부터는 실시되어야 한다. 정부에서는 보다 적극적으로 퇴직예정자들을 위해서 퇴직준비프로그램이 활성화될 수 있도록 관련 정책과 제도를 정비하고, 기업은 산업복지 측면에서 근로자가 퇴직 후의 생활에 대해서 체계적으로 준비를 할 수 있도록 퇴직준비프로그램을 활성화할 수 있는 다양한 대책을 마련해야 한다.

이 장에서는 선행연구들과 문헌 등을 통하여 퇴직준비프로그램의 의의와 이론적 배경을 고찰하여 퇴직준비프로그램의 방법, 운영 절차, 사회복지사, 기업이나 정부의 역할 등에 대해 논의함으로써 앞으로 다가올 초고령사회를 대비하여 우리나라에도 퇴직준비프로그램이 산업복지 측면에서 민간기업이나 공공단체 등에서 활성화될 수 있는 방안과 대책을 논의하고자 한다.

2 퇴직준비프로그램의 이론적 배경

퇴직준비프로그램의 이론적 관점을 제공해 주는 다섯 가지의 모델(Monk, 1985)에 대하여 그 주요 내용에 관하여 서술하고, 우리나라의 현실과 비교하여 프로그램의 활용 가능성에 대하여 논의하고자 한다.

다음에서 언급할 퇴직준비프로그램의 다섯 가지 이론적 관점은 각기 서로 다른 장단점을 내포하고 있다. 민간기업이나 공공단체에서 퇴직준비프로그램을 기획하고 운영할 때에 유의할 점은 다음 다섯 가지 모델 중에서 각 조직이나 기업의 문화, 퇴직준비프로그램 참가자들의 사회 · 경제 · 심리적 측면과 상황 등을 충분히 고려하여 관련 모델 및 관점들을 선별하고 조합하여 프로그램의 기획 및 운영에 활용하는 것이 바람직하다(표 8-1 참조).[1]

1) 〈표 8-1〉은 Monk의 'Preretirement Planning Program'에서 제기된 이론적 관점의 내용을 중심으로 저자가 재구성하여 작성하였음.

〈표 8-1〉 퇴직준비프로그램의 다섯 가지 모델

모델	주요 전제	퇴직준비프로그램의 주요 활동
합리-경제적 모델	개인의 경제적 관심과 근로 지향적인 가치	취미생활의 증진과 자원봉사의 참여
사회적 모델	사회적 구성원으로서의 소속감과 타인으로부터의 인정	지속적인 사회적 후원체계의 확립
인간-존재적 모델	창조적인 능력과 과제의 개발	평생교육 차원에서의 개인적인 성장과 발전
복합-체계적 모델	인간의 동기, 관심 및 기호의 다양성	개인의 상이한 요구와 다양성의 반영
위기모델	퇴직은 하나의 위기이다	퇴직에 따른 불안과 상실감의 극복

출처: Monk (1985). Preretirement Planning Program, In A. Monk(editor) Handbook of Gerontological Services, New York: Van Nostrand Reinhold Company, pp.322-340.

1) 합리-경제적 모델(Rational-economic model)

이 모델에 의하면 인간의 동기(motivation)를 진작시키는 가장 중요한 요소는 개인의 경제적 관심과 근로 지향적인 가치라고 가정하고 있다. 퇴직 후의 생활은 취미생활의 증진과 자원봉사 참여를 통해서 성취적인 동기를 진작할 수 있도록 재구성해야만 한다. 퇴직프로그램은 예비퇴직자들에게 지역공동체의 자원봉사활동의 적극적인 참여를 유발시켜 그들이 퇴직 후에도 활동적이고 성취감을 느낄 수 있도록 유도하는 데 그 목적이 있다(Monk, 1985).

이 모델의 문제점으로는 대상 자체가 퇴직 후에도 경제적으로 여유로운 중산층 이상의 근로자에게는 적합하지만 경제적 기반이 취약한 근로계층에는 부적합한 모델이라는 것이다. 또한 우리나라에서는 노인들을 자원봉사자로서 활용하기보다는 자원봉사의 대상으로 인식하기 때문에, 퇴직준비프로그램의 참가자들에게 노년기에 적합한 자원봉사활동 분야 및 방법 등에 대해서 지도해 주고 동기를 부여해 주며, 또한 지역사회복지관을 중심으로 노인들의 자원봉사활동을 활성화할 수 있도록 제도와 프로그램을 마련하여야 한다.

2) 사회적 모델(Social model)

인간에게 가장 중요한 동기를 유발하는 것은 경제적 요소에 대한 동기보다도 사회구성원으로서의 소속감과 사회로부터 다른 사람들에게 인정을 받는 것이다. 이 모델의 주요 초점은 퇴직준비프로그램에 참석한 참가자가 집단동료로부터 지속적인 후원을 받을 수 있도록 하는 데에 있다. 이 모델에서 특히 강조하는 부분은 다음과 같다.

① 그룹참가자는 중년기에는 경험하지 못했던 새로운 생활에 따른 역할(퇴직자의 역할)을 수행할 수 있는 역할의 융통성을 강조한다.

② 그룹의 역할, 민감성 훈련, 의사거래분석 등을 통해서 그룹참가자가 자기인식의 확대, 대화기술의 향상 그리고 퇴직에 따른 갈등과 역할의 모호성에 대해서 효과적으로 대처할 수 있는 기술을 함양한다.

이 모델 역시 중산층 이상의 계층에게는 적합하나 평생 경제적 어려움에 시달렸던 사회, 경제적으로 취약한 계층에게는 적합하지 않은 것이 사실이다.

3) 인간-존재적 모델(Humanistic-existential model)

이 모델에 의하면 인간은 자기 자신이 창조적인 능력이나 과제를 개발하고 수행하였을 때에 가장 자기 자신의 생활에 의미가 있고, 자신감과 자아존중감이 충족된다고 설명하고 있다. 퇴직은 그동안 직장생활 때문에 미루어 두었던 자기 자신의 잠재능력을 개발시켜 성장시킬 수 있도록 직업으로부터 자기 자신을 해방시킬 수 있는 기회라고 설명하고 있다. 이 모델에 영향을 받은 퇴직준비프로그램은 평생교육(Lifelong Learning)이라는 관점에서 퇴직 생활 동안의 개인적 성장과 발전에 초점을 두고 있다. 그러나 현실적으로 평생교육의 체제가 미비한 우리나라에서 진정으로 자기 성장을 도모할 수 있는 사회교육프로그램이 얼마나 있는지 의심스러운 마당에서 실현 가능성이 미약하다.

생활주기이론(Life Cycle Theory)은 출생부터 죽음에 이르는 과정을 특징적인 변화에 따라 평생을 가족 형성기, 가족 팽창기, 가족 고정기, 가족 축소기, 가족 쇠퇴기 등의 다섯 단계의 생활주기로 나누어서 설명하는 이론이다. 우리가 관심을 가져야 할 단계는 가족쇠퇴기로 이 시기는 퇴직 후부터 사별에 이르는, 때로 인생의 새로운 전환점을 맞이하는 시기이다. 인생에 대한 허무감과 외로움 등의 심리적 어려움을 경험하는 때이므로 노화되는 신체적 · 심리적 건강에 대한 상담 및 교육이 필요하다. 생활주기이론은 평생학습 이념을 기초로 하여 평생 각 단계별 교육과제 및 계획을 함과 동시에 평생 학습자로서 개인이 개인적인 상황과 욕구를 고려하여 효과적인 학습을 설계하는 데에 유용한 이론으로 퇴직준비프로그램의 교육적 측면에 시사해 주는 점이 많다.

4) 복합-체계 모델(Complex-system model)

이 모델에 의하면 인간은 매우 복잡하고 다양한 체계로써, 인간의 동기적 유형, 관심 및 기호 등은 개인마다 다르고 독특하다고 전제하고 있다. 사람들 사이에서도 다양성이 존재하고 각 개인도 인생 주기의 시점에 따라서 다양한 동기, 관심 및 기호 등을 나타낸다. 그래서 이 모델에 의한 퇴직준비프로그램은 표준화된 프로그램의 시행보다는 각 개인의 다양성을 충분히 수용할 수 있도록 계획되고 준비되어야 한다. 이러한 목적을 수행하기 위해서는 퇴직을 맞이하는 각 개인의 상황 등을 충분히 사정, 검토하여, 각 개인의 개별적인 욕구에 적합한 프로그램 및 상담 등을 실시하여야 한다. 개인의 개별적인 욕구를 반영하는 퇴직준비프로그램 실시는 현대사회의 다양한 계층에의 상이한 욕구에 부합하는 것은 사실이지만, 프로그램 시행을 위한 비용적인 측면에서 개인의 욕구에 초점을 둔 개별 퇴직준비 상담은 표준화된 집단퇴직프로그램에 비해서 매우 높은 것이 개별 퇴직준비 상담의 활성화에 걸림돌이 되는 것이 사실이다. 이러한 문제점을 해결하기 위해서는 우선 퇴직예정자는 기업이나 산업별 단위로 이루어지는 집단퇴직프로그램을 수료한 후 개인적으로 나타나는 특별한 욕구 등에 대해서 개별적인 상담을 받을 수 있도록 하는 것이 바람직하다.

5) 위기모델(Crisis model)

이 모델에 의하면 퇴직은 한 개인에게 있어서 하나의 위기이고 퇴직준비프로그램은 퇴직을 맞이하는 사람들의 위기에 따른 감정적 혼란, 분노, 그리고 두려움 등에 대해서 효과적으로 대처할 수 있도록 퇴직예정자들을 지도해야 한다고 강조하고 있다. 퇴직은 한 개인에게 있어서 커다란 상실이기 때문에 이것을 극복할 수 있도록 퇴직준비프로그램이 준비되어야 한다고 역설하고 있다. 퇴직을 맞이하는 근로자들은 퇴직으로 인해서 개인의 자아존중감에 심한 상처를 받을 뿐만 아니라 높은 스트레스와 심한 우울증에 걸릴 확률이 매우 높다. 그래서 퇴직준비프로그램은 참가자들의 과거 생활의 검토과정을 통해서 각 참가자의 장점과 능력을 스스로 인식할 수 있게 하고 퇴직에 따른 사회적, 심리적, 경제적 상실 등을 잘 극복할 수 있도록 유도하는 것을 최우선 목표로 삼고 있다. 이 프로그램은 퇴직예정자가 느끼는 정서적인 상실감의 극복에는 매우 유효하나, 퇴직 후의 성공적인 노후 생활을 위한 경제적 요소의 준비 및 대책 마련에는 부족한 점이 있는 것이 사실이다.

3 퇴직준비프로그램의 방법 및 운영 절차

1) 사정(Assessment)

일반적으로 퇴직프로그램 실행 이전에 사회복지사는 퇴직예정자의 욕구를 개별 면담을 통해서 다음과 같은 분야의 사항을 조사해야 한다. 각 구성원에 대한 정확한 사정과 욕구 조사가 이루어진 후에야 보다 효과적인 퇴직준비프로그램을 실행할 수 있다. 각 분야는 ① 나이, ② 성별, ③ 결혼 관계 및 가족관계, ④ 학력, ⑤ 건강상태(육체적/정신적) 및 기능적 능력(Functional Capacity), ⑥ 거주 및 주거 상황, ⑦ 노동시장 참여도 및 직업만족도, ⑧ 재산상태, ⑨ 여가활동 및 사회활동, ⑩ 인생의 만족도(Life Satisfaction) 및 목표이다.

2) 퇴직준비프로그램의 운영

실제적인 퇴직프로그램의 운영은 전문기관에서 작성한 강의안이나 자료집 등을 활용하여 강의나 그룹 지도로 이루어진다. 퇴직프로그램이 활성화된 미국에서는 퇴직프로그램에 필요한 다양한 교재들이 개발되었지만, 우리나라의 경우에는 퇴직프로그램에 관한 교재나 자료의 개발이 매우 미비한 실정이다. 간혹 표준화된 퇴직프로그램을 구하더라도, 사회복지사는 각 퇴직집단 구성원들의 욕구와 능력에 맞도록 교재와 자료를 활용할 수 있도록 준비하여야 하고 상상력과 창조력을 발휘하여 각 퇴직준비프로그램의 목표를 효과적으로 달성할 수 있는 적합한 교재와 자료를 개발하고, 계속적인 실험을 통해서 실제 상황에 적용할 수 있는 자료개발을 위해서 부단히 노력해야만 한다. 예를 들어 퇴직예정자들의 교육 정도와 직업에 따라서 퇴직준비에 대한 욕구들이 상이할 수도 있다.

강의는 퇴직준비프로그램의 초기 단계에서 대부분 시행된다. 강의의 목적은 퇴직예정자들이 가지고 있는 잘못된 인식이나 태도의 변화를 추구하거나 혹은 정확한 정보를 전달해 주기 위한 수단으로 사용된다. 어떠한 특정한 주제에 대해서 참가자들이 강의를 받은 후에는 그룹 차원의 문제해결과정을 통해서 실제로 활용해 보는 것이 매우 중요하다. 이것을 통해서 참가자들은 자기 자신들의 퇴직 후 생활을 대비해서 계획을 짜고 정보를 획득하고 또한 프로그램에서 배운 내용을 실제 생활에 적용할 수 있는 능력을 배양할 수 있다. 집단지도(Group Work)의 원리를 이용하여 프로그램에서 배운 내용을 잘 이해하고 활용할 수 있도록 역할연기(Role Playing), 모의실험(Simulation) 및 자기분석(Self-analysis) 등의 방법을 활용할 수도 있다.

퇴직준비프로그램 전문가들은 집단퇴직프로그램 참가자의 수는 최소 15명에서 35명 이내로 권장하고 있지만, 집단프로그램을 효과적으로 운영하기 위해서는 한 집단의 참가인원이 25명을 넘지 않을 것을 권장하고 있다(Reich, 1981). 이렇게 한 집단참가자의 숫자를 제한하는 이유는 퇴직준비프로그램의 효과는 일방통행적인(One Way) 정보의 전달보다는 집단을 이끄는 전문가와 참가자와의 쌍방적인(Two Way) 대화 및 참가자들의 적극적인 참여와 모의 실습을 통해서 극대화될 수 있기 때문이다.

집단 퇴직준비프로그램 모임의 횟수와 기간은 프로그램의 중점목표, 전문가와 조직의 특성에 따라서 매우 다양한 편이다. 어떤 경우에는 하루에 8시간의 프로그램을 진행하기도 하고, 또 다른 경우에는 4일 동안 합숙을 하면서 워크숍의 형태로 진행하는 경우도 있지만, 일반적으로 가장 많이 행해지는 형태는 2시간 정도의 7회 모임이나 10회 정도의 모임으로 5주에서 12주 기간 내에서 진행되는 프로그램이 주류를 이루고 있다(Arnone, 1989).

사회복지사는 프로그램의 집행단계에서 집단구성원들이 필요한 기술을 습득하고, 각 구성원이 가지고 있는 목표들을 프로그램을 통해서 달성할 수 있도록, 집단프로그램이 진행되는 도중이나 혹은 그룹모임 중에 적절한 시간을 확보하여 지도, 격려 및 원활한 상호작용을 촉진해야 한다. 프로그램의 첫 회합은 프로그램의 성공적인 지속에 매우 큰 영향을 미치기 때문에 사회복지사는 첫 모임을 통해서 참가자들의 개별적인 욕구에 초점을 맞추어 퇴직 준비계획 및 퇴직준비프로그램의 중요성을 참가자들에게 인식시키고, 또한 적극적인 참여를 유도할 수 있는 민주적인 의사결정(Democratic Decision Making)의 과정에 대한 흥미를 유발하게 시키는 내용을 중심으로 첫 모임의 프로그램을 진행하는 것이 바람직하다.

첫 모임에서 주로 다루어지고 있는 내용은 다음과 같다.

① 성공적인 노후 생활을 위한 노년기의 특성에 대한 이해

② 퇴직예정자가 실질적으로 경험하고 있는 퇴직에 따른 역할 변환 및 위기상황

③ 퇴직자에게 필요한 기초 경제 및 법률상식

④ 민주적인 의사결정에 관한 그룹 토의 방법의 소개 및 연습

퇴직준비프로그램의 효과적인 진행을 위하여 다음의 사항을 고려해야 한다. 첫째, 참가자는 강제적이 아니라 자발적인 참여를 유도하는 것이 바람직하다. 둘째, 참가자를 소집단으로 나누어 보다 친밀한 관계를 유지할 수 있도록 한다. 셋째, 집단프로그램의 진행자는 1인도 좋지만 보조진행자를 두어 지도하는 방법도 효과적이다. 넷째, 프로그램의 진행방법은 참가자들이 잘 이해할 수 있도록 다양한 교육매체와 기법을 활용한다.

끝으로 퇴직준비프로그램의 초기 단계에서 종결단계에 이르기까지 사회복지사는 집단구성원들이 퇴직준비프로그램에 참가하여 퇴직 후 생활에 대한 개인적인 문제나 약점을 인식하게 하고, 퇴직 후 생활에 대한 각 구성원의 잘못된 기대나 목표를 바로잡으며, 또한 각 참가자가 각 개인의 인생 목표에 따른 현실적인 문제해결 능력과 합리적인 의사결정의 능력을 배양할 수 있도록 도와주는 역할을 수행하고, 참가자의 특별한 욕구나 문제에 대하여 개별적인 상담을 진행할 수 있도록 노력해야 한다.

3) 퇴직준비프로그램의 주요 내용

(1) 소득대책

경제적 불안정은 노인 생활의 모든 부분에 영향을 끼치며 노후 생활이 불행하게 되는 가장 큰 원인으로서 노인계층의 빈곤화를 지적할 수 있다. 노령근로자는 육체적, 정신적 능력이 다른 연령층의 근로자들과 비교해서 낮은 것으로 평가되고 인식되어 노동시장에서 정년제도 및 여러 가지의 불합리한 고용제도에 의해서 강제 축출되어 근로소득을 본인의 의사와 능력과는 상관없이 상실되는 경향이 높다. 사회보장이 완벽하게 마련된 나라들에서도 노인의 수입은 퇴직 전의 50%에 불과하고 시간이 지남에 따라서 점점 더 감소한다. 특히 우리나라에서는 퇴직 연령이 낮고 민간이나 공적연금제도가 잘 정착되지 않아서 노인층의 빈곤 문제는 더욱더 심각하다.

퇴직 후의 소득대책은 퇴직준비프로그램에서 가장 핵심적인 부분이다. 생활비를 어떻게 마련할 것인가, 생활의 적절한 예산확보를 위해서 어떻게 준비하고 투자할 것인가 등 퇴직 후의 생활방식과 수입에 대해 검토한다. 퇴직준비프로그램의 소득대책에서 주로 다루는 내용은 다음과 같다.

① 적절한 소득마련을 위한 단기 및 장기목표의 설정
② 실질 퇴직소득에 대한 예상
③ 퇴직소득마련을 위한 다양한 금융 지식과 정보에 대한 이해
④ 적정한 퇴직소득을 마련하기 위한 투자전략의 개발

Tiffany(1996)는 퇴직예정자들을 위하여 다음과 같은 투자전략을 권고하고 있다.
① 직장 내의 연금에 가입하라.
② 매월 일정액을 저축하라.
③ 장기투자 및 저축에 투자하라.
④ 본인이 알고 있는 금융 분야에 투자하라.

⑤ 이윤이 적지만 위험이 적은 금융 분야에 투자하라.

⑥ 투자의 다양화를 추구하라.

⑦ 투자상품의 세금공제를 최대화시켜라.

⑧ 장기적인 관점에서 투자하라.

아직 우리나라에는 생소한 직업이지만 외국에서는 퇴직예정자나 퇴직자들에게 퇴직연금 및 투자 상담을 전적으로 해 주는 전문가를 재정계획관(Financial Planner)이라 부르는데 우리나라에서는 금융기관의 노후 관련 연금담당자, 세무사나 변호사 등을 활용하여 퇴직준비프로그램 소득대책 부분의 프로그램을 담당하게 할 수 있다(표 8-2 참조).[2)]

(2) 건강관리계획

퇴직준비프로그램에서의 건강관리계획(Health Maintenance Plan)은 경제적 분야 다음으로 가장 많은 시간을 할애하는 부분이다. 심신의 건강은 인생을 행복하게 보내기 위한 중요한 조건이다. 노후까지 활력을 유지하기 위해서는 현재 자신의 건강 상태를 잘 관찰하여 심신 기능의 변화에 대응하고, 나아가 사회적으로도 바라는 인간으로 성장하기 위해 노력하며, 건강하고 즐거운 인생을 보내도록 힘써야 한다. 퇴직준비프로그램의 건강관리계획은 의학 관련 전문가를 초빙하여 그룹 강의 토의를 통하여 참가자들에게 노년기의 질병에 대한 이해와 효과적인 건강관리방법을 실제 생활에 활용할 수 있는 방법을 습득하게 한다.

질병에는 급성질환과 만성질환이 있는데 노년기에는 일반적으로 급성질환은 줄어들고 만성질환이 증가하는 경향이 높다. 이와 같은 현상은 연령증가에 따른 생물학적 노화현상으로 저항력이 약화되어 발병률이 증가하고 병이 걸린 후 회복 기간도 오래 걸리는 경향이 있다. 우리나라 노인의 만성질환에 대해 보건사회연구원이

2) 퇴직준비프로그램의 분야, 주요 전제 및 세부 활동 등을 참조하여 각 기업 및 단체의 문화와 상황에 부합하는 프로그램을 기획하고 운영하기를 바란다.

1994년 2천 58명에 대해서 행한 조사의 결과에 따르면, 조사대상 노인의 86%가 3개월 이상 지속된 만성질환에 시달리고 있으며, 여성(91%)이 남성(77%)보다 만성질환이 발생할 확률이 높았다.

〈표 8-2〉 퇴직준비프로그램의 주요 분야, 목표 및 세부 활동

분야	목표	세부 활동
소득대책	퇴직 후의 적절한 소득 확보 및 유지	• 퇴직소득 및 예산의 예측 • 민간/공공연금 및 투자전략에 대한 정보제공 및 이해
건강관리대책	노년기의 질병에 대한 이해와 효과적인 건강관리	• 육체적 · 신체적 건강상태의 측정 • 기능적 능력의 측정 • 영양 문제 • 노년기의 신체적 · 정신적 질병에 대한 이해 및 대처방법의 습득
고용대책	퇴직 후의 재취업을 위한 정보제공 및 기술훈련	• 경력개발계획의 작성 • 재취업/재고용을 위한 정보제공
여가활용	효과적인 여가활용 방법의 습득	• 여가시간 활용법의 습득 • 여가계획의 작성
법률정보	다양한 법률정보의 제공 및 이해증진	• 기초적 법률정보의 제공 및 이해 • 유산분배 • 유언장 작성
주거대책	노년기에 적합한 주거환경 개선 및 이주	• 노인주택에 대한 설명 • 노년기에 적합한 주거환경 개선의 방법
심리 · 사회적 대책	퇴직 전후에 경험하는 다양한 심리 · 사회적 문제에 대한 상담/치료 및 대응전략 습득	• 심리적 상태의 측정 • 대인관계 및 사회적응 훈련 • 스트레스 및 불안에 대한 대처능력의 습득

질병의 종류는 관절염, 신경통, 류머티즘 등 관절염이 57%로 가장 많았고, 그 다음은 만성 요통(31%), 소화기 계통(19%), 고혈압(19%), 호흡기 계통(10%), 백내장(8%), 당뇨병(7%), 뇌졸중(5%), 골절(5%), 치매(1.5%), 결핵(1.1%), 암(0.95%) 순으로 나타났다. 2017년 노인생활실태조사(보건복지부, 2017)에 따르면 전체 노인의 89.5%가 만성 질병을 갖고 있다고 응답하였고, 이중 만성 질병 1개를 지니고 있다는 노인이 16.5%, 만성 질병 2개는 22.0%, 만성 질병이 3개 이상인 노인은 51.0%, 그리

고 전체 노인이 평균 2.7개의 만성 질병을 가진 것으로 조사되었다.

퇴직준비프로그램의 건강관리계획 분야를 운영할 때 주의해야 할 점은 우선적으로 사회복지사가 노년기에 잘 발생하는 질병에 대한 이해를 증진시키고 난 후에 의학 전문가를 초빙하여 프로그램의 대상이 되는 소속기업이나 산업의 특성 때문에 발병률이 높은 질환이나 직업병에 대한 강의 및 집단상담을 활용하여 프로그램을 진행하는 것이 필요하다. 또한 초기 사정 단계에서 프로그램 참가자들의 일반적인 육체적, 정신적 건강 및 기능적 능력을 표준화된 측정 도구를 사용하고 그 결과를 반영하여 건강관리계획 분야를 진행하는 것이 매우 바람직하다.

(3) 고용훈련 및 재취업

미국퇴직자협회(American Association of Retired Persons: AARP, 1993)의 조사에 의하면 퇴직자의 40%가, 퇴직예정자의 70%가 퇴직 후에도 일정한 일을 하고 싶고, 퇴직자의 52%가 퇴직 후 4년 만에 다시 재취업하였다. 우리나라의 경우 서울지역 노인대학에 재학 중인 2백 50명을 대상으로 노인의 재취업 욕구를 조사한 결과 기회가 있으면 재취업을 하겠다는 응답이 46.3%에 이르고 있는 것으로 나타났다(사회복지신문, 1997). 2019년 통계청(2019) 조사에 의하면 55세부터 79세까지의 고령자 중 장래에 일하기를 원하는 비율은 64.9%로 취업 욕구가 매우 높은 것으로 조사되었다. 이와 같은 결과는 비록 고령 근로자가 퇴직하더라도 퇴직연금만으로는 생활하기 어렵고, 어떤 경우에는 퇴직 결정이 근로자의 선택이 아니라 기업의 구조조정에 의한 해고로 정년을 몇 년 앞두고 불가피하게 퇴직하여 정부의 연금수혜 연령에 못 미쳐 연금을 받을 때까지 경제적으로 어려움을 당하기 때문이다.

우리나라 노인들이 원하는 근무형태는 매일 시간제로 일하는 형태를 가장 많이 선호했으며, 주5일 근무에 26%, 격일제 근무에 24.5%가 원했다. 노인들이 느끼는 재취업의 가장 큰 장애로는 50.6%가 개인의 업무처리능력을 꼽았으며 20.5%가 노인에 대한 사회적 편견, 그리고 노인취업 직종의 부족, 취업에 대한 정보 부족 등의 순이었다(사회복지신문, 1997). 퇴직준비프로그램의 참가자 중에서 퇴직 후에도 취업을 원하는 근로자들을 대상으로 그들이 재취업할 수 있도록 사회복지사는 개별적인 욕구, 교육 정도, 기술능력, 직업교육 훈련의 필요성 등을 사정하여 필요한 정보 및 지식을 제공해 줄 수 있다.

현재 서구의 많은 나라에서는 퇴직한 노인들에게 지급하는 사회보장비의 재정압박을 줄이고, 동시에 산업발전에 필요한 인력을 확보하기 위해서 고령 인력 활용방안을 연구, 개발하고 있다. 고령자들에게 취업 지속이나 재취업의 기회를 제공한다는 것은 개인적으로는 노후 생활에 필요한 소득을 제공할 뿐만 아니라 취업을 통해 심신 건강을 유지하고 뚜렷한 역할을 행사하며 자기 정체감을 확립시켜 주고, 국가적으로는 사회보장기금의 절약과 산업발전에 필요한 노동력을 확보할 수 있으므로 노인 문제, 사회복지 재원조달문제, 그리고 노동 문제 등을 해결해 주는 종합적인 방안이라고 볼 수 있다.

(4) 여가시간의 활용방법

여가란 노동으로부터 신체적 해방과 자신에게 부과된 의무감으로부터 해방되어 자유롭게 휴식을 갖는 것을 뜻한다. 여가란 피로와 압박감으로부터 휴식을 취함으로써 생활에 재창조를 위한 에너지를 충전하는 창조적인 여가(Recreation)와 즐거운 시간을 보내는 오락(Leisure)의 의미를 내포하고 있다. 퇴직 후의 생활은 많은 시간을 주체하기가 어렵다. 자신의 흥미와 관심을 탐구하고, 인생을 풍부하게 하며 정신생활을 충실히 하기 위한 어떤 목적을 갖고 여가시간을 잘 활용하도록 연구하는 것이 중요하다.

퇴직자 생활의 가장 큰 특징은 퇴직 이전과 비교하여 여가의 시간이 많다는 점이다. 퇴직한 후에는 뚜렷한 사회적 역할이 없어지기 때문에 특히 남성의 경우는 가사에도 익숙하지도 않고, 퇴직 이전에 직장과 일을 중심으로 인간관계를 유지해 왔기 때문에 전업주부인 여성 노인들보다 지역사회 내의 인간관계가 미약하고 연고가 적어서 무료한 시간을 보내는 경향이 높다. 노년기의 여가를 지루하지 않고 효율적으로 보내기 위한 여가시간의 활용방안 및 방법에 대한 교육이 매우 절실히 요청된다.

우리나라의 노인들은 창조적인 여가의 개념보다는 비생산적인 오락이라는 개념에 더욱 익숙해져 있다. 그래서 지역사회의 노인들을 위한 사회교육 기관이나 사회복지시설에서는 개인의 특성과 욕구와는 무관하게 획일적인 오락프로그램들을 여가선용의 한 방법이라고 생각하는 경우가 많다. 대부분의 노인이 여가시간의 활용방법을 모른 채 무료한 시간을 보내기 위해서 개인적이고 비활동적인 여가활동(TV 시청, 잠자기, 바둑 등)이 두드러지고, 창조적이며 활동적인 여가활동(취미활동, 자원봉사, 등산 등)은 도외시하는 경우가 많다.

사회복지사는 퇴직준비프로그램을 운영할 때에 개개인의 사회 심리적 특성과 교육적 욕구를 고려하여 노후 생활을 풍요롭게 지낼 수 있는 창조적인 여가활동을 위한 방법 및 방향을 제시해 주고 그룹 토의나 발표를 통해서 적절한 여가시간의 활용방법에 대해서 각 참가자가 실제로 활용할 수 있도록 도와주어야 한다. 이 분야를 효율적으로 진행하기 위해서는 레크리에이션 지도자와 같은 여가활동 전문가를 초빙하여 집단강의나 세미나를 진행하는 것도 한 방편이 된다.

(5) 법률 지식

노후의 안정되고 평안한 생활을 위해서 일상생활에 필요한 법률에 관한 지식과 정보가 필요하다. 자식이나 친척들의 도움을 받을 수 있는 노인들보다는 부부 단독세대나 독거노인들은 특히 이 분야에 대한 지식과 정보에 대한 이해 및 도움이 매우 필요하다. 퇴직준비프로그램을 통해서 퇴직예정자들이 계약, 보증, 저당, 담보, 유언장 등에 대한 최소한의 법률 지식에 대한 이해 증진 및 교육은 성공적인 노후생활의 기초가 된다. 사회복지사는 법률전문가의 조언을 바탕으로 퇴직예정자들에게 필요하고 유용한 법률 지식을 이해하기 쉽게 책자나 요약문으로 정리하여 정보를 제공하고, 발표 후에 그룹 토의를 진행할 수도 있고, 특별한 전문적인 법률 지식이 필요할 경우에는 변호사나 법무사 등을 초빙하여 노년기에 필요한 법률 지식에 대한 집단강의를 진행하는 것도 바람직하다.

(6) 주거대책

안전하고 안락한 주택을 갖고자 하는 욕구는 경제적 욕구, 의료적 욕구와 더불어 노인에게 있어서 가장 기본적인 욕구의 하나이다. 퇴직자의 사회적인 관계는 퇴직 전 직장 중심의 생활에서 가족을 중심으로 축소되어 생활의 주공간이 가정으로 재편성이 되기 때문에 주택에 대한 대책은 매우 중요한 요소 중의 하나이다. 노년기의 심신 기능의 변화에 적합한 쾌적하고 안전하게 살기 위한 주택의 개선 및 이전 문제에 대한 대책이 필요하다. 대부분의 주택은 학령기의 자녀들과 함께 거주하는 가정확대기에 해당하는 30~40대에 마련한 것이므로, 자녀가 출가하는 가정축소기의 노년기 생활에는 매우 부적합하다. 퇴직준비프로그램의 주거대책에서 가장 중요한 요소는 퇴직예정자들의 주택에 대한 선호도를 정확하게 파악하여 노년기의 편안하고 안락한 주거환경을 마련하기 위해서 많은 정보와 조언을 해 주어야 한다. 주거대책에서 가장 중요하게 고려되어야 할 사항은 다음과 같다. 첫째, 현 주택의 자산평가, 둘째, 주택 이전(혹은 주택환경 개선)에 대한 의사, 셋째, 주택 이전 희망지역, 넷째, 주택 선호도(노인주택, 일반 단독주택, 공동주택 등), 다섯째, 경제력, 여섯째, 건강 및 심리적 상태이다.

(7) 심리 · 사회적 대책

일반적으로 노인들은 경제적 빈곤과 신체기능의 저하로 활동 범위가 좁아지고 외출이 줄어 친구를 사귈 기회도 적어져 과거의 친구, 배우자 그리고 친인척과만 접촉하게 되는데, 그나마 나이가 들어감에 따라 더욱더 사회로부터 고립되어 간다. 또한 자녀가 성장하여 학업, 취업 및 결혼 등으로 부모의 곁을 떠나게 되면 심리적인 상실감과 고립이 가중된다. 특히 퇴직 후의 노년기는 인간관계나 사회관계가 직장으로부터 가정으로 축소되기 때문에 가족은 노년기의 생활에서 중요한 요인이 된다. 퇴직자가 자신의 가족들과 원만한 가족관계를 가질 때에 가정은 비로소 편안한 안식처가 되고, 그렇지 못할 경우 가정은 노인에게 정신적 스트레스와 부담을 가중한다. 특히 오랜 기간 직장이나 직업을 통해서 모든 인간관계와 사회생활을 해왔던 노령근로자들에게는 퇴직 후에 가정을 중심으로 새로운 인간관계나 사회활동을 해야만 하기 때문에 대부분의 퇴직자가 퇴직생활의 적응에서 가장 어려운 점으로 '가정에로의 복귀'를 지적하는 경향이 많다.

외국에서 운영되고 있는 대부분의 기업 내의 퇴직준비프로그램들은 소득대책 및 준비 분야에 많은 시간을 할애하고 있지만, 퇴직예정자들을 위한 사회 심리적 적응도 중요한 부분으로 인식되기 시작하였다. 일반적으로 대부분의 근로자는 퇴직 후의 생활에 잘 적응하지만, 일부 근로자들은 퇴직 후의 생활에 잘 적응을 하지 못하고 때로는 매우 심각한 심리적인 고통을 경험하게 된다. 특히 자발적으로 퇴직을 한 사람보다도 비자발적으로 퇴직을 한 사람이 더 심한 심리적 고통에 시달리고 있으므로 이들을 위한 전문적인 상담프로그램의 적용이 시급하다고 지적하고 있다.

끝으로 퇴직예정자들을 위한 심리적 상담을 할 때 기본적으로 알아두어야 할 사항들이다.

① 퇴직자에게 가장 흔하게 일어나는 장애는 신체적인 장애들이 아니라 지위와 역할전환에 따른 사회 심리적인 장애들이다.

② 60세 이상의 노인들에게도 정신건강의 회복이 가능하다.

③ 퇴직 전후에 일어나는 역할전환, 심리적 불안 및 우울 등에 대하여 효과적으로 대처하기 위한 사회 심리적인 상담이 필요하다.

4 퇴직준비프로그램의 운영을 위한 사회복지사, 기업 및 정부의 역할

1) 사회복지사의 역할

퇴직준비프로그램을 효과적으로 개발하고 운영하기 위해서는 사회복지사는 개발적, 교육적, 상담적인 측면을 고려해야 한다. 첫째, 개발적인 측면으로서 아직 우리나라에서는 퇴직준비프로그램에 대한 이해가 매우 부족하다. 사회복지사는 지역사회를 거점으로 기업이나 노동조합 등을 대상으로 퇴직준비프로그램의 의의와 효과에 관해서 설명하고, 이를 실행할 수 있도록 다양한 정보와 자료를 제공하여야 한다. 이를 위해서 지역사회의 기업들을 대상으로 설명회나 공청회를 개최할 수도 있다. 퇴직준비프로그램을 처음으로 기획하고 개발하기 위해서는 Jones 외의 연구에서 제시한 퇴직준비프로그램의 개발을 위한 단계별 개발전략을 참조하여 각 기업과 근로자의 특성을 고려하여 프로그램을 개발하면 바람직하다(표 8-3 참조).

둘째, 교육적인 측면으로 퇴직예정자들은 퇴직 후의 생활에 적절하게 적응하기 위해서 여러 가지의 지식과 정보가 필요하다. 사회복지사는 교육프로그램을 통해서 퇴직예정자들이 어떻게 하면 그들의 욕구, 관심 및 기호 등을 살려서 퇴직 후의 생활에 대해서 준비하고 성공적으로 적응할 수 있도록 다양한 교육적 지식과 정보를 제공하고 조언해 주어야 한다.

셋째, 상담적인 측면으로서 퇴직은 역할과 지위의 전환을 동반하기 때문에 퇴직자들은 퇴직 후에 사회 심리적으로 많은 스트레스와 갈등을 경험하게 된다. 사회복지사는 퇴직예정자들이 퇴직 생활을 성공적이고 객관적인 현실 인식과 올바른 방향 정립을 할 수 있도록 상담적인 측면에서 도와주어야 한다. 이를 위해서 퇴직예정자들이 퇴직 생활계획을 그들의 욕구와 기호를 고려하여 수립할 수 있도록 다양한 대안과 자원들을 제공해 주어야 하고, 특별히 퇴직에 대해서 과도하고 불안하게 생각하는 사람들을 대상으로 집중적인 개별상담을 하여야 한다. 또한 퇴직자들은 퇴직 후에 직장보다는 가정에서 지내는 시간이 많아지므로, 가족들과의 관계를 원만하게 정립할 수 있도록 대인관계의 측면에서도 도움을 주어야 한다.

퇴직준비프로그램을 기획하고 시행할 경우, 프로그램의 운영을 전담하는 사회복지사나 관련 전문가는 다음의 사항을 고려하여 충분한 준비와 대책이 필요하다.

① 퇴직준비프로그램의 필요성은 모두가 인식하지만 각 조직 내에서 여러 가지의 저항이 있으므로, 사회복지사는 퇴직준비프로그램의 의의와 목적을 충분히 홍보하고, 기업주, 사원이나 노동조합의 합의를 얻어 협력을 구할 필요가 있다.

② 프로그램을 기획하거나 진행할 경우, 각 기업이나 조직의 인사 및 노무 제도의 시책, 정년제도, 퇴직 시의 특권 및 복지시책 등을 충분히 검토하여 프로그램의 내용이 기업과 근로자의 특성과 욕구에 부합하도록 구성해야 한다.

③ 프로그램을 종합적으로 시행하면 더욱더 효과적이지만, 만일 여러 가지의 사정으로 종합적으로 실시하지 못하면 각 기업의 상황에 맞게 필요한 주제를 중심으로 간략하게 프로그램을 진행할 수도 있다. 하지만 소득대책, 여가활용 및 고용대책, 건강관리계획 등은 퇴직준비프로그램에서 필요한 최소한의 주제들이다.

④ 효과적인 퇴직 준비가 가능하도록 필요한 정보와 자료들을 분야별로 체계적이며 세밀하게 준비하고 전문가의 조언을 바탕으로 퇴직준비프로그램을 구성한다.

⑤ 프로그램에 참가한 후에 각 개인이 각자의 욕구와 특성에 맞게 퇴직 준비계획을 실제로 활용하고 상담해 줄 수 있도록 각 기업이나 조직에 퇴직 준비계획을 위한 추후관리시스템(Follow-up System)의 구축이 필요하다.

〈표 8-3〉 퇴직준비프로그램의 개발을 위한 단계별 개발전략

단계	단계별 목표	세부 활동
1단계: 퇴직 관련 지식 및 정보의 탐색 및 획득	• 퇴직 관련 지식 및 정보에 대한 이해의 증진	• 전문가의 발표 • 참가자와의 토의
2단계: 퇴직 관련 문제의 탐색	• 퇴직 관련 문제에 대한 정의 • 문제 상황에 대한 이해	• 의견교환 및 토의
3단계: 퇴직 관련 주요 문제의 선정	• 문제의 우선순위의 결정 • 문제해결을 위한 목표설정	• 우선순위 결정에 관한 토론 • 효과적인 목표의 설정
4단계: 퇴직준비프로그램의 개발	• 세부목표의 설정 • 시간 계획의 완성 • 결과의 측정을 위한 도구개발	• 목표달성을 위한 방법의 모색 • 그룹 의사결정 • 그룹 토의 및 그룹발표
5단계: 퇴직준비프로그램의 평가	• 목표와 활동의 비교 • 새롭게 제기된 문제의 고찰 • 새로운 프로그램의 모색	• 의견교환 및 토의 • 프로그램의 성과분석 • 참가자들의 의견수렴

출처: Jones, R. et al. (1983). "Developing Community Retirement Planning Services: An Intervention Technique". In Aging and Work. pp. 291－300.

2) 기업의 역할

기업이 지속해서 발전하기 위해서는 고용주와 피고용인은 공생 공존해야 한다. 지금까지 우리나라의 정년제도는 젊은 인력을 위한 조직의 신진대사라는 관점을 제외하고는 기업만을 위한 제도였다. 기업이 이윤추구 극대화를 추구하는 것은 당연하지만 기업을 위해서 일하는 근로자들의 복지적인 차원에서 퇴직준비프로그램을 제공하는 것이 매우 필요하다. 기업에서 일하는 근로자들은 퇴직이 가까워지면 퇴직 후의 생활에 대해서 많은 불안감을 가지게 되는 것이 사실이다. 그 결과 정년에 가까운 근로자의 사기와 생산성, 기업에 대한 충성심, 원만한 노사관계의 유지 등에 부정적인 영향을 미치게 된다.

노령근로자의 퇴직에 대한 불안의 주된 요인으로는 다음과 같다.

① 퇴직에 따른 수입의 저하

② 사회적 지위 저하에 대한 불안

③ 직장 구성원들과의 인간관계 상실에 대한 불안

④ 노화현상의 출현과 질병에 대한 불안이다.

따라서 기업은 퇴직을 맞이하는 근로자들에게 일어나는 퇴직에 대한 충격을 조금이라도 완화해 주고 앞으로의 노후 생활을 성공적으로 준비하기 위해서 기업복지 차원에서 퇴직준비프로그램을 기업 내에 정착시키는 것이 매우 바람직하다. 미국에서는 기업 내의 근로자 후원프로그램(Employee Assistance Programs)[3]을 통해서 퇴직문제를 비롯하여 다양한 근로자들의 문제들을 상담해 주고 있다(표 8-4 참조).

〈표 8-4〉 근로자 후원프로그램(Employee Assistance Program)을 제공하는 기업의 상담프로그램 분야들

연도 분야	1990	1992	1994
음주문제	35%	42%	46%
마약문제	35%	42%	46%
정서적 문제	29%	36%	43%
부부/가정문제	–	32%	40%
AIDS	–	26%	33%
해고	14%	18%	23%
재정문제	12%	17%	22%
퇴직	–	17%	22%
법률문제	9%	13%	17%

출처: 1994 Survey of Employee Benefits (1995). Business Legal Reports Inc.

3) 미국의 산업복지에서 가장 핵심적인 프로그램인 근로자 후원프로그램(employee assistance programs: EAPs)은 고용과 관련되는 근로자의 개인 및 가족문제의 해결을 그 목적으로 하고 있다. 현재 미국에서는 EAPs는 경영구조의 한 부분으로 간주되고 있고, 노동조합이 결성된 회사의 경우에는 조합이 EAPs의 운영에 중요한 위치를 점하고 있다. 현재 미국에는 중소기업과 대기업의 62%의 근로자들이 EAPs의 혜택을 받고 있다. 각 기업의 환경이나 문화에 따라서 EAPs의 서비스와 역할은 매우 다양하다. 어떤 회사는 24시간 진단/의뢰서비스, 약물남용에 대한 단기/장기치료, 직업과 가정문제상담, 퇴직준비교육 및 상담 등 다양한 프로그램들을 제공하고 있는 반면에, 어떤 회사의 경우에는 단지 전화에 의한 정보 및 의뢰서비스만을 제공하기도 한다.

장기적으로 우리나라의 기업들도 근로자들의 복지향상을 위해서 EAPs를 활성화하는 방안을 검토해 보아야 한다. 다음의 사례는 미국의 Adolph Coors 회사의 55세에서 64세의 직원 중에서 만 명을 대상으로 실행하고 있는 퇴직준비프로그램의 일부이다. 특히 Coors 회사에서는 퇴직준비프로그램의 목표를 퇴직예정자들의 재정계획(Financial Planning)의 준비와 작성에 초점을 맞추었다(표 8-5 참조).

기업복지 차원에서 퇴직준비프로그램의 운영에 대한 평가는 다음과 같다.

① 기업이 주체가 되어 퇴직준비프로그램을 마련하여 근로자들의 퇴직 후 생활에 대해 배려를 함으로써 조직 속에서 각 구성원의 사기를 진작시킨다.
② 임금과 퇴직금뿐만 아니라 종합적인 퇴직 후의 생활에 대한 근로자들의 관심과 이해를 증진시킨다.
③ 기업과 조직에 대한 근로자들의 불만을 경감시킬 수 있다.
④ 노사관계의 안정을 도모할 수 있다.
⑤ 기업에 대한 긍정적인 이미지를 유지시킬 수 있다.
⑥ 퇴직에 직면한 근로자들의 비능률성을 감소시킬 수 있다.

끝으로 사회복지사가 퇴직준비프로그램의 운영을 포함하여 기업 내에서 제기되는 산업복지업무를 효과적으로 수행하기 위해서는 다음의 사항들에 대하여 철저한 교육과 훈련이 선행되어야 한다.

① 기업의 역동성을 파악하기 위한 조직 행동에 대한 기본적인 이해 및 조직의 목적에 맞는 프로그램의 개선과 개발의 능력
② 근로자의 고용안정을 위한 노동시장의 기회 및 수요에 대한 이해
③ 근로자들의 직업과 퇴직에 관련된 다양한 개인적 문제 파악과 대처방안 제시
④ EAP 프로그램의 개발과 개선을 위한 비용--편익/비용--효과성 분석의 활용
⑤ 복지서비스의 제공에 따른 윤리적 문제와 갈등요소에 대한 인지
⑥ 효과적인 서비스 제공을 위한 법적 행정적 규제나 정책의 이해(허준수, 1998).

〈표 8-5〉 미국 Adolph Coors 회사의 퇴직준비프로그램의 사례

세부 프로그램	세부 활동
퇴직 후의 재정계획	• 퇴직예정자들이 손쉽게 각 개인의 퇴직소득 및 퇴직 후의 재정계획을 작성할 수 있도록 표준화된 컴퓨터프로그램의 개발 및 보급
기업연금과 공공연금에 대한 정보제공, 투자전략	• Coor 회사의 EAP 부서 주관으로 한 퇴직예정자들을 위한 기업연금, 공공연금 및 세금면제저축에 대한 정기적인 설명회 개최
퇴직준비에 대한 교육프로그램	• 7주간의 퇴직준비집단프로그램의 운영 • 퇴직예정자에게 필요한 다양한 정보를 간단한 브로슈어로 만들어서 보급 • EAP 부서의 개별상담의 진행

출처: Fuentes, J. (1992). How Adolph Coors helps employees with retirement planning, Journal of Compensation & Benefits, V. 8, p. 56.

3) 정부의 역할

앞으로 다가올 초고령사회를 대비하여 현재 60세로 되어있는 정년제도의 개선이 매우 필요하다. 대부분 우리나라 기업들은 60세 정년제를 채택하고 있어 고령 근로자에게 정년퇴직한 후에는 전혀 재고용의 기회가 주어지지 않고 있다. 하지만 국민연금의 수혜 연령이 60세로 되어있고, 민간기업에서는 퇴직금을 퇴직 직후에 일시금으로 지급하기 때문에 퇴직 후의 적절한 소득보장대책으로는 미비한 실정이다. 정부는 정년연장을 위한 관련 법규 및 제도를 정비하고, 퇴직 후에도 취업을 원하는 고령 근로자들을 위해서 그들의 다양한 경험과 전문기술 및 지식 등을 활용할 수 있도록 민간기업들이 감액 임금 재고용제, 시간제 고용 등과 같은 다양한 재취업 기회의 방안들과 재교육 훈련 등을 확대할 수 있도록 지원해 주어야 한다. 현재 고용보장법상에서 명시한 50세 이상의 근로자가 실직에 대비하여 자비로 재취업을 위한 교육훈련을 할 경우 비용의 일부를 보조하기로 되어 있는 제도를 보다 효율적으로 운영하도록 하여야 한다.

현재 정부에서는 고령자고용촉진법에 의거하여 고령자 취업 알선센터를 통한 노인취업 관련 정보의 제공, 고령자들의 취업을 확대하기 위해서 종업원 70인 이상

기업을 대상으로 고령자 고용장려금 지급대상으로 정하고 있으나, 그러나 재원 마련의 문제와 전문 인력 배치 부족으로 고령자고용촉진법의 목적에 부합하는 제도적 뒷받침을 제대로 수행하지 못하고 있다. 이 문제점에 대한 한 가지 해결방안으로는 정부는 기업들이 주체가 되어 각 기업의 문화와 근로자들의 특성을 충분히 살려서 고령 근로자의 재취업을 진작할 수 있도록 고령자 취업알선센터를 기업 내의 퇴직준비프로그램과 연계하여 운영할 수 있도록 권장하는 것이다.

또한 정부는 우리나라 기업들이 선호하는 퇴직금의 일시금 지급방법을 매월 또는 분기별 지급방법으로 전환할 수 있도록 장려하고, 그리고 공무원들의 정년연장은 현실적으로 어려운 측면이 있지만, 정부는 우선 정부 관련 기관이나 공공단체를 중심으로 정년 연령을 점차적으로 상향 조정하며, 적어도 모든 퇴직예정자가 퇴직 전에 노후 생활에 대하여 체계적으로 준비하고 계획할 수 있도록 민간 기업 내의 퇴직준비프로그램이 정착할 수 있도록 제도의 정비나 대책을 마련해야 한다.

5 퇴직준비프로그램의 방향

우리나라는 기업의 구조조정과 정리해고에 맞물려서 많은 청 · 장년의 실업자들이 양산되고 있는 상황에서 퇴직을 맞이하는 고령 근로자들을 위한 퇴직준비프로그램의 실행은 다분히 비현실적으로 비칠지도 모르겠지만, 초고령사회로 진입하는 우리나라의 인구학적 상황을 고려해 보면 고령 근로자들의 복지향상 및 인력 활용의 측면에서 퇴직준비프로그램의 활성화를 위한 기본적인 계획, 제도 정비나 퇴직예정자를 대상으로 한 욕구 조사가 절실히 요청된다.

그동안의 선행연구들(Monk, 1988; Siegal, 1994)에서 지적된 퇴직준비프로그램 운영의 문제점은 다음과 같다.

① 퇴직 전 불과 몇 년 전에 프로그램에 참여하기 때문에 장기적 퇴직계획을 준

비하는데 미흡하다.

② 퇴직준비프로그램이 경제적인 측면에 치중하기 때문에 사회 심리적인 이슈들에 대한 대책이 미흡하다.

③ 평균 8회의 집단모임을 통해서 프로그램이 진행되기 때문에 노령근로자들의 다양한 욕구들을 충족시키기에는 미흡하다.

④ 프로그램을 전담할 기업 내의 전문 부서 및 인력의 부족으로 프로그램이 체계적으로 운영되지 않는다.

⑤ 프로그램의 장기적인 효과에 관한 학문적인 연구가 미흡하다.

⑥ 퇴직 준비에 대한 고용주, 근로자, 정부의 인식 부족으로 인한 프로그램의 운영에 필요한 재정확보의 문제점 등이 지적되었다.

퇴직준비프로그램은 퇴직예정자가 퇴직 이전에 퇴직으로 인해서 발생하는 다양한 사회적, 심리적, 경제적 문제들에 대한 대책과 방안에 대해서 개인의 특성과 욕구에 맞추어서 노년의 생활을 계획하고 준비시키는 프로그램으로서 퇴직예정자들의 성공적인 노후 생활의 기초를 제공한다. 만약 이 프로그램이 활성화된다면 아직 기업복지나 산업복지(Industrial Welfare)라는 용어가 생소한 우리나라의 기업들과 근로자들에게 큰 영향을 미칠 것이다. 단기적으로는 퇴직준비프로그램의 실행은 퇴직예정자들의 올바른 퇴직에 대한 준비 및 계획을 하도록 도와주는 효과가 있고, 장기적인 측면에서 퇴직준비프로그램의 효과는 퇴직예정자들뿐만 아니라 전체 근로자의 사기진작과 생산성에도 간접적으로 긍정적인 영향을 미치게 된다(Monk, 1988).

이 프로그램은 더욱더 효과적으로 운영되기 위해서는 정부에서도 퇴직준비프로그램이 활성화될 수 있도록 관련 법규 및 제도를 정비하여 프로그램을 시행하는 기업들에 세제 혜택을 통하여 프로그램 운영비의 일부를 보상해 주는 방안도 검토해 볼 필요가 있다. 우선 정부는 대기업과 산업별 노동조합을 중심으로 퇴직프로그램을 실행하도록 장려하고, 그리고 중소기업이나 소규모의 사업장의 근로자들을 위해서는 지역의 사회복지기관이나 근로복지공단을 활용하여 프로그램을 운영하는 방안도 신중하게 검토해 보아야 한다. 또한 정부는 퇴직준비프로그램을 고령 근로자의 인력개발과 연계시킨다면 고령 근로자의 기술교육 훈련도 효과적으로 실행할 수 있을 것이다. 서구의 경험을 살펴보면 퇴직준비프로그램이 너무 경제적 대책에만 많은 부분을 할애하는 경우가 많은데, 그러나 우리나라에서 이 프로그램을 실행할 때에는 노년기에 발생하는 사회 심리적 측면도 고려하여 균형적인 프로그램 기획 및 운영이 바람직하다.

끝으로 퇴직준비프로그램이 활성화되기 위해서는 고용주의 의지, 기업의 적극적인 후원, 근로자의 적극적인 참여, 정부의 제도 마련과 세제 혜택, 전문적으로 프로그램을 운영할 수 있는 산업복지 관련 사회복지사의 훈련과 양성이 절실하게 요청된다. 퇴직프로그램이 활성화되기에는 많은 어려움에 직면하고 있는 것은 사실이나 우리나라보다 초고령사회에 미리 진입한 서구나 일본의 경험을 살펴보면, 장기적으로 효과적인 퇴직준비프로그램의 운영은 고령 근로자들의 삶의 질의 향상에 매우 긍정적인 영향을 미치고, 또한 경제 회복기에 필요한 고령인력개발에 도움이 된다는 사실을 인식해야만 한다.

CHAPTER

09

부양자 후원프로그램의 운영 및 활성화 방안

1. 부양과 부양자 후원프로그램
2. 부양 행동과 부양자의 특성
3. 부양자 지지집단프로그램의 운영 및 절차
4. 부양자 후원프로그램의 활성화를 위한 사회복지기관과 정부의 역할
5. 부양자 후원프로그램의 방향

CHAPTER 09

부양자 후원프로그램의 운영 및 활성화 방안

1 부양과 부양자 후원프로그램

현대사회에서 인구의 고령화가 진행되면서 만성질환이나 장애를 가진 노인들이 부적절한 시설보호를 지양하고 어떻게 하면 효과적으로 가정에 보호할 수 있는가에 대하여 지속적인 연구 및 대책 마련에 많은 노력을 기울이고 있다. 노인들에 대한 부양(Caregiving) 혹은 간병에 대한 욕구는 다양한 인구학적, 경제적, 그리고 사회변동 등의 영향을 받으면서 점차 증가하고 있는 실정이다. 현대화와 의료 및 보건기술의 향상으로 노인들의 기대수명이 점차 증가하였다. 인구의 고령화는 더 많은 노인들이 그들의 삶을 영유하기 위해서 가족, 친척 혹은 사회로부터 지속적인 사회적 · 경제적 · 의료적 도움 및 지지들을 받아야 한다는 것을 의미한다. 대부분 노인들은 비록 질환이나 장애를 갖고 있어도 시설보호를 받기보다는 지역사회에서 독립적인 삶을 유지해 나가기를 매우 선호하고 있다.

미국에서는 전체 노인들의 5% 정도가 의료시설이나 사회서비스를 제공하는 시설에 거주하고 있다. 우리나라의 경우 만성질환이나 장애가 있는 노인들에게 적절한 의료와 사회서비스를 제공할 수 있는 생활시설이나 요양 시설의 절대 부족으로 노인들의 부양은 전적으로 가정에서 이루어지고 있는 것이 사실이다. 일반적으로 노인들은 그들의 다양한 욕구들을 가능하면 지역사회 혹은 비공식 지지망(Informal

Support Network)을 통하여 충족하기를 원하고 있다. 이러한 노인들의 욕구들에 부합하고 지역사회 내의 가정구성원들에 의한 노인을 위한 부양행위를 진작시키고 후원해 줄 수 있는 정책과 서비스의 마련은 노인복지의 향상에 매우 필수적인 사항이다.

노인을 위한 사회나 가족들의 부양에 대한 책임 및 역할의 증대는 다음과 같은 요소들에 의해서 영향을 받고 있다. 인구학적 요인들로 기대수명의 증가, 전체 인구에 대한 노인 인구의 급격한 증가 및 출산율의 저하를 들 수 있다. 기대수명의 증가로 인해서 더 많은 노인들이 만성질환이나 장애를 경험하게 될 확률이 높아지면서 가족이나 타인에게 부양을 받아야만 생활이 가능한 기간이 점점 증가하고 있다. 출산율의 감소는 미래의 노인들을 보호하고 그 부담을 함께 나눌 수 있는 자녀들과 형제자매들이 점점 더 줄어든다는 것을 의미한다. 특히 여성 노인은 남성 노인보다 장수할 확률이 높고, 사회의 성차별적인 구조의 영향으로 경제적인 지위와 소득이 낮은 편이고, 혼자 살거나 복합적인 만성질환에 걸릴 경우가 높아서 남성 노인보다 가족 구성원에 의한 부양이나 간병의 도움들이 더욱더 필요하다.

앞으로 여성의 사회진출이 더 증가하면 가정에서 노인에 대한 적절한 보호를 제공할 수 있는 인력 감소는 자명한 사실이다. 여성의 노동참여 증가는 여성의 사회참여 확대와 인력개발 차원에서 매우 긍정적인 일이지만 전통적으로 노인의 부양을 주로 담당했던 층이 기혼여성이었다는 측면에서 여성의 사회진출 확대는 가정에서 노인의 부양을 담당할 수 있는 인력의 감소를 의미한다. 이러한 상황 속에서 노인들에게 부양을 제공하는 가족 구성원들의 경제적, 사회적, 심리적 부담 및 스트레스를 경감시켜 주며 그들의 부양행위를 지속적으로 유지할 수 있게 하는 다양한 후원프로그램의 개발과 이를 위한 재원 및 제도의 구축이 필요하다.

전통적으로 미국에서는 노인에 대한 부양은 가족 고유의 의무로 규정하고 정부에서는 이를 후원해 줄 수 있는 제도나 정책 마련에 소극적이었다. 그러나 1980년대 초부터 만성적 중병의 노인들을 부양하는 가족들을 중심으로 후원프로그램 및 서비스들을 제공하기 시작하여, 현재 많은 주 정부들이 노인들을 보호하는 가족들을 위하여 다양한 개별상담, 집단지도프로그램, 휴직제도, 현금급여 및 세금감면 등을 통하여 가족에 의한 노인의 부양행위를 후원하고 있다. 우리나라에서도 지역사회에서 노인을 부양하는 가족들의 경제적, 사회적, 심리적 부담을 경감시켜 줄 수 있는 다양한 후원프로그램들을 지역사회복지관을 중심으로보다 활성화해 나가야 한다. 그리고 2026년부터 제도화될 노인들의 지역사회통합돌봄사업(Community Care)에 가족부양자들을 위한 부양자 후원프로그램이 핵심적인 프로그램으로 발전하기를 기대한다.

특히 만성적 질환의 노인들을 보호하는 가족 구성원들은 그들이 부양에 따른 역할을 수행해 나가는 데 있어서 여러 가지 부담(Burden)과 스트레스를 받게 된다. 노인에 대한 부양부담이 가중되면 부양자의 육체적 및 정신적인 상태에 심각한 영향을 미치게 되고, 심한 경우에는 과중한 부양행위로부터 부양자가 질병을 얻어서 더 이상 부양을 하지 못하고 공식지지망(Formal Support Network)에 의존할 수밖에 없는 상황이 발생하게 된다. 이러한 부양자의 부담과 스트레스를 경감시켜 주고 부양에 필요한 적절한 정보 및 도움을 줄 수 있는 지역사회 내 사회복지프로그램의 개발은 가족 구성원들의 부양행위를 지속시킬 수 있으며, 장기적 측면에서는 값비싼 시설보호의 의존을 경감시켜 사회경제적으로 긍정적인 효과도 가져올 수 있다.

본 장에서는 ① 부양 행동과 부양자의 개념, ② 부양자의 부담, 스트레스 및 욕구, ③ 지지집단프로그램의 운영과 사회복지사의 역할, ④ 부양자를 위한 후원프로그램의 활성화를 위한 사회복지기관과 정부의 역할 등에 관해서 선행연구들의 결과들을 중심으로 서술하려고 한다. 또한 아직 우리나라에는 활성화되지 않은 노인들에게 육체적, 정신적, 경제적인 도움들을 제공하는 부양자들의 부담과 스트레스를 경감시켜 줄 수 있는 후원프로그램의 개발을 위한 방법과 전략에 필요한 이론적 근거와 경험적 결과들을 제공할 수 있을 것이다.

2 부양 행동과 부양자의 특성

1) 부양 행동과 부양자에 대한 개념

부양자(Caregiver)는 보호의 종류, 양, 정도, 기간, 피보호자와 부양자의 관계, 그리고 피보호자의 나이, 장애의 정도 및 건강 정도에 따라서 상이하게 정의될 수 있다. Miller와 McFall(1991)의 연구에서는 보호의 종류에 대한 매우 제한된 정의를 사용하여 주부양자(Primary Caregiver)를 적어도 하나 이상의 피보호자의 일상생활동작(Activity of Daily Living: ADL)을 도와주는 사람으로 규정하고 있다. 반면에 Scharlach(1991)는 육체적, 재정적 및 감정적 후원을 포함해서 보호의 종류에 대한 매우 광범위한 정의로 부양자를 정의하고 있다. Miller와 McFall(1991)은 부양자의 범주를 지난 3개월 이상의 기간 동안 적어도 한 가지 이상 피보호자의 일상생활동작이나 수단적 일상생활동작(Instrumental Activity of Daily Living: IADL)을 도와준 사람만을 포함했다. Strawbridge와 Walhagen(1991)은 단지 일주일에 4시간 정도의 보호를 제공하는 사람을 부양자로 정의하고 있다. Lerner(1991)는 노인의 욕구에 부응하기 위해서 부양자는 상당한 물질적인 자원들이 소요되고, 피보호자를 보호하는 상황이 다소 감정적으로 부담이 되는 것을 부양이라고 약간은 주관적인 기준으로 정의를 내리고 있다.

미국 사회사업사전에는 부양자는 의존적이고 자신의 욕구를 스스로 충족시킬 수 없는 사람들이 지닌 육체적, 정서적, 사회적 욕구를 충족시켜 주는 사람이라고 정의하고 있다. 부양자와 피보호자의 관계에 따라서 부양자는 성인 자녀들로부터 자녀의 배우자, 친척이나 친구들까지도 포함할 수 있다. 어떤 연구에서는 피보호자에게 도움을 주는 거의 모든 사람을 부양자에 포함하지만 또 다른 경우에는 매우 제한적인 범위로 부양자를 제한하는 경우도 있다 예를 들어서 Lerner 외(1991)는 부양자의 범주에 피보호자와 근접한 곳에 사는 자녀들만을 포함했다.

이상과 같이 그동안의 연구들에 사용된 부양 행동과 부양자에 대한 정의는 연구의 목적에 따라서 다양하게 정의되었고, 또한 정책이나 일반 프로그램에서 사용되는 정의도 상황에 따라서 매우 다르다. 예를 들어서 미국의 가족 후원정책(Family Support Act)에서는 중증의 장애 노인들의 부양자의 휴식 보호를 제공하기 위해서 피보호자를 적어도 세 가지 이상의 일일생활동작에 도움이 필요하거나 정신적인 이상이 있는 사람으로 제한적인 범주로 규정하고 있다. 반면에 기업의 복지를 관장하는 서비스 제공자들은 피고용자의 생산성에 영향을 미치는 모든 요소를 고려해서 부양 행동의 범위를 다소 넓게 설정하고 있다. 예를 들어 피고용자가 시간을 내서 본인의 부모를 병원으로 모시고 가는 일까지도 부양 행동의 범주에 포함하고 있다.

부양 행동과 부양자를 어떻게 정의하느냐에 따라서 부양자의 인구, 부양에 따른 개인, 가족, 피고용자, 사회의 부담 정도 및 정책이나 프로그램의 비용 등이 상이하게 측정될 수가 있다. 예를 들어서 Stone 외(1989)는 천삼백만 명의 부양자들이 65세 이상의 배우자나 부모를 보호하고 있다고 하였다. 그는 미국 노동자의 2% 정도가 노인부양의 책임을 다하고 있다고 했지만, Scharlach와 Boyd(1989)는 미국 노동자의 23%가 노인부양의 책임을 갖고 있다고 보고하고 있다. 두 수치가 매우 다른 이유는 Stone과 Kemper의 경우에는 노동자의 범위를 주당 30시간을 집 밖에서 일하는 사람이라고 정의했고 Scharlach와 Body는 노동자의 범주에 시간제 노동자까지도 포함시켰기 때문이다.

Noelker와 Whitlatch(1995)는 부양자의 인구가 5백만에서 8백만 정도라고 추정하고 있다. 이 수치는 지역사회에 거주하고 있는 5백만 정도의 노인들이 한두 가지의 기능적 장애(Functional Disabilities)를 갖고 있고, 이백만에서 삼백만의 노인들이 치매성 질환을 앓고 있다는 사실을 근거로 산출하였다. 우리나라도 노인을 부양하는 인구가 얼마나 되는지를 정확히 계측하여 이를 바탕으로 부양자 후원정책을 개발하여야 한다. 또한 정책 입안자, 운영자, 연구자들은 각각의 정책, 프로그램 및 연구가 추구하는 목적과 대상 인구집단에 적합한 부양 행동의 정의와 부양자의 범위를 확실히 규명하는 일이 선행돼야 한다고 생각된다.

2) 부양자의 부담, 스트레스 및 욕구

가족의 구성원들은 만성적 질병이나 정신질환을 앓는 노인들을 보호하기 위해서 많은 노력과 시간을 투자한다. 지역사회에 사는 대부분의 요보호 노인들은 그들 가정에 전적으로 의지한다. 가족 구성원의 한 사람을 보호한다는 의미에서 부양 행동이 주는 긍정적인 영향도 있지만 많은 부양자들이 부양 행동에 따른 부정적인 영향으로 어려움을 겪고 있는 경우가 비일비재하다.

부양자의 부담은 객관적인 면과 주관적인 면을 포함하고 있다. 객관적인 부담은 부양 행동에 따른 한 사람의 시간과 노력의 투자를 의미한다. 그래서 객관적인 부담은 부양 행동에 따른 시간 소비, 제공된 서비스의 종류 및 재정적인 지원 등으로 구체화할 수 있다. 주관적인 부담은 부양자의 역할과 부양 행동에 대한 부양자의 신념이나 느낌을 의미한다. 주관적인 부담의 개념은 객관적인 부담의 개념보다는 매우 복잡하다. 주관적인 부담은 부양에 따른 직장, 재정, 감정, 가족관계 및 육체적 측면에서의 부담을 의미한다.

부양자들이 경험하는 가장 심각한 문제는 그들이 보호하고 있는 노인들의 육체적이나 정신질환 등과 깊은 관계가 있다. 예를 들면 피부양자의 정신질환이나 인지적 결함에서 비롯된 혼란스러운 행동에 대한 대처방안, 사회적 활동이나 여가생활의 제약, 사생활의 침해, 다른 가족 구성원들로부터의 미비한 후원 및 보조, 가족관계의 문제 및 사회서비스와 전문가의 미비한 도움 등을 들 수가 있다.

부양에는 감정적, 육체적 및 경제적 부담이 수반된다. 이러한 부담들이 가중되면 결국에는 중병의 노인들을 전문 요양 시설로 보내게 되는 중요한 요인으로 작용한다. 선행연구에 의하면 미국에서 부양자들의 3분의 1 정도가 그들의 가족이나 사회로부터 아무런 도움을 받지 못하고 있고, 그리고 부양자들의 대부분은 일반 사람들과 비교해서 적은 소득과 건강상태에 문제가 있는 경우가 높다고 보고하고 있다 (Biegel, 1995).

부양은 가족 구성원인 한 사람을 돌보는 보상적인 행위인 동시에 또한 부양자에게 부정적인 영향을 미친다. 부양 행동은 부양자의 스트레스를 유발시킨다. 특히 피부양자의 건강이 악화하는 경우에는 부양자의 스트레스는 더욱더 가중된다. 부양에 따른 스트레스는 부양자의 심리적, 사회적 및 건강에 매우 부정적인 영향을 미친다. 예를 들어서 부양자는 일반 대중들보다도 우울증에 걸릴 확률이 거의 열 배는 높다고 보고되고 있다(Schoenmakers, 2010). 또한 부양자는 불안, 분노, 과도한 죄의식 및 자기비하 같은 심리적 장애를 경험하기도 한다(Gallagher et al., 1989). 그리고 많은 부양자들이 사회적으로 고립되기 쉽고, 부양 행동에 대해서 가족들과의 갈등을 겪기 쉬우며, 피부양자와의 개인적인 관계에서도 어려움을 겪고 있다고 보고되었다(Toseland et al., 1989). 특히 부양 행동들은 부양자의 육체적 건강에 매우 부정적인 영향을 미친다. 많은 부양자들이 수면장애 및 식욕부진 등의 어려움을 호소하는 경우가 많다.

부양에 따른 객관적인 스트레스 원인의 관점에서 보면 피부양자의 건강이 나쁘면 나쁠수록 부양자의 부담은 가중된다. 특히 피부양자가 심장마비, 암, 중풍과 같이 갑자기 병이 생기거나 진단을 받았을 때 부양자의 스트레스는 최고조에 달한다. 또한 피부양자의 행동과 부양자의 부담은 밀접한 관계가 있다. 만일 피부양자가 치매성 질환 등으로 심각한 기능 장애, 흥분, 방황, 착시, 의심, 극단적인 감정표현 등의 혼란스러운 행동을 할 경우에는 부양자의 부담이 가중되고, 질병의 정도가 심하면 피부양자의 건강과 안전을 위해서 지속적인 보호가 요청된다. 그래서 부양자는 육체적인 질병이 있는 노인들을 보호하는 것보다도 정신적인 질환을 가진 노인들을 보호할 때 그들의 부담은 더욱더 가중된다.

일반적으로 여성부 양자가 남성 부양자보다 부양에 따른 부담이 높고, 배우자가 부양자일 경우에 배우자가 아닌 부양자보다 부담이 크다고 한다. 부양 행동에 따른 부담을 가중시키는 다른 요인들로는 부양자의 정신적 적응능력과 병이 발병하기 이전의 부양자와 피부양자 사이의 관계, 부양자를 위한 사회 후원시스템의 적절성(Adequacy of Social Support System) 등을 들 수 있다. 반면에 부양 행동이 부양자에게 긍정적인 영향을 미치는 경우도 있다. 예를 들어서 부양자가 자식일 경우에 그들의 부모를 돌보면서 부모의 은혜를 갚을 기회가 되므로 부모에 대한 부양으로 매우 만족감을 느낄 수도 있다. 비슷하게 부양자가 배우자인 경우에도 배우자를 보호하거나 간호하면서 높은 만족감을 가질 수도 있다. 부양자들은 부양을 시작하면서 본인의 자긍심을 높여주고, 그리고 부양 행동에 따른 새로운 기술을 배우는 것에 대해서 만족해하는 경우도 있다고 보고되고 있다.

노인을 부양하는 부양자의 서비스 욕구는 일상적인 가사들에 대한 도움과 과중한 병간호의 의무로부터 잠시 벗어날 수 있는 휴식서비스(Respite Service) 등에 이르기까지 매우 다양하다. 이러한 부양자들의 서비스 욕구들은 중병을 앓고 있는 피부양자를 장기간 보호(혹은 간병)하면서 부양에 따른 부담(Burden of Care)이 가중되면서 더욱더 증가하는 경향이 있다. 특히 부양 행동에 따른 부담의 정도는 나이가 많거나 경제적 능력이 미약한 부양자들의 경우에는 더욱더 심하다.

많은 연구를 통해서 부양자들은 많은 서비스 욕구들이 있고, 사회적 지지(Social Support)는 그들의 안녕감에 매우 중요하다는 것이 증명되었다. 한 예로 치매 노인을 부양하는 부양자는 재정적인 어려움, 정신적 갈등, 본인의 신체 건강의 문제들의 어려움에 직면하게 된다. 그러나 적절한 사회적 지지연계망을 가진 부양자의 경우에는 부양에 대한 부담이 적게 나타났다고 보고되었다. 사회적 지지는 부양 행동에서 오는 여러 가지 부정적인 영향들을 경감시켜 주는 역할을 해준다. 사회적 지지연계망으로부터 부양자는 육체적, 사회적 및 심리적 욕구들을 충족시킬 수 있다. 사회적 지지연계망의 범위가 넓은 부양자는 그렇지 않은 부양자들보다 재정적, 감정적 및 수단적인 도움들을 쉽게 받을 수 있으므로 부양 행동에 따른 여러 가지 부담들을 쉽게 극복할 수 있다(Chiou et al., 2009).

부양에 따른 사회서비스에 대한 욕구는 부양자의 특성과 부양제공의 형태에 따라서 상이할 수 있다. 첫째, 부양자의 인구학적 특성이다. 나이가 많은 부양자들은 젊은 부양자들에 비해서 그들 자신의 건강상태가 나쁘기 때문에 부양의 부담이 가중된다. 그래서 젊고 건강한 부양자들보다도 수단적인 지지에 대한 욕구들이 증가한다. 가족 구성원이 많을수록 그렇지 않은 경우보다 수단적인 도움에 대한 욕구들은 감소한다.

둘째는 부양자의 경제적 지위가 사회적 서비스의 욕구에 영향을 준다. 경제적으로 여유가 있는 부양자는 부양에 필요한 다양한 유료서비스들을 이용하여 부양의 부담을 줄일 수 있는데 경제적으로 여유가 없는 부양자는 유료서비스를 이용할 수 없어 부양의 부담이 가중된다.

셋째는 부양자의 건강상태다. 부양제공은 건강한 사람이라도 육체적으로 적지 않은 부담이 수반되는데 건강상태가 좋지 않은 부양자들은 부양 행동을 적절히 수행하기 위해서 여러 가지 수단적인 도움들이 매우 필요하다.

넷째는 부양자의 정신건강상태이다. 정신적으로 문제가 없는 부양자도 장기적으로 부양 행동을 수행하게 되면 낙담, 좌절 및 사기 저하 등의 감정들을 빈번하게 느끼게 된다. 그래서 심할 경우에는 부양의 부담으로 인해서 정서적으로 매우 불안한 상태가 지속되는 경향이 있다. 부양자의 정신건강의 상태에 따라서 사회서비스에 대한 욕구들도 상이하다.

다섯째, 사회여가활동에 관한 것이다. 부양자들은 일상적으로 해왔던 사회여가활동들을 부양 때문에 중단하는 경우가 많다. 특히 피보호자의 건강이 악화되면 거의 모든 사회여가활동을 중단하고 부양에만 전념해야 하는 경우가 비일비재하다.

마지막으로 부양 행동의 내용과 강도이다. 부양 행동의 형태와 기간에 따라서 상이한 사회서비스의 욕구가 발생된다. 예를 들어서 중증의 노인성 치매 환자를 돌보는 부양자는 거의 하루 종일 피부양자를 보살펴야 하므로 경증의 치매 환자를 돌보는 부양자보다도 더 많은 사회서비스가 필요하다.

3 부양자 지지집단프로그램의 운영 및 절차

1) 부양자를 위한 지지집단프로그램

지지집단은 전통적인 대인관계 네트워크로서 목적, 리더십 및 구성에 따라서 자조적 후원, 상호적 후원 및 치료 그룹 등으로 나누어진다(Maddox, 1995). 지지집단은 집단참여자들 사이에서 공통적으로 공유하는 어려움이나 상황에 직면해 있거나 서로를 도와주고 위안해 주는 사회 감정적인 연대를 위한 사람들 간의 지지연계망의 역할을 한다. 지지집단은 가족집단의 기능과 같이 집단참여자들을 위해서 적절하고 필요한 정보, 실제에 활용 가능한 서비스 및 감정적 후원 등을 제공한다. 지금처럼 복잡하고 사회적으로 다원적인 사회에서 전통적인 가족집단의 기능감소에 대비해서 가족집단과 유사한 기능을 하는 다양한 그룹 관계망들이 존재한다.

심리 · 사회적 정의에 따르면 지지집단을 조성하는 근본적인 이유는 집단참여자들이 일상적으로 나타나는 문제들을 해결해 나가기 위해서 적절한 정보와 후원 적인 서비스를 제공받기 위해서이다. 지지집단의 목적은 비극적인 상황이나 곤란한 환경에 대비하여 감정을 적절히 조절하고, 이러한 상황이나 환경을 적절히 해결해 나갈 수 있는 올바른 인식에 대한 방향 제시, 심각한 도전과 슬픔 등을 극복할 수 있는 자기존중심의 증진과 새로운 자신의 발견, 그리고 상황을 효과적으로 대처하고 필요한 재원을 마련하기 위한 수단적이고 실질적인 서비스 제공에 있다.

미국에는 1980년대에 무려 오십만 정도의 다양한 지지집단에 수백만의 사람들이 가입하고 있다. 자조모임 연구소의 조사에 따르면 1990년 초에 칠백오십만의 미국인들이 일상적으로 일어나는 개인적인 문제들을 해결하기 위한 여러 가지 형태의 그룹에 가입하고 있다고 보고하고 있다. 참가자의 대다수는 백인, 중산층 또는 중년인 사람들이다. 장기적으로 지지집단에 참가하고 있는 사람의 비율은 성인 남성의 3.6%, 성인 여성의 2.8%가 되는 것으로 보고되고 있다. 예를 들어서 1990년에 미국 성인의 3%가 단주 동맹(Alcoholics Anonymous)의 이만칠천 개 지부가 주최하는 그룹모임에 한 번 이상 참가하였다. 1980년대 후반에 조직된 알츠하이머 관련 장애 협회(Alzheimer's Disease and Related Disorders Association)는 1990년에 전국에 이천팔백 개의 지부가 결성되어 후원프로그램을 운영하고 있다(Maddox, 1995).

최근 미국에서는 지역사회에 거주하고 있는 중병의 노인들이 증가하면서 가정의 부양제공에 관한 관심이 증가하고 있다. 미국 퇴직자협회(1986)의 보고에 의하면 거의 오백만의 노인들이 지역사회에서 독립적으로 살아나가기 위해서 다른 사람의 보호와 도움이 필요하다고 보고되고 있다. 중병의 질환을 앓는 노인에게 필요한 도움을 주거나 이들을 보호하는 부양자는 많은 부담과 스트레스를 경험한다. 부양에 따른 계속되는 육체적 · 사회적 · 심리적 스트레스는 부양자가 피부양자에게 적절한 부양을 하지 못하게 만들고, 결국에는 피부양자가 시설에 갈 수밖에 없는 상황을 초래한다. 대부분의 부양자가 그들 자신만의 비공식 자원으로는 부양 행동을 효과적으로 수행하지 못하는 경우가 많다.

부양자를 위한 집단프로그램은 부양제공에 따른 스트레스와 부담들을 효과적으로 대처할 수 있도록 부양자들을 도와주는 방법으로 많이 사용되고 있다. 집단적 개입방법은 부양자에게 다음과 같은 긍정적인 영향을 미칠 수 있다. 첫째, 부양 행동의 과중한 의무에서 잠시 휴식할 수 있는 기회 제공, 둘째, 고립과 고독감의 감소, 셋째, 집단참여자들과의 감정적 후원의 증대, 넷째, 집단참여자들의 피부양자가 겪고 있는 질병의 이해 증진, 다섯째, 지역사회서비스에 대한 인지도의 향상, 여섯째, 효과적인 대처기술의 함양, 일곱째, 부양에 따른 여러 가지 문제들을 효과적으로 해결할 수 있는 문제해결 능력의 함양, 여덟째, 전반적인 부양자의 스트레스와 부담의 경감을 들 수 있다.

Toseland 외(1989)의 연구에 의하면 대부분의 지지집단 프로그램은 일정한 기간을 정해놓고 실시되고 있고, 집단프로그램의 모임은 대개 일주일에 한 번씩 갖고 6회에서 8회의 모임을 갖고, 각 모임의 진행시간은 대략 1시간에서 2시간 사이이다. 거의 모든 집단프로그램이 교육적 후원의 접근법을 사용하고 있는데 주로 다루는 주제들은 다음과 같다.

① 피부양자의 상황과 노년기에 대한 정보

집단참가자들은 일반적으로 피부양자가 앓고 있는 질병에 대한 이해 증진을 위한 질병의 단계, 질병이 피보호자에게 미치는 영향, 그리고 질병의 발달 등에 대해서 교육을 받는다. 이외에 지지집단프로그램에서 주로 다루는 주제들은 피부양자인 노인들의 욕구와 상황에 대한 부양자들의 이해를 증진하기 위해서 노인들이 당면하고 있는 발달과업, 사회화와 여가 활용, 노년기의 감정변화 및 노년기의 감각 능력의 상실과 장애 등에 대해서 중점적으로 다루고 있다.

② 집단참가자 상호 간의 후원시스템

지지집단프로그램 자체가 보호 제공자들의 후원시스템으로 발전할 수 있도록 집단참여자들의 적극적인 참여를 유도하고 있다. 집단모임을 통해서 집단참가자들이 감정적으로 의지하고 도와줄 수 있는 지지적인 관계로 발전시켜 나가기 위해서 집단참가자들의 감정, 경험 및 생각들에 대해서 자유롭게 토의할 수 있도록 하고 있다.

③ 부양 행동이 부양자의 감정에 미치는 영향

부양 행동은 부양자의 일반적 심리상태에 많은 영향을 준다. 집단모임을 통해서 집단참가자들이 자신들이 겪고 있는 심리적이나 감정적 어려움을 잘 대처하고 극복할 수 있도록 장려한다. 부양자들이 부양 행동을 하면서 느끼는 감정들은 다음과 같다. 피부양자에 대한 죄책감, 현재 상황에 대한 분노, 도움을 주지 않고 있는 다른 가족 구성원에 대한 불만, 사회활동의 제약으로 인한 고독감과 고립감, 그리고 보호 제공에 따른 스트레스로 인한 불안감 등이 있다.

④ 개인적 보호

계속되는 부양 행동의 과중한 부담으로 부양자들은 본인들을 위한 시간이나 여유를 갖기가 매우 어려운 상황이다. 집단모임을 통해서 참가자들이 다른 사람들과 어울릴 수 있고 여가활동을 할 수 있는 기회를 제공해 주고, 그리고 부양자들이 자신들을 위한 시간을 확보할 수 있도록 권장하고 아직 피부양자의 보호에 적극적으로 참여하고 있지 않은 다른 가족 구성원의 참여 증대 방법에 관해서 토론을 한다.

⑤ 대화와 대인관계의 개선

집단모임을 통해서 참가자들이 피보호자와 다른 가족 구성원들과의 관계에서 경험하고 있는 다양한 갈등에 효과적으로 대처할 수 있는 방법을 모색한다. 그리고 참가자들이 부양역할과 가정 내의 다른 역할과 잘 조화시킬 수 있는 방법에 관해서 토론한다.

⑥ 집단 외의 다른 후원시스템 이용방법

집단참가자들이 지역사회의 사회서비스를 효과적으로 이용할 수 있도록 다양한 정보가 제공된다. 또한 그룹참가들이 비공식지지연계망(가족, 친척, 친구 등)에서 보다 적극적인 후원을 받을 수 있는 방법에 대해서 교육시킨다.

⑦ 가정에서 재가보호 기술에 대한 교육

대부분의 부양자는 어떻게 하는 것이 피부양자의 상태에 적합하고 효과적인 방법인지에 대해서 전혀 교육을 받지 않고 부양의무를 수행하고 있는 경우가 많다. 그래서 집단모임을 통해서 부양자가 부양 행동을 효과적으로 수행할 수 있도록 피부양자의 이동과 목욕, 보조장비의 활용, 약품의 적절한 복용, 그리고 보호 제공에 적합한 가정구조의 변경에 대해서 교육을 한다.

2) 지지집단프로그램 운영 및 사회복지사의 역할

(1) 초기단계

이 단계에서 사회복지사는 첫 모임 이전에 집단의 목적, 집단참가자의 모집, 집단의 형성 및 집단지도의 방법에 관해서 결정해야 한다. 사회복지사는 그가 소속되어 있는 기관 내에서나 다른 사회서비스 기관을 통하거나, 아니면 관련 분야의 전문가들에 의한 의뢰를 통해서 집단참가자를 모집할 수 있다. 또한 사회복지사는 지역사회 신문이나 방송 매체를 통해서 참가자들을 모집할 수도 있다. 이 단계에서 사회복지사는 집단참가자를 집단의 초기단계에 모두 선정해야 할지 아니면 계속적으로 충원해 나가야 할지에 대해서 결정을 해야 한다. 전자를 폐쇄집단이라고 하고 후자를 개방집단이라고 규정할 수 있다.

사회복지사는 집단의 목적에 부합하는 참가자들을 선정하기 위해서 예비 참가자들의 면담을 통해서 집단을 결성한다. Yalom(1985)는 이 면담의 절차가 집단프로그램의 효과와 집단참가자들 사이의 상호작용 증대에 영향을 미친다고 보고하고 있다. 그룹의 결성에 중요한 원칙 중의 하나는 예비 집단참가자 중에서 비슷한 사회인구학적 특성(나이, 문화, 계층 등)을 가진 사람들을 중심으로 집단을 조직해야 한다. 그래야 장기적으로 집단의 지속성이 유지될 수 있고, 집단참가자의 동기의식 증대나 집단참가자 상호 간의 협조적인 관계로 발전할 수 있는 기회가 증대된다.

집단프로그램의 지속기간(단기적 대 장기적)은 집단 자체의 목적에 따라서 상이할 수 있다. 비슷한 맥락에서 집단의 목적에 따라서 사회복지사(혹은 그룹워커)의 주도 아래 운영되는 프로그램이 효과적일 수 있고 때로는 집단참가자 중에서 선발된 집단리더의 주도 아래 운영되는 것이 효과적일 수도 있다. 그래서 사회복지사가 집단프로그램의 계획을 작성할 때에 이러한 점들을 고려해야 하고, 그리고 집단프로그램이 실시되어 가는 과정 중에서도 그룹의 운영형태를 상황에 따라서 바꿀 수 있는 융통성을 가지고 집단프로그램을 운영해 나가야 한다.

집단참가자의 선정이 끝나면 사회복지사는 첫 모임에 대해서 계획하여야 한다.

이 단계를 그룹의 형성단계라고 한다. 이 단계에서 집단이나 참가자들이 성취해야 할 과제는 다음과 같다. 집단참가자들 상호 간 및 집단참가자와 집단지도사와의 초기 관계설정, 세분화된 목적에 부합하는 정보의 탐색, 집단지도사와 참가자들 사이의 계약 체결, 집단의 규범 설정, 초기단계에 있어서 참가자들의 적응에 대한 대처이다. 이러한 과제들의 성취에는 일정한 순서가 있는 것도 아니고 여러 모임을 통해서 서서히 형성되어 나간다는 사실에 대해서 유념해야 한다.

사회복지사는 집단프로그램이 시작되는 초기단계에 집단참가자들 간의 관계가 잘 설정되도록 도와주어야 한다. 이를 위한 방법으로는 최초에 집단모임을 가질 때 집단참가자들을 여러 쌍으로 나누어서 각자를 소개하고 서로에 대해서 알 수 있도록 대화를 나누게 한다. 관계 형성의 증진을 위한 또 다른 방법은 집단참가자들이 자기 자신을 집단 전체를 대상으로 소개하거나, 또는 집단참가자들이 서로 빈번하게 상호작용을 할 수 있는 집단환경을 조성해 주는 것이다. 사회복지사는 집단참가자들의 관계 형성이 잘 이루어지도록 집단참가자들 개개인의 감정을 이해하고, 그들에게 필요한 적절한 정보를 제공하며, 또한 보호 제공에 따른 집단참가자들의 어려움을 도와주어야 한다.

집단의 모임에 부합하는 세분화된 목표를 설정하기 위해서는 우선 집단참가자들에 관한 많은 정보가 필요하다. 예를 들어 집단참가자들의 삶, 당면문제 및 사회경제적 상황 등을 들 수 있다. 이러한 정보들은 집단모임이 시작해서 종결할 때까지 수집하여 집단모임의 목적을 수행하는 데에 이용하여야 한다. 보통 이러한 정보는 집단참가자들이 초기단계에 집단모임 시에 수집할 수 있고 집단모임을 통해서 그들의 욕구와 관심들이 해결되도록 하여야 한다. 또한 이러한 정보들은 사회복지사가 집단참가자들의 문제를 파악하고, 그리고 그들의 문제를 해결해 나갈 수 있는 대처방안의 모색에도 도움이 된다.

이 단계에서 사회복지사는 집단참가자들과 구두 혹은 문서로 계약을 체결한다. 이 계약은 집단모임에서 참가자들이 성취해야 할 세부적인 목표와 이 목표들을 어떻게 성취해 나가야 하는지에 대해서 자세하게 서술하는 것이 바람직하다. 이 계약에는 집단모임의 비용, 과정 및 종결 시점에 관해서도 첨부할 수 있다. 사회복지사는 이 단계에서 집단모임에서 행해지는 모든 행동에 대한 일정한 규범을 설정하여야 한다. 이 규범의 집행은 집단참가자의 권리와 인권을 존중하고, 집단참가자의 자율성, 그리고 민주적인 의사결정에 의해서 행해져야 한다.

(2) 중간단계

집단의 형성과정이 종결된 후에 집단은 집단모임을 통한 목적을 위한 중간단계로 들어간다. 이 단계에서 가장 중요한 과제는 집단참가자들이 직면하고 있는 여러 가지의 문제들을 어떻게 극복해 나가야 하는지에 관한 것이다. 집단참가자들은 서로의 경험들과 다양한 대처방안 등에 관해 토론하면서 가장 현명한 방법을 선택할 수 있다.

이 단계에서는 사회복지사는 각종 프로그램의 활용, 문제해결 및 사회기술 습득 및 대처기술 등을 중심으로 그룹을 운영해 나갈 수 있다. 이 단계에서 가장 중요한 것은 각종 프로그램의 운영에 있다. 프로그램은 토론에 의해서 진행될 수도 있지만, 사회복지사는 보다 창의적인 방법으로 프로그램을 이끌 수 있도록 다양한 방식과 형식을 통해서 프로그램을 운영해 나가는 것이 바람직하다. 또한 사회복지사는 집단참가자들이 효과적인 문제해결과정을 습득할 수 있도록 정기적인 교육을 실시할 수도 있다.

Garvin(1987)은 집단의 합리적인 문제해결과정의 운영에 있어서 사회복지사의 역할에 대해서 다음과 같이 서술하고 있다. 첫째, 문제는 매우 자세하게 분류해야 한다. 둘째, 집단참가자들에 대한 문제해결과정에 대한 교육, 셋째, 집단의 목적에 부합하는 문제해결과정의 유도, 넷째, 대안적인 해결방안의 모색, 다섯째, 구체적인 해결책의 수행방법 제시, 마지막으로 사회복지사는 집단의 목적에 부합하는 사회적 기술 훈련을 선택하고 집단참가자들이 이러한 기술들을 습득할 수 있도록 해야 한다. 사회적 기술을 습득하는 방법으로는 관찰, 역할놀이 및 그룹 과제물의 작성 등을 들 수 있다.

Yalom(1985)는 집단모임을 통해서 집단참가자들이 경험하는 상담적인 요소들에 대해서 다음과 같이 분류하고 있다.

① 희망의 증대: 집단모임은 참가자들이 다른 참가자들로부터 감정적인 후원을 받거나 다른 참가자들과의 상호작용을 통해서 희망적이고 낙관적인 감정들이 증진한다.

② 보편성: 집단을 통해서 참가자들의 경험들이 개인적인 것이 아니라 보편적이라는 생각을 갖게 한다.

③ 정보의 전달: 집단모임을 통해서 그룹 워커뿐만 아니라 집단참가자들로부터 보호 제공에 관련된 다양한 정보들을 제공받을 수 있다.

④ 이타심(Altruism): 집단모임에 참석하였던 사람들은 집단모임을 통해서 다른 사람들을 도와주는 것 자체가 본인의 정신건강에 긍정적으로 작용했다고 한다.

⑤ 사회적 기술의 개발: 집단참가자들은 집단모임을 동해서 사회적 기술의 학습과 실습을 경험하게 된다.

⑥ 모방적 행동: 집단참가자들은 여러 가지의 상황에 대비하여 다른 참가자들이 어떻게 대응하고 반응하는지에 대해서 관찰함으로써 본인들이 똑같은 상황에 직면하였을 때에 비슷한 대응방식으로 반응하게 된다.

⑦ 대인적인 학습: 집단참가자들은 집단모임을 통해서 다른 참가자들과 상호작용하면서 다양한 대인관계에 관한 기술들을 습득할 수 있다.

⑧ 정화(Catharsis): 집단참가자들은 서로서로 도와주면서 그들 자신의 감정을 표현할 수 있는 기회를 갖게 된다.

⑨ 집단 응집력: 집단모임을 통해서 참가자들은 결속력을 가질 수 있고 집단에 소속됨으로써 갖게 되는 대인관계에서의 혜택을 얻을 수 있다.

⑩ 존재적 요인: 집단토론을 통해서 참가자들은 현재 그들의 삶에 있어서 무엇이 가장 중요한 것인가에 관해서 판단을 내릴 수 있도록 한다.

(3) 종결단계

집단과정의 마지막 과정은 종결이다. 집단이 처음에 계획하였던 모든 모임을 끝냈거나 혹은 집단의 목적을 달성하였을 때에 종결될 수 있다. 종결에 대한 사항은 종결 이전의 여러 번의 모임을 통해서 집단참가자들이 토론하고 계획할 수 있게 하여야 한다. 집단모임의 종료식을 거행함으로써 그동안 집단모임을 통해서 형성되었던 집단참가자들 간의 관계를 자연스럽게 매듭지을 수 있게 하고 집단모임의 성공적인 종결을 축하해 줄 수 있는 계기를 마련하는 것이 바람직하다. 종결단계에서 수행해야 할 중요한 과제의 하나는 집단모임에 대한 전반적인 평가이다. 이러한 평가를 통해서 참가자가 집단모임을 통해서 어떠한 도움을 받았는지 혹은 집단모임의 운영에 있어서 어떠한 방법들이 효과적이었는지에 대해서 조사할 수 있다. 이러한 평가들은 사회복지사가 다음에 유사한 집단을 다시 운영하게 될 때 귀중한 자료로 이용될 수 있다.

이 단계에서 집단참가자들이 염두에 둬야 할 중요한 과제는 집단모임에서 얻은 귀중한 경험들과 긍정적인 효과들을 어떻게 유지하여 나갈 것인가에 대해서 계획을 수립하는 것이다. 이러한 계획들에는 또 다른 그룹의 활동을 모색하거나 집단모임에서 배운 기술들이나 대처방안 등을 어떻게 현실 상황에 적용하느냐 등에 초점을 맞추어야 한다. 그리고 이 단계에서는 그동안 집단모임을 통해서 서로의 고통과 개개인의 경험들을 나누었던 집단동료들과의 작별을 준비해야 한다. 모임의 성공적인 종결을 위해서 사회복지사는 마지막 모임에서 그동안에 집단참가자들이 성취한 과업들에 대해서 보고하거나 혹은 집단의 졸업식을 준비하여 자연스럽게 참가자들이 집단의 모임을 종료할 수 있도록 해야 한다.

4 부양자 후원프로그램의 활성화를 위한 사회복지기관과 정부의 역할

노인을 집에서 돌보는 부양자들을 효과적으로 후원하기 위해서 정책 입안자들과 사회서비스 제공자들은 부양자들의 사회적, 경제적, 문화적 측면들을 고려하여 부양자 후원프로그램이 활성화될 수 있도록 사회서비스나 정책의 개발을 고려해야 한다. 일반적으로 부양자들은 후원프로그램을 실제적으로 활용하기 위해서는 여러 가지 지지적인 사회서비스 전달체계 확립이 절실히 요청된다. 보조서비스들로는 간병인 제도, 교통서비스, 휴식 보호 및 양로원 서비스에 대한 정보서비스 등을 들 수 있다. 예를 들어 부양자 지지집단프로그램의 참가자를 모집하는 과정에서 많은 예비 참가자들이 프로그램에 참석할 동안 피부양자를 돌봐줄 사람이 없거나 교통수단의 부족으로 후원프로그램의 참가를 꺼리는 경우가 많은 편이다.

많은 부양자들이 장기간의 부양에 따른 경제적 부담을 큰 문제로 지적하고 있다. 심각한 경우에는 배우자나 가족 구성원의 부양을 위해서 직장을 그만두어야 하는 경우도 발생한다. 이러한 경우에는 지지집단프로그램 이외의 경제적 보조프로그램이나 정책을 고려하여야 한다. 여기에서 우리가 간과해서는 안 되는 사항은 부양에 따른 경제적, 심리적 부담의 경감을 위한 대책으로 후원프로그램의 운영만으로는 해결될 수 없다는 사실이다. 모든 부양자에게 단지 집단프로그램의 참여만이 그들의 부양제공에 따르는 부담을 해소하는 데에 도움이 되는 것은 아니다. 피부양자의 건강상태와 부양 기간에 따라서 오히려 피부양자가 양로원이나 요양 시설 입소가 부양자뿐만 아니라 피부양자의 복지증진에 더 효과적일 수가 있다. 그래서 앞으로의 부양자들을 위한 개입의 평가 및 연구에 있어서 여러 가지의 방법 및 프로그램들의 장점 및 단점들을 충분히 고려하여 부양자들의 욕구를 진정으로 반영할 수 있는 정책이나 서비스를 제공할 수 있도록 하여야 한다.

부양자 후원프로그램의 활성화를 위한 지역사회의 사회복지 관련 단체의 역할도 매우 중요하다. 지역사회를 근간으로 한 부양자를 위한 효과적인 프로그램으로는 부양자 정보 프로젝트(Caregiver Information Project: CIP)를 들 수 있다(표 9-1 참조). CIP는 지역사회에서 부양자들의 욕구에 관심이 있는 사람들, 사회서비스 제공자나 종교단체들을 위해서 단기적 훈련프로그램 운영, 자원개발과 연결 및 정보제공 등을 통해서 지역사회에 거주하고 있는 부양자들에게 다양한 후원을 제공하는데 매우 성공적인 모델이 되고 있다.

〈표 9-1〉 Caregiver Group Support Project의 프로그램 개요

모임	시간	세부계획
제1차	12시 50분~1시 1시~1시 10분 1시 10분~1시 20분 1시 20분~1시 25분 1시 25분~2시 30분 2시 30분~2시 35분 2시 35분~2시 50분 2시 50분~3시	참가자 환영 집단지도사(사회복지사)의 소개 집단목표의 소개 집단의 규정 소개 집단참가자의 소개 스트레스 및 대처기술의 소개 10단계 문제해결방법의 소개 평가 및 종결
제2차	12시 50분~1시 1시~1시 10분 1시 10분~1시 30분 1시 30분~2시 30분 2시 30분~2시 50분 2시 50분~3시	참가자 환영 집단지도사에 의한 지난 모임의 검토 집단참가자의 지난주에 대한 회고 집단참가자들의 개인적인 어려움에 대한 발표 및 토의 대처기술의 습득-느낌 및 감정 평가 및 종결
제3차	12시 50분~1시 1시~1시 10분 1시 10분~1시 30분 1시 30분~2시 30분 2시 30분~2시 50분 2시 55분~3시	참가자의 환영 지난 모임의 평가 집단참가자의 지난주에 대한 회고 집단참가자들의 개인적인 어려움에 대한 발표 및 토의 대처기술-휴식과 여유 평가 및 종결
제4차	12시 50분~1시 1시~1시 10분 1시 10분~1시 30분 1시 30분~2시 30분 2시 30분~2시 45분 2시 45분~2시 50분 2시 50분~3시	참가자의 환영 지난 모임의 평가 집단참가자의 지난주에 대한 회고 집단참가자들의 개인적인 어려움에 대한 발표 및 토의 대처기술-대인관계(피보호자의 조정적인 행동) 자료집의 배부(의료 및 사회서비스, 각종 문헌 및 요약집) 평가 및 종결

제5차	12시 50분~1시 1시~1시 10분 1시 10분~1시 45분 1시 45분~2시 30분 2시 30분~2시 55분 2시 55분~3시	참가자의 환영 지난 모임의 평가 집단참가자의 지난주에 대한 회고 집단참가자들의 개인적인 어려움에 대한 발표 및 토의 근육 이완법(1) 평가 및 종결
제6차	12시 50분~1시 1시~1시 10분 1시 10분~1시 45분 1시 45분~2시 30분 2시 30분~2시 55분 2시 55분~3시	참가자 환영 집단지도사에 의한 지난 모임의 검토 집단참가자의 지난주에 대한 회고 집단참가자들의 개인적인 어려움에 대한 발표 및 토의 근육 이완법(2) 평가 및 종결
제7차	12시 50분~1시 1시~1시 10분 1시 10분~1시 40분 1시 40분~2시 30분 2시 30분~2시 45분 2시 45분~2시 50분 2시 50분~3시	참가자 환영 집단지도사에 의한 지난 모임의 검토 집단지도사의 지난주에 대한 회고 집단참가자들의 개인적인 어려움에 대한 발표 및 토의 근육 이완법(3) 일기 작성요령 평가 및 종결
제8차	12시 50분~1시 1시~1시 15분 1시 15분~1시 45분 1시 45분~2시 10분 2시 10분~2시 20분 2시 20분~2시 50분 2시 50분~3시	참가자 환영 집단지도사에 의한 지난 모임의 검토 집단참가자의 지난주에 대한 회고 집단참가자들의 전반적인 문제에 대한 발표 및 토의 스트레스 경감을 위한 대처기술에 대한 총 검토 집단토의-집단모임의 효과에 대한 토의 평가 및 1단계 종결

출처: Caregivers' Support Project (1990). Caregivers' Support Group Facilitator's Manual. Albany: Dept. of Social Work, Veteran's Administration Hospital.

CIP의 주요 활동은 훈련과 자원개발의 두 가지 범주로 나누어진다. 훈련 분야의 활동으로는 훈련 커리큘럼(Curriculum)과 운영지침서의 개발이 있다. 훈련 커리큘럼의 초점은 부양자의 이슈와 그들에게 접근하는 전략에 관한 것이고, 그 주요 내용은 다음과 같다. 부양과 가족관계의 역학, 부양제공에 따른 적응 · 기술 및 지역사회의 자원, 부양에 관련된 건강 · 주택 · 법률 및 경제적 이슈, 부양자를 위한 프로그램의 활용방법이다.

특히 운영지침서에는 부양자들에게 후원 및 정보를 제공해 주는 일에 있어서 종교단체의 역할에 관해서 서술하고 있다. 여기에는 부양에 따른 정서적, 영적, 윤리적 이슈들에 대한 성직자들의 역할에 대해서 자세히 기술하고 있다. CIP는 다음의 사항들에 대해서 성공적이라고 평가받고 있다. 첫째, 부양자들의 욕구들에 대응한 지역사회 자원들의 확충, 둘째, 공식 및 준공식 후원시스템 간의 대화 채널의 확립, 셋째, 부양자 후원 활동들의 활성화이다. CIP의 가장 큰 효과는 서비스 제공자들과 종교단체의 자원봉사자들에게 부양자들을 위한 그들의 공동 관심사들을 명확하게 해주는 계기를 마련하였다.

미국 연방정부가 부양자들을 위해서 직접적으로 도움을 주는 프로그램과 정책은 매우 적은 편이다. 예를 들어 경제적 보장, 의료, 사회서비스 및 주택서비스 등 대부분 정책이나 서비스 분야에서 노인에 대한 직접적인 급여 및 서비스 제공에 국한되어 있다. 간혹 사회보험의 시스템을 통해서 간접적으로 노인들을 부양하고 있는 가족들의 경제적인 부담을 경감시켜 주고 있다. 정책 입안자들은 노인부양에 대한 과도한 정부의 지원이나 후원은 공식서비스의 남용을 초래하고 가족들의 부양의무를 경감시키는 작용을 할 것이라고 우려하고 있다.

〈표 9-2〉 미국 주 정부들에서 제공하는 부양자들을 위한 프로그램들의 현황

프로그램	해당 프로그램을 제공하는 주의 숫자
부양자 교육 훈련 및 상담	30
사례관리(Case Management)	32
탁노소/단기 의료보호	36
직접 현금급여	37
가족 휴직제도	20
재가보호/재가 의료보호	50
호스피스	9
장기보호보험 구매프로그램	4
대인별 보호(personal care)	40
직장의 노인부양에 대한 후원	5
휴식 보호(respite care)	23
위원회 설치	18
세금혜택	16
Voucher	14

출처: Liebig (1997). The effects of federalism on policies for care of the aged in Canada and the United States.

연방정부에서 제공되는 보호 제공자들을 위한 정책이나 프로그램은 매우 미비하지만 주 정부나 지방정부에서 제공되는 정책이나 프로그램은 지역에 따라서 매우 차이가 있다. 미국의 주 정부나 지방정부에서 부양자를 후원하기 위해서 제공되는 프로그램들은 다음과 같다(표 9-2 참조). 재가 의료보호, 휴식 보호, 부양자 훈련과 상담 및 경제적 보상으로서의 직접적인 급여 프로그램이 있다.

재가 의료서비스는 노령의료보험인 Medicare와 자산조사에 의한 공적의료부조인 Medicaid에 의해서 제공되고, 개인적 보호프로그램은 노인을 부양하고 있는 저임금 가족들을 위해서 마련되어 있다. 추가로 많은 지방정부나 주 정부들이 장기적 보호에 대한 정책을 수립하기 위해서 정부 직속위원회들이 있고, 특히 알츠하이머병이 있는 노인이나 가족들에 대한 정책 및 서비스 수립에 많은 관심을 가지고 있다. 현재 20여 개의 주에서 고용자들이 그들 가족 구성원들을 위한 부양의무를 수행할 수 있도록 가족부양을 위한 휴직(Family Leave) 법안을 마련하고 있다. 부양자에게 직접 제공되는 사회서비스는 적은 편이지만, 46%의 주 정부가 부양자들을 위한 휴식보호 프로그램을 제공하고 있다. 많은 주 정부들이 부양자들의 대응기술과 재가보호 기술의 진작을 위한 부양자를 위한 교육훈련과 상담프로그램들을 마련하고 있지만, 대부분 알츠하이머병을 앓는 노인들의 부양자들에게만 국한되어 있는 경우가 많다. 부양자들을 위한 주 정부들의 후원 중에서 경제적 후원이 가장 많이 사용되고 있다. 실제로 모든 주의 1/3 정도가 부양자들을 위한 세금혜택을 제공하고 있지만, 이 혜택을 받기 위해서는 부양자와 피부양자가 동일한 주택에 거주하여야 한다. 37개 주에서는 부양자들에 대한 직접적인 현금급여를 공적 의료보호인 메디케이드(Medicaid)의 가족 규칙, 동거조건, 가정 밖의 취업제한 등의 규칙들에 따라 매우 엄격하게 제한하여 제공하고 있다. 결론적으로 미국에서는 부양자들을 위한 직접적인 후원 및 서비스들은 매우 제한적으로 제공되지만, 부양자의 거주지역에 따라서 그 혜택의 폭이 큰 차이가 있을 수 있다.

5 부양자 후원프로그램의 방향

본 장은 지역사회에 거주하는 노인들을 부양하는 부양자들의 부담을 경감하기 위한 지지집단프로그램의 고찰을 통해서 부양 행동의 개념, 부양 부담과 욕구, 지지집단프로그램의 운영, 사회복지사, 사회복지기관이나 정부의 역할들에 관해서 서술하였다. 본 장을 통해서 아직은 우리나라에 활성화되지 않은 부양자들을 위한 후원프로그램의 정착과 부양 행동에 관한 연구를 위한 이론적인 개념의 도출과 기초적인 자료조사를 위해서 서술하였다

중병의 노인을 보호하는 부양자들에게는 육체적, 정신적, 경제적 부담들이 가중된다. 노인을 부양하는 대부분 사람들은 가족 구성원 중에서 한 사람이고 그중에서도 배우자, 자식 중에서 딸, 혹은 며느리가 대부분의 부양제공의 역할을 수행하게 된다. 비록 부양자가 초기에는 건강하더라도 부양 기간이 길어지고 부양제공의 정도가 강해지면서 부양자는 여러 가지 정신적·육체적 어려움에 직면하게 된다. 많은 부양자가 우울증, 스트레스 및 사회적 고립감 등을 경험하게 된다. 이러한 부담들의 경감을 위해서 제시된 방법의 하나가 지지집단프로그램이다. 이 방법은 정기적인 집단모임을 통해서 부양자들에게 휴식의 기회를 제공하는 것뿐만 아니라 효과적인 부양제공의 기술, 스트레스 경감방법, 문제해결방법 및 대처방안 등에 대한 다양한 학습의 기회를 제공한다. 비용적인 측면에서 집단접근법은 개인 상담 접근법보다 훨씬 경제적이고 효과적이다.

부양 행동의 정의와 개념은 어떠한 시각에서 바라보느냐에 따라서 매우 상이하게 규정될 수도 있다. 부양자와 피부양자를 위한 서비스나 프로그램의 개발 이전에 고려해야 할 가장 중요한 사항은 부양 행동에 대한 명확한 개념 정의와 범위의 설정에 있다. 부양에 따른 임무와 범위를 어떻게 책정하느냐에 따라서 노인 부양자들의 수치 간에 큰 차이가 있을 수 있다. 부양 행동에 관한 연구에서 중요한 요소는 부양자가 피부양자에게 제공하는 다양한 후원들(정신적, 육체적, 경제적)에 대해서 어

떻게 효과적으로 측정할 것인가이다. 그리고 부양자와 피부양자들의 어떠한 사회인구학적 요인들이 부양 행동과 사회적 서비스의 욕구에 영향을 미치는지도 규명해야 한다. 또한 부양자나 피부양자의 한 측면에 초점을 둔 일방적인 연구는 지양하고, 부양자와 피부양자의 쌍방적인 상호작용에 역점을 두어서 부양의 역동적인 관계를 규명해 나가야 한다.

많은 연구에서도 지적했듯이 부양자의 부양 부담의 정도와 피부양자의 질병 및 건강상태는 매우 밀접한 관계가 있다고 지적하고 있다. 그래서 앞으로의 연구에서는 동일한 질병과 다른 질병 시의 부양 경험과 부담에 관해서 비교하는 연구가 필요하다. 특히 정신질환의 피부양자들과 육체적 질환의 피부양자들을 분리해서 부양자의 부양 부담의 정도를 조사하는 것이 바람직하다. 미국에서 대부분의 부양 부담에 관한 연구는 대표성이 부족한 임상집단 연구들이 대부분을 차지하고 있다. 앞으로는 대표성을 지닌 일반 모집단으로부터 표본을 추출하여 연구하는 것이 바람직하다. 그리고 그동안 횡적인 연구들이 주종을 이루었지만 보다 체계적이고 심층적인 부양 행동의 내용과 과정에 대한 역동적인 관계를 조사하기 위해서는 종단적인 연구가 바람직하다. 그동안 대부분의 연구에서는 주부양자들만을 대상으로 하였는데 앞으로의 연구에서는 가족 구성원 모두를 대상으로 조사를 하는 것이 부양에 따른 가족들 간의 다양한 상호작용을 규명하는 데 바람직할 것이다. 또한 부양자의 가정과 사회(사회제도)와의 복합적인 관계 및 비공식후원과 공식후원 간의 관계에 관한 연구가 필요하다. 왜냐하면 이러한 연구를 통해서 노인부양에 따른 부담과 책임을 가정에 국한하지 않고 정부와 공동으로 비용과 고통을 분담할 수 있는 서비스, 프로그램 및 정책개발을 추구할 수 있다.

우리나라에서는 현재까지 노인부양에 있어서 모든 책임과 권리를 가족의 의무로 전가하는 경향이 짙었다. 하지만 언제까지나 노인에 대한 부양의무를 가족에게만 국한할 수는 없다. 정부는 부양자들의 부양 부담들을 조금이나마 경감시켜 줄 수 있는 사회서비스 및 정책개발에 노력해야 한다. 이때 가장 중요하게 고려될 사항은 부양자와 피부양자들의 경제적, 신체적, 심리적 욕구에 맞는 의료, 사회 및 재정적 후원서비스들을 제공해야 한다. 모든 부양자를 대상으로 하는 서비스나 정책의 개발은 재정적으로 많은 어려움이 따른다. 정부는 우선 경제적으로 취약한 계층의 부양자들을 선정하여 그들의 어려움을 경감시켜 줄 수 있는 사회서비스와 프로그램들을 제공하고, 지역사회를 근간으로 한 사회복지 관련 단체들이 연계하여 지역주민들의 경제적 계층과 능력에 부합하는 다양한 부양자들을 위한 후원프로그램을 개발하고 발전시켜 나갈 수 있도록 재정적이나 기술적 후원을 해주는 것도 바람직하다.

끝으로 정부는 비공식 지지망에 의한 노인들에 대한 부양 행동이 활성화될 수 있도록 적극적으로 후원할 필요가 있다. 이렇게 함으로써 노인부양에 따른 부양자들의 부양 부담을 경감시킬 수 있고, 지역사회 내의 가족 구성원들에 의한 노인의 부양행위를 진작시켜서 만성질환이나 장애가 있는 노인들이 가족 구성원들과 더불어 살 수 있는 환경이 마련될 수 있다. 또한 가족 구성원들에 의한 노인부양은 의료시설이나 요양 시설에서 제공되는 보호보다도 경제적인 측면에서 저렴하면서도 피부양자의 욕구에 맞는 개별화된 보호를 제공하는데 매우 적합하다는 사실을 인식해야만 한다.

CHAPTER

10

노인 재가복지서비스의 현황, 이슈 및 시사점

미국 재가복지서비스(HCBS)를 중심으로

1. 미국 재가복지서비스(HCBS)
2. 미국의 지역사회기반 노인 재가서비스의 현황
3. 노인 재가서비스 관련 주요 제도 및 정책
4. 미국 재가복지서비스의 이슈 및 쟁점

CHAPTER 10

노인 재가복지서비스의 현황, 이슈 및 시사점

미국 재가복지서비스(HCBS)를 중심으로

1 미국 재가복지서비스(HCBS)

미국의 65세 이상 노인 인구는 1950년대에 노인 인구가 전체 인구의 7%를 넘는 고령화사회에 접어들기 시작했고, 1980년 11.3%, 1990년 12.6%, 2000년 12.8%로 점차 증가하고 있다. 특히 제2차 세계대전 이후인 1946년에서 1964년에 출생한 베이비붐 세대가 65세에 진입하게 되는 2010년과 2030년 사이에 20%를 상회하는 급격한 증가할 것으로 전망되고 있다. 그리고 2050년에는 미국인 5명 중 1명이 65세 이상의 노인이 될 것으로 추정하고 있다. 특히 노인 인구 자체에서도 고령화 현상이 현저하다. 1990년부터 2010년의 시기에 미국 노인 인구 증가율을 살펴보면, 65세 이상 69세 미만은 18.5%, 70세 이상 74세 미만은 12.6%, 75세 이상 79세 미만은 20.1%, 80세 이상 84세 미만은 46.9%, 85세 이상은 95.3%이다. 지난 십 년간 65세 노인 인구는 34.2%(13,787,044) 증가하였고, 2019년 한해에만 3.2%(1,688,924) 증가하였다(US Census, 2019). 특히 만성질환으로 의료와 사회적 서비스가 필요한 85세 이상의 노인 인구가 급격히 성장할 것으로 예상한다(최항순, 2002). 앞으로 미국에서 후기노인 인구에 대한 장기요양보호에 대한 수요 및 욕구는 날로 증대할 것이다.

이와 같은 고령 인구의 절대적 증가와 함께 관심을 가져야 할 부분은 만성질환 노인 수의 증가이다. 현대 의학기술의 급속한 발전은 점점 더 많은 이들이 심각한 급성질환이나 사고에서 생존하여 오래 살 수 있게 되었지만, 이는 동시에 사회 전반에 걸쳐 장기적으로 의학적 및 사회적 케어를 필요로 하는 환자 수의 급속한 증가라는 예기치 못한 결과를 초래했다. 미국에서 노인 인구의 47%는 일상생활에서 최소한 한 가지 이상의 기능 장애가 있으며, 재가 노인 중에서 12.9%는 일상생활에서 목욕 및 보행 등의 어려움을 겪고 있다. 미국에서 노인성 치매는 사망을 일으키는 다섯 번째 질환으로 40세 이상 미국인 중에서 약 400만 명이 걸려 있다고 한다. 이처럼 미국에서는 평균수명의 연장, 노령인구의 증가로 노인들에 대한 장기요양보호의 수요가 늘어나고 있다. 장기요양보호가 필요한 노인은 2000년에 약 900만 명이었는데, 2040년에는 약 1,900만 명에 이를 것으로 예상된다(최항순, 2002).

미국 전국 장기요양보호조사에 의하면 장기요양보호가 필요한 노인들이 약 7백만 명에 이르고 있고, 이들 중에서 약 백만 명의 노인들은 요양원, 자립 지원시설 및 재가서비스 등의 도움 없이는 살아나갈 수 없는 중증의 만성질환 노인들이라고 보고하고 있다. 그리고 통계에 파악되지 않는 더 많은 노인이 지역사회에서 그들의 가족이나 친척들에게서 다양한 도움과 후원을 받고 있다(GAO, 2005). 2015년에는 장기요양보호가 필요한 노인들이 1,200만 명에 도달했고, 그리고 2050년에는 장기요양이 필요한 인구는 2,700만 명에 이를 것으로 전망하고 있다(Family Caregiver Alliance, 2015). 이렇게 장기요양보호가 필요한 노인들이 증가함에 따라서 미국 연방정부나 주 정부에서는 비용이 많이 드는 병원이나 요양 시설에 의한 장기요양서비스를 제한하고 지역사회를 기반으로 한 재가서비스(Home and Community-based Services: HCBS)를 확충하고 개선해 나가고 있다. 일례로 2003년 미국의 Medicaid 예산 중 70%인 570억 4천만 달러가 장기요양보호에 지출되었고, 이 중에서 30%인 240억 6천만 달러가 HCBS에 지출되었다.

본 장에서는 미국에서 장기요양보호 측면에서 제공되는 HCBS 서비스 중에서 지역사회에 거주하면서 만성질환이나 장애로 인하여 독립적인 생활이 어려운 노인들에게 제공되고 있는 서비스를 중심으로 서술하였고 시설 거주 노인이나 아동이나 장애인에 대한 HCBS 서비스는 제외하였다. 본 장에서는 지역사회 거주 노인들을 위한 HCBS의 현황, 인력 그리고 관련 제도 및 법 등을 고찰하고 HCBS의 관련 이슈 등을 기존 문헌과 선행연구결과들을 바탕으로 개괄적으로 서술하였다.

2 미국의 지역사회기반 노인 재가서비스의 현황

1) 장기요양서비스 측면에서의 지역사회기반 노인 재가서비스

미국에서 장기요양서비스는 재가서비스, 노인주간 보호, 독립생활 지원 및 시설보호 서비스 등 매우 다양하게 이루어지고 있다. 일반적으로 장기요양서비스는 재가서비스(Home Care Service), 거주시설서비스(Residential Service), 지역사회서비스(Community Service), 시설보호서비스로 나눌 수 있다. 재가서비스는 의료적 서비스(간호, 간호보조, 물리/언어/작업 요법 등)에서 사회적 서비스(가사원조, 말벗, 주간보호, 교통제공, 식사배달, 비상사태 대응체계 등)까지를 포함하는 다양한 서비스로 구성되어 있으며(표 10-1 참조), 전문 간호사 또는 사회복지사가 사례관리자가 되어 이 모든 서비스를 연계하여 노인에게 필요한 서비스를 처방하고 모니터한다. 미국에서는 노인이 신체적으로 노쇠현상이 심화되면 시설보호도 중요한 방안이지만 가급적 시설에 입소시키지 않고 가족의 도움을 받으며 자기 집에서 생활하도록 하는 재가복지서비스에 중점을 두고 있다. 미국 노인 중 시설보호의 대상 인원은 5.7%에 불과하고 약 94%가 재가서비스의 대상이라는 점에서 재가서비스의 중요성은 매우 크다. 미국은 1960년대 이후부터 시작된 탈시설화 운동으로 보호시설에 수용되어 있던 노인들이 대거 지역사회와 자신의 거주지로 이동하기도 했는데, 요양원에 거주하지 않는 장애 노인 중 약 90%가 가족이나 친척 또는 친구의 도움을 받는 것으로 나타났다(Rivlin & Wiener, 1988; 최항순, 2002 재인용).

〈표 10-1〉 장기요양보호 측면에서의 재가서비스

범주	서비스	내용
재가 보건 서비스	가정전문간호	거주 시설이나 재가 노인들에게 제공되는 광범위한 범위의 방문간호 서비스, 대상자는 의사의 정기적인 검토가 이루어지고, 가정간호사업소*에서는 케어계획을 갱신해야 함
	물리치료	신체기능을 최적의 수준으로 향상하기 위한 재활 치료나 기능회복을 위한 치료
	작업치료	자가 간호(self-care)를 향상하는 데 필요한 장비나 보급물 사용에 대한 지침을 포함한 작업치료서비스 제공
	언어치료	효과적인 의사소통을 위한 능력의 회복이나 재활 치료
	가정간호보조	만성적인 건강문제를 관리하기 위해 준 전문 인력들에 의해 수행되는 다양한 의료적, 간호적 절차(예: 투여 약물 체크, 당뇨 환자의 발 관리 등)
	가사원조/ 개별간호	비전문 인력이나 친척, 이웃 등이 대상자가 일상생활을 유지하는데 필요한 욕구를 보조(예: 식사, 세탁, 청소, 개인위생 등)
	보장구 지원	휠체어, 보행기, 보조기, 지팡이, 침상 변기와 같은 보장구 지원. 그밖에 식사, 의복 착용, 목욕, 세수, 이동과 같은 기능을 더 독립적으로 수행할 수 있도록 필요한 보장구 지원
지원 서비스	주간보호	24시간 이내로 시설에서 제공되는 서비스
	위탁보호 (Foster Care)	허가된 위탁보호소에서 24시간 입소보호를 제공
	단기보호 (Respite Care)	지역사회 재가든, 시설입소 등에 상관없이 보호의 책임을 진 일차 수발자가 일시적으로 안위를 제공
	호스피스 서비스	임종을 눈앞에 둔 대상자에게 안위를 제공할 목적의 서비스로 주로 의료서비스와 영적 지원서비스
영양 서비스	집단급식 (Congregate Meals)	식사와 교육, 오락활동 등을 위해 노인들이 모여 있는 선정된 장소에 영양적인 식사를 제공
	가정식배달	노인이 거주하는 장소에 영양적인 식사를 배달
	식권제공 (Food Stamps)	저소득노인과 가족들에게 식품을 살 수 있도록 식사쿠폰을 제공
	응급식품보급	개인과 가족에게 식품이나 부패하지 않는 보급품을 제공하는 자원 프로그램
	영양상태 점검, 교육, 상담서비스	영양에 문제가 있다고 판단되면 영양전문가에게 의뢰. 문화적인 고려 및 신체상태, 보건정보에 따라 건강을 향상하기 위한 영양교육 활동이 포함됨

출처: 장현숙 · 오종희 · 배성권 · 유선주 · 박재산 (2003). 노인 의료복지시설 시설기준에 관한 연구. 한국보건산업진흥연구원. 일부 표의 내용을 본 연구에 부합하도록 저자가 재구성하였음.

미국에서도 장기요양 분야에서 지역사회 거주 노인들을 위한 재가서비스의 중요성이 날로 증가하고 있다. 그 대표적인 서비스가 HCBS인데 HCBS는 가능한 장애나 질환을 갖고 지역사회에서 거주하고 있는 사람들에게 다양한 의료 및 사회적 서비스를 제공하여 가능한 시설화(Institutionalization)를 지양하고 지역사회에서 독립적인 생활(Independent Living)을 유지하기 위하여 제공되는 서비스를 총칭한다. 이러한 서비스에는 장기보호서비스, 재가보건서비스, 대인보호서비스, 가사서비스, 주간보호소, 휴식보호 및 자립지원서비스 등이 포함된다. HCBS 프로그램의 재정은 연방정부, 주 정부나 민간 재정으로 충당되며, 대부분의 HCBS 관련 재정은 의료급여(Medicaid)에 의하여 지출되고 있고 일부지만 그 외의 재정으로는 미국 고령자법(Older Americans Act: OAA), 노인의료보험(Medicare), 사회서비스법, 자립법(Rehabilitation Act) 및 일반 주 정부 재정 등으로 지출되고 있다(Wiener et al., 2004).

2) 장기요양 분야의 재가서비스 관련 인력

일반적으로 장기요양 분야에서 간호사, 간호보조원 및 유사 케어인력에 대해서는 잘 알고 있고 이에 관련된 많은 통계가 있지만, 지역사회에서 HCBS를 전적으로 전달하고 있는 재가 건강보조원과 대인 및 건강케어보조원들에 대한 전반적인 자료는 매우 부족한 편이다. 재가 건강보조원은 클라이언트의 가정이나 주거시설에서 목욕, 옷 입기, 머리 깎기 등 정기적인 대인 건강 케어서비스를 제공하는 자로 정의할 수 있다. 대인 및 재가 건강보조원은 노인이나 장애인들을 위하여 거주 시설이 아닌 클라이언트의 집에서 필요한 일상적인 지원서비스를 제공하는 자로 정의할 수 있다.

재가 건강보조원과 대인 및 재가 케어보조원은 지역사회의 전체 요양케어인력의 67%(약 548,000명)를 점유하고 있다. 그리고 이 숫자는 병원이나 공공기관에서 종사하는 재가 건강보조원, 대인케어보조원 및 재가케어보조원들을 포함하지 않았기 때문에 이들까지 포함한다면 재가 건강보조원과 대인 및 재가케어보조원의 숫자는 더욱더 증가할 것이다. 재가 건강보조원과 대인 및 재가케어보조원들은 일상적인 ADL

과 IADL에 대한 지원서비스를 제공하고 있다. 시설 이외에서 케어서비스를 제공할 때에는 꼭 클라이언트의 변화나 제공된 서비스에 대한 행정업무를 해야 하지만, 이에 대한 요구사항과 훈련은 각주마다 매우 상이한 기준이 있다(DALTCP, 2003).

미국 정부통계에 의하면 2000년에 약 548,000명의 재가 건강보조원, 대인케어보조원 및 재가케어보조원들이 지역사회에서 활동하고 있고, 그리고 요양원과 대인케어시설에서 약 47,000명이 종사하고 있다. 정부통계에 의하면 2000년에서 2010년 사이에 추가로 약 395,000명의 신규 재가건강보조원, 대인케어보조원 및 재가케어보조원들이 장기요양보호 분야에서 필요하고, 그리고 퇴직하거나 이직하는 약 82,000명에 대한 추가적인 충원이 필요하다(DALTCP, 2003). 특히 장기요양 보호에서 케어인력에 대한 보상 및 혜택은 타 직종에 비하여 낮은 편이다. 예를 들어서 대인 및 재가케어보조원은 시간당 $8을 받고 있고, 재가건강보조원은 시간당 $8.75를 받고 있으며, 간호보조원은 $9.96을 받고 있다. 이러한 시간당 급여를 전일제 임금으로 환산하면 평균적으로 간병 및 케어인력의 연봉은 약 $16,750에서 $20,760 사이이다(Wright, 2005; 표 10-2 참조). 그리고 2000년 인구조사 결과를 바탕으로 재가보호인력의 일 년 평균 연봉을 조사해 본 결과 재가보호인력의 평균 연봉은 약 $22,002로 요양보조인력($25,294)의 연봉보다는 낮고 병원보조인력($20,430)보다는 높은 것으로 조사되었다. 이러한 결과 전체 재가보호인력의 25% 이상이 빈곤선 이하로 경제적인 어려움에 직면하고 있다(Montgomery et al., 2005).

〈표 10-2〉 장기요양보호 분야에서 케어 및 유사 케어인력의 임금(2003)

	시간당 평균 임금	전일제 급여	주당 30시간의 일 년 급여
대인 및 가정케어보조원	$8.05	$16,750	$12,558
재가건강보조원	$8.75	$18,200	$13,650
케어 및 유사 관련 보조원	$9.96	$20,760	$15,538

출처: Wright, B. (2005). Direct Care Workers in Long-Term Care: Research Report. Washington D.C.: AARP Public Policy Institute.

미국 2000년 인구조사에 의한 재가보호인력에 대한 조사를 살펴보면 재가보호인력의 평균 나이는 46세로 요양원 보조인력이나 병원보조인력에 비하여 높은 편이다. 그리고 전체 재가보호인력의 50% 이상이 백인이 아닌 인종이거나 히스패닉 계통의 출신이었다. 이들 중에서 특히 히스패닉 계통의 출신이 흑인 출신보다 많은 것으로 조사되었다. 그리고 재가보호인력의 학력 수준은 병원보조인력보다도 낮은 것으로 나타났다. 재가보호인력의 고용상황을 조사해 본 결과 단지 전체 재가보호인력의 34%만이 전일제(Full-time)로 고용되었고, 그리고 재가보호인력의 고용시간은 병원이나 요양원에서 근무하는 유사인력과 비교해서도 적은 편으로 조사되었다. 또한 대부분 병원이나 요양원에 근무하는 보조인력들이 연방, 주 정부나 민간 기관에 고용되어 있는 반면에 재가보호인력의 16%는 영세한 자영업의 형태로 근무하고 있었다(Montgomery et al., 2005).

미국에서 2003년부터 2030년까지 장기요양보호를 가장 많이 받을 85세 이상의 노인 인구가 2000년의 약 4백만 명에서 약 9백만 명으로 두 배 이상 증가할 예상이지만, 전통적으로 미국에서 부양을 담당하는 20대에서 54세 사이의 여성 인구는 불과 9% 증가에 그치고 있다. 또한 케어업무에 대한 낮은 사회적 인식, 교육 부족, 슈퍼비전 부족, 승진기회의 부족, 낮은 급여 및 복리후생 등의 이유로 인하여 장기요양보호 분야의 케어업무를 희망하는 근로자들의 수는 점차적으로 감소하고 있다. 미국에서 2002년부터 2012년 사이에 직접케어인력에 대한 수요는 노동시장의 타 분야에 비하여 매우 높을 것으로 추정되고 있다(표 10-3 참조).

〈표 10-3〉 케어인력에 대한 2002년도와 2012년도의 인력수요 비교

	2002	2012	증감
재가건강보조원	580,000	859,000	48%
간호보조원 및 유사인력	1,375,000	1,718,000	25%
대인 및 재가케어보조원	608,000	854,000	41%
총 케어인력	2,563,000	3,431,000	34%

출처: Hecker (2004). National Clearinghouse on the Direct Care Workforce.

특히 재가 및 지역사회 기반의 서비스에 대한 공공 및 정부 기관의 예산 증가와 소비자 중심(Consumer Directed)의 서비스 선택권에 대한 선호도의 증가로 인하여 지역사회 내에서 HCBS를 제공할 수 있는 케어인력에 대한 수요는 계속 증가할 것이다. 그러나 케어인력의 높은 수요에 비하여 캐어 업무를 담당할 실제적인 근로자를 양성, 교육, 훈련 그리고 배치하는 일은 매우 어려운 작업이다.

전반적으로 장기요양 측면에서의 재가건강보조원, 대인케어보조원 및 재가케어보조원들에 대한 인력 수급에 관련된 이슈들은 다음과 같다. 첫째, Medicare에서의 재가건강서비스에 대한 상환금의 감액으로 인한 클라이언트 방문의 감소, 둘째, 복리후생 미비, 셋째, 슈퍼비전의 부족, 넷째, 전문적인 지식과 기술의 습득 부족, 다섯째, 적은 훈련기회, 여섯째, 낮은 사회적 지위, 일곱째, 현장임직 훈련의 부족, 여덟째, 제한된 승진의 기회, 아홉째, 비숙련노동 분류로 인하여 장기적인 보조원의 절대적 공급 부족, 열째, 주 간호사규정에 따른 보조원들에 대한 케어서비스 제공의 제약(DALTCP, 2003)이다. 지역사회 내에서 HCBS를 효과적으로 전달하기 위해서는 장기적인 차원에서 케어인력의 수급 및 공급문제를 다각적인 방안에서 신중히 검토해야 한다. 이를 위하여 케어인력에 대한 선발, 훈련, 배치, 근로조건 및 급여 등을 유사직종의 인력들과 비교하여 현실화하는 방안을 모색해야 한다.

3) HCBS 이용자의 특성 및 서비스 유형

(1) 이용자의 특성

HCBS의 이용에 영향을 미치는 인구 사회적인 요인들로는 나이, 성별, 인종, 주거지역, 교육 및 비공식 부양자의 유무 등이 있다. 1988년 Medical Expenditure Panel 조사에 의하면 나이가 증가하면서 재가서비스의 이용이 높아지는 것으로 조사되었다. 예를 들어서 전체 65세 이상의 노인 중에서 약 3백 9십만 명이 재가서비스를 받고 있으며 65세 이상 74세 미만의 노인 중에서 약 9십 7만 명의 노인들이 재가서비스를 받지만 85세 이상 노인들의 약 백만 명이 재가서비스를 받는 것으로 나타났다. 이렇게 고령 노인들이 재가서비스를 더 많이 받는 것은 나이가 들어감에 따라서 도움을 줄 수 있는 배우자, 자녀 및 가족 구성원들이 점차로 적어지기 때문이다(Wiener, 2004). 만성질환 노인의 증가, 노인 단독가구의 증가, 핵가족화 그리고 여성의 사회진출 등의 이유로 가족 구성원이 아닌 공식 재가서비스의 필요성은 점차로 증대되고 있다.

재가서비스를 받는 노인들의 건강 및 장애의 정도에 대해서는 일상생활동작(ADL)이나 수단적 일상생활동작(IADL)의 측정으로 알 수 있다. 특히 ADL 혹은 IADL의 제한과 인지적 장애를 동시에 수반하고 있을 때 재가서비스의 이용이 증가하는 것으로 나타났다. 예를 들어서 재가서비스를 이용한 사람들의 26%가 IADL의 문제가 있었고, 48%가 ADL의 제한을 갖고 있었다. HCBS의 재가서비스의 경우 장애나 질환으로 인한 이동(Mobility)에 문제가 있는 경우 인지적 장애가 있는 경우보다 더 많은 서비스를 이용하는 것으로 조사되었다.

특히 백인 노인들이 유색인종의 노인들보다도 HCBS의 서비스를 더 많이 받고 있으며, 그리고 미혼이거나 심각한 인지장애를 동반한 경우가 그렇지 않은 경우보다 HCBS의 서비스를 더 많이 받는 것으로 나타났다. 일반적으로 재정적인 자원이 풍부한 노인들이 재가서비스를 더 많이 이용하는 것으로 알고 있지만 공적 의료급여(Medicaid)와 공공프로그램들이 빈곤 노인이나 저소득노인들을 대상으로 주로 서비스를 제공하고 있기 때문에 실제로 재가서비스를 이용하고 있는 노인들은 저소득계층의 노인들이 많은 편이다. 1998년에 재가서비스를 수급한 노인 중에서 33%가 최하위 소득계층이고 단지 14%만이 최상위 계층으로 조사되었다(Wiener, 2004). 앞으로 재가서비스의 사각지대에 있는 만성질환의 노인들에게 HCBS를 확대할 방안을 모색해야 한다.

(2) HCBS의 주요 서비스 유형

HCBS의 주요 서비스들을 구체적으로 살펴보면 다음과 같다. 첫째, 가정간호서비스(Home Health Care Service)는 1960년대 중반 의료보험의 실시와 더불어 시작된 제도로서, 주로 저소득층이나 노인 환자들을 대상으로 가정에서 간호 · 물리치료 · 언어치료 · 영양 지도 등 서비스를 제공한다. 그 서비스 범위는 고도의 의료기술이 필요한 간호부터 일상적인 혈압 체크에 이르기까지 다양하며, 고령 의료보험(Medicare)이 적용된다. 이 서비스의 운영 주체로는 병원, 보건소, 민간단체 등 다양하며, 방문간호사협회가 전국적으로 구성되어 주 정부 또는 지방정부 감독하에 행정관리업무를 담당하고 있다(최항순, 2002). 일반적으로 가정간호서비스는 의사의 감독하에 재가보호기관이나 간호 기관들의 노인전문간호사, 등록된 간호사, 재활간호사 등에 의하여 제공된다(Matthews, 2006).

둘째, 미국의 가정봉사원서비스는 1939년 주로 어머니가 부재중인 가정의 어린이를 대상으로 방문 주부(Visiting Housewives)에 의한 가사원조가 시행된 이래 1968년 존슨 대통령 재임 시 근로 여성, 입원한 여성의 가족, 신체장애인을 가진 어머니, 특히 빈민과 저소득층 가족 등으로 서비스 대상이 확대되고 보다 다양한 서비스를 제공하게 되었다. 가정봉사원서비스는 주 정부에 의해 무상으로 제공되며, 가정봉사원은 전국가정봉사원 및 가정 건강보조원 서비스 심의회가 정한 기준에 따라 건강 및 관련 문제들에 대한 훈련을 받고 사회복지사 등 전문가의 지도하에 업무를 수행한다(최항순, 2002).

셋째, 미국 전역에 걸쳐 성인주간보호센터(Adult Day Care Center)가 설치되어 건강 지향적 서비스, 사회적 서비스, 특수질환자를 위한 서비스를 제공하고 있는데, 주된 서비스인 사회적 서비스의 구체적인 프로그램으로는 개별관리, 보건교육, 교통편의, 급식, 이 · 미용, 상담서비스, 취미활동, 그리고 가족부양자를 위한 휴식보호서비스 등이 있다. 주간보호케어센터는 대상 노인이 신체적 자립도가 낮고 치료적 성격의 서비스가 많다는 점에서 보다 건강한 노인을 대상으로 단순한 서비스 제공에 중점을 두고 있는 노인센터(Senior Center)와 차이점이 있다. 미국에서 주간보호서비스는 한때 시설보호와 같은 시설화에 대한 대안으로 주목을 받았지만 소요 비용 등으로 초기에 예상했던 성과를 거두지는 못하고 있다(Monk, 1994; 최항순, 2002 재인용). 미국 주간보호센터에서 제공되는 구체적인 서비스 현황은 〈표 10-4〉와 같다.

〈표 10-4〉 주간보호센터의 주요 서비스 제공 현황

주요 서비스	제공	유료	외부계약
식사(Meals)	78%	6%	18%
송영(Transportation)	36%	32%	22%
치료활동(Therapeutic Activities)	96%	1%	3%
세대통합(Intergenerational Programming)	82%	1% 미만	1% 미만
사회서비스(Social Services)	81%	1%	3%
건강관련서비스(Health-related Services)			
체중모니터	82%	1% 미만	1% 미만
혈압체크	86%	1% 미만	1% 미만
약복용	85%	1%	1% 미만
혈당	65%	3%	1%
건강검진	30%	2%	6%
행동관리	87%	2%	1%
대인보조서비스(Personal Assistance)			
식사	96%	1%	1% 미만
용변	95%	1%	1% 미만
요실금	90%	2%	1% 미만
보행	97%	1%	1% 미만
휠체어	96%	1%	1% 미만
부양자 후원집단프로그램	59%	1%	3%
의료보조(Medical Escort)	23%	11%	3%
의료서비스(Medical Services)			
치과진료	5%	4%	10%
안과치료	4%	3%	10%
발치료	9%	11%	21%

출처: Cox, N., Starke, M., & Holmes, C. (2002). National Study of Adult Day Services. Winston-Salem, NC: Wake Forest University.

2002년도에 미국 노인주간보호센터 1771개를 대상으로 조사한 결과 조사 기관 중에서 42%가 의료와 사회적 모델을 결합한 형태였고, 그 다음은 37%가 사회적 모델로 운영되고 있었으며, 의료모델은 21%로 나타났다. 지역사회기반 주간보호서비스의 주요 대상자들을 살펴보면 모든 조사대상기관의 80%는 이용대상자들을 특정 대상이나 질환을 구분하지 않고 서비스를 제공하고 있었고, 단지 조사대상기관의 20%만 이용대상자를 치매나 치매 유사질환이 있는 노인만으로 한정시키고 있었다.

전체 조사 대상기관 이용자들의 52%가 치매 및 치매 관련의 질환이 있었고, 41%의 이용자들은 지도 감독이 필요하거나 사회적 고립의 위험이 있는 치매가 아닌 허약 노인들이었다. 전체 이용자들의 24%가 정신지체 및 발달장애가 있었고, 23%는 파킨슨 질환이나 다발성 경화증과 같은 신체적 장애나 인지적 장애가 있는 것으로 조사되었다(Cox et al., 2002).

3 노인 재가서비스 관련 주요 제도 및 정책

1) 공적 의료급여(Medicaid)

Medicaid는 일정한 요건을 갖춘 저소득자에 대해 의료부조를 하는 제도로서 연방정부의 감독하에 주 정부가 운영하고 있다. 연방정부는 급여조건 등에 대하여 일정한 지침을 설정하고 각 주 정부의 재정 상황에 따라 보조금을 부담하고 있다. 또 주 정부는 수급요건을 결정함과 동시에 실질적 운영의 책임을 지고 있다. Medicaid의 수급자격은 다른 사회보장 프로그램에 적용받고 있지 않은 저소득층으로서 의학적으로 취약한 계층을 적용대상으로 하고 있는데 구체적으로 살펴보면, 노령자, 장애인, 소득보조수급자, 모자가정부조 수급자 등으로 되어있다.

Medicaid를 실시하는 주는 다음의 현물 급여서비스를 시행하고 있다. 첫째, 입원서비스, 둘째, 병원 외래서비스(진단, 치료, 재활 등), 셋째, 생화학검사, X선 검사서비스, 넷째, 21세 이상의 자에 대한 전문적 간호서비스, 다섯째, 거택의료서비스(거택의료기관에 의한 방문간호, 의약품의 공급 등), 여섯째, 의사 서비스(진료소, 병원, 전문요양소, 거택 등 장소를 불문함), 일곱째, 가족계획서비스, 여덟째, 교외의 보건 클리닉, 20세 이하의 자에 대한 조기 정기검진, 진단, 처치서비스를 실시하고 있다. 이러한 기본서비스 외에 각 주는 부가서비스로서 처방 약제, 안경 · 의치 · 보철 · 유자격자에 의한 간병서비스(병원, 전문요양소, 거택 등 장소 불문), 중간시설서비스, 노령자 및 20세 이하의 자녀에 대한 정신병입원치료, 이학 요법, 작업 요법 · 언어요법, 클리닉 서비스(외래), 치과 치료서비스 등 대부분의 서비스를 제공하고 있다.

Medicaid의 장기요양보호에 대한 급여 및 서비스는 각 주마다 매우 다양한 편이다. 몇 개의 주에서는 Medicaid 등록비용, 월 보험료, 본인부담금 등을 부과하고 있다. Medicaid는 오직 Medicaid에 인가된 기관에서 제공되는 장기요양보호에 대해서만 비용을 지급하고 있다. 이로 인하여 Medicaid의 질적 기준을 충족시키지 못하는 장기요양기관들이나 재가보호 기관들은 Medicaid의 급여를 제공받을 수 없다. 그리고 Medicaid가 환자에게 제공되는 모든 비용을 지급하지 않기 때문에 장기요양보호 기관 자체에서 Medicaid 프로그램에 참여하지 않는 때도 있다. Medicaid에서는 Medicare와 달리 재가보호의 경우 특별히 재가서비스에 대한 급여, 종류 및 기간에 대하여 엄격한 기준을 적용하고 있지 않다. 일부 주들에서는 재가보호 이외의 추가적인 요양, 재활 및 약품 등에 대한 비용도 지급하고 있다.

Medicaid에서의 HCBS는 각 주의 상황에 따라서 매우 상이하게 운영되고 있다(표 10-5 참조). 예를 들어서 캔사스주, 루이지애나주, 뉴욕주 및 오레곤주들의 관련 서비스의 운영상황을 비교해 보면 뉴욕주와 오레곤주에서는 장기요양이 필요하고 Medicaid 수급자격이 있는 모든 노인에게 재가서비스를 제공하고 있는 반면에 캔사스주나 루이지애나주에서는 재가서비스를 받기 위하여 대기자 명단에 이름을 올리고 오랜 시간을 대기해야 한다. 그리고 각 주에 따라서 각각의 재가서비스의 최대 개인 한도 예산이 정해져 있다. 재가서비스의 예산이 부족한 루이지애나에서는 일일 재가보호서비스의 비용이 $35를 초과하지 못하며, 캔사스주에서는 개인의 서비스 계획을 평가하여 저렴한 비용의 서비스 계획을 집행하는 경향이 높은 편이다. 그러나 뉴욕주에서는 일일 재가서비스의 최대 개인 한도 예산을 책정하지 않을 뿐만 아니라 24시간 보호를 지향하고 있다(GAO, 2002).

그동안 Medicaid의 재가서비스 관련 주요 정책의 변화를 살펴보면 다음과 같다. 첫째, 1981년 미국 국회에서 Omnibus Reconciliation Act(OBRA) 제정으로 인한 사회보장법안 1915(c)의 개정으로 인하여 그동안 기관에서만 한정하여 서비스를 제공할 수 있었던 장기요양보호서비스를 기관 이외의 장소 및 가정에서 받을 수 있도록 하였다. OBRA of 1981의 제정 이전에도 Medicaid 수혜자들에 대한 재가의료서비스와 선택적인 대인서비스가 제공되었지만 각 주에서는 단지 가정에서 제공하는 요양서비스와 같은 의료중심적인 서비스만을 국한하여 재가서비스를 제공하였다. 1981년의 OBRA 제정의 근본 취지는 요양원 같은 기관에서 장기요양서비스를 제공하는 것보다는 지역사회를 기반으로 한 가정에서 재가보호서비스를 제공하는 것이 궁극적으로는 장기요양비용을 절감할 수 있다는 이유에서였다.

둘째, 재정 결핍의 문제를 해결하기 위한 2005년 Deficit Reduction Act의 제정에 따라서 Medicaid의 HCBS에 운영에 대한 주 정부의 권한이 대폭으로 늘어났다. 이 법안은 2007년 1월부터 집행하고 있으며 주 정부는 150%의 연방 빈곤선 이하의 자를 대상으로 재가서비스를 시행할 수 있도록 하여 Medicaid에서의 재가서비스 대상자의 범위를 확충하는 긍정적인 취지도 담고 있다. 그러나 이 개정 법안에 따르면 주 정부는 예전보다 기관에서 제공할 시 비용이 많이 드는 장기요양서비스들은 매우 제한하고, 주 정부가 제공하는 HCBS의 총 대상 인원을 제한할 수 있도록 규정하고 있으며 재가서비스의 제공을 주의 몇 개 도시에만 시행하고 주 전체로 확대하지 않을 수 있는 규정을 제정하였다(Shirk, 2006). 이러한 법 개정에 따라서 앞으로 Medicaid에서의 HCBS 서비스의 양적인 측면과 질적인 측면에서 매우 제한되고 위축될 상황에 직면하고 있다.

〈표 10-5〉 Medicaid에서의 지역사회기반 재가서비스 실시 현황: 캔사스, 루이지애나, 뉴욕 및 오레곤

	캔사스	루이지애나	뉴욕	오레곤
일상생활동작을 위한 재가보호				
개인후원서비스	∅	∅	★	★
가사도우미	∅	∅	★	★
가정배달식사	∅	–	★	★
전일재가도우미 파견	–	∅	–	★
독립생활을 위한 환경개선				
환경변경	∅	–	★	★
개인 응급대처시스템	∅	–	★	★
재가 의료보호 및 상담				
정기적 간호 평가	∅	★	★	★
가정의료보호/의료장비	★	★	★	★
영양 상담		–	★	★
케이스매니지먼트	★	∅	★	★
지역사회서비스	–			
주간보호서비스	∅	∅	★	★
자립지원시설, 성인대리보호, 노인아파트	∅	–	★	★
교통	–	★	★	★
이동후원 및 보조	–		★	
가족서비스				
재가 및 지역사회 휴식보호	∅	–	★	★

출처: GAO (2002). Availability of Medicaid Home and Community Services for Elderly Individuals Varies Considerably. Washington, D.C.: United States General Accounting Office.

참조: (★)=서비스 제공, (∅)=대기자 명단에 등록 후 제한적으로 서비스 제공, (–)=서비스를 제공하지 않음.

2) 노인의료보험(Medicare)

Medicare제도는 가입이 강제되는 입원보험(Part A: Hospital Insurance)과 임의 가입인 보충의료보험(Part B: Supplement Medical Insurance)이 있다. 입원보험의 재원은 사회보장세이며, 보충의료보험의 재원은 가입자가 매월 납부하는 보험료와 연방정부가 일반 조세수입으로 부담하는 분담금으로 구성된다. Medicare의 적용대상은 입원보험과 보충의료보험 적용대상으로 구분되며, 입원보험의 적용대상은 65세 이상인 자, 철도종업원 퇴직자제도에 근거 매월 연금급여의 수급자격을 가진 자, 연속 24개월간 장애연금 수급자격을 가진 65세 미만의 장애인, 신장투석 또는 신장이식을 필요로 하는 만성 신장병이 있는 근로자나 그들의 부양가족이다. 보충의료보험 적용대상은 만 65세 이상인 자로서 매월 보험료를 지불하는 자, 사회보장 연금급여 또는 철도종업원 퇴직자 급여의 수급을 통해 Medicaid 입원보험의 수급권을 가진 자, 미국의 시민으로 미국 내에 거주하는 자, 미국에 거주하는 자로 영주권을 합법적으로 인정받고 있는 외국인 등이다. 보충의료보험의 효력을 정지하는 경우는 본인이 보험료 납부를 태만히 하거나 희망해서 탈퇴하는 경우이다.

입원보험인 Part A는 ① 입원서비스, ② 요양원에서 전문 간호서비스, ③ 재택의료, ④ 호스피스 케어(Hospice Care)를 급여대상으로 하고 있다. 재가보호의 일환으로 간주할 수 있는 재택 의료에서는 주로 의사의 지시를 기초로 하는 간호서비스 및 기능훈련서비스가 포함된다. 이러한 재가 의료에 대한 급여 횟수 및 비용지불은 매우 제한적으로 시행하고 있다. 재가서비스에 대한 Medicare의 지급은 매우 제한적이지만, 그러나 장애나 질병 발생 직후에 재가서비스에서 가장 비용이 많이 드는 전문요양이나 재활치료를 Medicare를 통하여 받을 수 있다. Medicare에서는 일상적인 대인 서비스(Personal Service), 약품, 식사 그리고 가사서비스는 제공하지 않고 있다. Medicare에서 제공되는 재가건강보호서비스는 다음과 같다. 첫째, 전문요양서비스(Skilled Nursing), 둘째, 환자의 회복기(Recovery) 상태에서의 신체 및 언어재활치료서비스, 셋째, 전문요양이나 신체 및 언어 치료 등의 재활서비스를 받는 동안에 제한적으로 보충보호(Supplemental Care)를 제공한다(Matthews, 2006). Medicare는 전통적으로 노인들의 급성질환이나 급성질환 후 단기의료보호서비스를 중심으로 재가서비스를 매우 제한적으로 제공하고 있지만 1990년대 이후 장기요양 측면에서의 Medicare의 재가서비스에 대한 역할을 보다 강화해 나가고 있다. 그 결과 1990년에서 1995년까지 Medicare에서의 재가서비스의 비용지출은 약 25% 증가하였다. 이 비용의 대부분은 재가보호 도우미의 급여로 지출되었다(Wiener, 2004). Medicaid보다 더 많은 노인에게 적용되는 Medicare가 날로 증가하는 만성질환 노인들의 재가서비스의 비용을 일정 부분 흡수하는 것이 지역사회기반의 재가서비스를 활성화시킬 수 있는 방안이다.

3) 기타 관련 법 및 제도

Medicaid나 Medicare를 제외하고 HCBS와 관련된 법이나 제도들에는 미국 고령자법(The Older American Act: OAA)과 사회서비스총괄예산(Social Service Block Grant: SSBG) 및 주정부 프로그램 등이 있다. OAA는 노인들의 권위와 독립을 향상시키기 위하여 노인연계망(Aging Network)을 통하여 노인들과 그들의 가족들에게 후원과 서비스를 제공하기 위하여 제정된 법이다. 미국 전역의 노인연계망은 56개의 주 단위 연계망과 655개의 지역 연계망이 있으며, 244개의 부족이나 원주민들을 위한 연계망이 있고, 그리고 두 개의 하와이언 원주민을 위한 노인연계망이 있다. 이러한 노인연계망은 60세 이상의 노인들에게 HCBS를 제공하기 위해 연방정부로부터 예산을 배정받고 있다. 노인연계망에서 정보 및 의뢰서비스, 영양프로그램, 사회서비스, 자원봉사 및 법적 서비스 등을 지역사회 거주 노인들에게 제공하고 있다. 주 정부에서는 주 정부 AAA(Area Agencies on Aging)를 통하여 Medicaid를 관리 운영하고 지역사회와 사회서비스 예산을 관리하며 단일 서비스부터 복합적인 노인들을 위한 서비스를 제공하고 있다. 특히 OAA는 만성질환 노인들의 피부양자들에 대한 서비스를 제공하고 있다. 2000년에 전국 가족 보호제공자 후원프로그램과 치매 후원

프로그램들이 신설되어 이러한 분야에서 서비스를 제공하는 주 정부들에게 비용을 제공하고 있다. 그리고 SSBG는 장기요양보호를 포함하여 다양한 범위의 사회서비스에 사용되는 예산이다. SSBG에 대한 집행은 전적으로 주 정부의 판단에 따라 집행되며 각 주마다 상이하게 사용되고 있다. 주 정부들은 SSBG의 일부 예산을 활용하여 HCBS를 포함한 장기요양보호 및 전반적인 사회서비스를 운영하고 있다. 2004년의 조사에 의하면 미국에서 각 주가 HCBS에 추가로 10억 달러를 사용하는 것으로 조사되었다(Wiener et al., 2004).

그리고 공적 의료보장제도인 연방공무원제도, 군인 및 피부양자서비스, 퇴역군인 의료서비스 등이 각각의 수급자에게 재가서비스를 매우 제한적으로 실시되고 있다. 각각의 공적 의료보장제도의 주요 특징을 살펴보면 다음과 같다. 첫째, 연방공무원제도는 수급 대상자가 연방정부의 공무원으로 연방공무원들은 격주마다 보험료를 지급함에 따라 HMO를 포함한 프로그램에 가입하고 있다. 연금수급자는 연방공무원 의료급여프로그램 내지 퇴직연방 직원 의료급여 프로그램에 가입할 수 있는데 후자는 연방정부가 보험료를 부과하고 Medicare 보충의료보험에 가입할 수 있는 선택권이 있다. 둘째, 군인 및 피부양자서비스로 이 제도는 현역군인이나 퇴직군인과 그 피부양자는 국방성의 의료시설을 이용할 수 있고, Medicare 입원 보험의 가입 자격자가 아니면 국방성이 운영하는 의료프로그램에 가입하고 본인 부담 이외의 의료비를 상환받을 수 있다.

셋째, 퇴역군인에 대한 의료서비스는 미국 전역 150개 재향 병원의 10만 개 병동을 통하여 퇴역군인들과 그들의 가족들에게 무료로 제공하고 있다. 모든 비용은 무료이지만 환자의 장애 및 질환의 상태 그리고 적정한 의료보호를 다른 의료기관에서 제공받을 수 없을 때 우선하여 의료서비스가 제공된다. 최근 만성질환의 퇴역군인들을 위한 재가건강서비스(Home Health Service)들이 조금씩 증가하고 있다. 이에 대한 비용은 모두 무료이지만 다만 환자가 재가건강서비스가 제공되는 가까운 지역에 살고 있어야 하고 또한 매우 제한적인 지역과 제한적인 상황에서 재가서비스가 제공되고 있다(Matthews, 2006).

공적의료보장 이외에 높은 비율의 자기 본인부담률을 수반하지만 매우 제한적으로 재가서비스를 제공하고 있는 민간의료제도들이 있다. 대표적인 민간보험들은 크게 Blue Shield와 Blue Cross, HMO, 그리고 PPO 등으로 구분할 수 있다. 첫째, Blue Shield와 Blue Cross는 미국에서 가장 역사가 깊은 최대의 민간의료보험제도이며, 현재 약 1억 8천만 명(총 인구의 73.2%)이 민간의료보험에 가입되어 있는데 그 중 약 7100만 명이 이 Blue Shield와 Blue Cross에 가입하고 있다. 이 가운데는 Medicare 가입자와 연방공무원의 특별요양급여제도에서 혜택을 받지 못하는 급여를 Blue Shield와 Blue Cross에서 받고자 하기 위함이다.

둘째, HMO(Health Maintenance Organization)는 의료보험의 일종인데 전통적인 의료보험제도와는 상이하게 보험회사가 의료기관과 계약하여 이 플랜에 가입하는 회원에게 예방급여를 포함한 총괄적 의료서비스를 제공하는 것이며 또한 회원은 계약된 의료기관에서만 진료를 받을 수 있으며 전문의에 의한 진료와 입원의 필요성에 대해서는 1차 진료 기관이 판단한다. 셋째, PPO(Preferred Provider's Organization)는 보험가입자의 의료기관 선택의 자유를 어느 정도 제한하여 의료기관에 대해 일정 수의 환자를 확보해 주는 대신에 의료기관에 의료비 억제기구의 강화와 의료비 할인 혜택을 허용해 주는 의료계획 또는 보험계약이다. 그러나 전반적으로 민간보험들은 질환이나 장애 등으로 인한 급성질환의 치료에 초점을 두고 있으므로 장기요양보호 측면에서 HCBS는 매우 제한적으로 실시되고 있다. 재가서비스가 제공된다고 하더라도 그 서비스에 대한 기간, 범위 및 내용 등에 대한 자격요건이 매우 엄격하게 제한되었으며 일상생활 및 자립 생활을 위한 서비스보다는 의료 및 재활서비스를 중심으로 재가서비스가 제공되고 있다.

4 미국 재가복지서비스의 이슈 및 쟁점

1) 지역사회에서 불충분한 재가서비스

미국에서 2006년 현재 한 가지 이상 노인재가서비스가 필요한 장애 노인들의 20%에서 40%까지 어떠한 재가서비스도 제공되지 않고 있다(Li, 2006). ADL이나 IADL의 도움이 필요한 노인들의 욕구가 충족되지 않을 경우 대다수의 노인이 체중 감소, 탈수증(dehydration), 낙상 등의 위험에 처할 경우가 매우 높다. 노인들이 재가서비스를 받지 못하는 요인에는 인구학적인 요소, 사회·경제적인 요인, 기능적 그리고 신체적 건강의 정도, 의료보험의 적용 범위, 지지망(Support Network) 그리고 문화적인 요소 등으로 나타났다. 예를 들어서 고령 노인, 여성 노인, 빈곤 노인 등의 경우 재가서비스에서 제외될 확률이 매우 높은 편이다. 지역사회 내에서 재가서비스에 제외되는 노인계층들에 대한 체계적인 조사를 통하여 이들을 충족되지 않은 욕구들을 파악하고 재가서비스 이용에 제한적인 현 제도의 구조적 문제점들을 개선해 나가려는 노력이 매우 필요하다.

지역사회기반 재가서비스의 향상을 위해서는 다음과 같은 사항들이 개선되어야 한다(Li, 2006). 첫째, 지역사회 내에서 주간보호서비스를 제공하는 기관은 ADL의 도움이 필요하지만 아직 서비스가 제공되지 않은 노인들의 불충분한 욕구에 대하여 충분히 인식해야만 한다. 특히 ADL 지원서비스 중에서 목욕, 옷 입기 및 침대에서 나오기 등에 대한 서비스들을 어떻게 개발하고 효과적으로 집행할 것인지에 대한 전략을 수립해야 한다. 둘째, 재가 노인들에게 효과적으로 재가서비스를 제공하기 위해서는 수혜자들의 기능적인 상태, ADL의 정도 및 의료급여의 자격조건 등을 면밀히 검토해야만 한다. 현재 진행되고 있는 Medicaid의 예산 감축으로 인하여 재가서비스가 필요한 빈곤 노인들이 재가서비스의 자격을 갖추고도 누락되는 경우가 매우 높다. 서비스 제공자와 사회복지사들은 이러한 노인들이 지역사회 내에서 가능한 재가서비스

혜택을 받을 수 있도록 다각적인 방향에서 노력해야 한다. 셋째, 케이스매니저나 서비스 제공자들은 노인 재가서비스를 꼭 받아야만 하는 노인과 그들의 가족들을 대상으로 지역사회기반의 재가서비스의 한계와 재가서비스를 받지 않을 경우 생길 수 있는 부정적 현상에 대하여 정보를 제공하고 그들이 장기요양보호관점에서 재가서비스를 바르게 선택하고 적절한 의사결정을 할 수 있도록 도움을 주어야 한다.

2) 재가서비스의 질적 수준

HCBS에 대한 수요가 증가하고 이에 따른 공공예산의 지출이 증가하고 있는 상황에서 HCBS에 대한 질적 수준의 제고는 중요한 이슈들 중의 하나이다. 전반적으로 HCBS 서비스에 대한 수혜자들의 만족도는 높은 편이지만 그래도 HCBS의 질적 수준은 요양원과 비교하여 매우 단계가 낮은 것으로 조사되었다. 질적 수준을 제고하기 위해서는 HCBS에 대한 연방 및 주 정부의 역할이 적정하게 조정되어야 한다. 실제로 질적 수준의 제고를 위하여 연방정부는 Medicare나 Medicaid에 관련된 가정건강기관(Home Health Agencies)들에 관한 규정을 제정하고 관리 감독하고 있는 반면에 주 정부들은 자립 생활 지원기관들이나 가정보호기관(Home Care Agencies)들에 대한 관련 규정을 확립하고 관리 감독하고 있다. 그리고 Medicaid의 HCBS의 경우에는 연방정부의 규정에 따라 주 정부에서 질적 수준을 매우 엄격하게 관리 감독하는 것으로 규정되었으나 이러한 관리 감독의 절차는 주 정부의 판단에 의하여 좌우되기 때문에 주 정부마다 질적 수준에 대한 관리 감독의 정도가 상이하게 나타나고 있다. 이를 방지하기 위하여 2000년부터 연방 산하의 The Centers for Medicare and Medicaid를 중심으로 각 주가 연방정부의 규정에 따라서 HCBS에 대한 질적 수준에 대한 관리를 하고 있는지에 대하여 지속해서 평가하고 있다(Wiener, 2004).

HCBS의 질적 수준을 평가하기 위해서는 서비스가 최종 소비자에게 잘 전달되었는지에 대해서 조사해야 하는데 Kane과 그의 동료들(2004)의 연구에 의하면 HCBS의 질적 수준을 평가하기에 다음과 같은 문제점들이 있다고 보고하고 있다. 첫째,

HCBS를 각각의 서비스로 분류하여 측정하기에는 제공되는 서비스 범주가 큰 편이다. 예를 들어서 HCBS는 매우 기술을 필요로 하는 의료서비스부터 낮은 기술단계의 가정 가사도우미 서비스를 포함하고 있다. 이로 인하여 한 서비스에 적용되는 기준이나 규정을 다른 서비스에 적용하기가 일반적으로 어려운 편이다. 둘째, HCBS는 지역사회 내의 매우 광범위한 여러 곳에서 진행되기 때문에 전체적인 질적 수준을 평가하기에 어려운 점이 있다. 셋째, 재가 인력들이 각각의 가정에 짧은 시간 동안 체류하여 서비스를 제공하는 시간에 동시에 재가서비스를 평가하는 것에 어려움이 있다. 넷째, 특히 인지장애가 있는 수혜자들로부터 HCBS에 대한 평가를 얻어내기는 매우 어렵다. 다섯째, 주 정부들은 HCBS의 평가를 위해서 관련 기준을 제시하고 이에 대하여 평가해야 하는데 이러한 기준 제정이나 제시로 인하여 HCBS 전달체계가 요양원에 적용되는 경직된 기준으로 위축되는 것을 원하지 않는다.

최근에 HCBS의 질적 수준을 평가하기 위하여 가장 많이 사용되고 있는 평가 도구로는 Quality of Circumstances Protocol이 있는데 이는 안전, 독립, 사생활 그리고 ADL 및 IADL 영역 등에서 HCBS에서 제공되는 서비스들이 어떠한 영향을 주었는지에 관하여 직접적인 결과들을 산출할 수 있게 해주는 도구이다. 앞으로 재가서비스의 질 향상에 대하여 지속해서 관심을 가져야 할 중요 이슈들은 다음과 같다(Wiener et al., 2004). 첫째, 정부나 지자체는 어떠한 질적 관리시스템으로 HCBS를 모니터링할 것인가? 둘째, 어떻게 HCBS의 질을 효과적으로 평가하고 측정할 것인가, 셋째, 어떻게 HCBS의 서비스와 시설보호 서비스를 합리적으로 비교하여 평가할 것인가? 넷째, 케어인력의 훈련이 서비스의 질에 어떠한 영향을 미칠 것인가?

재가서비스의 최종 소비자인 노인들이 시설보호보다는 재가서비스를 선호하고 다른 서비스들보다도 재가서비스가 비용 측면의 우의를 점하고 있더라도 앞으로도 재가서비스의 질적 관리의 문제는 매우 중요하게 다루어져야 한다.

3) 재가서비스의 전문 인력 수급문제

재가서비스 제공 시 적정한 인력 수급은 매우 중요한 요소의 하나이다. 그러나 전통적으로 재가서비스의 인력 수급에 다음과 같은 세 가지 문제점들이 있다(Wiener et al., 2004). 첫째, 재가서비스에 근무할 캐어 인력을 채용하고 유지하기가 매우 어렵다. 2002년에 37개 주는 재가서비스 분야에서 근무할 캐어 인력이 절대적으로 부족한 것으로 조사되었다. 요양원과 비교하면 재가서비스 분야의 캐어 인력의 이직은 적은 편이지만 여전히 심각한 수준이다. 예를 들어서 1990년대에 오하이오주의 가정 건강도우미의 이직은 40%에서 76%에 이른 것으로 조사되었다. 또한 장기요양 분야의 캐어 인력으로 훈련된 사람들도 시간이 지날수록 동일 분야에 지속해서 근무할 확률이 매우 적은 것으로 나타났다. 노스캐롤라이나주의 경우에는 10년 동안에 같은 분야에 종사하는 사람이 50% 미만으로 조사되었다. 이러한 캐어 인력의 높은 이직률로 인하여 캐어 인력의 인력 수급에 많은 문제점이 있고 또한 이에 따른 추가적인 비용들이 소모되고 있다.

둘째, 장기요양보호 측면에서 현재와 같은 캐어 인력들의 높은 이직률과 낮은 수준의 훈련으로는 질 높은 재가서비스를 제공하기에는 역부족이다. 지속적인 캐어 인력의 부족으로 인한 스템의 잦은 교체는 서비스 수혜자들에게 부합하는 서비스를 효과적으로 전달하기 매우 어렵다. 또한 케어 인력의 절대적 부족 현상은 현재 캐어 인력의 직업 관련 스트레스들 더욱더 촉발하며 이로 인하여 전반적인 재가서비스 수준이 저하될 확률이 매우 높다.

셋째, 캐어 인력의 낮은 사회적 지위는 직업에 대한 만족감에 부정적인 영향을 미칠 수 있다. 장기요양보호 분야에서 재가서비스 준 전문(Para-professional) 인력의 급여는 매우 낮은 편이다. 2000년에 대인 및 가정보호도우미의 평균 시간당 임금은 불과 $7.50에 불과하다. 그리고 대부분의 케어 인력들이 전일제보다는 시간제로 고용되는 경우가 높기 때문에 캐어 인력의 경제적 상황은 더욱더 열악한 편이다. 그리고 캐어 인력에 대한 연금 및 보험 적용이 안 되는 경우가 많다. 2000년 캘리포

니아주의 로스엔젤레스 카운티의 경우 캐어 인력의 45%가 무보험인 것으로 조사되었다. 이러한 점들이 캐어 인력의 인력 수급에 부정적인 영향을 미치고 있다. 장기요양보호 분야에서 재가 인력의 인력 수급을 원활히 하고 질 높은 보호를 제공하기 위해서 우선적으로 해결되어야 할 점은 전반적인 캐어 인력의 근로조건, 임금 및 복리후생을 증진해야 한다. 단순히 재가서비스의 급여나 전달체계를 개선하기 이전에 장기적인 차원에서 질 높은 캐어 인력을 안정적으로 확보하고 근로 동기를 유지하기 위하여 캐어 인력에 대한 임금을 상향 조정하고 휴먼서비스 제공자로서 캐어 인력의 직업적 자긍심을 높이기 위한 다양한 방안을 마련해야 한다.

4) 시설보호와 재가서비스의 균형

Medicare의 재가서비스 급여확대에도 불구하고 현재 장기요양서비스 대부분은 주로 Medicaid에서 담당하고 있으며, Medicaid에서 지급하는 총 장기요양서비스 비용의 약 75%는 요양원에 지급하는 비용이다. 이에 주 정부는 요양원의 비용을 줄이고 그 대신 재가서비스를 확대하기 위해 노력해 왔다. 그러나 요양원과 재가서비스의 자원 배분에 있어서 대부분의 주 정부 정책 효과는 미미한 실정이다(김은경 외, 2002). 최근의 우려되는 점은 재가서비스 확대가 요양원 서비스를 대체하는 효과가 아니라 단지 재가서비스가 계속적으로 증가하는 현상만을 보이지 않을까 하는 것으로 즉, 재가서비스 공급이 증가하면 할수록 장기요양서비스 비용도 계속 증가한다는 것이다. 따라서 장기요양서비스 비용을 줄이기 위해서는 요양원 이용의 제한을 두는 방안과 함께 재가서비스 이용에도 제한을 두어야 한다는 의견이 있으나 전체적인 장기요양서비스를 확대하지 않는 범위 내에서 요양원과 재가서비스의 적정한 균형을 찾는 것은 어려운 문제인 것이 현실이다(김은경 외, 2002).

장기요양 측면에서 시설보호 분야와 재가보호 분야를 각각 분리하여 경쟁적으로 운영하는 것보다는 각각의 분야의 특성을 살리고 상호 보완하는 측면에서 지역사회 내에서 시설보호와 재가서비스 간의 수평적 서비스 전달체계의 구축이 매우 필요하다. 클라이언트의 선택 혹은 장애나 질환의 정도를 고려하여 경증과 중증의 장애나 질환의 경우에는 지역사회 내의 재가서비스를 통하여 서비스를 전달하고, 장애나 질환의 정도가 매우 심하여 지역사회 내에서 가족 구성원이나 재가서비스의 도움으로 보호가 어려울 경우에 시설보호서비스를 고려하는 것이 보다 합리적이다. 그러나 지역사회에 재가서비스 제공 기관이나 부양할 가족 구성원이 없는 경우 상대적으로 저비용의 재가서비스를 받아도 충분한 노인들이 고비용의 시설보호로 조기 이전되는 경우가 많은 편이다. 장기요양보호 측면에서 불필요한 비용을 절약하고 보다 노인들의 개별적인 욕구에 부합하는 서비스를 제공할 수 있는 재가서비스를 보다 확대하는 방안을 적극적으로 마련해야 한다.

5) 소비자 중심의 지역사회기반 노인 재가서비스의 확충

소비자 중심(Consumer-directed: CD)의 보호는 장애나 질환을 갖고 있는 소비자들의 능력을 향상시켜서 그들이 원하는 서비스와 어떻게 서비스를 받을 것인지에 관하여 소비자 스스로 방향을 결정하는 것이다. 미국에서 지난 십 년간 CD는 공공서비스 프로그램의 핵심사업으로 발전해 왔다. 처음에 CD는 주로 신체장애인들에게 적합한 모델로 출발했지만 현재에는 발달장애 아동, 인지장애 및 노인 등 다양한 영역에서 활용되고 있다. 프로그램에 다소 상이할 수도 있지만 CD에서의 소비자는 다음과 같은 구체적인 권리를 갖는 것이 일반적이다. 첫째, 어떠한 서비스를 받을 것인지를 스스로 선정한다. 둘째, 서비스 전달의 일시를 선택한다. 셋째, 가족 구성원을 포함하여 그들의 선택에 따라 선정된 서비스 제공자나 스텝을 고용, 관리하거나 해고할 수 있다. 넷째, 주택 리모델링이나 보조장비를 포함하여 소비자들의 독립적 일상생활을 향상할 수 있는 기구나 제품의 구입에 대한 재정적인 면을 결정한다(Kassner, 2006).

미국 노인은퇴자협회의 조사에 의하면 50세 이상 노인들의 76%가 기관이 제공하는 공급자 중심의 재가서비스를 받기보다는 그들 스스로 서비스를 선정하고 관리할 수 있는 CD 서비스를 원하는 것으로 나타났다. 2002년 조사에 의하면 장애가 있는 50세 이상 노인 중 불과 15%만이 기관 중심(Agency Centered)의 서비스나 프로그램들을 원하는 것으로 나타났다. 2004년 현재 미국 40개 주에 62개 프로그램들이 CD 서비스로 규명되었고 약 70,000명이 CD 서비스의 혜택을 받는 것으로 조사되었다. 이러한 CD 서비스의 주요 재원들을 살펴보면 Medicaid HCBS(Home & Community-Based Services, 47%), 주 정부 예산(26%) 그리고 미국 고령자법(Older Americans Act) 기금(22%) 등으로 조사되었다.

미국 연방정부는 2002년부터 Independent Plus(IP)를 개발하여 Medicaid에서 CD 서비스를 확대해 나가고 있다. IP는 사람 중심의 서비스 계획(Person-centered Service Plan), 개별화된 재정관리, 개인 중심(Self-directed)서비스 및 후원 등을 중점적으로 실시하고 있다. Kassner(2006)에 의하면 소비자 중심의 서비스가 보다 더 확충되기 위해서는 다음과 같은 이슈들이 고려되어야 한다고 주장하고 있다. 첫째, 누가 CD 서비스의 재정과 후원서비스를 제공할 것이며 그리고 어떻게 이러한 서비스들에 대한 비용을 지급할 것인가? 둘째, 현금 수당의 범위를 개인에게 제공되는 개별적 서비스 계획에 의하여 결정할지 아니면 전체 보호서비스를 기준으로 결정할 것인지? 셋째, 이러한 서비스 재공자의 범위에 가족 구성원들을 포함할 것인지? 넷째, 보호의 질과 재정에 대하여 어떻게 관리하는 것이 바람직한 지이다.

특히 CD 서비스의 질과 관련하여 많은 이슈가 제기되고 있다. 전통적인 기관 중심의 서비스는 그 서비스에 대한 질적 차원의 관리를 위하여 전문가나 준전문가들이 끊임없이 정부의 규정에 따라서 모니터링하지만 CD 서비스에는 이러한 정부의 규정이나 전문가의 모니터링이 미비한 편이다. 그럼에도 불구하고 켈리포니아주의 재가후원서비스 프로그램(In-home Supportive Service Program)에서 CD 서비스와 전통적인 서비스와 비교하여 조사해 본 결과 CD 서비스를 받은 클라이언트들이 전통적인 기관 중심의 서비스를 받은 클라이언트들보다도 서비스의 질이 높다고 평가하였고, 서비스 만족도도 높았으며, 그리고 높은 정서적, 사회적 및 육체적인 안녕의 정도를 보였다. 아칸소주의 Cash and Counseling Demonstration 조사 역시 82%의 조사대상자들이 CD 서비스가 그들의 삶을 증진했다고 응답하였다(Wiener et al., 2004). 비록 만성질환이나 장애로 인하여 일상생활에 제한을 받는 노인들일지라도 개인의 특성을 고려하지 않고 일방적으로 전달되는 공급자 및 기관 중심의 서비스 전달을 지양하고 노인들 스스로 필요한 서비스를 선택하고 통제할 수 있는 소비자 중심의 재가서비스가 보다 더 확충될 수 있는 제도적 방안을 모색해야 한다.

6) 지역사회에서의 HCBS 활성화를 위한 전략방안

지역사회 내에서 HCBS 활성화를 위한 효과적인 전략방안을 마련하기 위해서는 다음과 같은 주요 이슈들이 해결되어야 한다(Fox & Raphael, 1997). 지역사회 내에서 단기보호(Acute Care)와 장기보호서비스 전달이 통합되어 전달되어야 한다. 그동안 이러한 통합방안을 위하여 실시되었던 주요 접근방법들은 다음과 같다. 첫째, 장애 노인들에게 포괄적인 서비스(Comprehensive Service)의 제공을 위한 재정관리, 둘째, Medicare와 Medicaid에 동시에 가입된 노인들을 위한 재정관리, 셋째, 단기보호와 장기보호서비스 재정의 통합관리, 넷째, Medicare와 추가적 단기와 장기보호혜택이 포함된 기업퇴직 프로그램의 개발이다. 이러한 통합작업을 위하여 주 정부의 역할은 매우 중요하다. 그동안 많은 주에서 이를 위하여 다양한 시도들이 진행되었다. 대표적으로 플로리다주의 Medicaid Prepaid Health Plan/HMO는 만성질환 노인들을 위하여 의료와 사회서비스가 통합된 서비스를 제공하여 이들의 시설화를 방지하려고 노력하였다.

이러한 프로그램의 자격조건들은 다음과 같다. 첫째, 보충보장소득(SSI)과 Medicaid의 가입자, 둘째, Medicaid 가입자로서 주 정부가 지급하는 개별한도를 초과하지 않는 Health Plan의 가입자, 셋째, 요양보호가 필요하지만 지역사회 내에서 보호가 가능한 자, 넷째, 궁극적으로는 노인을 포함하여 다양한 인구계층의 만성질환자들을 위한 HCBS프로그램의 통합이 필요하다. 전통적으로 장기요양보호프로그램은 분리되어 인구 계층별로 서비스가 제공되고 있다. 이러한 이유는 각기 다른 인구계층별로 만성질환자의 보호에 대한 상이한 철학과 원리들을 가지고 있기 때문이다. 예를 들어서 발달지체 장애인들의 주간보호서비스의 목표는 재활과 직업훈련에 초점을 두고 있는 반면에 만성질환의 노인들에게는 일상생활을 위한 도우미 서비스와 레크리에이션 프로그램에 중점을 두는 편이다. 모든 인구를 포함한 통합 HCBS프로그램의 도입은 각주의 정치단체, 옹호 단체 및 관련 단체들이 통합의 필요성을 인식하고 연합했을 때 가능하다. 예를 들어서 위스콘신주의 Community Options Program(COP)은 만성질환의 노인들을 포함하여 발달지체 장애인, 만성 정신장애인 및 약물 중독자들을 모두 포함하여 HCBS서비스를 제공하고 있다. 이를 통하여 COP는 주 단위의 통합서비스를 제공할 수 있고 개별 클라이언트의 욕구에 부합하는 서비스들을 제공할 수 있는 장점도 있는 반면에 매우 다른 만성질환자들과 장애인들을 하나의 서비스로 통합함으로써 각각의 욕구와 특성을 잘 반영하지 못하는 단점이 있다. 이를 개선하기 위하여 위스콘신주에서는 프로그램의 운영은 하나의 기관에서 운영하지만 그 안에 개별적인 프로그램들로 분리하여 운영할 계획을 세우고 있다.

결론적으로 미국에서는 날로 증가하는 만성질환 노인들을 어떻게 하면 효과적으로 저비용의 재가서비스를 통하여 노인들의 개별적인 욕구에 부합하는 재가서비스를 제공할 것인가에 대하여 그동안 많은 고민을 해오고 있는 것이 사실이다. 그러나 의료보장제도가 복지제도 안에서 잘 정비된 유럽 국가들과 달리 미국은 전 국민 의료보험이나 전 국민 장기요양보험제도가 없는 상황에서 노인의료보험인 Medicare, 공적 의료급여인 Medicaid 그리고 제한된 연방이나 주 예산들을 활용하여 HCBS를 매우 제한적인 인원을 대상으로 운영하고 있다. 이러한 결과 많은 노인이 요양원이나 요양병원에서의 격리된 시설보호보다는 소비자 중심의 HCBS를 선호하고 있음에도 실제로 HCBS의 혜택을 받는 노인들은 일부 Medicaid 수급 저소득계층, 연방이나 주 예산에 의하여 운영되는 HCBS 프로그램 수혜자, 그리고 극히 제한된 Medicare에 의한 수급자 등 매우 적은 편이다. 이러한 근본적인 문제점을 해결하기 위하여 미국에서도 전반적인 의료보험제도의 개혁과 새로운 형태의 공적장기요양제도의 도입에 대한 논의가 지속되고 있지만 아직도 가시화되기에는 매우 불투명한 측면이 높다.

미국에서 지역사회기반 재가서비스를 보다 활성화하기 위해서는 단순한 응급처방으로만 해결할 수 없는 실정이다. 보다 근원적인 해결방안은 만성질환 노인들을 위한 단기보호와 장기보호시스템을 통합하여야 하고, 각주마다 다양한 부처나 영역으로 흩어진 재가서비스 운영 및 전달체계를 단일체계로 통합할 수 있는 방안을 모색해야 하며, 노인뿐만 아니라 장기요양보호욕구를 가진 모든 인구계층을 통합하여 제공할 수 있는 시스템을 구축해야 한다. 또한 정부나 제도의 도움 없이 만성질환의 노인들을 가정에서 부양하는 가족부양자에 대한 적극적인 후원체계를 구축해야 하고, 그리고 일선에서 클라이언트에게 서비스를 전달하는 캐어 인력에 대한 인력수급 및 보상체계의 개선작업도 필요하다. 궁극적으로는 미국 역시 다른 선진복지국가처럼 사회복지제도나 의료보험제도 안에 장기요양보호제도를 신설하거나 혹은 새로운 전 국민 장기요양보험제도를 구축하여 비효율적으로 분절된 현행의 HCBS 프로그램 및 전달체계를 단일체계로 통합하여 운영하는 것이 날로 증가하는 만성질환 노인들의 재가서비스 욕구를 충족할 수 있는 유일한 방안이다.

비록 미국의 HCBS 서비스를 제공받고 있는 수혜자가 적고 일부의 문제점들을 포함하고는 있지만, 미국 HCBS의 관리 및 운영, 서비스 전달, 캐어 인력의 전문성 및 지역사회 내에서 관련 기관들의 연계성(Network) 등은 아직 HCBS를 효과적으로 운영해 보지 못한 우리나라에 시사해 주는 측면이 많은 편이다. 우리나라에서는 2008년 7월부터 노인장기요양보험제도가 시작되었고 미국의 HCBS에 해당하는 재가서비스가 우리나라 노인장기요양보험제도의 재가급여서비스와 유사한 측면이 많다.

미국의 HCBS의 서비스들과 비교해 보면 우리나라의 노인장기요양보험제도의 재가급여서비스는 양적이나 질적인 측면에서 매우 미비한 측면이 많다. 미국 HCBS 재가서비스의 경우 의료적 서비스(간호, 간호보조, 물리/언어/작업치료 등)에서 사회적 서비스(가사원조, 말벗, 주간보호, 교통제공, 식사배달, 비상사태 대응체계 등)까지 다양한 서비스를 개별 클라이언트의 장기요양욕구에 부합하도록 캐어 계획을 수립하여 체계적으로 제공하고 있다. 그러나 우리나라 노인장기요양보험제도의 재가서비스 경우 방문요양, 방문목욕, 방문간호, 주간·야간보호 및 단기보호 등에 한정하고 있어서 만성질환의 노인들이 본 제도의 재가서비스만으로 일상생활을 유지해 나가기에는 많은 어려움이 발생할 것이다. 앞으로 본 제도가 보다 성숙되기 위해서는 만성질환 노인들의 장기요양보호에 부합하는 보다 다양한 의료 및 사회적 재가서비스들을 새롭게 확충하는 방안을 모색해야 한다.

특히 우리나라에서 진정한 의미에서의 지역사회기반 HCBS를 전달하고 운영하기에는 관련 전문기관이나 시설의 수가 절대적으로 부족하고, 특히 지역사회 관련 기관 간의 수평적 협력체계와 연계망이 매우 취약한 상황이다. 또한 미국의 재가케어 인력에 해당하는 노인장기요양보험제도의 요양보호사의 교육 및 인력 수급 등에 대한 장단기 대책의 수립이 필요하며, 요양보호사를 효과적으로 관리할 수 있는 전문 재가인력의 인력 수급에 대한 계획들도 보다 체계적으로 마련해야 한다. 앞으로 노인장기요양보험제도의 재가서비스 부분이 성공적으로 정착하기 위해서는 재가복지 대상 노인, 재가 노인시설 및 요양시설의 실태 등을 정기적으로 조사하여 제도 개선에 지속해서 반영해야 한다. 그리고 미국의 HCBS 재가서비스를 체계적으로 분석하여 2026년부터 시행되는 우리나라의 커뮤니티케어(Community Care)인 "지역사회 통합돌봄사업"에 반영하도록 해야 한다. 끝으로 공급자 중심이 아닌 수요자 중심의 재가서비스를 개발하고 발전시켜서 진정으로 만성질환이나 장애로 일상생활이 어려운 노인들과 부양가족들의 삶의 질(Quality of Life)을 향상해서 고비용의 시설화를 방지하며 보다 인간적인 노후 생활을 지역사회에서 펼쳐나갈 수 있는 지역사회 환경구축 및 제도 개선에 다양한 노력을 기울여야 한다.

CHAPTER

11

노인과 인적자원 활용전략

1. 노인과 인적자원
2. 인적자원 및 인적자원개발
3. 노인 인적자원개발 및 노인 인적자원 활용
4. 인적자원 관련 법 및 제도
5. 노인 인적자원 활용의 개선 방향

CHAPTER 11

노인과 인적자원 활용전략

1 노인과 인적자원

오늘날 세계화 · 정보화의 시대로 국가경쟁력에 있어서 인적자원(Human Resource)의 중요성이 무엇보다도 강조되고 있다. 특히 우리나라의 지속적인 저출산 추세와 인구의 고령화가 빠르게 진행되면서 경제활동인구 감소가 예상된다. 국가생산력 및 경쟁력을 유지하기 위해서는 가용 인력의 최대한 활용에 대한 사회적 인식이 점차 확산함과 더불어 노인 인적자원에 대한 활용방안이 우리나라의 주요 정책 이슈로 주목받고 있다. 그동안 노인들은 국가나 지자체에서 제공되는 사회서비스의 대상자(Recipient)나 보호 대상으로만 인식하고 건강하고 노동 가능한 노인들을 위한 국가 차원의 인적자원개발 및 활용은 매우 미흡한 실정이다. 2000년 이후로 정부에서는 지식정보화사회에서 인적자원개발의 중요성을 인식하고 국가 차원에서 인적자원의 효율적인 활용을 위한 국가적 차원의 대책을 수립하고 있지만, 아직도 국가의 인적자원개발 및 활용의 주요 대상 연령층이 노인계층보다는 비노인계층에 초점을 두고 있다.

평균수명 및 건강수명의 증가로 신체적 · 정신적인 측면에서 활동성을 가진 노인인구의 수가 급격히 증가하였고, 또한 대부분 노인이 노년기를 의미 있게 보내기 위한 생산적인 노년(Active Aging)과 다양한 사회참여에 많은 관심을 표명하고 있다.

그러나 퇴직 이후에 지역사회 내에서 노인들의 직업능력, 기술, 경험, 관심 등을 활용하여 노동시장에 종사하거나 사회에 기여할 수 있는 활동들에 참여할 수 있는 기회들은 매우 제한적이고, 또한 이러한 다양한 노인들의 욕구에 부합하는 국가 차원의 인적자원개발 및 활용을 위한 제도와 시스템은 미비한 실정이다.

교육인적자원부를 중심으로 2002년부터 국가 인적자원 기본계획을 수립하고 다양한 인적자원개발을 위한 정책과 프로그램들을 시행하고 있지만, 주요 대상이 젊은 연령대의 비 노인계층이고 노인계층에 대한 인적자원개발계획은 체계적으로 진행되고 있지 않은 실정이다. 그리고 노인 인력 활용을 위하여 정부는 2004년부터 보건복지부 산하의 한국노인인력개발원을 중심으로 노동시장 밖에서 지자체, 사회복지기관, 시니어클럽, 대한노인회 및 관련 비영리기관들을 중심으로 사회적 일자리 형태의 노인일자리사업을 운영하고 있다. 그러나 노인일자리사업의 경우 국가의 주요 노인인력 활용정책으로 정착하기까지는 아직도 해결되어야 할 과제가 많다. 전반적으로 노인 인적자원개발 및 활용을 위한 국가적 시스템의 부재, 노인에 대한 사회적 편견 및 노인들의 참여 동기 부족 등의 이유로 우리나라에서 노인 인적자원개발과 활용은 다른 선진국에 비하여 매우 미약한 실정이다.

본 장에서는 인적자원, 인적자원개발, 노인 인적자원개발 및 노인 인적자원 활용 등에 대한 기본 개념들을 살펴보고자 한다. 또한 우리나라와 외국의 노인 인적자원의 활용실태를 파악해 보고, 현재 우리나라의 노인 인적자원개발 및 활용에 관한 법들을 고찰하여 초고령사회에 대비한 보다 효과적인 노인 인적자원 활용이나 개발을 위한 국가 차원의 제도, 전달체계 및 전문 인력에 관련된 개선 방향을 논의하고자 한다.

2 인적자원 및 인적자원개발

1) 인적자원 및 인적자원개발

현대사회에서 조직(Organization)은 물리적 자원, 재정적 자원, 인적지원의 세 가지 유형의 자원으로 구성된다. 물리적 자원은 기계, 물건, 시설, 도구 그리고 부품이다. 재정적 자원은 조직의 유동자산으로 현금, 주식, 채권, 증권 그리고 운영자본 등으로 이루어진다. 인적지원(Human Resource)은 조직에 고용된 사람들을 가리키는데 고정자산이나 유동자산처럼 인적자원의 가치를 측정하기가 매우 어렵다. 인적자원의 가치는 조직구성원의 지식, 업무수행능력, 기술 및 태도 등으로 구현된다(나일주, 1994). 조직의 효율성과 효과성의 증진을 위하여 조직은 물리적 자원과 재정적 자원 이상으로 인적자원의 중요성을 인식해야 한다.

직업기술교육(Vocational-Technical Education), 성인교육(Adult Education), 인적자원개발(Human Resource Development)은 사회에서 필요로 하는 인력을 양성한다는 관점에서 비슷한 측면도 있지만 각각의 차이점도 있다. 직업기술교육과 인적자원개발의 가장 큰 차이점은 주요 목적과 훈련비용 부담 주체라고 할 수 있다. 일반적으로 직업기술교육은 국가가 재정을 지원하여 취업 준비교육(Pre-employment Development) 또는 도제훈련을 통하여 첫 직장에서 필요한 능력을 습득하게 하는 것이 주된 목적이고, 인적자원개발은 주로 기업 자체의 예산으로 근로자들이 현재 또는 미래의 직무 수행능력을 배양하도록 OJT, Off-JT 등과 같은 프로그램을 운영하는 것이다. 한편, 성인교육과 인적자원개발을 학습자, 목표, 참여 주체, 재정, 제공자 등에서 상이한 차이점들이 내재하고 있다(장창원 외, 2006; 표 11-1 참조).

〈표 11-1〉 성인교육과 인적자원개발의 비교

구 분	인적자원개발	성인교육
학 습 자	직장 내 근로자	자발적인 성인
목 표	개인 성장 및 생산성 제고	자아실현 및 구성원의 사회화
학습결과 활용여부	근무하는 조직 내 경영방침(훈련: 즉시 활용할 목적 교육, 개발: 미래의 직무에 대비할 목적)	학습자의 선택
참여주체	학습전문가, 운영자, 상담가	행정가, 교사, 상담가, 연구자
재 정	고용주	학습자
제 공 자	조직 내 HRD기관 및 관련 프로그램 운영기관(대학)	학교 및 사회교육기관

출처: 장창원 외 (2006). 인적자원개발 정책의 이해.

Wilson(1993)은 인적자원개발(Human Resources Development)이란 개인, 조직, 사회의 목적으로 성취를 달성하기 위하여 사람의 교육, 훈련, 개발을 위한 활동이라고 정의하고 있다. 인적자원개발에는 개인, 직업, 조직개발의 3차원이 있고, 개인개발은 조직에서의 직무수행을 위한 기술개발, 대인관계개발, 경력개발 등을 배우는 것이고, 직업개발은 새로운 생산품 및 서비스에 관하여 구성원들을 훈련하는 것이고, 조직개발은 조직의 성과를 향상하기 위하여 조직의 효율성과 경쟁력을 증진시키는 것을 의미한다(최돈민, 2002). 인적자원개발이란 용어는 Nadler(1970)에 의하여 처음 만들어졌다. 처음에는 개인 차원의 교육 훈련을 지칭하였으나 점차 인적자원을 양성, 배분 및 활용하여 인적자원의 가치와 효용을 증대시키기 위한 제반 활동을 통틀어 인적자원개발이라 지칭하였으며, 이는 현재 개인 차원의 능력개발은 물론 기업과 지역사회, 국가 수준의 인력양성을 포함하는 개념으로 확장하여 사용한다.

인적자원개발에 대한 용어와 개념은 각국의 상황에 따라서 매우 상이하게 정의내려지고 있다. Nadler(1970)는 인적자원개발은 일정 기간 내에 개인의 성장과 조직의 성과를 가져오게 할 목적으로 사용자가 제공하는 일련의 조직적인 학습 경험 활동이라고 정의하였다. Craig(1976)는 인적자원개발을 평생교육 측면에서 인간의 잠재력을 개발하는 것이라고 정의하였다. McLagan(1989)은 인적자원개발의 개념을 개인, 집단, 조직의 효과성을 높이기 위한 훈련개발, 조직개발 및 경력개발의 통합적인 활용으로 정의하였고, Watkins(1989)는 조직의 개인, 집단, 조직수준에서 장기간이고 직무와 관련된 학습능력을 고양하기 위한 연구와 실천 분야로 정의하고 있다(표 11-2 참조).

〈표 11-2〉 인적자원개발 개념 정의의 목적과 요소

학자	인적자원개발의 목적	인적자원개발의 요소
Nadler(1970)	행동 변화의 발생	특정시간, 행동변화, 성인교육
Craig(1976)	평생교육 측면에서 인간의 잠재력을 개발하는 것이 핵심 목적임	인적 성과(Human Performance)
McLagan(1989)	개인 및 조직 효과성 향상	훈련 및 개발, 경력개발, 조직개발
Warkins(1989)	조직의 개인, 집단, 조직, 수준에서 장기적이고 일과 관련된 학습능력의 강화	훈련, 경력개발, 조직개발
Gilley & Eggland(1989)	1차 목표: 개인성장, 수행증진 2차 목표: 직무, 개인, 조직의 향상	조직화된 학습활동
Pacs, Smith & Mills(1991)	조직의 목적을 달성, 생산성을 극대화, 최상의 품질 유지, 조직구성원의 기회와 만족	개인개발, 경력개발, 조직개발
Swanson & Holton(2001)	1차 목표: 성과 향상 2차 목표: 인적 전문성(역량) 개발	조직개발, 개인 훈련 및 개발
DeSimon, Werner, & Harris(2002)	현재와 미래의 직무 요구를 만족	일련의 체계적이고 계획된 활동

출처: 권대봉(2003). 인적자원개발의 개념 변천과 이론에 대한 종합적 관찰.

Gilley와 Eggland(1989)는 인적자원개발은 조직화된 학습활동으로 1차 목표는 개인 성장과 수행증진이고, 2차 목표는 직무, 개인 및 조직의 향상이라고 하였다. Pacs, Smith & Nills(1991)는 인적자원개발을 조직의 목적을 달성, 생산성을 극대화, 최상의 품질 유지, 조직구성원의 기회와 만족으로 설명하였다. Swanson과 Holton(2001)은 인적자원개발은 조직개발과 개인 훈련 및 개발을 통하여 인적자원의 전문성을 개발하고 발전시키는 과정이라고 했다. DeSimon, Werner, & Harrris(2002) 등은 인적자원개발은 조직이 조직구성원들에게 현재와 미래의 직무수행에 필요한 기술을 습득할 기회를 제공하도록 설계된 체계적이고 계획된 활동이라고 정의하고 있다(권대봉, 2003; 장창원 외, 2006).

2) 우리나라에서의 인적자원개발

UNDP(2004)에서 개발한 인간개발지수(HDI)란 UNDP에서 매년 발간하는 인적자원개발지수로서 기대수명, 성인 문해율, 총취학률, 1인당 GDP를 종합하여 지수화한 것이다. 우리나라의 HDI는 0.888로 전체 28위를 차지하였다(표 11-3 참조). 2019년 HDI 순위에서 한국은 전체 0.906점으로 이스라엘과 함께 공동 22위를 차지했다(UNDP, 2019). 우리나라의 기대수명은 선진국형으로 가고 있는데 다른 선진국에 비교하여 전반적인 인적자원개발의 정도를 나타내는 인간개발지수에서 낮은 편으로 나타나고 있다. 앞으로 우리나라는 전체적인 인적자원개발의 정도를 향상해 나갈 수 있도록 다양한 대책을 마련해야 한다.

〈표 11-3〉 HDI 현황(2004)

국가	순위	기대수명 (세)	성인문해율 (%)	총취학률 (%)	1인당GDP (ppp US$)	HDI
노르웨이	1	78.9	–	98	36,600	0.956
스웨덴	2	80.0	–	114	26,050	0.946
오스트레일리아	3	79.1	–	113	28,260	0.946
미국	8	77.0	–	92	35,750	0.939
일본	9	81.5	–	84	26,940	0.938
스위스	11	79.1	–	88	30,010	0.936
영국	12	78.1	–	113	26,150	0.936
싱가포르	25	78.0	92.5	87	24,040	0.902
한국	28	75.4	97.9	92	16,950	0.888

출처: UNDP (2004). Human Development Report. 교육인적자원부 정책총괄과.

우리나라에서는 아직도 인적자원 및 인적자원개발에 대한 통일된 개념이 존재하지 않고, 인력개발, 인간자원개발, 인재개발 등으로 혼용되어 사용되고 있다. 1990년 기업을 중심으로 논의되었던 인적자원개발은 1990년 후반부터 국가 차원의 인적자원개발과 관리 측면에서 국가 인적자원개발(National HRD)이 논의되기 시작했다. 교육인적자원부 출범을 전후로 제기되기 시작한 '국가 인적자원개발(National Human Resources Development) 개념에 관한 논의보다 활발해졌다. 일반적으로 기업의 인적자원개발에 관한 연구는 경영학, 조직심리학, 교육학 등 다양한 학문 분야에서 진행되었으나 경영학에서 인적자원개발은 인적자원관리의 하위 영역으로 다루어졌고, 교육학 분야의 연구자들에게 인적자원개발은 인적자원관리에 독립된 별개의 영역으로 취급되었다. 우리나라에서는 이러한 개념을 국가 정책 차원에 적용하여 국가 인적자원개발이라는 용어를 사용하였고, 이는 교육과 훈련뿐 아니라 인적자원의 배분과 활용 등을 포괄하는 의미로 넓게 사용되었다.

국가 차원의 인적자원개발(NHRD)이란 인적자원이 가지는 특성을 확충하고 발전시키는 활동이라고 할 수 있다. 이러한 활동으로 포함될 수 있는 것은 정규학교의 교육, 비정규학교 및 평생교육기관에서 교육 훈련, 기업체에서 업무능력 향상을 위한 교육 훈련, 조직체의 활성화 및 조직 효율 강화를 위한 조직개발, 지역공동체의 기능 및 업무 효율화를 위한 사회개발, 조직공동체의 가치 및 문화 향유를 향상할 문화발전 등 일체의 영역을 포함한다. 평생학습의 관점에서 볼 때 국가 인적자원개발의 대상은 영아, 유아, 초중등학생, 고등교육 대상자, 장애인 노년층의 취약계층, 재소자 및 군 복무 대상자 등 남녀노소를 불문한 모든 국민이 해당된다고 할 수 있다(장창원 외, 2006).

우리나라에서 국가 차원의 인적자원개발 개념에 대한 교육인적자원부, 국책연구소나 연구자들의 논의를 정리하면 다음과 같다(표 11-4 참조). 교육개발원(2002)의 정의는 개인적 성장, 사회적 효용성 및 공익성을 극대화하려는 인적자원의 활용을 위한 국가적 능력으로 정의하고, 교육 인적정책위원회(2001)는 인적자본 및 사회적 자본을 개발 관리하기 위한 국가 사회의 총체적 노력으로 파악하여 교육개발원의 정의와 대동소이하다. 이에 비하여 한국직업능력개발원(2000)은 문화적인 차원을 추가함으로써 대체로 개인적, 사회적, 문화적 차원에서 인적자원을 효율적으로 개발하고 활용하기 위한 국가 사회적 제반 노력으로 정의한다.

〈표 11-4〉 국가 인적자원개발의 개념 정의

분 류	정 의
한국교육 개발원 (2000.9)	도덕성, 인성 등의 사회적 자본과 지식기반사회에서 요구되는 핵심적 능력개발 등을 통해 전 국민의 개인적 성장과 총체적 역량개발을 도모하며 관리 지원체제의 효율적 활용을 통해 개발된 인적자원의 사회적 효용성과 공익성을 극대화하려는 국가적 노력을 총칭
한국직업 능력개발원 (2000.10)	21세기 지식기반사회에서 국민의 삶의 질 제고와 국가경쟁력 강화에 필요한 국가 인적자원의 효율적 개발과 활용을 위한 사회의 제반 노력을 일컬으며, 개인적 · 사회적 · 문화적 차원 등 다면적인 요소로 구성됨
교육인적 정책위원회 (2001.6)	인적자본과 사회적 자본의 개발 및 효율적 관리로 지식의 창출 활용확산을 촉진하여 개인이 발전과 국가경쟁력을 강화하는 국가 사회의 총체적 노력
교육부 (2002)	인적자원을 경제 사회적 발전을 위한 핵심역량, 즉 인적자원으로 간주하고 이를 종합적으로 강화 발전시키기 위한 정부의 계획과 행동

출처: 장창원 외(2006). 인적자원개발정책의 이해.

교육부(2002)의 정의에 따르면 인적자원을 경제 사회적 발전을 위한 핵심역량, 즉 인적자원으로 간주하고 이를 종합적으로 강화 발전시키기 위한 정부의 계획과 행동을 국가 인적자원개발이라고 정의했다. 2002년 제정된 '인적자원개발기본법'에 의하면 인적자원이란 "국민 개개인 · 사회 및 국가의 발전에 필요한 지식 · 기술 · 태도 등 인간이 지니는 능력과 품성"으로 정의하였고, '인적자원개발'은 개념적으로 "국가 · 지방자치단체 · 교육기관 · 연구기관 · 기업 등이 인적자원을 양성 · 배분 · 활용하고, 이와 관련되는 사회적 규범과 네트워크를 형성하기 위하여 행하는 제반 활동"을 의미한다고 하였다. 특히 인적자원개발은 정부나 지방자치단체만을 한정하고 있는 것이 아니라 교육기관, 연구기관, 기업 등 보다 포괄적 의미에서 인적자원 주체를 규정하고 있다. 이를 종합해 보면 인적자원개발이란 개인 차원, 사회 차원 및 문화 차원에서 인적자원을 개발하고 원활히 유통하며 활용하기 위하여 국가 차원에서 체계적이고 개방적으로 노력하는 것이라고 정의할 수 있다.

인적자원개발의 광의와 협의의 개념 간의 차이를 살펴보면, 협의의 개념은 주로 기업 내 교육으로 제한되는 반면, 광의의 개념은 대상이 기업뿐 아니라 국민, 가정, 사회, 국가로 확대된 개념이다. 또한 협의의 개념에서 인적자원개발 목적은 조직의 생산성 증대를 최우선으로 하지만, 광의의 개념에서 인적자원개발은 직업 준비교육, 직업능력개발을 위한 계속 교육 더 나아가 평생학습을 통하여 국민이 행복한 삶을 추구하는 데 그 목적을 둔다(장창원 외, 2006).

인적자원개발의 초기 개념은 주로 교육과 훈련을 통한 개인 및 조직의 능력개발, 조직개발에 초점이 맞추어졌으나 최근에는 노동시장의 차별이나 사회적 불평등 해소와 같은 측면들도 포괄하는 매우 광범위한 영역으로 인적자원개발의 개념이 확대되어 가고 있다. 또한 오늘날 인적자원개발은 생산요소적 측면과 더불어 사회통합이나 민주시민으로서의 품성과 자질 양성이라는 보다 넓은 의미의 개념으로 변화되고 있다고 하였다.

3 노인 인적자원개발 및 노인 인적자원 활용

산업사회 이전 시기 동안 가족, 지역공동체, 교회가 인간학습에 가장 중요한 역할을 담당하였으나 산업사회에서는 보다 더 훈련된 직원이 필요하게 되면서 학습 담당의 주요 역할을 가정보다는 학교가 담당하게 되었다. 정보사회에 들어서면서 인간학습 환경에는 많은 변화가 있었고, 작업현장, 매체, 개별화 학습이 학습에 필요한 주요 전달체계로 변경되어 가고 있다(나일주, 1994; 그림 11-1 참조).

그러나 다른 연령계층에 비하여 다양한 교육 매체에서 소외되어 있고, 정보화 기술이 상대적으로 부족하며, 퇴직 이후에 조직, 직장에 소속되지 않은 고령 및 노인계층은 주도적으로 개인의 인적자원을 관리하고 향상하기에는 역부족인 것이 사실이다. 이 때문에 노인 인적자원개발과 활용에 있어서 국가나 지역사회 차원에서 보다 체계적이며 구조적으로 지원할 수 있는 시스템의 구축이 필요하다.

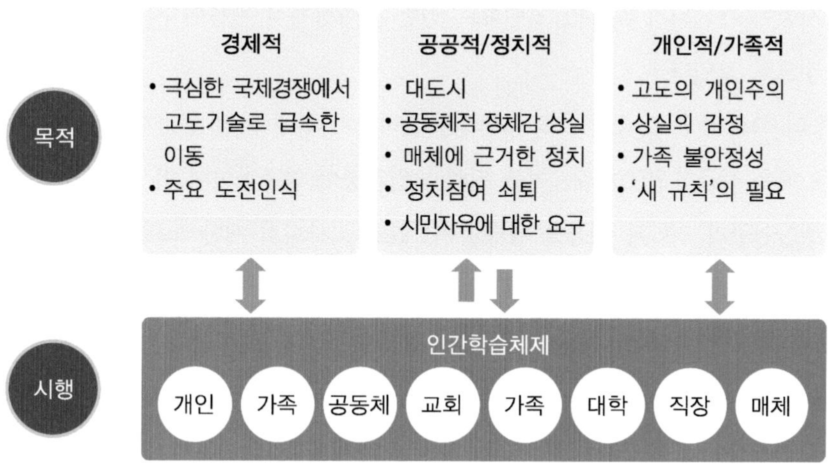

〈그림 11-1〉 정보화시대의 패러다임

출처: 나일주 편저 (1994). 산업교육의 이론과 실제, p.30.

특히 21세기 지식정보화사회에서 인적자원개발과 국가경쟁력은 매우 밀접한 관계를 맺고 있다. 그동안의 토지, 노동, 자본 등 전통적 생산요소의 효과적 활용에만 의존하는 '개발도상국형 경쟁력 정책'은 오늘날 한계에 도달하고 있다. 세계의 경제 및 무역환경의 변화와 정보통신혁명 등으로 물적지원의 부족은 인적자원의 개발 및 적절한 활용으로 충분히 극복 가능하며, 앞으로는 질 높은 근로자, 창의적 기업가, 고부가가치의 지식과 기술력 등 양질의 인적자원에 바탕을 둔 '선진국형 경쟁력 정책'이 필요하다.

그러나 오늘날 우리 사회는 생산 가능 연령층이 감소하고 있는 반면, 비생산 인구로 규정되고 있는 노인층이 급속히 증가하고 있다. 특히 사회의 고령화가 급속히 진전됨에도 불구하고 고령자의 취업환경은 개선되지 않는 것으로 보이는데, 통계청 경제 활동인구조사의 연도별 경제활동 참가율을 살펴보면 55세 이상 고령자의 최근 5년 동안 전체 경제활동 참가율 평균보다 낮은 50%대를 유지하는 것으로 나타났다(통계청, 2005). 이는 고령화 추세가 지속함에도 불구하고 최근 5년 동안 고령자의 경제활동 참가율 개선이 이루어지지 않고 있다는 것으로서, 고령자를 위한 일자리 제공이 개선되지 않으면 고령화로 인한 사회경제적 비용이 지속해서 증가하게 될 것으로 보인다.

우리 사회에 곧 도래할 초고령사회를 준비하기 위해 노인 인적자원 활용이나 개발은 매우 시급히 필요하다. 이를 위해 노인계층이 의존적이며 비생산 인구가 아니라 생산인구의 역할과 기능을 담당할 수 있도록 사회적 제반 노력이 필요하다. 특히 노인계층의 경우에는 건강하고 숙련된 기술을 지닌 고령자를 중심으로 재취업과 재고용 등과 같은 취업 관련의 욕구가 높고, 또한 자원봉사와 같은 사회적 참여 욕구가 높게 나타나고 있어서 이들 계층을 효과적으로 재활용하는 것이 고령사회에서의 국가생산력을 제고시킬 수 있는 시급한 과제이다.

고령자들의 신규고용효과를 구체적으로 살펴보면, 고령자가 근로를 통하여 수입을 얻는다면, 우선적으로 부가가치가 늘어나 국민소득이 증대하게 된다. 그리고 임금에 기초하여 지급되는 사회보험료, 소득세 등이 늘어나게 되어 기업으로서는 부가가치와 이윤이 증가하고, 국가 입장에서는 법인세 등의 조세수입이 증대되는 효과가 있다. 또한 연금지급액이 감액되어 사회보장지출이 축소되기 때문에 이중적인 의미에서 재정수입이 확대되어 사회 전반적으로 부가가치가 증대하게 된다. 결국 사회보장의 재정대책으로 노인 인력을 활용한다는 것은 의의가 크다고 할 수 있다.

4 인적자원 관련 법 및 제도

1) 인적자원개발기본법

정부는 2002년에 인적자원개발 기본법을 제정하였고, 이 법을 근거로 하여 인적자원개발 기본법을 수립하여 인적자원개발정책을 총괄하고 추진해 오고 있다. 인적자원개발 기본법의 주요 골자는 첫째, 5년마다 인적자원개발 기본계획을 수립하여 관계 중앙행정기관의 장에게 통보하고, 관계 기관장들은 이 기본계획에 따라서 매년 시행계획을 수립하고 추진하도록 하고 있다. 둘째, 각 부처의 인적자원개발정책 조정을 교육부 산하 인적자원개발 회의를 중심으로 하고 한다. 셋째, 인적자원개발 기본계획의 추진실적을 평가한다. 넷째, 관련 중앙행정기관에 인적자원개발정책관을 지정한다. 다섯째, 인적자원개발지수를 개발하고 인적자원개발지원센터를 지정한다. 여섯째, 정부 출연 기관, 교육기관 및 관련 기관 간의 연계망을 구축한다(장창원 외, 2006).

지난 2001년 말부터 2005년까지 '인적자원'과 '기술혁신'을 양대 축으로 하는 새로운 국가 성장전략을 필요로 하는 '제1차 국가 인적자원개발(NHRD) 기본계획'을 수립 추진하였으며, 2006년에는 인적자원개발기본법 제5조에 따라 수립된 인적자원개발 분야의 법정종합계획으로 '학습사회 및 인재 강국 건설'을 추진하려는 계획에 따라 2010년까지 추진할 '제2차 국가 인적자원개발(NHRD) 기본계획'을 발표하였다.

현재 우리나라에서 국가 차원의 인적자원개발정책과 관련된 가장 대표적인 계획은 바로 국가 인적자원개발 기본계획이다. 제1차 국가 인적자원개발 기본계획은 2001년에 시작되어 2005년에 종료되었고, 제2차 국가 인적자원개발 기본계획(안)이 2006년에 수립되어 2010년까지 시행할 예정이다.

(1) 제1차 국가 인적자원개발 기본계획(2001~2005)

2001년에 수립된 '국가 인적자원개발 기본계획'은 2005년까지 5년간 정부가 추진할 정책 분야를 4대 영역, 16대 분야로 설정하였다. 이 정책 범위는 정부 부처를 중심으로 정립되었으며, 시행계획의 수립과 추진 등을 통해 실제 정책현장에서 구현된다. 수립된 기본계획의 과제를 분석해 보면 대부분이 교육정책, 훈련정책, 연구개발정책, 고용정책, 자격정책, 문화정책, 지식 · 정보정책과 관련된다. 그리고 이를 지원하기 위한 연계체제 구축, 제도 정비, 재정지원체제 개선 등에 관한 정책이 포함된다. 그 주요 내용을 정리해 보면 다음과 같다(표 11-5 참조).

〈표 11-5〉 제1차 국가 인적자원개발 기본계획의 4대 정책 영역

구 분	주요 내용
전 국민의 기본 역량강화	• 가장 기본이 되는 정책 영역으로 국민의 생애 단계별 정책 방향과 목표를 설정 • 성장 과정의 청소년들이 개방적이고 진취적인 문화활동을 통해 미래의 주역으로 성장할 수 있도록 하는 한편 직업체계에서도 지속해서 능력개발이 이루어질 수 있도록 제도적 기반을 조성 • 특히 성인 단계에서 모든 구성원의 시민의식 정립을 통해 선진사회로 갈 수 있도록 하기 위한 정책 대안을 제시
성장을 위한 지식과 인력개발	• 전 국민의 기본적 능력을 높인 상태에서 정부가 추진할 핵심사업은 우리 경제와 사회의 발전을 선도할 핵심역량과 창조적 소수 그룹의 육성 • 새롭게 주목받는 서비스 분야와 문화산업 분야의 인력양성을 통해 고부가가치를 창출하고 고도 지식기반사회로 전환을 유도
국가 인적자원의 활용과 관리의 선진화	• 인적자원은 양성 못지않게, 적재적소에 배치하여 제대로 활용하는 것이 중요 • 이 영역에서는 공공과 민간의 양 부문에서 인적자원의 활용을 극대화하기 위한 정책과제를 제시
국가 인적자원 인프라 구축	• 사람과 지식에 관련한 정보의 축적과 유통, 활용을 위한 제도적 기반의 구축은 정부의 핵심 역할 • 인적자원정책의 효과적 추진을 위해 관련 학문의 육성과 지식의 개발이 중요

① 전 국민 기본역량 강화

국민 개개인의 기초역량은 전 국민을 대상으로 하는 인적자원개발을 통해 국민 모두의 평생학습 능력과 창의적 사고능력을 높이고 세계화 정보화시대를 능동적으로 헤쳐나갈 수 있는 기본 능력과 소양을 강화해주는 것을 목적으로 한다. 이를 위

해 먼저 국민 개개인의 역량을 강화하고 사회적 신뢰를 구축하기 위해 국민 기초교육에 대한 학교책임을 강화하고, 초·중등 교육체제를 단위학교 중심으로 자율화하며, 청소년 문화활동 인프라를 확충하고, 성인의 학습기회를 대폭 확대한다. 특히 사회적 취약계층의 능력개발을 지원하고 민주시민 교육을 강화한다.

② 성장을 위한 지식과 인력개발

성장을 위한 지식과 인력개발을 통해 우리나라 인적자원의 고급화와 우수인재를 조기에 발굴·육성할 수 있는 환경적 여건 확보를 목적으로 하고 있다. 이를 위해 기존 성장전략의 한계를 극복하고 새로운 성장 원천을 확보하기 위해 국가 차원의 영재교육 시행체제를 정착시키고, IT, BT, NT, ET, ST, CT 등 국가 전략 분야의 지식개발과 인력양성·활용체제를 구축하며, 새로운 성장 동력으로서 대학의 역할과 기능을 산학연 협력 중심의 연구개발 체제로 혁신해 나간다.

③ 국가 인적자원 활용 및 관리 고도화

이 정책 영역은 공직 분야와 민간 분야 모두 능력 중심으로 유능한 인재를 활용할 수 있는 기반을 확보할 수 있는 여건 조성을 목적으로 한다. 이를 위해 인적자원의 활용을 극대화하기 위해 여성 인적자원의 활용도를 높이고, 공공 부문의 인적자원개발을 선진화하며, 민간부문 근로자의 능력개발을 위한 지원 시스템을 강화해 나간다. 또한 지식기반사회에 대비하여 서비스 및 문화예술 분야의 인적자원개발체제를 확립한다. 개인별 교육 계좌제(Learning Account)를 도입하고, 국가 자격과 민간자격을 포괄하는 통합자격법의 제정을 추진한다.

④ 국가 인적자원 인프라 구축

국가 인적자원개발 인프라 구축을 통해 인적자원에 내재되고 투자된 가치와 그 결과가 공정하게 평가, 관리되는 제도를 마련할 수 있고, 이와 관련된 정보가 인적자원 공급 및 수요자들에게 효과적으로 유통되는 시스템을 마련할 수 있게 해 준다. 이를 위해 지식의 창출 및 유통거래를 촉진하기 위해 공급자 · 규제 중심인 법과 제도를 개선하고 정보인프라를 구축하며, 인적자원에 관한 지방자치단체의 참여를 유도하여 지역 단위 인적자원개발을 활성화한다.

(2) 제2차 국가 인적자원개발 기본계획(2006~2010)

2006년 교육인적자원부가 발표한 제2차 국가 인적자원개발계획(NHRD) 기본계획(2006~2010)의 정책 영역 및 과제를 살펴보면 다음과 같다. 제2차 국가 인적자원개발계획의 주요정책 영역으로는 첫째, 국제 경쟁력 있는 핵심 인재 양성, 둘째, 전 국민의 평생학습 능력향상, 셋째, 사회통합 및 교육 · 문화 복지증진, 넷째, 인적자원개발 인프라 확충 등이다(교육인적자원부, 2006; 표 11-6 참조). 이 계획에는 4대 주요정책 영역을 포함하여 20개 분야 67개 주요 정책과제를 포함한 200개 정책을 지방자치단체, 대학 및 기업 등과 협력하여 사업들을 추진할 계획이다.

제1차 NHRD 기본계획과 비교하여 제2차 NHRD 계획은 첫 번째 정책 영역과 세 번째의 정책 영역이 차이가 있다. 제1차 NHRD 기본계획에서는 전 국민의 기본역량 강화에 초점을 맞추었지만 제2차 NHRD 기본계획에서는 국제적 경제력을 가진 핵심 인재 양성으로 정책초점이 변경된 것 같고, 제1차 NHRD 기본계획에서는 성장을 위한 지식과 인력개발이었으나 제2차 NHRD 기본계획에서는 사회통합 및 교육 · 문화복지증진으로 정책의 방향이 집중되는 것으로 나타나고 있다.

〈표 11-6〉 제2차 국가인적자원개발 기본계획(2006~2010) 정책 영역 및 과제

정책 영역	정책과제
Ⅰ. 국제 경쟁력 있는 핵심 인재 양성	1. 미래 유망산업을 이끌 핵심인력 양성 2. 지식서비스 분야 전문 인력양성 3. 대학교육의 산업현장 적합성 제고 4. 인적자원개발 및 활용의 국제화 5. 수월성 교육의 확대
Ⅱ. 전 국민의 평생학습 능력향상	1. 인적자원개발 최적화를 위한 교육체제 개편 2. 국민의 기본 핵심능력 함양 3. 직업교육・훈련・평생학습 체제의 혁신 4. 지역 인적자원개발 촉진 5. 군・공직 분야 인적자원개발 활성화
Ⅲ. 사회통합 및 교육・문화복지증진	1. 여성 인적자원개발 활성화 2. 청소년층 및 중・고령층 인적자원개발 촉진 3. 고용지원서비스 및 고용 관행 혁신 4. 사회적 신뢰・협력 네트워크 구축 5. 사회적 형평성 제고를 위한 교육・문화복지증진
Ⅳ. 인적자원개발 인프라 확충	1. 인력 수급 전망체제 구축 2. 인적자원・기술혁신 정보의 생성・제공 3. 지식과 권리의 보호 체계 확립 4. 인적자원의 평가・인증체제 구축 5. 인적자원개발정책의 총괄・조정 기반 조성

출처: 교육인적자원부 (2006). 제2차 국가인적자원개발기본계획(Creative Korea, 인재강국 코리아) 2006년도 시행계획(안).

2) 인적자원개발 및 활용 관련 법

우리나라에서는 인적자원개발의 정의가 광범위하므로 인적자원개발과 관련된 법 역시 매우 다양하다. 우리나라 인적자원개발 관련 기능은 교육부와 노동부, 과학기술부, 산업자원부, 보건복지부, 문화관광부, 정보통신부, 농림부, 해양수산부 등 대부분의 부처에 산재하여 있다(표 11-7 참조). 우리나라 대부분의 중앙행정부처는 업

무의 특성상 다양한 인적자원개발 관리와 깊은 관련이 있다. 중앙행정기관마다 소관 산업, 소관 직업, 소관 인력, 자격이 있으며, 특히 행정부처별로 인적자원개발에 관련된 근거 법령들이 다양하게 산재하여 있다.

예를 들어서, 교육인적자원부 관장 법률들은 유아교육법, 초·중등교육법, 고등교육법, 평생교육법, 학점인정 등에 관한 법률, 자격기본법, 산업교육진흥법, 직업교육훈련 촉진법 등이 인적자원개발과 관련되어 있다. 노동부에는 근로자 직업능력개발법, 고용정책기본법, 고용안정법, 국가기술자격법 등이 관련되어 있다. 정보통신부의 정보화촉진 기본법, 과학기술부의 과학기술기본법과 기초과학연구 진흥법, 보건복지부의 사회보장기본법, 여성부의 여성발전기본법, 문화관광부의 문화산업진흥 기본법과 청소년기본법 등이 인적자원개발정책과 관련이 깊은 법률이다(장창원 외, 2006).

〈표 11-7〉 부처별 인적자원 관련 '기본계획 수립' 현황

법률명	소관 부처	기본계획 수립 근거	수립방법
직업교육훈련촉진법	노동부	직업교육훈련기본계획(법4조)	직업교육훈련정책심의회
근로자직업훈련촉진법	노동부	직업능력개발훈련계획(법6조)	고용정책심의회
고용정책기본법	노동부	고용정책기본계획(법5조)	고용정책심의회
정보화촉진기본법	정통부	정보화촉진기본계획(법5조)	고시
과학기술기본법	과기부	과학기술기본계획(법7조)	국가과학기술위원회 심의
기초과학연구진흥법	과기부	기초과학연구진흥종합계획(법5조)	종합과학기술심의회 심의
사회보장기본법	복지부	사회보장장기발전방향(법20조)	국무회의 심의
여성발전기본법	복지부	여성정책기본계획(법7조)	대통령 승인
문화산업진흥기본법	문광부	문화산업의 중장기기본계획(법4조)	
청소년기본법	문광부	청소년기본계획(법14조)	

출처: 교육인적자원부(2003). 인적자원개발기본법령의 이해, 장창원 외(2006). 인적자원개발정책의 이해.

5 노인 인적자원 활용의 개선 방향

1) 인적자원개발 기본법의 개선 및 행정부처별 인적자원 관련 법률의 연계 필요성

인적자원개발 기본법이 인적자원개발의 기본법으로 기능하기에는 많은 한계가 있다. 첫째, 인적자원개발 기본법은 인적자원개발 전반을 총괄하는 기본 방향과 원칙, 관련 정책을 총괄하는 법이라기보다는 인적자원개발정책의 조정에 관한 법률이라고 하는 것이 더욱더 적합하다. 이 법은 인적자원개발정책의 수립·총괄·조정에 관한 사항을 규정한다고 법의 목적을 제한하고 있다. 둘째, 인적자원개발의 당사자로서 지위가 있는 산업계와 학계, 연구계가 인적자원개발정책에 참여할 수 있는 통로가 제한되어 있다. 셋째, 인적자원개발정책의 조정에 관한 법률이라고 하더라도 조정에 필요한 각종 제도가 충분하게 규정되어 있지 않다. 정책 조정에 가장 핵심적인 수단이라 할 수 있는 예산과 사업의 조정에 대한 제도는 규정되어 있지 못하다(장창원 외, 2006). 저출산 고령사회에 부족한 인적자원의 향상과 활용을 위하여 인적자원개발을 위한 기본법의 역할을 다할 수 있도록 현행의 인적자원개발 기본법의 관련 조항, 예산 및 제도를 전면적으로 개선해야 한다.

또한 우리나라 행정부별 인적자원개발 관련 정책들은 각 부처는 그 업무를 수행하기 위해 다양한 법령들을 통해 법적 근거를 마련하고 있다. 이로 인하여 각각의 법률 규정 중에서 어떠한 사항이 구체적으로 인적자원개발에 관련되었는지가 불분명하고, 그리고 각각의 부처가 수행하는 인적자원개발 업무는 서로 중복되거나 연계가 미흡하여 국가 차원의 인적자원개발, 관리나 활용에 많은 문제점이 나타나고 있다. 보다 효과적인 인적자원개발 및 활용을 위하여 행정부처별로 산재하여 있는 인적자원 관련 법 및 제도들을 분야별, 특성별, 지역별로 통합하고 조정 및 연계할 수 있는 국가 차원 시스템의 재정비가 절실히 필요하다.

2) 국가 인적자원개발 기본계획 개선의 필요성

국가의 인적자원정책의 범위는 인적자원양성, 지식기술축적, 사회적 자산형성[1], 인적자원 활용으로 구분될 수 있다(교육인적자원부, 2002; 그림 11-2 참조). 우리나라의 경우에는 인적자원양성 측면의 인적자원정책은 어느 정도 이루어지고 있으나 지식기술축적, 사회적 자산형성, 인적자원 활용 측면의 인적자원정책은 매우 미흡한 실정이다. 우리나라의 인적자원개발 및 활용을 평가해 보면 인적자원 측면에서는 초등, 중등, 고등 및 대학교육 과정까지는 기초능력함양, 직업훈련, 고등직업교육 및 사회교육 등을 통하여 다른 선진국과 비교해도 인적자원개발의 정도가 어느 정도 이루어지고 있으나 고등교육 및 대학교육 과정 이후에 기업을 중심으로 진행되는 직업 및 직무 관련 인적자원개발을 제외하고는 국가나 지역사회 차원의 평생학습 및 직업능력 향상을 위한 지원체계는 매우 미흡한 실정이다.

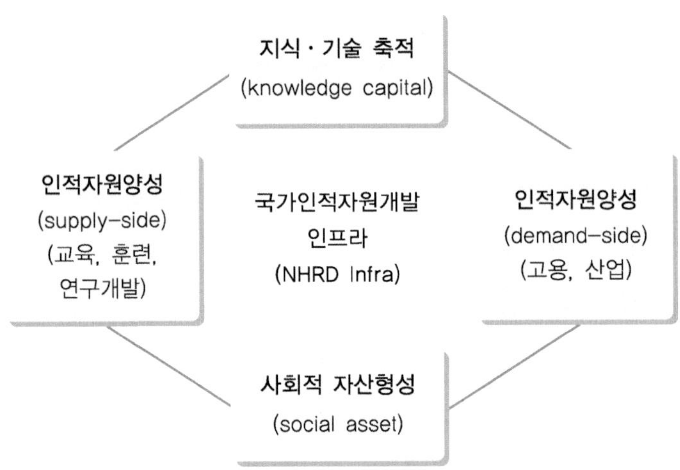

〈그림 11-2〉 인적자원정책의 범위

출처: 교육인적자원부(2002). 국가인적자원정책의 추진현황과 방향.

---

1) 사회적 자산(Social Asset)을 형성하기 위한 인적자원정책으로서, 경제성장을 위한 인력개발 외에 사회적 신뢰의 구축과 시민의식의 제고 등 고도의 사회적 자산을 축적하는 것

싱가포르는 21세기가 세계화 및 디지털화를 중심으로 하는 지식경제의 시대가 될 것으로 전망하고 '1997년 싱가포르 21 위원회'를 설립하여 유연성 있는 고용제도의 확산 및 직업교육 훈련을 통하여 노령인구가 사회나 가족에 계속 기여하며, 나아가 품위 있게 살 수 있도록 하고, 모든 연령층에 평생학습기회를 제공하며, 성인층을 위한 야간학습 및 파트타임 연구 등의 기회를 제공하고 있다. 영국은 인적자원개발정책을 통하여 국가경쟁력을 회복하고 개인의 취업 가능성 및 고용 안정성을 확대하는 차원에서 강력하게 추진되고 있다. 특히 재교육이나 교육기회를 놓친 성인이나 청소년 실업자, 그리고 직장인을 위한 재교육의 장으로 평생학습체제의 구축을 강조한다. 영국에서 인적자원개발은 국가의 경쟁력 향상 및 개인의 삶의 질을 향상하기 위한 전제로서 학교 등의 정규교육, 학교 밖의 비정규교육을 포함하여 일반교육, 직업교육 및 훈련, 연구개발 및 과학기술 등의 분야를 망라한다. 오스트레일리아에서는 일반교육, 직업교육 훈련, 자격제도를 연계하기 위한 제도를 개혁하고, 미국에서는 근로자나 일반 성인의 계속 교육기회가 확대되도록 지속해서 제도를 개혁하고 있다(장영철 외, 2005).

우리나라에서는 장년층과 고령층의 인적자원개발을 위한 인적자원양성 및 인적자원 활용 측면은 다른 선진국에 비하여 매우 미흡하다. 앞으로 초고령사회에서의 노인계층에 편입될 현재의 중장년층에 대한 인적자원개발 및 활용 역시 국가적 과제의 하나이다. 그리고 초고령사회를 대비하여 인적자원 기본법과 국가 인적자원 기본개발계획을 고령자 및 노인계층의 특성과 욕구에 부합하도록 전면 개정해야 한다. 정부에서는 인적자원개발 기본법 제정 이후 2006년 2차 NHRD 기본계획을 발표하였으나 기본 4대 정책 영역이 주로 비노인계층에 한정되어 있다. 중·고령층에 적용되는 제3 정책 영역인 사회통합 및 교육, 문화복지증진 부분의 청소년층 및 중·고령층 인적자원개발 촉진의 내용을 살펴보면 보건복지부가 현재 한국 노인인력개발원을 중심으로 시행하고 있는 노인일자리사업에만 국한되어 있고 중·고령층에 대한 인적자원개발 및 관리 측면에 대해서는 전혀 언급하고 있지 않은 실정이다. 보다 내실 있는 국가 인적자원개발을 추진하기 위하여 중·고령 및 노인계층을 위한 일반교육, 비정규교육, 평생교육 및 직업훈련 등을 연계한 생애주기별 단계의 특성에 부합하는 국가 인적자원개발계획이 시행되어야 한다.

3) 노인고용의 활성화를 위한 관련 법 및 제도의 개선

고령자의 취업 알선과 관련한 각종 서비스에 기대효과를 충분히 달성하지 못하고 있는 주요 요인으로는 단편적인 취업 알선 자체에 그치는 데 있다. 이러한 문제점을 해결하기 위해서는 지역사회 내 고령자 취업 관련 정보를 관리하면서 구직알선 · 파견업무에서부터 지속적인 관리에 이르기까지 종합적인 업무를 관장할 수 있는 전담센터를 시 · 군 · 구마다 한 개소씩 설치하여 운영하는 것이 바람직할 것이다. 단, 현행 고령자 취업 알선센터나 지역사회 시니어클럽이 설치된 경우에는 기능을 보강하여 전환하도록 유도할 수도 있다.

고령자고용촉진법의 대상인 준 · 고령자 규정이 50~54세이므로 이들까지 실질적인 대상이 되므로, 65세 이상의 노인취업은 실효성이 별로 없는 편이다. 50~64세의 연령층은 65세 이상의 노인들과 인구 사회적인 특성이 다르므로 50세 이상을 포함한 고령자고용촉진법의 적용은 한계가 있으며, 노동시장에서 65세 이상 인구집단은 64세 이하의 초기 노인 인구집단에 비해 상대적으로 열세에 있을 수밖에 없다. 그 이유는 연공 서열적인 임금방식, 고령 근로자에 대한 부정적인 이미지, 상대적으로 낮은 교육수준 등을 들 수 있다. 결론적으로 현 고령자고용촉진법은 임의규정이 많아 이 법에 규정되어 있는 조항이 실제로 운영도 되고 있지 않으며, 또한 65세 이상 노인들을 위한 취업교육은 거의 이루어지지 않고 있다고 볼 수 있다.

특히 고령 근로자의 고용 확대를 위해서는 권고사항으로 되어있는 고령 근로자 고용률[2)]을 장애인고용촉진법과 같이 강제 적용하는 방안을 고려해 보아야 한다.

---

2) 정부에서는 2003년에 기존의 고령자 적합 직종을 개선하여 공공 부문 70개 직종, 민간 부문 90개 직종을 고령자 적합 직종으로 선정하여 고시하였으나, 고령자 적합 직종의 활성화를 위한 정부나 기업의 대책이 필요하다.

그리고 정부와 기업은 고령 근로자들의 취업 욕구를 최대한 반영하여 관련 노동정책, 고용정책, 사회적인 분위기, 물리적인 노동환경 및 기업환경 등을 재정립하고 개선하여 노동현장에서 고령 근로자들이 차별받지 않고 경쟁력이 있는 근로자로서 역할을 감당할 수 있도록 해야 한다.

모든 노인이 퇴직 후에 재취업을 원하는 것은 아니다. 노인취업에서 중요한 사실은 근로 능력과 근로 의지가 있는 노인들이 퇴직 후에 취업 의사가 있을 경우 취업과정과 취업 지속을 위하여 많은 구조적인 문제점들에 직면하게 되는데 이러한 방해요소와 환경을 점진적으로 개선해 줄 수 있는 구체적인 방안들을 모색해야 한다. 이를 위하여 근로 능력이 있는 노인들에게 취업경력 및 직업능력 등의 여부에 따라서 지원할 수 있는 실질적인 제도 및 프로그램을 시행하며, 노인고용정책의 활성화, 정년제도의 연장, 고령자 우선 고용직종의 제도화, 그리고 기업 차원의 퇴직준비프로그램의 활성화 등 다양한 방안을 고려해 보아야 한다(허준수, 2006).

4) 노인 인적자원개발 및 활용을 위한 실질적인 직업교육 · 훈련 서비스의 시행

현재 우리나라에서 시행되고 있는 고령자나 노인들을 위한 취업프로그램은 대부분 최근에 다양한 기관에서 산발적으로 시행되기 시작하였다. 대부분의 훈련이 그 기간도 짧고 훈련내용도 체계적이지 못하여 단순한 수준에 그치고 있다. 고령자나 노인들의 인적자원개발 및 활용을 위하여 노인복지법, 저출산 · 고령사회기본법, 고령자고용촉진법, 고용정책기본법, 및 근로자 직업능력개발법 등에 고령자나 노인들을 위한 고용, 평생교육, 직업능력개발체계, 직업능력개발, 고령자 고용촉진지원, 일자리 창출 등의 다양한 조항이 있으나 법 조항들의 강제성 미비, 예산 및 전달체계의 미비로 노인 인적자원개발과 활용에 실질적으로 도움이 되기에는 매우 미흡한 실정이다.

예를 들어서 고령자고용촉진법은 직접 노인을 대상으로 하는 취업교육에 관한 내용을 규정한 법은 아니지만 적합 직종의 선정과 함께 고령자에 대한 직업능력개발훈련을 의무화하고 있다. 동 법에서 고령자 고용을 촉진하기 위해 필요하다고 인정되는 때에 노동부 장관이 고령자에게 직업능력개발훈련을 시행할 수 있으며 고령자가 직업 환경에 쉽게 적응할 수 있도록 하는 데 필요한 경우 취업 전에 적응훈련을 시행하도록 규정하고 있다. 그러나 산업현장에서 고령자들을 위한 직업능력개발훈련프로그램을 운영하는 기업체는 극히 소수에 불과하다. 정부는 노인 인적자원개발에 관련 조항들을 보다 합리적으로 정비하고 산업현장 및 지역사회에서 이러한 관련 법규들이 실제로 시행될 수 있도록 다양한 대책들을 마련해야 한다.

5) 노인 인적자원 활용 및 개발을 위한 지방자치단체의 역할 강화 및 관련 기관 간 연계의 필요성

중앙정부와 지방정부는 인적자원개발의 활성화를 위해 상호협조와 중앙의 권한을 대폭으로 지방정부에 이관하여 각 자치단체가 지역의 특수성과 필요성에 따른 인적자원개발체제를 갖추고, 이를 지역균형발전에 활용할 수 있도록 하여야 할 것이다.[3] 또한 지방정부가 자체적인 인적자원개발정책을 추진할 수 있는 법 · 제도를 정비하고 조직 및 운영체제를 개선하여 직업교육훈련협의회의 구성 및 세부 실천계획을 수립 · 추진할 수 있는 지원이 필요함을 느끼고, 지방정부가 지역의 실정과 특성에 맞는 인적자원개발정책을 수립 · 집행하여 지역발전을 도모할 수 있는 지방정부의 조직 및 운영체제 등에서 역할을 개선할 필요가 있다(장창원 외, 2006).

노인 인적자원개발을 위해 중앙정부, 지방정부, 민간기구 단위의 지역 간 지역협의체를 통한 노인의 고용과 교육훈련 기회를 연계시키는 네트워크 구축이 요구된다. 이를 위하여 복지서비스 자원과 교육자원을 적극적으로 활용하도록 한다. 복지

---

3) 최근 정부는 '중앙행정권한의 지방이양촉진 등에 관한 법률'을 제정하여 중앙정부의 권한과 사무를 분산시키려고 노력하고, 동시에 '직업교육훈련촉진법'을 제정하고, 동 법 18조에 근거하여 지방에 '직업교육훈련협의회'를 구성하도록 하였다.

기관에서의 노인교육 프로그램의 실시를 적극적으로 지원하며, 교육기관에서의 노인을 대상으로 한 교육프로그램을 적극적으로 지원하도록 한다. 그리고 노인을 위한 교육기관 간의 연계를 위해서는 관련 부처 간의 협조체계의 구축이 필요하다.

특히 지역별로 고령 인구의 비율이 차이가 있고 산업구조가 다르기 때문에 지방자치단체를 중심으로 지역특성에 부합하는 노인 인적자원 활용 및 개발정책을 수립해야 집행해 나가는 것이 보다 효과적이다. 이를 위하여 지역단위의 노인을 위한 복지, 고용 및 교육 기관 간의 연계체계를 구축하여 지역사회 거주 노인들의 인적자원 활용과 개발을 위한 종합적인 정보, 서비스 및 교육프로그램들을 제공해 주어야 한다.

6) 노인사회참여 향상을 위한 자원봉사의 활성화

노인 인적자원의 활용은 단순히 고용과 취업 부분에만 한정시키기보다는 다양한 노인들의 사회참여를 활성화하기 위하여 노인자원봉사활동을 보다 체계화시켜나가야 한다. 노인자원봉사 활성화를 위한 앞으로의 과제와 개선방안은 다음과 같다. 첫째, 노인자원봉사활동에 대한 사회 인식의 제고가 필요하다. 노인자원봉사활동의 활성화를 위해 사회적 인식확대가 이루어져야 한다. 노인들의 수동적이고 의존적인 존재라는 부정적 이미지를 탈피하여 더이상 사회적 부담으로서의 노인이 아닌 사회의 인적자원으로서의 역할 정립이 필요하다. 둘째, 노인에게 적합한 자원봉사활동 영역 및 프로그램 개발은 노인의 일생을 통하여 축적되어 온 경험과 기능을 보유하고 있으며, 그에 대하여 상당한 자부심을 갖고 있다. 따라서 가능한 한 노인의 경험과 기능을 충분히 발휘할 수 있는 자원봉사활동의 영역을 개발하는 것이 필요하다.

셋째, 노인자원봉사활동을 위한 제도적 지원 등 무엇보다도 자원봉사활동 기본법(2005)을 근간으로 노인자원봉사활동에 대해 국가의 행정적, 재정적 지원이 보다 더 강화될 필요가 있다. 또한 각 행정부처와 관련된 사회복지법, 노인복지법, 교육법 등 여러 법률도 노인자원봉사활동의 활성화를 위하여 일부를 개정시켜야 한다. 노인자원봉사활동에 대한 참여와 지속성을 유지하기 위하여 자원봉사 보험제도의 도입, 자원봉사 저축제도, 행정위촉제도 및 보상제도 등의 도입과 지원이 필요하다. 그리고 지역사회에서 노인자원봉사를 보다 전문적으로 관리 · 조정하고 여러 관련 기관들의 물적지원과 인적자원을 연계할 수 있는 체계가 구축되어야 한다(허준수 외, 2005).

7) 노인 인적자원개발과 활용 분야의 전문 인력의 양성과 배치

인적자원개발과 활용 분야는 교육학, 경영학, 노동경제학, 사회학 및 사회복지학 등 다 학문적인 접근 및 체계가 절대적으로 필요한 분야이다. 이를 위하여 정부는 노인 인력개발 및 활용을 위한 전문 인력을 양성하고 교육하기 위하여 관련 기관, 기업 및 교육 기관들과의 협력체계를 구축해야 한다. 또한 현장에서도 노인 인적자원개발 및 활용에 어떠한 전문적인 지식과 기술이 필요한지를 규명하여 향후 전문 인력개발 및 교육에 적극적으로 반영해야 한다.

노인 인력개발 및 활용 분야에 있어서 전문 인력의 주요 역할은 노인들의 평생교육, 고용, 직업훈련, 노동 및 복지 등에 관련된 다양한 욕구 및 이슈 등에 대한 사회적인 인식을 향상시키고 현재의 노인 인적자원개발 및 활용의 불합리한 환경을 개선하는 것이다. 인적자원개발 및 활용 전문 인력은 보다 전문적이고 체계적인 개입 및 실천방법을 활용하여 노인들을 위한 개별적, 집단적 및 기업 조직적 차원 등에 관련된 평생교육, 직업훈련, 고용 및 복지서비스 및 프로그램 등을 개발하고, 고령근로자들에 대한 부정적인 편견을 개선하고, 고령사회에 부합하는 관련 인적자원개발 · 활용, 노동 및 복지정책의 개발 및 대안 마련에 적극적으로 활동하여야 한다.

결론적으로 효과적인 노인 인적자원의 개발과 활용을 통하여 다음과 같은 긍정적인 결과를 추구할 수 있다. 우선 국가적 차원에서 노인 인적자원의 효과적 활용을 통하여 사회의 생산성 제고 및 경쟁력을 향상시키는 경제적 효과를 창출할 수 있다. 개인적 측면에서 노인들은 일정한 소득을 확보하여 생활경제에 도움이 되며,

그리고 무료했던 노년기를 보다 활기차고 의미 있게 보낼 수 있다. 특히 유용감, 자신감 및 생활 만족의 증가 등 노인들의 심리적 차원에서도 긍정적 영향을 미친다. 또한 노인 인적자원 활용을 통하여 노인에게 적절한 활동 및 노동기회를 마련해 주는 것은 노인들에게 노후의 보충적 소득보장을 통해 경제적 도움을 제공할 뿐 아니라 가정의 노인 부양 부담을 경감시킬 수 있으며(허준수 외, 2005), 궁극적으로는 노인의 삶의 만족도와 삶의 질(Quality of Life)을 향상할 수 있다.

다른 나라에 비하여 빠르게 초고령사회에 진입하게 되고 저출산으로 인한 노동인력의 부족 현상이 심화될 우리나라는 앞으로 얼마나 노인 인적자원을 효율적으로 개발, 관리하고 활용하느냐에 따라서 국가의 미래와 경쟁력이 좌우될 수 있다. 이를 위하여 기존의 노인 인적자원개발 및 활용에 관련된 법과 제도들의 문제점들을 체계적으로 규명해야 하며, 파편화되고 분절된 관련 제도들을 통합해야 한다. 그리고 비현실적이고 선언적인 수준에 그치고 있는 현행 인적자원개발 정책과 제도를 지양하고 우리나라의 토양과 문화에 적합한 인적자원개발 관련 제도를 수립하고 시행해야 한다. 특히 우리나라에서 아직 사회의 부정적인 인식과 편견으로 인하여 적극적으로 활용되지 않은 노인들의 직업기술, 전문성 및 지혜 등을 포함한 중요한 인적자원 및 능력을 우리 사회의 발전과 개인의 성공적 노화(Successful Aging)를 추구할 수 있는 방향으로 나아갈 수 있도록 정부, 기업, 지역사회 및 국민이 협력해야 하며, 이를 위한 사회적 · 경제적 · 물리적 환경을 체계적으로 조성해 나갈 수 있도록 다각적인 방안을 모색해야 한다.

CHAPTER

12

노인복지와 사회적 자본 활용전략

1. 노인복지와 사회적 자본
2. 사회적 자본의 이론적 배경
3. 노인복지 분야에서의 사회적 자본 활용전략
4. 사회적 자본 확충을 위한 노인, 노인복지기관 및 정부의 역할

CHAPTER 12

노인복지와 사회적 자본 활용전략

1 노인복지와 사회적 자본

1980년대 이후 노인종합복지관이 확장되면서 2009년에는 250개의 노인종합복지관이 운영되고 있었고, 2020년 현재 391개 노인종합복지관이 운영되고 있으며 1백 8십만 명의 회원들이 활동하고 있으며 6000명의 실무자가 서비스를 제공하고 있다(한국노인종합복지관협회, 2020). 그동안 노인종합복지관의 다양한 여가, 체육, 건강 문화, 예술 및 복지프로그램들을 통하여 지역사회 거주 노인들의 삶의 질 향상에 많은 노력을 기울여 왔다. 그동안 노인복지관의 양적인 확충에만 치중하여 노인복지관의 질적인 발전 및 이용 어르신들의 삶의 질 향상을 위한 보다 체계적인 접근은 부족한 측면이 있다. 그러나 우리나라에 노인복지관이 설립되면서 지역사회 거주 노인들의 삶에 긍정적인 변화를 끌어낸 것도 부인할 수 없다. 그리고 노인복지관의 다양한 여가 및 복지프로그램을 통하여 많은 노인이 인적개발 차원에서도 많은 진전이 있었다고 생각된다. 그동안 심층적이고 체계적인 연구는 없었지만 노인복지관을 통하여 지역사회 노인들의 사회적 자본(Social Capital) 개발과 축적에도 긍정적인 역할을 담당했을 것으로 생각된다.

외국에서는 시민사회(Civil Society)의 성숙을 통하여 지역사회 내의 NGO, 민간단체 및 조직들을 중심으로 사회적 자본의 축적이 오래전부터 이루어졌고 이를 통하여 지역공동체를 구축하고, 지역주민들의 다양한 욕구들을 정부 기관 외에서도 충족하고 있다. 반면에 우리나라의 경우 지역사회 내의 풀뿌리 지역조직의 부재로 사회적 자본 역시 정부나 지자체를 중심으로 발전되어 온 것이 사실이다. 노인복지 분야에서도 법 제도부터 노인복지서비스 개발 및 시행까지 시민단체나 노인 관련 단체들의 참여는 거의 부재하고 정부나 관 중심으로 모든 것이 이루어졌다. 그동안 사회적 자본 측면에서 정부의 역할은 매우 중요했고 앞으로 정부의 역할 역시 과소평가할 수 없다. 하지만 우리나라가 보다 성숙한 시민사회를 이루고 수평적이며 상호호혜적인 민관 거버넌스를 이루기 위해서는 시민단체, 지역사회의 풀뿌리조직이나 집단, 복지 관련 단체 및 기관뿐만 아니라 지역주민들과 복지대상 및 가족들의 의사가 반영되고 진정한 참여가 이루어질 수 있는 환경이 구축되어야 한다.

최근에 사회적 자본은 학문 분야뿐만 아니라 실천 분야에서도 주목을 받고 있다. 사회적 자본 개념이 시작된 사회학과 경제학을 비롯하여 정치학, 경영학, 교육학 및 심리학 등 사회과학 전반으로 확산되고 있다. 그리고 실천 분야에서는 OECD와 World Bank 등이 국가 및 사회발전을 위해서 사회적 자본 형성을 강조하기 시작했고 많은 국가에서 국가 정책의 아젠다로 채택하면서 더욱더 관심을 가지게 되었다(정혜령, 2009; OECD, 2020). 우리나라의 선행연구들에서 노년기의 경제적 요인, 사회적 요인, 심리적 요인들에 관한 연구들은 많이 진행되었지만 노년기의 사회적 자본에 관한 연구는 매우 미흡한 실정이다. 그러나 노인복지 및 노년학 연구 분야에서 '사회적 자본'이라고 명명은 하지 않았지만 사회적 지지, 사회적 후원, 네트워크, 연계망 등 사회적 자본 관련 요인들에 대해서는 이미 많은 연구가 수행되었다.

본 장에서는 사회적 자본이라는 개념에 대하여 단순히 설명하거나 혹은 사회적 자본의 개념을 전적으로 옹호하기 위한 차원의 연구가 아니라, 그동안 노인복지 분야에서 시민사회의 성숙을 위한 필수 요건인 사회적 자본이 인적자원개발에 비하여 기존의 노인복지정책과 서비스에 제대로 반영되지 않았다는 측면을 강조하기 위해서이다. 본 장에서는 노인복지발전을 위한 사회적 자본에 관한 탐색적인 연구로서 다음과 같은 목적이 있다. 첫째, 다양한 자본의 기본적인 개념과 유형들을 살펴본다. 둘째, 선행연구들과 문헌 자료들을 통하여 사회적 자본의 이론적 배경과 관점을 고찰한다. 셋째, 사회적 자본 측면에서 노년기 및 노인 관련 문제나 이슈들을 고찰한다. 넷째, 우리나라 노인복지발전을 위한 사회적 자본의 활용방안을 모색해 본다.

2 사회적 자본의 이론적 배경

1) 자본들에 관한 개념 및 유형

그동안 사회과학에서 언급되고 사용된 자본(Capital)의 유형은 매우 다양하다. 이러한 자본의 유형들은 다음의 다섯 가지로 정리할 수 있다(Smith & Paine, 2007). 첫째, 경제적 자본(Economic Capital)은 서비스나 프로그램의 실행 이후에 발생될 수 있는 시간 대비 경제적 가치의 환산을 통하여 산출할 수 있다. 일반적으로 서비스나 프로그램의 화폐적인 가치를 통하여 경제적 자본을 측정한다. 그러나 이러한 산술적인 평가는 서비스나 프로그램의 다른 효과나 결과를 측정하기에는 어려운 점들이 있다. 둘째, 물질적 자본(Physical Capital)은 서비스의 직접적인 목적이나 서비스의 산출 및 결과로서 발생하는 계량화할 수 있는 개체를 의미한다. 예를 들어서 배달된 음식물의 총량, 훈련프로그램의 횟수, 그리고 직업 창출량 등이 물질적 자본에 속할 수 있다. 물질적 자본을 측정하는 것은 매우 단순하다. 예를 들어서 프로젝트의 물질적 산출물을 계산하면 된다. 많은 기관이나 조직에서 재원조달의 조건을 충족하기 위하여 이러한 자료들을 많이 활용하고 있다.

셋째, 인적자본(Human Capital)은 서비스나 프로그램의 참여자들에게 초점을 맞추며 서비스나 프로그램의 참여를 통하여 획득된 기술이나 변화된 행동 및 인식 등을 포괄하는 개념이다. 인적자본은 지역사회 내에서 개인 그리고 서비스의 최종 수혜자에 초점을 맞추고 있다. 넷째, 문화적 자본(Cultural Capital)은 한 사회의 문화유산과 언어를 포함하여 문화적이며 종교적인 정체성에 대한 공통된 감정을 가질 수 있는 자산을 의미하고, 그리고 문화적으로 구체적인 사회적 의미에 대한 지식체계를 함께 공유하는 것이다. 문화적 자본은 한 사회의 서비스나 프로그램 등의 형태나 단계 등에 많은 영향을 미친다. 다섯째, 사회적 자본(Social Capital)은 경제적 자본 같은 개인적 자산과는 상대적인 개념으로 시민사회의 가장 중요한 자산들 중의 하나이다. 사회적 자본은 시민사회의 다양한 활동을 통하여 사람들 간의 관계를 통해서 산출될 수 있는 자본을 설명하는 개념으로 유효하다.

2) 사회적 자본(Social Capital)의 개념

1916년 Hanifan의 논문에서 사회적 자본이라는 용어가 처음 사용되었는데, 그에 의하면 농촌지역 학교를 위한 지역후원(Local Support)을 지역사회에서의 사회적 유대와 대인 투자의 관점에서 '사회적 자본'으로 명명되었다(Hanifan, 1916). 그 이후에는 사회적 자본이라는 개념은 거의 모든 사회과학 분야에서 많이 사용되고 있는 개념으로 1960년대에는 Jane Jocobs가 사회적 자본이라고 명명하지는 않았지만 그녀는 네트워크의 가치를 언급하면서 사회적 자본의 개념을 사용하였다. 정치학자 Robert Salisbury는 1969년에 '이익집단의 교환이론'이라는 논문에서 이익집단의 핵심적인 요소를 설명하는 데에 사회적 자본을 사용하였고, 사회학자 Pierre Bourdieu 실천이론의 개요(Outline of a Theory of Practice)에서 문화, 경제 그리고 상징적 자본을 설명하면서 사회적 자본을 언급하였다. 1977년에 사회학자인 Coleman과 그의 동료들은 사회적 자본의 개념을 보다 명확하게 설정하였고 그리고 이 개념을 대중적으로 보편화시켰다. 그리고 1990년에 다시 사회적 자본에 관한 연구들이 활발하게 되었고 특히 세계은행이 핵심연구프로그램의 주제로 '사회적 자본'이 다루어지면서 다시 한 번 이 분야에 관한 관심이 높아졌다. 그리고 사회적 자본의 대표적인 연구로는 Robert Putnam의 'Bowling Alone'과 Lewis Feldstein의 'Better Together'가 있다(Wikipedia, 2009).

Hanifan(1916)은 물질적인 재화들과 대비하여 사회적 자본을 설명하고 있는데 사회적 자본은 부동산이나 개인의 화폐 자산이 아니고 하나의 사회적 단위(Unit)를 생성하는 집단들과 가족들의 일상생활 중에서 공공의 선(Good Will), 친교(Fellowship), 상호 동정(Mutual Sympathy), 사회적 접촉(Social Intercourse) 등을 의미한다. 어떤 사람이 그들의 이웃과 접촉하고, 그리고 그들은 또 다른 이웃들과 교류하면서 한 사람의 사회적 자본을 축적해 나가는데 사회적 자본은 한 개인의 사회적 욕구를 충족시킬 수도 있으며, 그리고 전체 지역사회의 실제적인 거주환경을 향상시키기에 충분한 잠재성을 갖고 있다. 또한 지역사회 전체는 지역사회의 모든 부분의 협력으로 인한 혜택을 받을 수 있고, 그리고 개인은 도움, 동정, 이웃과의 교류 등이라는 혜택을 사회적 자본으로부터 얻을 수 있다.

사회적 자본은 경영, 경제학, 조직 행동, 정치학, 공공보건 그리고 사회과학에서 사용하는 사회적 개념으로 일반적으로 사회적 네트워크(Social Network) 간의 결합을 의미한다. 사회적 자본의 핵심적인 개념은 사회적 네트워크는 가치를 가지고 있고 인적자본인 대학교육은 개인적이나 집합적으로 생산성을 향상시키는 것같이 사회적 접촉들(Social Contact)은 개인과 집단의 생산성에 영향을 미친다는 것이다(Putnam, 2000). 사회적 자본은 사람 간의 관계, 특히 가족, 이웃, 친척, 친구 등 사회 관계망에서 비롯된 자원으로서 인적자본의 형성과 증진에 기여하며 그 자체로도 충분한 경제적 가치를 지닌다.

사회적 자본은 공통적 혹은 집합적인 행동(Collective Action)을 가능하게 하는 네트워크들과 관습들을 의미한다. 그리고 사회적 자본은 기관들, 관계들 및 관습들을 포괄하여 한 사회의 사회적 상호작용의 질과 양을 변화시키고 영향을 미칠 수 있다. 많은 연구결과에 의하면 사회적 자본은 경제적인 발전을 도모할 수 있고 사회적 자본을 바탕으로 한 경제발전은 지속 가능할 경향이 높다. 그리고 사회적 자본을 잘 활용한다면 함께 협력할 수 있도록 지역사회의 기능을 향상해서 공동의 욕구들을 함께 효과적으로 해결해 나갈 수 있고, 사회적 통합과 응집을 도모할 수 있으며, 그리고 한 사회의 투명성과 책임성을 증가시켜 나갈 수 있다(World Bank, 2009).

3) 사회적 자본의 네 가지 관점

(1) 공동체 관점(The Communitarian View)

공동체 관점에서의 사회적 자본은 지역사회조직 및 단체, 예를 들어서 사교클럽, 협회 그리고 시민단체 등을 의미한다. 공동체 관점에서는 사회적 자본을 하나의 특정 지역사회 내에서 그 해당 단체나 조직의 인원수와 밀도 등의 측면에서 관찰하며, 그리고 지역사회조직 및 단체의 존재는 자연적으로 지역사회의 복지 측면에서 더 나은 미래를 위한 긍정적인 역할을 수행한다고 가정하고 있다(Woolcock & Narayan, 2000). 예를 들어서 사회복지기관이나 사회복지 관련 단체가 없는 지역사회에 새롭게 사회복지기관이나 단체가 생긴다면 지역주민의 복지향상에 도움을 줄 수 있다.

사회적 자본의 공동체 관점은 빈곤 분석에 많은 공헌을 했는데 빈곤 상황을 극복하기 위하여 빈곤 계층에게 도움을 줄 때 빈곤 계층의 사회적 연대(Social Ties) 혹은 연계의 강화에 초점을 두어야 한다고 주장하고 있다. 이 관점에 의하면 빈곤 계층의 사회적 연대의 강도는 매우 느슨하거나 약하기 때문이라고 평가한다. 예를 들어서 빈곤 계층이 탈빈곤을 하지 못하는 것은 인적자본의 결핍도 있지만 빈곤을 극복하는 데 도움이 되는 사회적 연대나 사회적 자본의 규모나 크기가 비 빈곤 계층보다는 적거나 취약하기 때문이라고 할 수 있다.

그러나 사회적 자본의 공동체 관점은 지역사회조직이나 단체들의 부정적인 측면을 간과하는 경향이 있다. 예를 들어서 만일 지역사회나 네트워크가 고립되거나 종교적인 신념만을 중심으로 결성되었거나 혹은 범죄나 마약밀매 조직 등 사회 전체 공동의 선과 배치되는 경우 부당한 혹은 부적절한 사회적 자본(Perverse Social Capital)을 형성하는 경우도 많다. 부당한 혹은 부적절한 사회적 자본은 지역사회나 사회발전에 부정적인 결과를 초래할 수도 있다(Rubio, 1997; Woolcock & Narayan, 2000).

매우 조직적이고 통합적인 지역사회의 구성원으로서 많은 혜택(Benefit)을 얻을 수도 있지만 그러나 어떤 경우에는 지역사회의 구성원이나 단체 및 조직의 참여자로서 비용(Cost)이 혜택을 초과하는 경우도 있다. 예를 들어 라틴아메리카나 러시아에서는 지역사회 내의 사회적 연계망(Social Network)을 활용하여 조직적인 범죄 단체나 조직으로 발전시켜 나가 부당한 사회적 자본을 형성하는 경우가 많다.

일반적으로 사회적 자본에 대한 공동체 관점은 동질적 지역사회(Homogeneous Community)에서는 지역사회의 구성원이기 때문에 자동으로 모든 이익이나 혜택들이 지역사회 구성원들에게 돌아간다고 가정한다. 그러나 개발도상국의 계층 불평등, 인종차별, 성차별 등을 살펴보면 한 지역사회의 구성원이기 때문에 혜택을 받기보다는 불이익을 당하고 있는 경우도 많다. 예를 들어서 빈곤이나 슬럼 지역의 주민들은 단지 특정 지역사회의 소속 자체가 이익보다는 불이익을 당하는 경우가 많은 편이다.

또한 아프리카 케냐의 경우 농촌지역에 이십만 개 이상의 지역사회조직 및 단체가 활동하고 있어서 이러한 기관들의 사회적 자본은 매우 높게 형성되었지만, 이러한 대부분 지역사회조직이나 단체들이 외부자원들과의 연계성을 확보하고 있지 않고 이러한 단체나 조직들의 활동이 지역사회발전과 그 지역의 빈곤 문제해결에는 전혀 영향을 미치지 못하고 있다(Narayan, Deepa & Nyamwaya 1996). 하이티의 경우에도 농업근로자들을 중심으로 지역 단위의 높은 단계의 사회적 자본을 형성하고 있지만 하이티의 지정학적 위치, 부패한 사회제도 및 식민지 잔재의 영향 등으로 지역사회의 높은 단계의 사회적 자본을 진정한 지역사회의 개발과 발전에 연결시키기 못하고 있다. 지역사회 내에 높은 사회적 자본을 형성하는 것도 중요하지만 이를 지역사회 발전에 긍정적인 영향을 미칠 수 있도록 지역사회의 환경을 구축하는 것도 필요하다.

(2) 네트워크 관점(The Networks View)

사회적 자본에 대한 네트워크 관점은 조직체로서의 지역사회 집단이나 기관 내에서의 참여자나 구성원들 간 관계의 수직적 및 수평적 협력(Vertical and Horizontal Association)의 중요성을 강조하고 있다(Woolcock & Narayan, 2000). 강한 지역사회

연계(Strong Community Ties)는 가족들과 지역사회 내의 정체감 형성과 공동의 선을 추구할 수 있다(Astone & Nathanson, 1999). 그러나 지역사회 내 상호 간의 연계성이 약한 경우에는 종교, 계층, 인종, 성별 및 사회경제적 지위 등으로 지역사회가 다양하게 나누어질 수 있다.

사회적 자본에 대한 네트워크 관점은 두 가지의 주요 전제를 강조하고 있다. 첫째, 사회적 자본은 긍정적인 측면과 부정적인 측면을 동시에 지니고 있다. 긍정적인 측면은 사회적 자본은 지역주민들이나 구성원들에게 아동 탁아, 주택개조, 구직 및 긴급 재정적 지원 등 다양한 가치 있는 서비스 및 도움을 제공할 수 있다. 그러나 부정적인 측면은 사회적 자본에는 이에 대한 비용이 발생한다. 구성원이나 참여자들에게 지역사회나 집단에 대한 책임감과 헌신을 요청하기도 하는데 이는 부정적이고 경제적인 현상을 초래할 수도 있다. 한 집단이나 지역사회에 대한 강한 충성도와 소속감이 높아서 구성원이나 참여자들에게 고용의 기회가 제한되는 경우도 있고, 때로는 지역사회 환경이나 문화 자체가 고용과 학업에 대한 노력을 저해하는 경우도 있다. 예를 들어서 미국의 아시안계 이민자들의 경우 지역사회에 대한 의무감과 소속감에서 벗어나기 위하여 이름을 영어로 개명하는 경우도 있다(Portes & Sensenbrenner, 1993).

둘째, 사회적 자본의 원천(The Sources of Social Capital)과 그 사회적 자본으로부터 도출되는 현상이나 결과들과는 구별할 필요가 있다. 단지 사회적 자본에 긍정적인 결과만을 강조할 경우 사회적 자본에 의해서 발생될 수 있는 한 집단의 이익이나 혜택이 다른 집단의 비용이나 손실을 바탕으로 산출되는 것을 인지하지 못할 수도 있다. 그리고 그러한 결과나 산출물이 최적 혹은 최고의 산출물이나 목표가 되지 않는 경우도 있고, 특히 현재의 결과나 산출물이 미래에 투자해야 할 비용을 미리 사용하여 얻어지는 경우도 많다.

사회적 자본에 대한 네트워크 관점은 지역사회는 사회적 자본의 두 가지 차원으로 구분될 수 있고, 그리고 두 가지 차원의 다양한 조합들은 사회적 자본의 결과의 범주들을 설명해 준다(표 12-1 참조). 지역사회 구성원들의 복지가 시간에 따라서 변화하는 것같이, 사회적 자본 역시 유대(Bonding)나 연결(Bridging)의 특정 조합에 따라서 적정한 비용과 이익이 발생한다.

저자본의 창업자의 경우 처음에는 가까운 이웃이나 친구들에게(그들의 유대적 사회적 자본) 사업에 필요한 자금, 보험 그리고 후원을 받고 사업이 확장됨에 따라서 더욱더 확대된 생산시장으로 그들의 영역을 확대하는 것이 일반적이다(Woolcock & Narayan, 2000). 지역사회 내에서 유대와 연결이 취약한 계층들을 대상으로 우선적으로 지역사회 내에서의 유대와 결속을 강화하고 궁극적으로는 지역사회 내의 유대를 강화하고 지역사회 외부의 네트워크와의 연결을 강화할 수 있도록 하는 것이 중요하다.

〈표 12-1〉 지역사회에서의 사회적 자본의 차원

대외 지역사회 네트워크: 연결	대내 지역사회 네트워크: 유대	
	Low	High
Low	하층계층	빈곤 마을
High	신도시 이주자	성공적인 무담보 소액대출자

출처: Woolcock & Narayan (2000). Social Capital: Implication for Development Theory, Research, and Policy. The World Bank Research Observer, Vol 15(24), pp. 225-249.

Woolcock(2000)에 의하면 빈곤 계층의 사회 네트워크와 복지 정도 역시 매우 다양하다. 주어진 네트워크에서 사회적 자본은 빌려올 수도 있고 그리고 그 사회적 자본을 보다 효율적으로 활용할 수도 있다. 예를 들어서 방글라데시의 Grameen 은행의 집단 중심의 소액대출의 경우가 대표적인 사례이다. 아무런 담보능력이 없는 빈곤 지역의 여성들에게 지역사회의 소집단의 참여자라는 이유만으로 소액대출을 시행하고 있고, 그리고 이러한 소액대출을 통하여 소규모 사업을 시작하거나 확장하는 데 도움을 주었으며 결국에는 그들 가족의 복지도 향상되었다(A, 그림 12-1 참조).

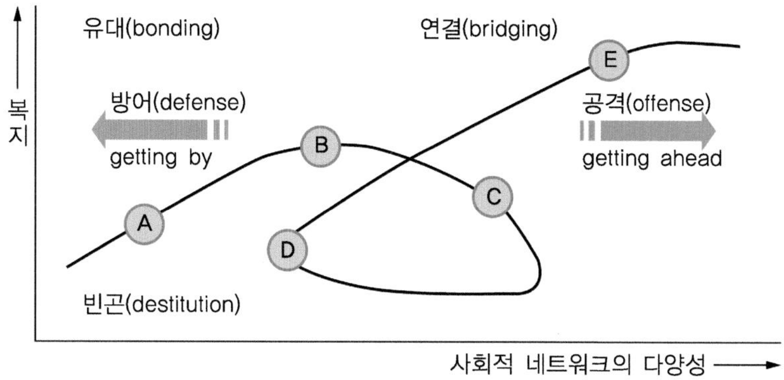

〈그림 12-1〉 사회적 네트워크의 다양성과 복지와의 관계

출처: Woolcock (2000). "Managing Risk, Shocks, and Opportunities in Developing Economies: The Role of Social Capital", In Gustav Ranis, ed., Dimensions of Development. New Haven: Yale Center for International and Area Studies.

그러나 어떠한 집단이든 경제적인 이익 실현에는 한계에 직면하게 된다(B). 특히 '유대적' 사회적 자본에 매우 의존할 경우는 더욱 그렇다. 만일 그 집단 안에서만 지속적으로 사업을 확충해 나갈 경우, 그 집단의 자원이 고갈되고 결국에는 그 집단에 속해 있는 구성원들의 복지나 삶의 질을 경감시키게 된다(C). 집단 중심의 대출프로그램은 그 집단에 참가하는 구성원들에 대한 의무나 헌신을 강조하기 때문에 높은 이상이나 목표를 가지고 있는 경우, 그들의 발전이나 진전을 방해할 수도 있다. 이러한 경우 많은 빈곤 계층의 사람들은 그들의 일차적인 지역사회 관계 틀에서 벗어나서(D), 그리고 '연결' 사회적 자본이 충분하고 경제적인 기회가 보장되는 더욱 다양하고 복잡한 네트워크를 추구하게 된다(E). 농촌지역에서 도시로 이주하는 경우가 가장 전형적인 예의 하나이다.

네트워크 관점에서는 취약한 법률제도나 지속적인 차별은 빈곤 계층이나 소외계층이 그들의 공통적인 욕구들을 해결하고자 했을 때 가장 큰 장벽이라는 것을 인정하고 있다. 그러나 네트워크 관점은 사회에게 구체적으로 기관들을 연계시키는 전략과 지역사회에서 네트워크가 어떻게 형성되는지는 구체적으로 언급하고 있지 않고, 그리고 특히 긍정적인 정부와 사회 간의 무한한 가능성에 대해서도 심층적으로 다루지 않고 있다(Woolcok & Narayan, 2000).

(3) 제도적 관점(The Institutional View)

사회적 자본에 대한 제도적 관점은 지역사회 네트워크와 시민사회(Civil Society)의 활력은 정치적, 법적 그리고 제도적인 환경들의 부산물이라고 정의하고 있다. 공동체적 관점이나 네트워크 관점에서는 사회적 자본은 다양한 결과와 성과를 도출하는 독립적 변수로 정의하고 있는 반면에 제도적 관점에서는 사회적 자본을 종속적 변수로 정의하고 있다. 제도적 관점에서는 공식적 기관이나 제도의 질에 따라서 집합적인 관심사나 목표를 향하여 활동하는 사회적 집단의 능력이 좌우된다고 보고 있다.

또한 정부나 기업의 성과들은 그들의 내적 응집력(Internal Coherence), 신용도, 능력 그리고 시민사회에 대한 외부적 책임성(External Accountability)에 달려 있다고 강조하고 있다. Tendler(1997)의 브라질의 분권화 연구에 의하면 지역프로그램이 성공하기 위해서는 좋은 정부의 존재가 가장 중요하다고 강조하고 있다. Knack과 Keefer(1995, 1997)의 연구에 의하면 사회적 자본은 한 사회의 정치적, 법적 그리고 기업들의 질과 수준에 비례한다고 주장하고 있다. 이 연구에서는 일반화된 신뢰(Generalized Trust), 법률의 규칙(Rule of Law), 시민 자유(Civil Liberties) 그리고 관료적 질(Bureaucratic Quality) 등은 한 사회의 사회적 자본에 많은 영향을 미친다고 보고하고 있다.

제도적 관점의 사회적 자본에 대한 많은 연구들이 진행되었다. 사회적 자본은 빈곤율을 경감시키고 그리고 최소한 소득 불평등을 악화시키지는 않는다고 주장하고 있다. Collier와 Gunning(1999)의 아프리카의 저성장에 원인을 규명하는 연구에 의하면 인종적인 갈등과 취약한 정치적 권리는 시민과 정부의 사회적 자본 형성에 부정적인 영향을 미치고, 그리고 한 사회의 발전에 악영향을 미친다고 보고하고 있다. 그리고 분절된 사회나 취약한 제도를 갖고 있는 사회에서는 갈등을 적절하게 관리할 수 없다고 주장하고 있다. Easterly(2000)는 좋은 정부와 제도형성을 위한 중산계층의 합의를 생성하거나 유지하는 것이 지속적이고 긍정적인 성장을 창출할 수 있는 요인이라고 보고하고 있다. 지속적인 부패, 행정절차의 지연, 시민 자유의 구속,

불평등의 심화, 인종 간의 긴장들과 재산권 행사의 방해 등은 발전에 부정적인 영향을 미친다.

그리고 시민과 정부의 사회적 자본은 전통적인 자본 축적을 위한 투자에 있어서 가장 보완적인(Complementary) 역할을 한다. 자유, 인권 그리고 독립 등은 정부에 의하여 보장되어야 한다. 그러나 신뢰할 수 있는 관료제의 정착은 오랜 세월이 지나야 가능하며 이러한 정부의 통치는 빈곤한 계층보다는 대기업에 이익과 혜택이 돌아가는 경향이 높다. 그리고 취약한 공공기관이나 제도의 영향을 가장 많이 받는 빈곤 계층이나 소외계층에 대한 욕구 반영은 거의 모든 나라에서 제대로 반영되지 않고 있다(Woolcok & Narayan, 2000).

(4) 시너지 관점(The Synergy View)

사회적 자본에 대한 시너지 관점은 네트워크 관점과 제도적 관점을 통합하려는 데에서 출발하였다. 시너지 관점은 정치경제학과 인류학에 그 학문적 뿌리를 갖고 있지만 1996년 World Development 연구를 통하여 보다 더 확산되기 시작했다. Woolcock과 Narayan은 발전적 시너지를 육성하는 환경들을[역동적인 전문적 동맹(Dynamic Professional Alliances)과 관계들] 조사하기 위하여 브라질, 인도, 멕시코, 한국 그리고 러시아 등으로부터 339개의 사례를 집중적으로 연구하였다. 이를 통하여 세 가지 결론을 도출하였다(Woolcok & Narayan, 2000).

첫째, 정부나 사회가 본질적으로 좋든 나쁘든 간에 상관없이 정부, 기업, 그리고 시민단체들은 집합적인 목표 성취에 다양한 영향을 미칠 수 있다.

둘째, 정부, 기업 그리고 지역사회 단독으로는 광역 기반의 지속적인 개발을 도모하기 위한 충분한 자원들은 갖고 있지 않기 때문에 이를 추구하기 위해서는 정부, 기업이나 지역사회들 간의 보완적인 파트너십(Partnerships)이 필수적이다. 그리고 어떠한 환경이나 조건들에서 시너지 효과가 발생하거나 혹은 시너지 효과가 발생하지 않는지를 확인하는 것이 개발조사나 실천에 매우 필요하다.

셋째, 긍정적이며 개발적인 결과를 촉진시키는 데 정부의 역할은 매우 중요하기도 하지만 문제점을 안고 있기도 한다. 왜냐하면 정부는 궁극적으로 공공재화(안정적인 화폐, 공중보건, 의무교육 등)의 제공자이고 법률 규칙(부동산 권리 세금과정, 집회 및 결사의 자유 등)의 최종 중재자나 추진자일 뿐만 아니라 계층, 인종, 성별, 정치 및 지역 경계들을 넘어서 협력 및 동맹을 촉진시킬 수 있는 가장 적임자이기 때문이다. 때로는 지역사회와 기업 역시 좋은 거버넌스를 생성하고, 인정하고 보상할 수 있는 환경 창출에 중요한 역할을 수행할 수 있다. 반대로 제도적인 환경이 나쁠 경우에는 지역사회 지도자들이 일반적인 개혁의 중심이 될 수 있다.

시너지 관점에서 정부와 시민 행동(Civil Action) 간의 시너지는 서로 보완적(Complementarity) 관계를 기반으로 한다고 주장하고 있다. 보완적 관계는 조직과 단체들의 권리를 보호해 주는 법적인 환경 속에서 공공 부분과 민간 부분의 상호 지지적인 관계를 의미한다. 러시아의 경우처럼 강력한 통치세력과 일반 시민들 간의 반목, 약한 공공재도 및 사회 혼란은 정치적 불안정, 부패, 불평등 양상 및 자본의 유출 등 부정적인 현상들을 양산하게 된다.

시너지 관점을 개발하는 시점에서 Woolcock(1998)은 지역사회 능력과 정부 기능의 조합과 상이한 형태로부터 개발적인 결과를 도출할 수 있는 범위를 증명했다. Narayan(1999)은 연결 사회적 자본과 정부–사회관계의 개념들을 통합하여 한 집단, 지역사회 혹은 사회에서 거버넌스와 연결 사회적 자본 간의 다양한 결합들에 대한 상이한 개입방안이 필요하다고 제안하고 있다(그림 12–2 참조). 예를 들어 좋은 거버넌스와 높은 단계의 연결 사회적 자본의 사회나 지역사회는 정부와 사회가 보완적인 관계를 갖고 있고, 그리고 경제적 번영과 사회적 질서를 잘 유지하고 있다.

그러나 일부 사회에서는 사회적 자본이 일차적인 사회적 집단 간에 본질적으로 연결되지 않고 가장 강력한 특정 집단이 정부의 권력을 독점하고, 그리고 다른 집단을 사회적으로 배제하는 경우도 있다. 대다수 원주민이 사회에서 배제되고 있는 남미 국가들이 이러한 사회의 조건에 속하며 이를 '잠재적 갈등(Latent Conflict)'으로 명명할 수 있다. 이러한 환경에서 종속적인 집단들에게 가장 중요한 과업은 광범위하고 통일된 동맹을 형성하는 것이고, 그리고 권력을 가진 연합 세력과의 관계를 개선하는 것이 필요하다. 그리고 소외된 집단들의 거부되었던 권리와 자원들을 정상화시키는 것이 필요하다. 정부는 배제된 집단들을 연결시켜 주고 환경을 개선할 수 있는 구체적인 방안들을 통하여 가난하고 소외된 사람들에게도 그들이 받아야만 되는 자원들과 서비스에 대한 권리 및 접근성을 향상할 수 있도록 해야 한다.

그리고 시너지 관점 측면에서 연구자나 정책 입안자들은 다음의 세 가지 주요 과업들에 관심을 가져야 한다. 첫째, 지역사회 사회관계들과 이의 상호작용들에 대한 정도와 본질의 파악, 둘째, 유대와 연결 사회적 자본을 확충할 수 있는 제도적인 전략들(Institutional Strategies)의 개발, 셋째, 종파주의, 고립주의 및 부패를 청산할 수 있는 협력(Cooperation), 신뢰(Trust) 및 제도적 효율성(Institutional Efficiency) 측면의 긍정적인 사회적 자본의 규명이다. 앞으로 이 분야의 과제는 어떻게 하면 약하고, 적대적이고 특징 없는 공식기관들을 대체해서 지역사회의 사회적 자본이 지역사회의 기관들이나 조직들을 보다 보완적인(Complement) 관계로 나아갈 수 있도록 작동하게 만드는 것이다.

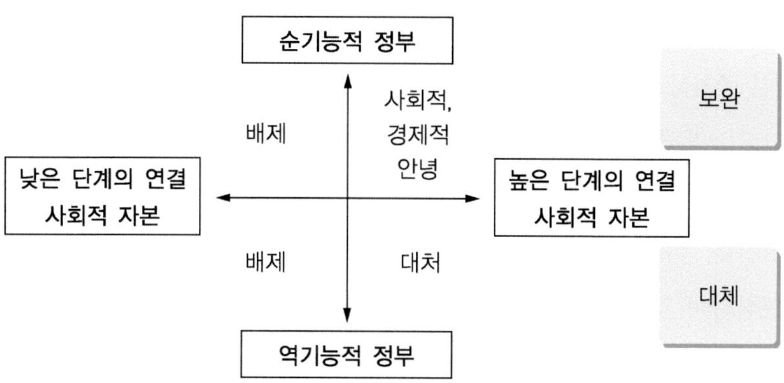

〈그림 12-2〉 연결 사회적 자본과 거버넌스와의 관계

출처: Narayan, D. (1999). Bonds and Bridges: Social Capital and Poverty. Policy Research Working Paper 2167. Washington D.C.: World Bank.

3 노인복지 분야에서의 사회적 자본 활용전략

1) 노년기의 빈곤과 경제적 측면에서의 사회적 자본

사회적 자본 관점에 따르면 빈곤을 일반적인 기초재나 자원의 적은 소유의 문제라고 정의하며 또 다른 생산요소인 사회적 자본의 결여나 부족 역시 빈곤의 한 측면을 구성한다고 주장하고 있다(홍경준, 2001). 일반적으로 고용, 자산, 소득, 주거, 교육 등 유용한 속성을 가진 사람이나 계층들은 사람들 간의 관계구조에서 이러한 속성들을 활용할 수 있지만, 그러나 사회 구조적으로 소외된 사람들이나 집단들은 이러한 특성들을 활용할 가능성을 상실하거나 원천적으로 배제될 경우도 높은 편이다.

사회적 자본을 다른 인구 사회학적인 변수들을 포함하여 인적자본변수들을 통제한 상태에서도 소득의 크기에 긍정적인 효과가 있는 것으로 조사되었다(홍경준, 2001). 전통적으로 우리나라의 소득보장정책서비스나 프로그램들은 대상자들에게 물적지원을 제공해 주는 차원에서 빈곤 문제에 접근했지만, 앞으로는 물적지원이나 인적자본 증가를 위한 서비스나 프로그램을 포함하여 사회적 자본의 수준을 확충시킬 방안도 모색해 보아야 한다. 사회적 자본의 확충은 사람과 사람들 간의 일상적인 구조 속에 내재되었기 때문에 거시적인 차원보다는 미시적인 차원에서의 접근방안이 필요하다. 이를 위하여 유대전략(Bonding Strategy)과 연결전략(Bridging Strategy)들을 포함하여 정부보다는 제3섹터 조직을 통한 지역사회개발의 전략이나 모형을 활용하는 방안을 모색해 보아야 한다.

우리나라의 노인들에게 적용되는 빈곤 및 소득보장서비스들은 다음과 같다. 국민기초생활보장제도, 자활 지원제도, 경로연금, 노인 공동작업장 및 노인일자리사업이다. 위에서 지적했듯이 우리나라의 소득보장정책서비스는 빈곤 및 저소득계층의 노인들에게 물적지원이나 현금급여의 제공을 통하여 빈곤 문제에 대응하고 있다. 그러나 각각의 급여 수준이 비현실적이어서 빈곤 상황을 벗어나기가 어렵다. 노인들의 빈곤 문제를 보다 효과적으로 해결하기 위하여 공공 영역과 민간 영역이 연계하여 인적자본과 사회적 자본을 통합한 차원에서의 새로운 접근방식을 모색해 보는 것이 필요하다. 또한 후기노인들에게 적용하기는 어렵지만, 비교적 연령이 낮은 연소 노인과 노인들을 중심으로 사회적 연계망을 보다 확대해 나가고, 그리고 지역 단위의 전문적인 탈빈곤을 위한 종합적이며 포괄적인 지원 시스템의 도입이 필요하다.

노년기 경제적 측면의 복지향상을 위한 사회적 자본의 활용방안을 정리하면 다음과 같다(서지원, 2008). 첫째, 노년기의 경제향상에 기여하는 가족 내 세대 간 교류의 중요성을 인식하고 개별가족의 정서적 또는 도구적 관계망을 포함하여 사회적 자본을 형성할 수 있는 가족 상담 및 가족생활 프로그램을 제공해야 한다. 특히 비동거 자녀들의 정서적 지지는 노인들의 경제적 측면의 향상에 유의미한 영향을 미치므로 노인들과 자녀들의 정서적 관계망을 확대하는 방안을 모색해야 한다. 또한 여성 노인들은 남성 노인들에 비하여 정서적이나 도구적 관계망의 의존이 높으므로 특히 빈곤 여성 노인들의 사회적 관계망을 확충시키는 방안을 모색해야 한다.

둘째, 노인들의 사회참여 정도가 노인들의 경제적 측면에 영향을 미치기 때문에 가족들 간의 관계망 이외에도 다양한 여가, 취미, 종교활동 등의 자발적인 사회적 모임을 활용하여 이웃, 친구 및 지역사회와 소통할 수 있는 관계망의 확대를 통하여 노인들의 경제적 측면을 향상해 나가야 한다(허준수, 2014).

셋째, 노년기의 경제적 상황을 향상하기 위하여 전통적인 개인별 소득보장정책프로그램을 보완하는 측면에서 노인들의 인적자본과 사회적 자본을 통합할 수 있는 새로운 차원의 소득보장정책 및 지원 프로그램의 개발이 시급히 요청된다.

2) 노년기의 여가, 체육 및 예술문화활동과 사회적 자본

문화 및 여가활동에 참여하는 것은 국가적인 정체감과 지역사회의 네트워크를 형성하고 지역사회의 사회적 응집력을 강화시킨다. 문화 및 여가활동의 참여는 참여자들에게 소속감, 사회적 지지 및 사회 접촉을 활성화시킨다. 이러한 활동들에 참여하면 부수적인 효과를 발생할 수 있다. 예를 들어서 체육 및 레크리에이션 활동에 참여하면 범죄 및 다른 반사회적 활동의 피해를 줄일 수 있다. 특히 농촌지역에서는 이러한 체육, 오락 및 문화적 활동 등을 통하여 아주 강한 지역사회의 유대 및 결속을 강화한다(Australian Bureau of Statistics, 2002).

우리나라는 예전에 지역주민들이 함께하는 마을 공동체 활동 및 행사들이 있었다. 그러나 압축적 경제성장으로 인한 도시화와 공동주택의 보급은 전통적인 지역 공동체와 문화를 붕괴시켰고 지역사회는 단지 행정구역이나 베드타운화가 되어버렸다. 이러한 지역사회 변화와 거주상황의 변화 역시 많은 노인의 삶의 질에 영향을 미치고 있다. 이를 극복하기 위해서는 노인복지관 및 관련 기관들이 협력하여 기존의 노인들만을 중심으로 하는 여가, 체육 및 문화활동 등을 지양하고 보다 지역주민들과 함께하는, 세대를 통합할 수 있는, 그리고 모든 지역주민이 함께 참여하여 지역사회의 공동체 의식과 문화를 개발할 수 있는 다양한 여가, 체육 및 문화활동 및 프로그램들을 확충해 나가야 한다.

선행연구들에 의하면 한 지역사회에 문화활동이나 체육활동에 대한 참여가 적을수록 사회적 자본의 수준도 낮은 것으로 나타났다. 이 분야에서 사회적 자본을 보다 활성화시키기 위해서는 우선으로 선결되어야 할 이슈가 있다. 예를 들어서 한 지역사회 내에서 가족이나 친척들과 함께하는 비공식 네트워크 내에서 문화 및 체육활동 등의 실태는 어떠하며, 지역사회의 동아리, 클럽이나 단체 등의 구조적인 사회 네트워크 등에 의한 조직화된 문화 및 여가활동들은 어떠하며, 그리고 비공식 및 공식 네트워크에서 진행되는 문화 및 체육활동들을 체계적으로 비교하여 어떠한 네트워크보다 높은 수준의 사회적 자본을 발생하는지에 대하여 규명해 보아야 한다.

이러한 국가 차원 혹은 지역사회 차원의 정보들을 통하여 정책 입안자들이 시민들이나 지역주민들의 욕구 및 관심 영역을 파악할 수 있고, 이러한 영역이나 분야들에서 시민들이나 주민들이 함께 연대할 수 있는 환경을 조성하는 데에 필요한 전략과 재정계획을 수립하는 데에 도움이 될 수 있다. 또한 이러한 정보들을 활용하여 문화, 체육 및 레크리에이션 활동 분야에서의 참여율을 향상시킬 수 있는 지역사회 내의 파트너십을 개발할 수도 있다. 특히 체육, 레크리에이션, 문화활동 등을 실시하기 위해서는 많은 수의 자원봉사자들도 필요하고 지역사회 내의 관련 영역들에서 활동하는 자원봉사자들에 대한 정보나 통계 역시 정책 기획 및 집행에 필요하다(Australian Bureau of Statistics, 2002).

그동안 노인들을 위한 문화, 여가, 체육 및 예술 활동 등은 지역사회의 노인종합복지관, 종합사회복지관, 노인학교, 경로당 및 주민자치센터 등을 중심으로 양적인 측면에서 많은 발전이 있었다. 문화 및 여가활동들을 제공하는 노인복지 관련 기관들에 대한 접근성에 차이는 있지만 여가활동부터 문화활동까지 매우 다양한 사업과 프로그램들이 진행되고 있는 것이 사실이다. 그러나 이러한 다양한 활동들에 대한 체계적인 연구조사가 진행되지 않아서 이러한 활동들이 노인들의 삶의 질에 어떠한 영향을 미치고 있으며, 그리고 이러한 활동들을 지역사회 내에서 보다 활성화시키기 위한 사회적 자본 측면에서의 접근은 미흡한 것이 사실이다.

노년기의 여가, 체육 및 문화활동 분야에서 사회적 자본의 활성화 전략들은 다음과 같다. 첫째, 지역사회 내에서 각각의 영역들에서 중복되는 프로그램이나 활동들을 체계적으로 통합시키려는 노력이 필요하다. 둘째, 노인들이 중심이 되어 여가, 체육 및 문화활동들을 주체적으로 활성화시킬 수 있는 방안을 모색해야 한다. 셋째, 노인을 포함하여 모든 지역주민이 참여할 수 있는 여가, 체육 및 문화활동의 개발과 육성이 필요하다. 넷째, 노년기의 여가, 체육 및 문화프로그램들에 참여자들의 개인적인 성장이나 만족도 향상을 포함하여 이러한 프로그램을 통하여 지역사회 공동체 확립 및 세대통합을 추구할 수 있는 환경을 구축해야 한다.

3) 노년기의 교육과 사회적 자본

평생교육에서 사회적 자본에 관심을 갖기 시작한 배경은 다음과 같다. 첫째, 평생교육 분야에서 인적자본 중심의 인적자원개발론의 한계를 보완하거나 극복하기 위하여 시작되었다. 사회적 자본 측면에서는 인적 자본론은 개인주의적이고 경제적인 한계가 있다고 평가하고 사회적 자본의 핵심 개념이 사람들 간의 네트워크와 관계에 초점을 맞추어서 인적 자본론의 개인주의적 한계와 삶의 질의 문제를 보다 더 강조하고 있어서 현재 평생교육의 문제점들을 보완해 줄 수 있는 측면이 높다(정혜령, 2009; 표 12-2 참조).

〈표 12-2〉 인적자본과 사회적 자본의 비교

구분	인적자본(Human Capital)	사회적 자본(Social Capital)
초점	개인	네트워크와 관계
투입요소	교육 기간 혹은 자격증	상호신뢰와 시민참여
산출요소	개인 경제적 혹은 생산성 수준	삶의 질

출처: Schuller, T., & Field, J. (1998). Social Capital., Human Capital and the Learning Society, International Journal of Lifelong Education, 17(4), pp. 226-235; 정혜령(2009). 평생교육에서 사회적 자본 논의의 비판적 탐색. 평생교육연구, 15(2), pp. 53-75.

둘째, 기존의 개인 중심의 교육에서 사회적 자본의 개념을 포함한 평생교육은 개인이나 국가 수준보다는 지역 차원의 실천을 보다 강조하고 있다. 기존의 평생교육 목표는 교육을 통하여 지역사회를 발전시키고 지역공동체 형성을 전제로 하였지만, 최근의 평생교육은 인적 자본론의 지배적인 영향력으로 인하여 지역사회발전보다는 참여자들의 지식과 기술향상 등에 보다 초점을 두고 있다.

셋째, 사회적 자본을 포함한 평생교육은 시민참여의 중요성을 보다 강조하고 있다. 평생교육이 시민사회 발전에 중요한 역할을 해야 하지만 최근 평생교육에서는 시민으로서 사회참여의 중요성을 강조하지 않고 있다. 사회적 자본은 시민사회건설의 중요한 자원이며 평생교육의 목표가 민주적 학습공동체의 건설이라면 평생교육은 사회적 자본의 형성에 기여해야 하며(정해령, 2009), 이를 통하여 시민들의 참여의식을 증대시켜 나가야 한다.

기술과 지식의 습득 및 함양은 인적자본을 형성하는 주요 요소이며 전통적으로 일반교육 및 성인교육에서 가장 중요한 요인들의 하나이다. 그동안 성인 교육체계가 개인 초점을 둔 인적자본개발에 치중한 것이 사실이다. 인적자본과 사회적 자본을 통합하여 성인교육을 추구한다면 보다 사회에 유용한 지식과 기술로서 발전될 수 있을 것이다. 특히 교육에 참여자들의 다양한 사회경제학적인 요인들을 사회적 자본 관점으로 연결시키면 보다 더 효과적일 것이다. 사회적 자본의 세 가지 구성요소인 네트워크(Network), 신뢰(Trust) 그리고 공유된 가치들(Shared Values)을 기존의 인적자본 중심의 성인교육과 통합시킨다면 성인교육의 효과가 더욱더 향상될 것이라고 주장하고 있다(Balatti & Falk, 2002).

Balatti와 Falk(2002)는 성인교육, 사회적 자본, 인적자본 간의 관계들은 매우 밀접하게 연결되어 있다고 주장하고 있다. 그들은 이러한 관계들을 Centre for Research and Learning in Regional Australia에서 개발한 Model of Building and Using Social Capital(MBUSC)을 중심으로 설명하고 있다. MBUSC는 성인교육에서의 인적자본과 사회적 자본을 결합하여 개발한 프로그램으로 오스트레일리아 농촌지역 세 개 지역사회의 로컬 네트워크 참여자들을 위하여 개발된 '공동의 목적을 위한 지역사회'라는 프로그램이다(그림 12-3 참조).

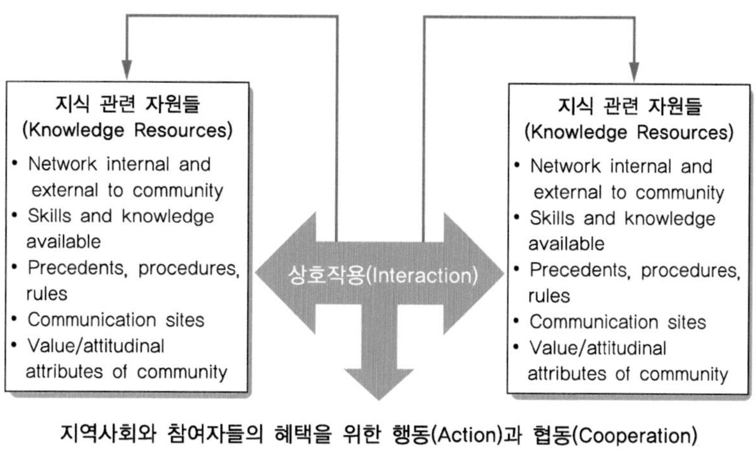

〈그림 12-3〉 사회적 자본의 구축과 활용 모델

출처: Falk, I., & Kilpatrick, S. (2000). What is social capital? A study of rural communities, Socilogia Ruralis, 40(1), pp. 87-110.

MBUSC에서는 사회적 자본은 지식과 정체감에 관련된 자원들을 지역사회 공동의 목적을 위해서 활용한다. 네트워크 자체는 지식 관련 자원들이 되고, 사회적 자본은 자원들과 네트워크이며 이러한 네트워크의 연결을 통하여 또 다른 자원을 생성하게 된다. 또한 일반적으로 '자원'이라는 것은 '인적자본'으로 지칭되는데, MBUSC에서는 '인적자원'은 '지식자원'의 하위 영역이고, 그리고 본 모델에서는 인적자원은 구체적으로 '기술과 지식(Skills and Knowledge)'으로 명명된다.

MBUSC에서는 다음과 같은 세 가지 요소들로 구성되어 있다. 첫째, 참여자들 간의 상호작용, 둘째, 상호작용을 가능하게 하는 자원들, 셋째, 그리고 상호작용을 통하여 기대되는 결과들이다. 이 모델에서 기대되는 결과는 네트워크와 집단들의 참여자들의 상호작용을 촉진하고 이러한 상호작용에 관여되는 지식과 정체감 관련의 사회적 자본들이 무엇인가를 규명하는 것이다(Balatti & Falk, 2002).

이 모델의 핵심은 상호작용(Interaction)에 있다. 참여자들 간의 상호작용을 통해서 공동의 목표를 추구하기 위하여 어떠한 자원들이 필요한지에 대해서도 결정된다. 이 모델은 사회관계를 통하여 자원 간의 관계를 확립하고, 그리고 지속적인 상호작용을 통하여 참여집단뿐만 아니라 참여자 개인들의 사회적 자본의 수준을 변화시키거나 향상시킬 수 있다고 전제한다. 이 모델에 의하면 참여자들이 개인적이나 공통적인 상호작용들을 통하여 참여자들이 갖고 있는 지식 및 정체감 관련 자원들을 공유할 수도 있다. 상호작용의 범위와 정도에 따라서 공통의 목적들은 변경 가능하고 그리고 이에 따르는 지식과 정체감 관련의 자원들도 변경될 수 있다.

사회적 자본은 역동적이고 사회적 자본 구축은 상호작용을 통하여 이루어지며 이러한 상호작용들은 역사성(Historicity)과 미래성(Futurity)의 차원을 포함한다. 상호작용의 역사성과 미래성은 사회적 및 문화적 규범들을 전파하는 과정에서 가장 중요한 요소이다. 이를 성인교육에 적용하면 미래를 바라보는 측면에서 과거의 교육적 욕구들을 현재의 교육적 욕구들에 적용하는 것이다. MBUSC에서 외부성(Externality)은 외부 기관, 단체나 사람들 간의 관계를 의미하며, 이는 기존에 일반적으로 기능하는 공간이나 영역 밖의 사람들, 아이디어 및 이슈들을 포함한다. 본 모델에서는 보다 활발한 외부 기관이나 단체들과의 빈번한 상호작용을 통하여 연계망을 개발하거나 확충할 수 있으며, 그리고 이를 통하여 사회적 자본의 활성화를 통하여 참여 네트워크나 참여자들이 추구하는 공동의 목표를 보다 효과적으로 성취할 수 있다고 주장하고 있다.

현재 지역사회의 노인복지기관들(노인종합복지관, 노인특성화 종합사회복지관, 노인학교 및 경로당 등)에서 사회교육과 평생교육 차원에서 다양한 형태의 교육프로그램 및 서비스가 진행되고 있다(허준수, 2010). 현재 노인복지기관에서 활용하는 교육 활동은 이전에 종합사회복지관에서 활용했던 사회교육의 틀과 방식을 그대로 활용하여 다만 노인들을 대상으로 변화시킨 것이 대부분이다. 현재 노인들은 공식교육을 제대로 받을 수 없는 역사적 배경 때문에 현행 교육프로그램의 진행방식에 대해서도 큰 불만을 나타내지 않고 있다.

그러나 공공예산이 투여되는 복지기관에서 사회교육이나 평생교육 프로그램들은 개인의 내적인 성장과 발전을 지향하는 일반 공공 및 민간 교육기관의 교육프로그램들과는 차별성을 가져야 한다. 그리고 앞으로 현재의 베이비 붐 세대가 노년기에 접어드는 시기부터는 현재 노인복지기관에서 진행되는 전통적인 형식의 사회교육 프로그램들에 대한 욕구는 적을 것으로 예상된다. 사회적 자본의 한계는 있지만 사회적 자본의 핵심 요소인 네트워크, 신뢰(Trust) 그리고 공유된 가치들을 적용하여 노년기의 사회교육 및 평생교육에 통합하거나 접목시키는 구체적인 방안을 모색해야 한다. 이를 통하여 노인들의 개인적 차원의 교육적 성장뿐만 아니라 노인들이 교육을 통하여 습득한 지식과 경험들을 지역사회 및 시민사회의 발전에 기여할 수 있도록 현재의 노인사회교육 및 평생교육의 방향과 패러다임을 전환해야 한다.

4) 노년기의 건강과 사회적 자본

1995년 7월 시카고 지역에 강타한 폭염은 노인들의 삶의 질과 사회적 자본의 관련성을 매우 잘 설명해 주는 현상이다. 이 폭염은 700명의 목숨을 앗아갔다. 불행하게도 폭염과 관련된 죽음의 4분의 3 이상이 65세 이상의 노인들이었고, 피해자 대부분이 사회적으로 고립된 노인들인 것은 우연의 일치가 아니었다. Semenza와 그의 동료들은 폭염으로 사망하는 확률을 계측했는데 독거 상태의 경우는 2.3인 반면에 클럽, 교회 및 지지집단 등 지역사회 집단에 참여할 경우 사망할 확률이 0.7로 사망률이 거의 30% 이상 감소된다고 주장하고 있다(Cannuscio et al., 2003).

높은 범죄율과 공공장소에서 사회적 접촉이 낮은 지역사회에 거주하는 노인들의 사망률은 매우 높은 편이다. 그리고 지역사회환경이 취약하고 범죄에 대한 불안 때문에 노인들은 집 안에만 있고, 폭염 시기에도 지역사회의 냉방센터에 가는 것을 꺼린다. 시카고 지역에 강타한 폭염은 자연발생적인 것이 아니라 인위적이었다. 만일 건강하고 활기찬 지역사회의 경우 지역주민들 간에 상호 간의 접촉이 활발하므로 사망의 위험에 직면하더라도 이에 성공적으로 대처할 수 있다. 일부 지역사회에서는 폭염에 취약한 노인들에게 실질적인 도움을 주어서 폭염으로부터 사망하는 것을 막아냈다.

이러한 경우가 사회적 자본의 집합적인 차원(Collective Dimension)의 대표적인 사례가 될 수 있다. 지역사회의 사회적 자본은 사회적 네트워크나 친밀한 관계를 통하여 개인들이나 지역주민들의 상호접촉의 사적인 이익 이외에 그 이상의 결과나 목표를 달성할 수도 있다. 그러나 이러한 지역사회 내의 사회적 자본의 축적은 계속 줄어들고 있다(Cannuscio et al., 2003). 미국에서는 천만 명 이상의 노인들이 독거 상태에 있고 이러한 상태는 독거노인들의 사회적 고립, 재정적인 취약성, 상호작용의 부재, 이동성의 미흡 등 문제점들을 발생시키며 독거노인들의 성공적 노화를 위협하는 요인으로 작용하고 있다. 만일 독거노인들이 지역사회에서 사회적 자본에 용이하게 접근한다면 지역사회 집단이나 이웃들의 상호지원을 통하여 제한적인 사회적 참여의 기회를 늘릴 수 있고 이를 통하여 삶의 질을 개선해 나갈 수 있다.

노년기의 건강에도 사회적 자본의 영향은 매우 유의미한 것으로 나타났다. 남은우 외(2008)의 연구에서 노인들과 청장년층의 주관적 건강에 영향을 미치는 요인들을 조사한 결과 노인들의 주관적 건강은 가구소득, 적절한 취침 등을 포함하여 사회적 자본의 특성인 사회활동 참여 등 유의미한 영향을 미치는 것으로 조사되었고, 그리고 청장년층의 주관적 건강은 농촌 거주, 규칙적인 운동, 혼자 거주, 아침식사 결식과 같은 요소들이 영향을 주는 것으로 나타났지만 사회적 자본 특성 요인은 영향을 미치지 않는 것으로 나타났다. 청장년층과 비교하여 노인들의 건강에 사회적 자본의 수준이 영향을 미치는 것으로 나타났다. 노인들의 건강을 향상시키기 위해서 노인들의 건강 욕구를 부합하는 건강증진 프로그램을 개발하고 이를 위해 사회적 자본의 강화 프로그램들을 포함한 건강사업을 개발하여 운영하는 것이 바람직하다.

선행연구에 의하면 사회적 자본의 수준은 노년기의 정신건강에도 유의미한 영향을 미치는 것으로 나타났다. 노인의 정신건강은 노인의 개인적 특성, 가족적 특성, 인구 사회학적 특성뿐만 아니라 사회 관계적 특성인 신뢰, 집단 내 협력, 지역사회 참여 등 사회자본 특성에 의해 영향을 받는다(Poortinga, 2006). 이홍직(2009)의 연구에서 노인의 정신건강에 영향을 미치는 요인을 신뢰, 집단 내 협력, 정보공유, 지역사회 참여 요인 등 사회자본 특성과 개인특성, 가족특성 인적자본 특성 등 인구 사회학적 특성을 통해 살펴보았다. 그 결과 10여 개 노인복지관을 거점으로 65세 이상 272명을 조사한 결과 신뢰, 지역사회 내 협력, 정보공유, 지역사회 참여 수준 등 사회자본 특성인 네 가지 변수들이 노인의 정신건강에 통계학적으로 유의한 것으로 나타났다. 특히 사회적 자본 특성과 인구 사회학적 특성을 동시에 고려한 분석에서도 사회적 자본 특성인 '신뢰'가 인구 사회학적인 특성인 배우자와의 동거 여부, 주관적인 건강상태 등과 함께 어르신들의 정신건강에 유의미한 영향을 미치는 것으로 나타났다.

사회적 자본이 구성원들의 특정한 건강 행위에 어떠한 영향을 미칠 수 있는가를 조사하기 위하여 서울과 춘천지역 65세 이상 노인들의 흡연 및 음주 행위에 대한 사회자본의 효과를 조사하였다. 그 결과 노인들이 가지고 있는 사회적 자본의 수준이 개인의 흡연과 음주 행위에 영향을 미치는 것으로 조사되었고, 노인들의 사회적 자본의 수준이 높을수록 개인의 흡연 및 음주 행위는 감소한다는 사실을 밝혀냈다(임재영 · 조창익, 2008). 이처럼 한 사회나 지역사회의 사회적 자본은 구성원들의 건강 행위에 유의미한 영향을 미치는 것으로 나타났다. 특히 노년기에 부적절한 건강 관련 행위들을 감소시키기 위하여 지역사회의 다양한 사회적 네트워크를 보다 적극적으로 활용하는 방안을 모색해 보아야 한다.

노년기의 건강 관련 분야에서 사회적 자본의 활성화 전략들은 다음과 같다.

첫째, 지역사회의 사회적 자본의 수준과 건강 관련 통계를 통합하여 노인 건강서비스의 배분, 계획 및 자원할당 등을 보다 효과적으로 시행해야 한다.

둘째, 지역사회 내에서 노인들의 건강 행동에 영향을 미칠 수 있는 건강 증진과 예방적인 건강서비스들을 보다 확충해 나갈 수 있는 지역 단위의 다양한 건강 관련 집단들 및 조직들을 확대해 나가는 방안을 모색해야 한다.

셋째, 노인들의 정신건강, 약물사용, 자살 등의 정보와 자료들을 적극적으로 활용하여 이러한 건강 관련 이슈들과 관련되는 지역 중심의 노인들을 위한 건강서비스의 개발 및 교육전략 등을 수립해야 한다.

넷째, 지역주민이 중심이 되어 만성질환이나 장애를 가진 노인들의 일상생활을 지원하고 일정한 도움을 제공할 수 있는 환경을 구축해야 한다. 이를 위하여 현재 지역사회 내에서 활동하고 있는 비공식 및 공식 차원의 부양자 및 관련 자원봉사 집단들을 파악하고 이들 상호 간의 네트워크가 보다 활성화될 수 있도록 지원해야 한다.

다섯째, 지역사회 주민들을 대상으로 노인건강 분야에서 지역사회의 중요성, 책임감 및 서비스의 형평성 등에 관하여 교육할 수 있는 인식개선사업을 진행해야 한다.

여섯째, 지역 단위의 사회적 자본의 수준을 반영한 건강보호정책을 수립하여 거주지역에 따라서 노인 건강보호서비스의 접근성이 상이하고 사각지대가 발생하지 않도록 노력해야 한다.

5) 재가노인복지서비스와 사회적 자본

최근 들어서 사회복지서비스를 포함한 공공서비스 전달체계에서 정부, 시장, 시민사회 간 협력에 관한 관심이 높아지고 있고, 특히 사회복지서비스 전달의 거버넌스가 사회적 자본과 어떠한 관계가 있는지에 대한 관심 역시 높아졌다. 오수길과 곽병훈(2004)의 연구에 의하면 시민참여를 토대로 한 사회적 자본이 효과적인 거버넌스에 의해서 정부 효과성에 도움이 되고, 그리고 공식 혹은 비공식 의사결정과 참여 과정을 통하여 시민사회의 하부구조를 생성한다고 주장한다. 그리고 사회적 자본을 효과적으로 창출하기 위해서는 정부가 통제, 규제, 촉매 및 촉진 등의 기능을 통하여 시민들과의 자율성을 공유해야 한다.

이러한 관점을 바탕으로 오수길 외(2004)의 연구는 재가노인복지서비스 전달체계에서의 사회자본, 정부 및 거버넌스의 연계에 관한 연구를 진행한 결과 우리나라 재가노인복지서비스 전달체계의 거버넌스는 정부의 제도화 노력에 의하여 사회적 자본과의 연계성이 높아졌다는 결과를 밝혔다. 연구결과들을 종합해 보면 1970년 이후 재가노인복지서비스의 거버넌스와 관련된 사회적 자본은 연계성과 제도화가 낮은 수준에서 높은 수준으로 향상되었다. 정부의 통제를 받는 사회복지법인을 통한 시설중심의 보호에서 운영 주체의 다양성을 확보하였고, 특히 1990년대에는 가정봉사원제도, 주간 및 단기보호서비스의 확대를 통하여 공공 부분과 민간 부분의 협력을 제도화시켰다. 그리고 이러한 협력적 전달체계의 제도화를 통하여 사회복지서비스와 관련된 다양한 사회적 자본의 축적이 가능하게 되었다. 또한 재가노인복지서비스와 관련된 다양한 법 제정 및 개정[1])을 통하여 정부의 법적 및 제도적인 틀이 재가노인복지서스와 관련된 사회적 자본의 축적을 촉진시키는 역할을 했다(그림 12-4 참조).

결론적으로 재가노인복지서비스를 포함하여 우리나라의 사회복지서비스는 사회적 자본의 형성에 정부의 역할이 매우 중요한 요인으로 규명되었다. 우리나라의 재가노인복지전달체계의 발전단계를 살펴보면 정부와 정부의 통제 아래 있는 한국사회복지협의회의 역할에 의하여 사회적 자본의 형성과 확산의 기회를 마련하였다. 그

---

1) 1983년 사회복지사업법, 1989년 재가노인복지서비스 법제화, 1991년, 한국사회복지협의회 지역봉사센터 설립에 대한 지원, 1993년 재가노인복지서비스의 법적 서비스 규정, 1997년 사회복지사업법 개정.

러나 앞으로 재가노인복지서비스의 전달체계가 보다 효과적으로 작동하기 위해서는 정부, 지자체, 관련 기관, 이해 당사자나 시민사회 등이 협력적 파트너십을 통하여 연계될 때에 재가노인복지서비스와 관련된 사회적 자본이 보다 향상되고 이를 통하여 서비스의 대상자인 재가 노인들의 삶의 질이 향상될 수 있다.

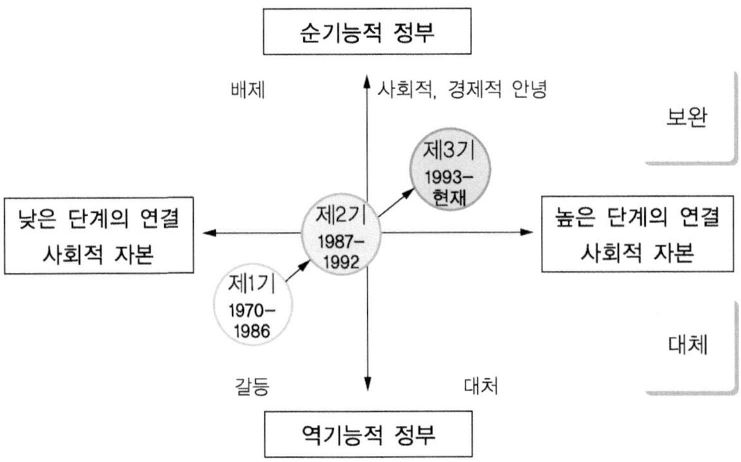

〈그림 12-4〉 재가노인복지서비스의 거버넌스와 사회적 자본의 발전단계

출처: 오수길 · 곽병훈 (2004). 사회적 자본, 정부, 거버넌스의 연계에 관한 시론적 모색: 재가노인복지서비스 전달체계의 역사적 분석을 사례로. 한국행정학보, 38(6), pp. 225–245.

우리나라의 재가노인복지서비스 및 전달체계를 통하여 형성된 사회적 자본은 단기간에 형성된 것은 아니다. 그리고 우리나라의 재가노인복지서비스 전달체계의 효과성은 외국과 비교하여 그다지 높은 편은 아니지만 재가노인복지전달체계가 도입되지 않은 시기에 비교해 보면 비록 제한적이며 선별적인 서비스이지만 재가 노인들의 삶에 일정 부분 도움이 되는 측면도 있었다. 그러나 2008년 7월부터 노인장기요양보험의 시행으로 인하여 오랜 기간에 발전되어 온 재가노인복지서비스의 전달체계 전반에 많은 영향을 미치고 있는 것을 주지해야 한다.

노인장기요양보험제도가 그동안 공공이나 민간 영역을 통하여 서비스를 받았던 만성질환자들의 보호를 제도화했다는 측면은 있지만 정책 입안자나 이해집단의 근시안적인 판단으로 인하여 노인장기요양보험제도로 재가노인복지서비스를 대체하려는 노력이 가시화되고 있다. 중증의 만성질환 노인들을 위한 보험제도의 시행을 빌미로 수많은 재가 노인들에게 필수적인 재가노인복지서비스를 축소하거나 경감하는 것은 매우 비합리적인 결정이라는 것을 인식해야 한다. 그리고 사회적 자본 측면에서도 정부의 잘못된 정책 방향에 의하여 그동안 우리나라에서 장기간 공공영역과 민간 영역의 협력으로 지속적으로 발전시켜 온 재가노인복지서비스 전달체계의 사회적 자본을 크게 훼손시킬 수 있다는 사실도 인식해야 한다. 정부는 2026년에 지역사회통합돌봄사업(Community Care)의 시행을 목표로 전국 8개 지자체에서 시범사업을 진행하고 있다(보건복지부, 2019). 그동안 공공이나 민간 영역에서 축적해온 재가서비스의 전달체계를 침해하지 않고 기존의 재가서비스의 사회적 자본을 활용하고 연계하여 지역사회통합돌봄사업을 보다 발전시켜 나가야 한다.

6) 노인자원봉사와 사회적 자본

노인들은 자원봉사활동을 통하여 노년기의 여가선용, 사회참여 및 역할수행 등을 보다 확충해 나갈 수 있고, 특히 심리·사회적 및 건강 측면 등에서 긍정적인 영향과 혜택을 얻을 수 있다. MacArthur의 성공적 노화 연구에 의하면 자원봉사활동은 노인들의 전반적인 기능을 향상시켰고, 특히 자원봉사활동 참여 노인들의 신체적 기능이 약화될 위험을 32%나 경감시킨 것으로 나타났다(Fried et al., 1997). 이처럼 자원봉사활동은 참여 노인들의 삶의 질의 향상에도 도움을 주지만, 노인자원봉사활동은 한 지역사회의 사회적 환경개선과 사회적 자본의 수준 향상에도 많은 영향을 미칠 수 있다. 지역사회의 전반적인 사회적 자본의 수준이 향상되어야 노인자원봉사활동도 증대되지만, 반대로 노인자원봉사의 활성화를 통하여 지역사회 내의 사회적 자본의 총량을 확대시킬 수도 있다.

미국의 경우 자원봉사활동은 지난 반세기 동안 지속적으로 증가하였다. 그럼에도 불구하고 자원봉사활동을 연령별로 분석해 보면 지난 25년 동안 60세 이상의 자원봉사활동은 매년 여섯 배 이상씩 증가하였다. 30세에서 59세의 자원봉사활동은 예전과 비교하여 감소하는 경향이 있다. 청소년들의 자원봉사활동은 졸업규정과 대학입학 조건 등으로 인하여 약간씩 증가하고 있다. 청소년기에 습관적으로 시작된 자원봉사활동은 이들이 나이가 들어가면서도 계속해서 자원봉사활동에 참여하는 계기가 된다. 반면에 30세에서 59세의 자원봉사활동은 노인들의 자원봉사활동의 60% 미만에 지나지 않고 있다. 그리고 30세 미만은 노인들의 자원봉사활동 40% 미만에 그치고 있다(Saguaro Semina, 2009). 미국에서는 모든 연령층에서 자원봉사활동의 참여율이 높은 편이지만 특히 60세 이상 노인들의 자원봉사활동 참여률이 높은 것은 많은 시사점을 내포한다.

우리나라 노인들의 자원봉사활동 참여율은 선진국의 노인들과 비교하여 매우 저조한 편이다. 예를 들어 2004년도 전국노인생활실태조사에 의하면 전체 65세 이상의 노인 중에서 자원봉사활동에 참여한 비율은 10.7%이었고(한국보건사회연구원, 2004), 2008년에는 전체 65세 이상 노인들의 10.2%만이 자원봉사활동에 참여하고 있는 것으로 조사되었다(보건복지가족부 · 계명대학교, 2009). 전국 노인생활실태조사(2017)에 따르면 자원봉사경험이 있는 노인은 11.5%로 조사되었고, 그리고 평생 1회라도 자원봉사를 경험한 노인은 15.4%로 나타났다. 전국 248개 지역종합자원봉사센터에 등록한 자원봉사자 통계를 분석해 보면 노인들의 자원봉사활동의 경우 2004년도부터 2007년까지 약 10% 정도까지 증가하다가 2008년도부터는 경감하고 있는 추세이다. 그러나 50대의 자원봉사활동은 26.5%로 계속 증가하고 있다(정진경, 2009). 중장년층이 노년기에 들어서도 지속적으로 자원봉사활동에 참여하게 하는 것이 앞으로 중요한 과제이다.

전반적으로 우리나라 노년기의 자원봉사활동이 2004년 이후로 전혀 증가하지 않는 이유에 대하여 체계적인 분석 작업이 필요하다. 그리고 시민사회의 발전과 성공적인 노화의 측면에서도 노인들의 여가선용과 사회참여의 진작을 위하여 앞으로도 노인자원봉사 참여율은 현재 수준보다도 보다 더 개선되어야 한다. 심층적인 분석은 아니지만 노인자원봉사활동이 위축되는 것은 2004년부터 시행하기 시작한 노인일자리사업이 노인들의 자원봉사활동 참여에 일정 정도 부정적인 측면에서 영향을 미칠 수 있는 개연성도 높다. 왜냐하면 동일한 활동이나 사업이더라도 소정의 실비를 지급하는 노인일자리사업에 무상의 노인자원봉사활동보다는 더 많은 노인이 참여할 확률이 높기 때문이다. 그리고 노인자원봉사활동에 참여했거나 참여할 가능성이 높았던 노인들이 노인일자리사업으로 옮겨 갔을 확률도 높다. 앞으로 정부나 노인 관련 기관들에서는 과연 노인일자리사업이 어느 정도 수준에서 노인자원봉사활동을 위축시켰는지에 대한 심층적인 조사를 진행해야 한다. 그리고 노인자원봉사활동과 노인일자리사업을 체계적으로 연계시키는 방안도 마련해야 한다(허준수 외, 2005; 그림 12-5 참조).

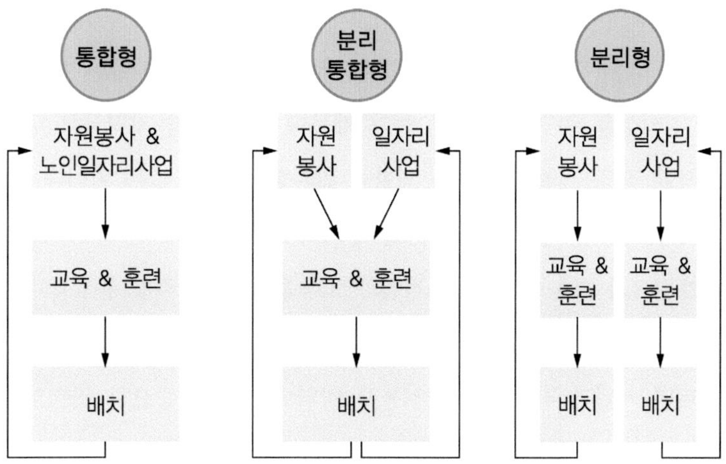

〈그림 12-5〉 노인자원봉사활동과 노인일자리사업의 연계운영모형

현재 거의 모든 노인종합복지관에는 노인자원봉사단을 조직하여 많은 노인이 자원봉사활동에 참여하고 있다. 그러나 대부분의 노인자원봉사단 활동 장소가 기관 내의 자원봉사활동에 국한되어 있고 지역사회를 대상으로 하는 노인자원봉사단의 활동은 저조한 실정이다. 노인자원봉사단의 활동영역을 복지시설에 한정시키지 말고 다양한 자원봉사활동들을 개발하여 지역사회 주민들, 조직들 및 단체들을 위한 활동으로 변화시키거나 혹은 지역사회의 단체들과 협력하여 공동의 목표를 위하여 자원봉사활동을 활성화해 나간다면 지역사회의 사회적 자본의 형성에도 일조할 것이다. 또한 이러한 연계작업을 통하여 한 지역사회가 당면하고 있는 다양한 문제들을 해결하기 위한 출발점이 될 수 있다. 이를 위하여 노인복지기관의 자원봉사담당자들은 노인자원봉사단 참여 노인들의 자원봉사 관련 지식과 기술을 함양시키려는 기존의 패러다임에서 노인들과 지역주민들이 함께할 수 있는 지역사회 내 활동 터전의 개발, 수요처 확대, 전문적 자원봉사활동 프로그램 개발 및 지도에 총력을 기울여야 한다.

7) 노년기의 노동과 사회적 자본

사회적 자본의 구축과 활용에서 기업과 작업장의 기능과 역할은 매우 중요하지만 기업이 영리성을 추구해 나가야 하기 때문에 그동안 한 지역사회 내의 사회적 자본을 분석할 경우 기업의 기능과 역할을 간과한 측면이 많은 편이다. 노동과 사회적 자본의 관련성에 대한 주요 내용을 정리해 보면 다음과 같다. 첫째, 기업과 작업장은 네트워크가 가능한 곳으로 직업과 노동을 통하여 직장 동료들과의 우정을 나누는 것 이외에 근로자들에게 유용한 네트워크를 제공해 준다. 최근 미국의 한 연구에 따르면 기업과 작업장은 자원봉사 영역에서 매우 중요한 곳으로 주목받고 있다. 미국에서 10명 중 한 명이 직장 동료들과 함께 자원봉사활동을 하고 있고 종교집단을 제외하고 기업은 비영리기관의 자원봉사 주요 원천이 되고 있다(Saguaro Seminar, 2009).

둘째, 기업과 작업장 역시 지역사회 내의 한 기관으로서 그 역할을 충실하게 담당해야 한다. 기업의 사회적 자본은 시민 가치를 고양시키고 지역사회 구축을 위해서 가장 중요한 자원의 하나이다. 기업은 공식적인 자선활동을 통하여 그들이 속한 지역사회에 긍정적인 영향을 미칠 수 있다. 한 조사에 의하면 90% 이상의 경영자들은 지역사회 봉사를 위하여 근로자들을 자원봉사활동에 참여를 장려하고 있고, 경영진들의 50% 이상이 기업 미션에 근로자들의 자원봉사활동을 포함했다. 또한 기업자원봉사활동을 통하여 근로자들의 협동 정신, 사기진작 및 근로 동기 향상 등을 성취했다고 보고하고 있다.

셋째, 기업의 노동–생활(Work–Life) 연계프로그램을 통하여 사회적 자본의 토대가 되는 가정과 시민사회에 대한 의무감을 증대시킬 수 있다. 기업의 노동–생활 연계프로그램은 탄력적인 휴직제도로부터 직장 내 아동보호 시설 및 노인보호후원프로그램까지 다양한 제도들을 통하여 가족생활에서 오는 부양 스트레스를 경감시켜 보다 생산적인 근로자들로 변화시킬 수 있다. 미국에서는 기업들이 근로자들에게 가족생활, 노인부양 및 아동보호 등의 분야에서 다양한 서비스와 프로그램을 제공하고 있다. 이를 통하여 기업에 근무하는 근로자들의 생산성과 사회적 자본의 수준도 향상시켜 나가고 있다.

기업 중심의 사회적 자본의 구축을 위한 주요 권고사항들을 정리하면 다음과 같다(Saguaro Seminar, 2009).

① 권고사항 1 : 기업 내에 시민사회 및 비영리 관련 단체나 협회의 지부를 창설하여 운영하는 방안을 모색해야 한다. 기업 내에 전국 규모의 비영리단체인 Red Cross, the League of Women Voters 또는 United Way 등의 지부를 신설하여 근로자들이 참여하게 할 수 있다.

② 권고사항 2 : 기업의 공간을 시민참여 및 시민 포럼에 활용할 수 있는 방안을 모색해야 한다. 지역사회의 지도자나 주요 인사들을 초청하여 전국적이나 지역적인 이슈들을 중심으로 기업 내에서 정기적인 토론회나 간담회를 개최할 수도 있다.

③ 권고사항 3 : 기업을 중심으로 근로자들을 위한 시민참여 및 시민교육을 체계적으로 진행해야 한다. 기업의 근로자들이 시민참여를 보다 체계적으로 할 수 있도록 근로자들을 위한 다양한 여가, 문화, 체육 및 시민교육 프로그램들을 개설하여 운영할 수 있다.

④ 권고사항 4 : 근로자들이 가족과 부모의 역할을 가능하게 하는 휴직급여 및 서

비스를 확충해야 한다. 근로자들이 노동의 의무에서 잠시 벗어나서 가족과 자녀들의 역할을 충분히 수행할 수 있도록 유급 및 무급의 휴직급여 및 서비스를 제공할 수 있다.

⑤ 권고사항 5 : 근로자들에게 지역사회서비스 및 봉사를 위한 시간을 마련해 주어야 한다. Timberland, Brinks, Hasbro, Stride Rite와 Sony Music Entertainment 등과 같은 기업에서는 근로자들을 정기적으로 지역사회 봉사활동에 참여시키기 위하여 유급 자원봉사활동을 전개하고 있다.

⑥ 권고사항 6 : 가정과 시민참여를 가능하게 하는 개별근로자의 근로계약 시스템의 확립이 필요하다. 가정과 시민사회 활동에 적극적으로 활동할 수 있게 시민참여활동에 참여를 원하는 근로자들의 노동시간을 보다 탄력적으로 조정 가능한 근로계약 시스템을 활용할 수 있다.

⑦ 권고사항 7 : 근로자들의 지역사회서비스에 대한 보상을 제공해야 한다. 지역사회에서 적극적으로 시민참여를 하는 근로자들에게 이들의 활동이 지속해서 유지될 수 있도록 기업 차원의 인센티브와 보상책을 활용할 수 있다.

⑧ 권고사항 8 : 기업의 사회공헌의 중심에 사회적 자본 형성을 주축으로 한다. Ford Foundation에서는 비영리기관들이 지역사회에서 소외된 계층이나 집단들의 직원들을 더 많이 고용할 수 있도록 하기 위한 기금을 마련하여 이를 원하는 비영리기관들에게 제공하고 있다.

⑨ 권고사항 9 : 지역사회 재건을 위한 공공기관 및 비영리기관과의 파트너십을 형성한다. 기업이 진정한 의미에서 지역사회가 발전하고 지역공동체가 원활하게 구축될 수 있도록 지역사회 내의 공공 및 비영리기관들과의 협력적인 파트너십을 구축해야 한다.

우리나라에서 전통적인 기업의 역할은 지역사회의 발전과는 무관하거나 연관성 없이 개별 기업의 생산성 향상과 영리추구활동 등에 초점을 맞추어 왔다. 최근에 들어와서 기업의 사회적 책임성을 강조하면서 기업 사회공헌과 기업 자원봉사활동들은 일정 부분 활성화된 측면이 있지만 아직도 많은 부분에서 개선되어야 한다. 특히 고령사회에서 기업의 역할은 매우 중요하다. 평균수명의 증가로 노인 인구가 지속해서 증가하고 있고 기업의 참여 없이 정부나 민간단체들의 노력만으로는 노년기 고용의 문제를 해결하기 매우 어렵다. 특히 기업은 고령 근로자와 퇴직근로자들의 인적자원개발과 사회적 자본의 확충을 위한 서비스 및 프로그램들을 보다 확충해야 한다.

현재 우리나라에서는 2016년부터 고용상 연령차별금지 및 고령자 고용촉진에 관한 법률에 따라 정년연령이 58세에서 60세로 연장되었다(국가법령정보센터, 2020). 하지만 일부 전문직을 제외하고는 대부분의 고령 근로자들에게 조기퇴직이 강요되는 사회이다. 이러한 조기퇴직은 인적자원과 사회적 자본 측면에서 퇴직자뿐만 아니라 우리 사회의 발전 측면에서도 매우 부정적으로 작용한다. 기업의 이윤을 사회공헌이나 자원봉사를 통하여 환원하는 것보다 각각의 기업들에서 인생의 많은 기간을 기업의 발전을 위하여 노력한 고령 근로자들과 퇴직자들에 대한 복지와 삶의 증진을 위한 노력을 우선적으로 해야 한다.

최근 들어서 노인복지 관련 기관들과 연계한 기업들의 자원봉사활동 및 사회공헌 활동들이 점차적으로 증가하고 있다. 그러나 노인복지기관에서 기업의 자원봉사활동과 사회공헌 활동은 비정기적, 비체계적 및 비전문적인 측면이 높고 현물 중심과 노력 봉사 중심의 활동이나 사업이 주류를 이루고 있다. 앞으로는 기업이나 노인복지기관들이 상호보완적 연계망을 구축하여 기업의 자원봉사활동과 사회공헌의 노력이 노인복지기관과 노인들의 진정한 복지향상에 도움이 되고 노인들을 위한 사회적 지원체계를 강화시킬 수 있는 차원으로 기업의 자원봉사활동과 사회공헌의 방향이 전환되어야 한다. 특히 기업의 홍보나 비정기적인 물품 중심의 사회공헌은 지양하고 기업의 사회공헌과 자원봉사활동 간의 연계를 통하여 지역사회의 발전과 지역공동체 확립에 기여할 수 있는 방안을 모색해야 한다.

사회적 자본 측면에서 노년기의 고용 분야에서 기업의 역할들을 논의해 보면 다음과 같다.

첫째, 기업에서는 고령 근로자들이 퇴직 이후에 다양한 시민참여활동을 촉진할 수 있도록 근로기 동안에 기업의 지원으로 다양한 자원봉사활동과 시민참여활동에 기여할 수 있도록 해야 한다.

둘째, 퇴직 예정근로자들에게 퇴직 이후에 긴 노년기를 준비할 수 있는 퇴직준비 프로그램을 활성화하고 이를 통하여 퇴직 이후에도 지역사회발전과 시민참여에 관련된 다양한 의미 있는 활동과 사업에 참여할 수 있도록 지원해 주어야 한다.

셋째, 만성질환이나 고령의 부모님들을 부양하는 근로자들에게 부양 부담을 경감시켜 줄 수 있는 기업 차원의 서비스 및 프로그램을 개발하여 운영해야 한다.

넷째, 현재의 근로자들과 퇴직근로자들이 함께 기업의 후원으로 지역사회의 소외된 계층이나 집단을 위한 다양한 자원봉사활동과 시민참여활동의 활성화 방안을 구축해야 한다.

다섯째, 기업을 중심으로 지역사회 내의 모든 연령계층이 함께할 수 있는 세대통합프로그램에 대한 지원을 확대해 나가야 한다.

8) 노인주택과 사회적 자본

그동안 우리나라의 주택환경은 빠르게 변화하고 있다. 특히 경제성장과 도시화의 영향으로 단독주택 중심의 주거환경에서 아파트인 공동주택의 확대로 일상생활에 많은 변화가 일어나고 있다. 주택은 단순한 거주공간을 넘어서서 지역사회의 가장 중요한 물리적 환경의 하나이고, 사회복지 분야에서도 주거복지 차원에서 매우 중요한 영역이다.

사회적 자본 측면에서 주택 관련 이슈는 다음의 두 가지로 정리할 수 있다. 첫째, 우리나라의 주거문화 및 환경의 변화에 따라서 어떻게 지역공동체 구축과 지역주민들 간의 네트워크를 활성화시킬 수 있는가? 둘째, 고령사회를 맞이하여 어떠한 노인 주택들이 필요하고, 그리고 노인주택과 지역공동체를 사회 통합적으로 연결시킬 수 있는 방안은 무엇인가?

우선 우리나라의 주거문화 및 양식의 변화와 사회적 자본의 관계를 살펴보면 다음과 같다. 우리나라에서 공동주택인 아파트의 확산속도는 매우 빠르고 점차로 대단지화 및 고층화되어 가고 있다. 이러한 아파트의 확산은 거주자들의 근린관계에 많은 변화를 일으키고, 우리나라의 전통적인 공동체 문화를 저해할 수 있는 또 다른 형태의 사회 심리적 특성을 형성해 오고 있다. 특히 아파트는 특정한 인구 사회학적인 특성을 가진 사람들을 집합화해서 아파트별로 특정한 가치 편향적 태도를 만들어 내기도 한다. 사회적 자본은 관계 속에서 형성되는 사회적 자원의 하나이다. 그리고 사회적 자본은 거주자들 간의 참여, 이웃 관계, 지역사회문화, 지역사회 규범 및 신뢰 등을 포괄하며 이러한 관계망을 통하여 자원으로 활용되며 궁극적으로는 지역사회의 발전 요인으로 작용할 수 있다. 또한 주택이나 주거에서의 사회적 자본은 연계자본(Bridging Capital)으로서 지역사회 발전에 영향을 미치며 네트워크를 지향하는 시민사회의 구축에 매우 중요한 자원이다(천현숙, 2004).

대도시 아파트 주거단지의 사회적 자본을 조사한 연구결과에 의하면 가구주 연령이 많을수록, 가구 구성이 부모와 자녀로 구성된 양부모 가정일수록, 그리고 단지 규모가 작고 동질적일수록 사회적 자본의 총량이 증가하는 것으로 조사되었다. 단지 구성 유형별 사회적 자본의 차이에서는 소형 평형 중심 단지나 중대형 단지 등 동질적 단지의 사회적 자본이 높게 나타났고, 소 · 중형 중심 단지보다는 소 · 중대형 단지의 사회적 자본의 수준이 높게 나타났다. 특히 영구임대아파트의 사회적 자본이 높고 주거공동체 형성 가능성이 가장 높았지만 신뢰도 부분에서는 가장 낮게 나타났다(천현숙, 2004). 이처럼 아파트의 유형별 및 평형별에 따른 사회적 자본의 총량은 매우 상이하다. 앞으로 지역사회 내 주거공동체의 확립, 주민조직 간의 네트워크 구축 및 지역사회발전을 위하여 우리나라 주거문화의 많은 부분을 점유하고 있는 공동주택인 아파트와 주거복지 간의 관계에 대한 사회 복지적 접근 및 개입방안 마련은 매우 시급히 요청된다.

둘째, 인구의 고령화로 인하여 전통적인 일반 주택이나 공통주택의 물리적인 환경이 노인들의 기능과 욕구들에 잘 부합하지 않는 측면이 있어서 노인들을 위한 다양한 형태의 노인주택에 대한 욕구들이 날로 증가하고 있다. 노년기에서의 주택은 단지 주거공간의 개념을 넘어서 다른 연령층들과 비교하여 많은 시간을 주거공간에 머무르게 되는 노인들의 삶의 질과도 밀접한 관계를 갖고 있다. 그러나 최근 노인 유료주택들의 유형을 살펴보면 주거단지나 노인주택 안의 기능성과 편의성은 매우 높아졌지만 노인들의 다양한 경제적 형편을 고려하지 않은 중산층 이상을 대상으로 하는 노인주택이 확대되면서 선진국과 비교하여 노인주택의 다양성이 매우 부족하다. 특히 우리나라의 노인주택은 안전성과 기능성을 강조하면서 노인들만을 위한 폐쇄적인 공동체(Gated Community)를 확립함으로써 지역사회의 연계와 소통 그리고 사회통합에 저해되고 있다. 노인들도 보다 개방적인 주거공동체에서 생활할 때 삶의 질이 보다 더 향상되는 것을 인식해야 한다.

미국에서도 노인들을 위한 폐쇄적인 공동체체제의 노인주택과 주거단지가 매우 빠르게 성장하고 있다. 이러한 노인주택들에서는 선진화된 관리운영체계를 통하여 지역사회와의 연계성은 차단하면서 주거공간, 서비스 및 각종 프로그램을 거주자인 노인들만을 위하여 제공하고 있다. 실제로 거의 9백만 명의 노인들이 이러한 형태의 노인주택에서 거주하고 있다. 이러한 폐쇄적인 주거공동체의 확산은 노인들을 위한 안전, 노인들 간의 우애, 네트워킹, 집단적인 모임 등 일정 부분 노인계층에 적합한 측면도 있지만, 이러한 폐쇄적인 주거문화의 확산은 지역사회 안에서 주민들 간의 응집력 강화 및 사회적 자본의 형성에 부정적인 영향을 미칠 수 있다(Cannuscio et al., 2003). 우리나라는 노인 유료주택이나 노인들의 주거공동체 발달이 외국에 비하여 미흡한 편이다. 앞으로 노인들만을 중심으로 한 폐쇄적인 노인주택의 건립을 지양하고 비록 노인주택이라고 지역사회와 연계하고 소통할 수 있는 노인주거환경을 마련하는 일이 시급한 과제이다.

특히 노인복지전문가나 연구자들은 지역사회 내에서 통합적인 측면을 강조한 다양한 장기요양 주택이 건립될 수 있도록 보다 적극적인 차원에서 옹호 활동을 해야 한다. 일반적인 공공재화와 같이 사회적 자본 역시 중앙정부, 지방정부 및 기초단체 차원들에서 조직적인 계획과 재정계획이 필요하다. 예를 들어서 노인들을 위한 지원생활주택(Assisted Living Housing) 개발을 위해서는 정부 차원에서 치밀한 계획과 재원이 필요하다. 상실된 사회적 자본의 재건을 위한 해결방안을 모색하기는 어렵지만, 노인들에게 다양한 주택을 제공하기 위한 개발을 통하여 사회적 자본을 노인들의 건강회복이라는 구체적인 성과를 추구할 수 있는 가능성을 모색할 수 있다.

이를 위하여 노인들의 현재 주택환경들을 면밀히 조사하고 미래의 주택 수요 역시 잘 고려해야 한다. 그리고 노인들의 변화하는 주택 욕구들에 한 지역사회가 성공적으로 잘 대처하고 있는가를 평가할 수 있는 잣대는 현재 그 지역사회가 노인주택이라는 사회적 자본에 얼마나 체계적으로 투자하고 있는가에 달려 있다(Cannuscio et al., 2003). 우리나라에서도 노인들을 위한 주택, 단지 및 물리적 환경을 구축할 때에 보다 거시적인 측면에서 지역사회 내에 건립되는 노인 관련 주택이나 시설들이 지역사회의 다른 연령층과의 교류와 연계를 활성화하고 노인들의 공간 및 시설들이 지역사회에서 사회적 통합의 기능을 담당할 수 있도록 체계적인 지역 단위의 노인주거복지 계획을 입안하고 실행해야 한다.

4 사회적 자본 확충을 위한 노인, 노인복지기관 및 정부의 역할

1) 사회적 자본 확충을 위한 노인의 역할

사회적 자본은 성공적 노화와 다음의 두 가지 측면에서 관련성이 있다. 첫째, 노인들은 나이가 들어가면서 그들의 사회적 네트워크에서 중요한 부분들을 상실할 위험이 매우 높고 노인들은 지역사회 내에서 제공되는 사회적 자본에 더욱더 의존하는 경향이 있다. 둘째, 노인 인구층이 점차로 증가하고 있지만 지역사회 내의 노인들을 위한 사회적 자본의 수준은 감소되는 경향이 있다(Cannuscio et al., 2003;

Sundquist et al., 2014). 노년기에 접어들수록 성공적 노화를 위하여 노인들이 비공식 지원망에 전적으로 의존하기보다는 공식 지원망으로부터의 지지, 도움 및 연계 등이 절실하게 필요로 하고 있다. 그러나 선진국과 비교해 보면 우리나라에서 노인들을 위한 사회적 자본의 수준과 축적 정도는 매우 미흡한 실정이다.

그동안 우리나라의 노인복지 제도 및 서비스는 양적 측면에서 많은 발전을 이룩해 왔다. 지역사회의 노인종합복지관, 종합사회복지관, 노인 교실, 노인 생활시설 등이 양적으로 팽창하면서 노인들의 삶의 질 향상에도 긍정적인 영향을 미친 것은 분명하다. 그러나 그동안 노인복지의 패러다임이 복지대상자인 개별 노인들에 초점을 두어서 개별 노인들의 일상생활 지원 및 복지향상을 그 목적으로 하였다. 그러나 앞으로 노인 천만 명 시대인 초고령사회(Super-Aged Society)를 대비하여 현재의 노인복지의 패러다임을 전면적으로 개편할 필요가 있다. 예를 들어서 노인복지관 사회교육프로그램의 경우 매우 다양한 영역과 활동들을 통하여 참여 노인들의 개인적인 성장 및 만족감은 충족시키고 있다. 그러나 사회적 자본 측면에서 사회교육의 방향은 단지 교육과정의 이수나 종료만을 목표로 하지 말고 참여 노인들의 지적역량과 기술 수준을 향상시켜서 노인들이 다양한 지역사회의 이슈 및 문제해결의 주체가 될 수 있도록 해야 한다. 그리고 노인들을 복지서비스의 대상자라기보다는 노인복지서비스나 프로그램의 참여를 통하여 인생 경험과 지혜를 충분히 살려서 노인들이 주체적으로 지역사회와 시민사회 구축에 긍정적인 영향을 미칠 수 있도록 해야 한다.

지역사회에서 사회적 자본의 확충을 위한 노인의 역할들을 정리하면 다음과 같다. 첫째, 노인들의 시민 정신, 사회기여, 사회참여 및 사회통합에 관련된 인식을 개선하기 위한 교육과 훈련프로그램이 필요하다. 둘째, 개인적인 성장과 발달 위주의 서비스나 프로그램들을 지양하고 노인들의 경험과 지혜를 반영하여 지역사회 구성원들과 함께할 수 있는 다양한 노인복지서비스 및 프로그램들을 개발해야 한다. 셋째, 신체적이나 심리적으로 건강한 노인들을 중심으로 지역사회의 소외계층과 취약계층을 위한 다양한 자원봉사활동을 개발하고 이를 활성화시킨다. 넷째, 노인들이 중심이 되어 지역사회 발전을 위한 노력과 관련 사업들을 진행할 수 있도록 해야 한다. 다섯째, 노인들이 지역사회발전 및 지역공동체 확립을 위한 단체 및 조직들을 운영할 수 있는 법적 및 제도적 지원을 강화한다.

2) 사회적 자본 확충을 위한 노인복지기관의 역할

사회적 자본은 성공적인 노화(Successful Aging)를 위한 매우 중요한 요소 중의 하나이다. 노인들은 지역사회 내에서 사회적 자본의 수요 측면과 공급 측면을 함께 내포하고 있다. 그러나 현대사회에서 시민참여, 이웃공동체 및 신뢰 구축 등 사회적 자본의 핵심 요소들은 점차로 줄어들고 있다. 노인복지현장에서 실천가들은 다양한 측면들에서 사회적 자본의 혜택을 활용하거나 평가해야 한다. 예를 들어서 노인복지기관의 실천가들은 노인들의 일상적인 임상 평가나 보호 제공 시 사회적 자본의 한 요인인 지역사회 거주상황들도 꼭 고려하고 사정해야 한다. 또한 일반적으로 노인들의 건강증진을 위하여 노인들에게 정기적인 운동과 금연 등을 권고하듯이, 노인들의 사회적 참여 증대와 삶의 질의 향상을 위하여 노인복지기관 실천가들은 자원봉사활동이나 노인복지관 이용 등 다양한 사회참여활동들에 대하여 노인들이 적극적으로 참여할 수 있도록 제시하거나 권유해야 한다(Cannuscio et al., 2003).

지역사회의 사회적 자본의 수준을 향상시킬 수 있는 노인복지기관의 역할을 정리하면 다음과 같다. 첫째, 현재 노인복지관에서 제공하는 서비스와 프로그램 전반에 대한 체계적인 분석을 통하여 양적 위주의 서비스 제공은 지양하고, 현재 제공되고 있는 노인복지서비스와 프로그램들을 사회적 자본 측면에서도 평가하고 분석하여 이를 개선하는 방안을 모색한다. 둘째, 개인 중심의 성장과 발전을 도모하는 노인복지서비스나 프로그램보다는 한 지역사회 내의 사회적 지지망을 포함하여 사회적 자본을 증가시킬 수 있도록 노인복지서비스나 프로그램을 개발하고 이를 활성화하는 방안을 모색한다. 셋째, 노인복지기관을 통하여 한 지역사회의 공동체가 확립되고 지역사회의 발전과 변화를 위하여 나아갈 수 있도록 사회복지사들을 포함한 실천가들이 인식, 태도 및 기능 변화의 가능성을 모색한다. 넷째, 지역사회 내에서 노인복지기관과 노인들과의 연계망을 구축할 수 있는 지역사회 단체, 기관, 조직 및 NGO 등의 현황을 파악하여 이를 보다 적극적으로 활용할 수 있는 방안을 모색해야 한다.

3) 사회적 자본 확충을 위한 정부의 역할

우리나라는 다른 나라와 비교해서 고령화 진행 속도가 매우 빠른 편이지만 노인복지 및 노인 문제해결을 위한 정부의 노력은 제도적 차원의 접근보다는 임기응변식의 접근이 많은 편이다. 그리고 노인들이 인생을 살아오면서 축적된 직업기술, 경험 및 지혜 등을 적극적으로 활용할 수 있는 사회 및 경제적 환경의 구축을 위하여 노력하기보다는 사회적 규범과 관습에 인한 조기퇴직을 강요하여 대다수의 노인을 사회의 주변인으로 머물게 한다. 그리고 노인들을 사회발전에 기여할 수 있는 인적자원으로 여기기보다는 복지서비스나 부양의 대상자로 인식하는 경향이 매우 높다. 정부나 지자체는 날로 증가하는 노인들을 수동적이며 부양의 대상자로 인식하지 말고 노인들이 사회 및 지역발전을 위하여 기여할 수 있는 사회환경을 구축해야 한다. 노인들은 사회참여활동을 통하여 긴 노년기를 보다 의미 있고 보람차게 지낼 수 있고 또한 성공적 노화를 영위해 나갈 수 있다.

현재까지 사회복지정책과 서비스의 발달과정을 살펴보면 우리 사회를 구성하고 있는 다양한 공공 영역, 민간 영역, 관련 단체 및 이해 당사자들의 의견과 욕구들을 심층적으로 고려하지 않고 중앙정부 일변도로 모든 사회복지정책, 사업 및 프로그램들을 기획하여 시행해 오고 있다. 그리고 최근에는 지방자치제가 어느 정도 정착되면서 지역 단위의 사회복지정책 및 서비스는 지방자치단체 중심으로 지역주민들의 의견과 욕구를 고려하지 않는 채 시행되어 오고 있는 측면이 높다. 이로 인하여 중앙정부나 지방정부의 사회복지예산이 증가하고 새로운 복지서비스들을 도입하더라도 국민이나 지역주민들의 욕구에 부합하며 체감할 수 있는 복지서비스 제공에는 미흡한 측면이 있다. 이를 개선하기 위해서는 중앙정부나 지방정부는 중앙 집권식의 관료제를 탈피하여 우리 사회 모든 구성원과 계층들을 다양한 욕구와 의견들을 고려한 복지정책과 서비스를 실현하기 위하여 보다 협력적이고 보완적인 민관 파트너십을 구축해 나가야 한다.

특히 한 사회나 지역사회의 사회적 자본의 총량과 수준을 향상시키기 위해서는 정부와 지자체의 역할이 매우 중요하다. 정부는 사회적 자본의 수준을 높이기 위하여 지역사회 내에서의 주민들, 조직들 및 단체들의 네트워크 구축이 원활하게 이루어질 수 있는 사회적 환경을 마련해야 하고, 사회적 자본의 형성에서 가장 중요한 신뢰의 확립을 위하여 공공기관이나 민간 기관 등의 투명성과 책임성을 향상할 수 있도록 법적 및 제도적인 지원 방안을 마련해야 한다. 그리고 지역사회 내에서 지역주민들이 공동의 가치를 공유하면서 사회발전과 지역공동체를 위한 다양한 활동과 사업들을 창출해 나갈 수 있도록 지원해야 한다.

우리 사회에서 노인들을 위한 사회적 자본의 형성과 축적을 위한 정부나 지자체의 역할을 정리하면 다음과 같다. 첫째, 정부나 지자체는 우리 사회의 사회적 자본의 총량을 확대해 나가기 위하여 공공 및 민간 영역에서 신뢰 증진, 법 제도의 확립 및 공정성 확보, 그리고 시민의 자유를 증진할 수 있는 사회적 환경을 구축해 나가야 한다. 둘째, 실시해 온 정부나 지자체의 노인복지정책, 제도 및 서비스 등을 사회적 자본의 구축과 축적에 대한 영향력을 심층적으로 분석하고 이를 개선하는 방안을 모색해야 한다. 셋째, 관중심의 정책 결정 및 집행을 지양하고 우리 사회의 모든 노인 관련 공공기관, 민간 기관, NGO 및 이해당사자들의 의견들과 욕구들을 체계적으로 반영하여 노인복지정책과 서비스를 개발해야 한다.

넷째, 개인 단위 중심의 노인복지서비스는 요보호 노인이나 위험 집단의 노인들에게 국한하고 노인들의 복지향상에 기여할 비공식 및 공식지원망을 확대해 나갈 방안을 모색해야 한다. 다섯째, 공공기관만을 중심으로 노인복지서비스의 시행을 지양하고 지역사회 내에서 노인들을 위한 민간 기관, 단체 및 조직체들의 참여를 보다 활성화할 방안을 모색해야 한다. 여섯째, 시민사회와 복지공동체 구축에 필수적인 사회적 자본에 관련된 중앙정부 및 지자체 차원의 체계적인 연구사업의 수행이 필요하고, 그리고 세계적으로 진행되고 있는 국가나 사회의 발전을 위한 사회적 자본의 연구조사, 프로젝트, 국가 간의 학술적 교류 및 연대작업에 지속적인 참여가 필요하다.

CHAPTER

13

노인복지기관에서 활용할 수 있는 원칙 Ⅰ: 유엔(UN)의 노인을 위한 원칙

1. 독립
2. 참여
3. 보호
4. 자아실현
5. 존엄

CHAPTER 13

노인복지기관에서 활용할 수 있는 원칙 I : 유엔(UN)의 노인을 위한 원칙

1 독립(Independence)

세부원칙 1) 노인들에게 경제적, 가정 및 지역사회 후원을 통하여 적절한 음식, 물, 의복 및 건강 보호의 서비스를 제공해야 한다.

정부에서는 부양 의무자가 없는 절대 빈곤층을 중심으로 공적 부조인 국민기초생활보장제도를 실시하고 있다. 일반적으로 빈곤한 노인들은 이 제도의 수급 대상자이지만, 이 제도의 수급자로 선정되기 위해서는 재산 기준 및 부양 의무자 기준을 충족해야 하므로 절대 빈곤층의 노인들도 이러한 기준들을 충족시키지 못하면 이 제도의 혜택을 받지 못하는 경우가 높다. 지역사회의 노인복지관은 공적부조제도에서 제외된 빈곤 노인들을 중심으로 경제적인 궁핍, 의식주 문제의 해결 및 건강 증진 프로그램들을 우선으로 제공할 수 있도록 노력해야 한다. 이 제도에서 제외된 빈곤 노인들을 위하여 다양한 경제적, 의료적 및 심리 · 사회적 지지서비스를 제공할 수 있도록 노인복지관이 지역사회를 대상으로 자원 및 서비스 개발, 자원봉사자 발굴 및 육성, 후원 및 결연 활동을 보다 강화해 나가야 한다.

〈표 13-1〉 UN의 노인을 위한 원칙[1]에 의한 노인복지관 사업의 실행 정도[2]

주요원칙	세부원칙	노인복지관의 주요 현행 사업	실행 정도(L/M/H)
독립 (Independence)	1) 노인들에게 경제적, 가정 및 지역사회 후원을 통하여 적절한 음식, 물, 의복 및 건강보호의 서비스를 제공해야 한다. 2) 노인들에게 소득창출을 할 수 있는 일에 참여할 수 있도록 하여야 한다. 3) 노인들에게 적절한 교육과 훈련프로그램을 제공해야 한다. 4) 노인들에게 그들의 선호도와 능력에 적합한 안전한 환경에서 살 수 있도록 해야 한다.	• 경로식당 • 복리후생사업 • 재가노인지원사업 • 노인소득증대사업 • 노인사회교육 • 주거환경개선사업	• 경로식당(H) • 복리후생사업(H) • 재가노인지원사업(L) • 노인소득증대사업(L) • 노인사회교육(H/M) • 주거환경개선사업(L)
참여 (Participation)	1) 노인들은 그들의 복지에 영향을 미치는 정책의 형성과 집행에 적극적으로 참여하며 젊은 세대와 그들의 지식과 기술을 공유하면서 사회 내에서 통합될 수 있도록 해야 한다. 2) 노인들은 지역사회의 서비스를 추구하고 개발할 기회를 가져야 하며, 그들의 동기와 능력에 따라서 자원봉사자로 활동할 수 있도록 해야 한다. 3) 노인들이 그들의 단체, 협회, 모임의 결성을 할 수 있도록 권장해야 한다.	• 자치운영회 • 세대통합프로그램 • 지역복지사업 • 노인자원봉사단 • 자조모임, 동아리 • 사회참여사업	• 자치운영회(L) • 세대통합프로그램(L) • 지역복지사업(L) • 노인자원봉사단(M) • 자조모임, 동아리(M) • 사회참여사업(L)
보호 (Care)	1) 노인들은 사회의 문화적 가치들과 조화되며 가정보호나 지역사회보호의 혜택을 받을 수 있어야 한다. 2) 노인들의 질병을 완화하고 적정한 육체적, 정신적, 정서적 안녕을 추구할 수 있도록 의료 및 건강보호 서비스에 쉽게 접근할 수 있도록 해야 한다.	• 재가노인지원사업 • 주간보호사업 • 단기보호사업 • 가족지지사업 • 보건의료사업/기능회복사업 • 건강관리사업	• 재가노인지원사업(L) • 주간보호사업(L/M) • 단기보호사업(L) • 가족지지사업(L) • 보건의료사업/ • 기능회복사업(L/M) • 건강관리사업(M)
자아실현 (Self-fulfillment)	1) 노인들이 그들의 능력을 성취할 수 있는 기회를 제공해야 한다. 2) 노인들은 사회의 교육적, 문화적, 영적 그리고 여가자원에 쉽게 접근할 수 있도록 해야 한다.	• 노인사회교육사업 • 여가/취미활동사업 • 정보화 관련 사업 • 경로당 활성화사업 • 지역복지사업	• 노인사회교육사업(L/M) • 여가/취미활동사업(H) • 정보화 관련사업(M) • 경로당활 성화사업(M) • 지역복지사업(L)
존엄 (dignity)	1) 노인들은 육체적이나 정신적인 학대에서 자유로워야 하며 존엄성과 안정성을 보장받으면서 생활해야 한다.	• 노인학대예방사업 • 호스피스사업	• 노인학대예방사업(L) • 호스피스사업(L)

1) United Nations (1991). Principles for Older Persons. New York: UN.

2) 실행 정도는 L=하(下), M=중(中), H=상(上)을 의미하며, 실행 정도에 대한 평가는 본 저자가 그동안 노인복지기관에 관련된 문헌자료 및 실태 등을 중심으로 주관적인 평가에 의거하여 작성하였음.

세부원칙 2) 노인들이 소득 창출을 할 수 있는 일에 참여할 수 있도록 한다.

경제적 불안정은 노인 생활의 모든 부분에 영향을 끼치며, 노후 생활이 불행하게 되는 가장 큰 원인은 노인들이 가난하기 때문이다. 노인들은 육체적, 정신적 능력이 낮은 것으로 평가되어 노동시장에서 정년제도에 의하여 강제 축출되어 소득을 상실하게 된다. 사회보장제도가 완벽한 나라에서도 퇴직한 노인의 수입은 퇴직 전의 50% 정도이고 시간이 지남에 따라 점점 더 감소한다. 그래서 노인들은 빈곤하게 되며 거의 모든 나라에서 가장 빈곤한 인구집단은 노인이며, 노인 인구의 절반 이상이 빈곤층에 속하여 심각한 사회문제가 되고 있다. 우리나라는 퇴직 연령이 낮고(55세 전후), 연금제도[3]가 잘 정착하지 않아서 노인층의 빈곤 문제는 더욱더 심각하다. 우리나라의 노령인구는 점점 증가하고 있지만 노인들의 소득보장은 매우 취약하고, 또한 정부에서 실시하고 있는 고령 근로자의 경제활동 진작을 위한 종합적인 대책은 매우 미비한 실정이다.

노인의 경제적 문제는 독립적인 생활(Independence Living)을 위하여 필요한 가장 중요한 요소이나 노인 대부분이 퇴직 이전에 노후보장보다는 가족부양에 힘을 쏟았기 때문에 정작 노년기에 대비하여 체계적으로 대비하는 것을 소홀히 한 측면이 높다. 그리고 국민연금이 시행된 1988년 이전에 노년기에 들어선 노인들은 국민연금의 수혜에서 제외되었고, 일시금으로 지급된 퇴직금은 이미 소진된 경우가 많아서 노후보장의 역할을 하지 못하고 있다. 다만 공무원연금, 국민연금, 사학연금 등을 받는 소수의 노인만이 안정적인 노후보장을 받는 실정이다. 이러한 상황에서 노인복지관은 지역사회 내의 다양한 인적 · 물적지원을 동원하여 노인들에게 일정한 소득을 보장해 줄 수 있는 노인고용 창출 및 취업 알선사업에 대하여 보다 적극적인 관심을 가져야 한다.

지역사회 내의 공공기관이나 민간 기관의 공간이나 자원을 이용하여 노인들에게 필

---

3) 전 국민을 대상으로 하는 국민연금제도는 1988년에 시작되어 현재 국민연금의 혜택을 받는 노인들은 소수에 불과하다. 2008년에 처음으로 완전 노령연금 급여를 받을 수 있는 수혜자들이 발생하였다.

요한 취업 정보, 직업훈련, 일자리 창출 사업을 할 수 있고, 노인복지 관련 기관들과 협력하여 노인 일자리 창출에 관련된 연대사업을 시행할 수도 있다. 정부에서는 노인 고용의 진작을 위하여 지역사회 시니어클럽(Community Senior Club)을 관련 단체나 법인에 위탁하여 운영하고 있다. 노인복지관은 지역 특성에 부합하는 사업을 개발하여 지역사회시니어클럽사업이 성공적으로 운영될 수 있도록 노력을 기울여야 한다.

세부원칙 3) 노인들에게 적절한 교육과 훈련프로그램을 제공해야 한다.

노인들은 매우 다양한 교육적 욕구들을 가지고 있다. 일반적으로 노년기를 맞이한 노인들에게 진정한 교육 욕구들이 있을까 하는 의문점들을 제기하고는 있지만 지식정보화사회에서 성공적인 노후 생활(Successful Aging)을 영위해 나가기 위해서는 다양한 기술과 지식을 습득해야 한다. 그러나 노인들에게 그들의 욕구들을 반영하여 체계적으로 교육과 훈련을 제공하는 기관은 매우 부족한 실정이다. 현재 노인복지관은 노인사회교육사업을 중심으로 노인들의 교육적인 욕구에 부응하고 있지만 인적 · 물적자원의 부족으로 효과적인 노인교육을 진행하기에는 역부족인 것이 사실이다. 특히 지식정보화사회에서 노인들의 직업능력을 유지하고 훈련시키는 부분에서는 기존의 노인교육체계를 통해서는 매우 미흡한 측면이 많다.

현재 노인복지관의 사회교육사업의 문제점들을 파악하고 개선하여 인생 주기별 교육 욕구에 따른 평생 교육학적(Life-long Education)인 측면의 교육모델을 개발하여 고령사회에 부합하는 새로운 교육환경을 구축하여 노인들의 다양한 교육 욕구를 충족시켜 줄 수 있도록 노력해야 한다. 현재의 문제점들을 극복하기 위하여 지역 내의 노인복지 관련 단체들과 연합하여 공동으로 진정한 의미의 노인을 위한 교육 공동체(Educational Community)로 발전할 수 있도록 노력하는 것이 필요하다. 또한 지역사회 내의 공공 및 민간 교육 관련 기관과의 연계를 통하여 보다 효과적인 교육프로그램들을 제공할 수 있도록 노력해야 한다.

세부원칙 4) 노인들에게 그들의 선호도와 능력에 적합한 안전한 환경에서 살 수 있도록 해야 한다.

안전하고 안락한 주택을 갖고자 하는 욕구는 경제적 욕구, 의료적 욕구와 더불어 노인에게 있어서 가장 기본적인 욕구 중의 하나이다. 노인들의 사회적인 관계는 퇴직 전 직장 중심의 생활에서 가족을 중심으로 축소되어 생활의 주공간이 가정으로 재편성이 되기 때문에 주택에 대한 대책은 매우 중요한 요소 중의 하나이다. 노년기의 심신 기능의 변화에 적합한 쾌적하고 안전하게 살기 위한 주택의 개선 및 이전문제에 대한 대책이 필요하다. 대부분 주택은 학령기의 자녀들과 함께 거주하는 가정확대기에 해당하는 30대~40대에 마련한 것이므로, 자녀가 출가하는 가정축소기의 노년기 생활에는 매우 부적합한 부분이 있다.

특히 노인들은 다른 연령계층에 비해서 가정에 머무는 시간이 많은 편이다. 그러나 지역사회 노인들이 거주하고 있는 주택들은 대부분 그들이 노년기에 접어들기 이전부터 거주하였기 때문에 노년기의 변화를 전혀 고려하지 않고 설계되었다. 이로 인해서 노인들이 집 안에서 안전사고를 당하는 경우가 매우 높은 편이다. 경제적 능력이 있는 노인들은 그들의 선호도를 고려하여 노인들이 살기 좋은 유료 노인복지시설이나 주택으로 이전하여 생활할 수 있지만 대다수의 노인은 다소 불편하더라도 현재의 주택에서 살 수밖에 없다. 이러한 노인들에게 안전하고 쾌적한 주거공간을 제공하는 것은 매우 시급하다. 노인들의 주거대책에서 가장 중요한 요소는 노인들의 주택에 대한 선호도를 정확하게 파악하여 노년기의 편안하고 안락한 주거환경을 마련하기 위해서 많은 정보와 조언을 주어야 한다. 주거대책에서 가장 중요하게 고려되어야 할 사항은 다음과 같다. 첫째, 현 주택의 자산평가, 둘째, 주택 이전(혹은 주택환경개선)에 대한 의사, 셋째, 주택 이전 희망지역, 넷째, 주택 선호도(노인주택, 일반 단독주택, 공동주택 등), 넷째, 경제력, 다섯째, 건강 및 심리적 상태이다.

2 참여(Participation)

세부원칙 1) 노인들은 그들의 복지에 영향을 미치는 정책의 형성과 집행에 적극적으로 참여하며 젊은 세대와 그들의 지식과 기술을 공유하면서 사회 내에서 통합될 수 있도록 해야 한다.

노인들을 위하여 제정되는 정책이나 서비스의 개발에 있어서 노인들의 관점이나 욕구들이 반영되기보다는 정책 입안자나 공급자 중심으로 정책이 개발되고 서비스가 제공되어 온 것이 사실이다. 노인복지관에서 실시하고자 하는 사업의 계획과 운영에서도 노인들의 욕구를 체계적으로 반영하고 클라이언트 중심(Client-centered)의 관점에서 서비스가 제공되는 경우는 매우 적은 편이다. 이를 극복하기 위해서는 노인복지사업을 기획하여 추진할 경우에 서비스의 최종 소비자인 노인들의 욕구들을 반영할 수 있도록 제도와 시스템을 구축하는 것이 필요하다. 이를 위하여 노인복지관의 모임 및 동아리의 대표들을 노인복지관의 운영위원회에 참여시키거나 혹은 노인복지관 이용이나 노인들의 욕구 및 서비스에 대한 만족도를 정기적으로 측정하여 이를 기초로 노인복지사업을 추진하는 것이 필요하다. 또한 노인들을 단순한 서비스 대상자(Recipient)로 인식하기보다는 그들의 능력을 살펴 서비스의 제공자(Provider) 및 진행자가 될 수 있는 방안을 모색하는 것이 필요하다.

세부원칙 2) 노인들은 지역사회서비스를 추구하고 개발할 기회를 가져야 하며, 그들의 동기와 능력에 따라서 자원봉사자로 활동할 수 있도록 해야 한다.

일반적으로 우리나라 노인들은 봉사서비스를 받는 대상이지 자원봉사를 제공하는 주체자로 인식되지는 않았다. 미국의 경우 65세 이상 노인의 40%가, 오스트레일리아의 경우 17%가 자원봉사에 참여하고 있는데 우리나라 노인의 경우 자원봉사 참여율은 7%에도 미치지 못하고 있다(통계청, 2002). 전국 노인생활실태조사(2017)

에 따르면 전체 노인의 3.9%가 현재 자원봉사를 하는 것으로 조사되었다. 우리나라 노인들의 자원봉사활동이 저조한 것은 노인의 자원봉사에 대한 인식 부족과 활용기관의 부재도 그 원인이 되겠지만 우리나라 노인들은 아직 건강이나 경제 수준이 남을 도울 만큼 여유롭지 못하다는 점도 지적된다. 또한 전통적인 사고방식을 가진 노인들의 권위주의적, 가족주의적, 수동적 성향이 자원봉사 참여에 부정적인 영향을 미치는 걸림돌이 되고 있다는 주장도 나오고 있다. 노인자원봉사의 활성화를 위해서는 노인들의 자원봉사에 대한 의식이 변화되어야 하고, 또한 노인들의 가족과 지역사회도 노인자원봉사활동을 적극적으로 권장하고 지원해 주어야 한다.

특히 노인에 의한 자원봉사활동을 실시하려면 체계적인 계획과 교육 등이 선행되어야 한다. 보다 효과적인 자원봉사활동을 위하여 노인복지관 내에 노인자원봉사활동을 관리하고 조정할 수 있는 전담직원을 배치하는 것이 필요하다. 자원봉사 전담실무자는 복지관의 관리자들과의 협조 및 조정의 역할을 수행하면서 자원봉사활동에 대한 기록유지, 보고서 작성, 재정관리, 위험과 사고에 대한 대책 수립, 교육 및 훈련, 지역사회 관련 기관과의 협력 및 연계, 수요처 개발 등 노인복지관이 지역특성에 부합하는 다양한 노년 자원봉사활동을 원활하게 추진해 나갈 수 있도록 해야 한다.

노인들이 지역사회 내에서 제공되는 서비스들의 단순한 수혜자로 머물기보다는 그들을 체계적으로 훈련시키고 동기 및 능력을 향상(Empowering)시켜서 지역사회를 위하여 봉사할 수 있도록 하는 것이 필요하다. 이를 위하여 자원봉사활동 분야에 노하우를 축적하고 있는 지역사회 내의 자원봉사기관이나 종합사회복지관과 연대하여 연합 노인자원봉사단, 세대 통합적 자원봉사단이나 가족자원봉사단 등을 구성하여 노인들이 지역사회 내에서 다양한 자원봉사활동을 할 수 있도록 지지적인 환경을 마련하는 것이 필요하다. 특히 초고령사회에서 노인들의 자발적인 사회참여활동의 증대 방안이 더욱더 우리 사회의 중요한 사회적 이슈로 부각될 것이므로, 노인들이 자신의 특성, 기호 및 동기에 부합하는 의미 있는 자원봉사활동을 지속하고, 이를 통하여 노년기를 보다 보람 있고 활기차게 살아갈 수 있도록 해야 한다.

세부원칙 3) 노인들이 그들의 단체, 협회, 모임의 결성을 할 수 있도록 권장해야 한다.

노인들은 인생을 살아오면서 다양한 경험과 훈련을 통하여 지혜, 기술, 능력 및 자원 등을 소유하고 있다. 우리 사회는 그동안 노인들의 잠재된 능력을 활용하기보다는 단순한 보호의 대상으로 그들에게 서비스만을 제공한 것이 사실이다. 노인복지를 제공하는 공급자 중심으로 노인들을 위하여 모든 것을 마련하여 제공하기보다는 노인들이 스스로 그들의 문제들을 해결할 수 있도록 다양한 형태의 단체 혹은 모임을 조성할 수 있도록 후원하고 촉진하는 방안도 적극적으로 모색해야 한다. 노인복지관 이용 노인 중에서 활동 가능하고 사회참여활동에 관심이 높은 노인들을 중심으로 사회복지, 노인 보호, 교육, 자조 모임(Self-help), 동아리 및 봉사활동 등을 위한 단체나 모임들을 스스로 결성하여 적극적으로 사회에 참여하며 다양한 형태로 지역사회를 위하여 봉사할 수 있도록 지원하는 것도 필요하다.

3 보호(Care)

세부원칙 1) 노인들은 사회의 문화적 가치들과 조화되며 가정 보호나 지역사회 보호의 혜택을 받을 수 있어야 한다.

노년기에 이르면 신체적 · 정신적 능력이나 적응력이 감퇴하고 이로 인하여 사회적 기능 수행이 약화되며, 이로 인한 물질적, 신체적, 사회적, 정서적 의존성이 증가한다. 육체가 노화함에 따라 신체적 기능이 쇠퇴하여 건강을 상실하고 이로 인하여 일자리와 수입을 상실하게 되며, 또한 사회적 역할과 지위도 상실하게 된다. 또한 친구와 배우자까지 상실하게 되어 결국 삶의 보람마저 상실하게 되는 경우가 높다. 결국 노인들은 빈곤, 질병, 고독 그리고 역할상실 등의 고통을 겪게 되며 일상생활을 영위하기 위해서 점차 누군가에게 의존하지 않으면 안 되는 경우가 많아진다.

이를 위하여 우리나라에서는 노인복지관과 종합사회복지관을 중심으로 재가복지 사업을 시행하고 있는데 재가복지사업의 문제점들에 대한 개선방안을 살펴보면 다음과 같다. 첫째, 재가노인복지의 대상자를 국민기초생활보장의 수급자로 한정하고 있는데 이를 저소득계층의 노인들로 확대할 필요가 있다. 현재의 소득수준별 선정 기준을 단계적으로 상향 조정하여 무료 대상자의 수를 확대할 필요성이 있다. 둘째, 노인들의 건강상태에 따라서 장애 노인이나 만성질환 노인들에게 서비스를 제공해야 한다. 셋째, 주간 보호와 단기보호사업도 대상 노인의 요구수준에 따라서 사업의 내용을 확충하고, 보호 기간도 연장하여 가족들의 부양 부담을 경감시킬 수 있도록 하여야 한다. 넷째, 재가 노인복지사업을 효과적으로 전달할 수 있도록 지역사회의 노인복지관, 종합사회복지관, 보건소 및 의료기관 등과 협력하여 통합적이고 포괄적인 재가복지서비스를 제공하여야 한다.

노인들에게 일방적인 서비스를 제공하기보다는 우리 사회의 전통적인 '효문화'를 유지하며 지역사회 내에서 다양한 재가보호 및 지역사회서비스를 받을 수 있도록 해야 한다. 우리나라에 노인복지전달체계의 현황을 살펴보면 노인복지 생활시설의 입소 인원은 매우 제한적이고 이용시설의 주요 재가복지나 서비스 대상자는 공적부조를 받는 빈곤 노인들로 제한되어 있다. 절대 빈곤 계층의 노인들을 제외하고 차상위계층의 노인이나 일반계층의 노인들은 지역사회복지서비스의 사각지대에 놓여 있다. 대부분 노인에게 사회복지 욕구가 발생하였을 때 이를 효과적으로 지원해 줄 수 있는 지역사회 내의 사회복지 및 재가보호서비스는 전무한 실정이다. 이를 개선하기 위하여 노인복지관을 중심으로 노인장기요양보험제도 체계에서 제외된 장기요양보호의 욕구가 높은 노인들에게 적절한 비용의 재가보호서비스를 제공하고 또한 이들과 그들 가족에게 시설보호서비스에 대한 정보 및 의뢰서비스를 제공하는 것이 매우 필요하다.

세부원칙 2) 노인들의 질병을 완화하고 적정한 육체적, 정신적, 정서적 안녕을 추구할 수 있도록 의료 및 건강보호서비스에 쉽게 접근할 수 있도록 해야 한다.

노년기에 심신이 건강한 것은 인생을 행복하게 보내기 위한 중요한 조건이다. 노후 생활을 활력 있게 유지하기 위해서는 현재 자신의 건강상태를 잘 관찰하여 심신기능의 변화에 대응하고, 건강하고 즐거운 인생을 보내도록 힘써야 한다. 그러나 노인들은 다른 연령계층에 비하여 만성질환에 걸릴 확률이 매우 높고 이로 인하여 일상생활을 독립적으로 영위하는 데에 많은 어려움이 따르고 있다. 그러나 우리나라의 건강보험의 경우 본인부담금이 높아서 노인들의 의료비 부담은 매우 높은 편이고 예방적인 차원에서의 건강 보호보다는 치료중심의 건강보호시스템을 유지하고 있다. 또한 노인들의 건강보호문제에서 해결되어야 할 사항은 노인들에게 접근이 용이하고 비용 부담이 적고 예방, 치료 및 재활을 중심으로 한 포괄적이며 종합적인 의료보호서비스를 제공하는 것이다.

현재 대부분의 노인복지관에서 지역사회 요양 보호의 욕구를 가진 저소득계층의 노인들을 대상으로 보건의료사업 및 기능회복사업, 재가 노인지원사업 및 주간 보호센터들을 실시하고 있으며, 일부 노인복지관에서는 단기 보호시설을 운영하고 있다. 그러나 예산, 시설 및 인력자원의 부족으로 인하여 서비스의 혜택이 소수의 노인에 국한하고 있다. 특히 지역사회 내의 가정에서 치매, 뇌졸중 및 만성질환 상태의 노인들을 부양하는 가족이나 지역주민들을 위한 부양자를 지원하고 후원해 주는 집단프로그램을 운영하는 노인복지관은 매우 적은 편이다. 노인복지관은 보다 적극적인 자세로 중병의 노인들을 부양하는 가족 구성원들을 대상으로 하는 부양자 후원집단프로그램(Caregiver's Support Group Program)을 구성하여 운영하는 것이 바람직하다.

이러한 집단활동을 통하여 부양제공에 따른 스트레스와 부담들을 효과적으로 대처할 수 있도록 부양자들을 간접적으로 지지하여 피부양 노인을 가정에서 보다 효과적으로 돌볼 수 있는 지지체계를 형성해 주는 것도 필요하다. 부양자 후원 집단프로그램의 주요 내용을 정리해 보면 다음과 같다(허준수, 2000). 집단활동은 부양자들의 부양 부담을 경감시켜서 노인들의 부적절한 조기 시설화(Early Placement of Institutionalization)를 방지할 수 있는 긍정적인 효과가 있다.

① 피부양자의 상황과 노년기에 대한 정보
② 집단참가자 상호 간의 후원시스템
③ 부양 행동이 부양자의 감정에 미치는 영향
④ 부양자의 개인적 보호 및 스트레스 대처방안
⑤ 대화와 대인관계의 개선
⑥ 적합한 부양기술의 습득

우리나라의 재가보호 서비스는 부양자가 없고 경제적으로 취약한 절대빈곤계층의 노인들을 중심으로 서비스를 제공하고 있으므로 부양자가 있거나 중산층 계층의 노인들을 위한 재가보호 서비스는 매우 미비한 실정이다. 이에 대하여 노인복지관은 일정한 예산을 확보하여 노인장기요양보험제도에서 제외되는 저소득층 노인들을 대상으로 운영 가능한 의료보호 및 재가보호 서비스를 실시할 수 있도록 노력해야 한다. 일반 성인 자원봉사자들을 중심으로 재가복지를 위한 자원봉사팀을 조직하여 지역사회 내 노인들의 가정을 방문하여 그들이 필요로 하는 재가보호서비스를 제공할 수도 있다. 재정적으로나 인적자원이 풍부한 법인이 운영하는 노인복지관은 노인들의 의료보호와 건강 보호를 위한 포괄적이며 종합적인 프로그램이나 시설 등을 설립하여 노인복지관과 연계하거나 부설로 운영하여 보다 적극적인 차원에서 노인들의 의료 및 부양의 문제들에 대하여 대처해 나갈 수도 있다.

4 자아실현(Self-fulfillment)

세부원칙 1) 노인들이 능력을 성취할 수 있는 기회를 제공해야 한다.

노인교육 과정은 노인이 노년기를 어떻게 살아가야 하는가를 이해하고 실천하게 하는 실천적인 내용과 과제들을 기초로 구성되어야 한다. 이를 위해서 노인들이 누구이며 노인들이 당면한 문제는 무엇이며 어떻게 생활해야 할 것인지를 파악해야 한다. 특히 노인교육 과정은 지식 전달이 위주가 아니라 삶 자체에 대한 것이므로 그것을 충실히 이행할 수 있는 목표를 세우고 내용을 정해서 추진하는 것이 바람직하다. 노인교육의 내용은 노인들의 욕구들을 반영하여 지적 영역, 사회적 영역, 신체적 영역, 종교적 영역 등으로 분류하여 제공하는 것이 바람직하다. 노인교육에 포함시켜야 할 주요 주제들을 정리해 보면 다음과 같다.

① 신체의 생리적 변화와 적응방법
② 정치, 경제, 사회, 문화에 관한 최신 동향
③ 세대 차이를 알고 적응하는 방법
④ 퇴직 후 생활에 적응하고 새로운 일을 찾는 방법
⑤ 배우자나 친구들의 사망에 따른 생활방법의 조정과 소외감 및 고독감을 극복하는 방법
⑥ 동년배 노인들과의 친교 유지
⑦ 가정, 직장, 사회에서 일과 책임을 합당하게 물려주는 방법
⑧ 노년기의 적합한 여가활동
⑨ 건강 유지를 위한 식생활 방법
⑩ 노인복지, 제도 시설에 관한 내용
⑪ 성공적인 노후 생활을 위한 방법
⑫ 노년기의 종교 생활(호태석 · 황정혜, 2002).

미국 캔자스시의 종교단체에서 운영하는 목자의 집(The Shepherd's Center)에서는 노인을 위한 욕구를 다음과 같은 네 가지 영역으로 구분하여 노인교육프로그램을 시행하고 있다.

① 생활유지를 위한 프로그램(Life Maintenance Program): 건강, 주거 생활, 법적 문제, 영양개선

② 생활향상프로그램(Life Improvement Program): 가정관리 성서연구, 여행, 국제문제, 역사, 사회복지문제, 봉사활동

③ 생활개선을 위한 프로그램(Life Reconstruction Program): 알코올, 가족 문제, 고독 및 심리 · 사회적 상담

④ 생활 초월을 위한 프로그램(Life Transcendence Program): 사랑, 정의, 기쁨, 소망, 삶의 긍정 등의 메시지를 포함한 삶의 아름다움을 발견할 수 있는 교육활동

세부원칙 2) 노인들은 사회의 교육적, 문화적, 영적 그리고 여가 자원에 쉽게 접근할 수 있도록 해야 한다.

노년기의 특징은 여가 시간이 많다는 점이다. 퇴직하여 뚜렷한 사회적 역할도 없고 남자인 경우는 가정에서 가사를 하는 데 익숙하지도 않으며 직장과 일을 중심으로 친구들을 사귀는 경향이 높아서 퇴직 후에 여성 노인들보다 지역사회에 친한 친구들이 없는 경우가 많아 무료한 시간을 보내기가 쉽다. 노년기의 여가생활을 지루하지 않고 보람 있게 보내기 위해서는 노인들을 위한 다양한 문화활동과 여가활동의 기회를 마련하여 노년기를 뜻깊고 성공적으로 지낼 수 있도록 해야 한다.

노인 여가활동의 활성화를 위하여 다음과 같은 문제점들이 개선되어야 한다. 첫째, 노인들에게 다양한 여가활동의 기회를 마련해야 한다. 노인들의 여가활동은 운동이나 문화예술과 같은 적극적인 여가활동(Active Leisure Activity)에 참여하는 경우는 매우 적고, TV 시청이나 집안 내 소일과 같은 수동적인 여가활동(Passive Leisure Activity)에 주로 참여하고 있다. 둘째, 지역사회에 노인들을 위한 다양한 여가시설

을 확보해야 한다. 셋째, 저소득층 노인들을 대상으로 이들의 여가활동을 활성화할 수 있는 대책을 마련해야 한다. 중산층 노인들에 비하여 저소득층 노인들의 여가활동은 활동 정도나 내용이 매우 미약하다. 넷째, 노인들의 여가활동을 활성화할 수 있는 포괄적이며 종합적인 대책을 마련해야 한다. 다섯째, 노인들의 기능적 능력에 부합하는 여가활동을 개발하고 보급해야 한다. 성공적인 노화를 위하여 신체적이나 정신적 기능이 미약한 노인들도 여가활동을 할 수 있는 다양한 프로그램들을 개발하여야 한다(허준수, 2002). 노인복지관은 노인들의 다양한 여가 욕구를 충족시키고 여가 기능(Leisure Function)을 향상하기 위하여 노인들의 심리적, 신체적 및 환경적 특성을 고려한 다양한 여가활동을 제공하기 위하여 노인복지관의 공간이나 인력만으로 프로그램을 제한하지 말고 다양한 지역사회의 공공 및 민간시설 및 자원들을 적극적으로 활용해야 한다.

5 존엄(Dignity)

세부원칙 1) 노인들은 육체적이나 정신적인 학대에서 자유로워야 하며 존엄성과 안정성을 보장받으면서 생활해야 한다.

노인학대(Elder Abuse)나 방임은 매우 음성적으로 이루어지고 있어서 이를 발견하고 해결하기에 많은 어려움이 있다. 실제로 학대를 받는 노인들이라도 이를 해결하기 위한 서비스를 거부하는 경우가 많다. 그리고 노인학대자의 대부분이 가족 구성원이나 노인들을 보호하고 있는 부양자들이기 때문에 피학대 노인들은 이들에 대한 제재도 원하지 않는 경우가 대부분이다. 특히 노인학대를 의도적으로 행하지는 않았지만 만성질환이나 장애 노인들을 장기간 부양하다 보면 가족 구성원들에게 경제적, 심리적, 신체적 부양 부담이 유발되고 이로 인해서 노인들을 방치하거나 학대하는 경우가 생긴다. 노인들이 가정에서 부양을 받거나 시설에서 보호를 받을 경우에 노인들이 학대의 피해자가 되지 않도록 다각적인 노력을 해야 한다.

노인복지관에서는 정기적인 교육이나 세미나를 통하여 실무자들을 대상으로 하여 노인학대에 대한 심각성, 정보 및 노인학대 발견 시 대처요령 등에 대하여 정기적인 교육을 실시하고, 노인복지관 이용 노인들이나 지역사회 주민들을 대상으로 노인학대의 문제점, 학대상황에 대한 효과적인 대처방안이나 도움을 받을 수 있는 관련 기관에 대한 정보를 정기적으로 제공해야 한다. 또한 피학대 노인들이나 가정을 대상으로 노인학대의 문제점들을 효과적으로 해결할 수 있도록 교육 및 후원프로그램을 제공할 수 있도록 해야 한다. 이를 위하여 지역사회 내에 노인보호전문기관(구 노인학대예방센터)와 관련 지역사회 기관들과의 유기적인 협력관계를 맺는 것도 선행되어야 한다.

노인복지관은 노인들에게 서비스를 제공할 때에 공급자 중심의 서비스 제공을 지양하고 노인들의 개별적인 특성, 욕구 및 선호도 등을 고려한 클라이언트 중심의 사회적, 심리적, 경제적 및 영적 서비스 등이 제공할 수 있는 환경과 제도를 마련해야 한다. 그리고 노인복지관의 실무자들은 어떠한 상황이나 조건에서 노인들의 권위, 존엄, 자기 결정권, 인권 및 프라이버시가 침해되지 않도록 항상 주의하고 이러한 사항들이 복지관의 전반적인 운영과정에 반영될 수 있도록 노력해야 한다. 또한 노인복지관은 지역사회 거주 말기 질환 노인들이나 중증의 재가 노인지원사업의 이용 노인을 위해서 요양 시설 및 호스피스 시설(Hospice Facilities)에 대한 정보를 제공하고 지역사회 내의 요양 시설이나 호스피스기관들과 연계하여 원활한 협력체계를 모색하는 것도 중요하다. 그리고 노인복지관과 노인보호전문기관이 연계하여 지역사회 내의 노인관련 기관이나 시설 등에서 노인학대가 발생하지 않도록 예방적인 차원에서의 노력이 필요하고, 노인학대를 사전에 방지하기 위하여 노인복지 관련 기관들과 연합하여 노인학대예방 및 방지를 위한 지역사회 네트워크를 구축하는 방안도 모색해 볼 필요가 있다.

CHAPTER

14

노인복지기관에서 활용할 수 있는 원칙 II : 마드리드(Madrid) 국제고령화계획

1. 노인과 발전
2. 노년기의 건강과 안녕 증진
3. 능력을 부여하고 지원하는 환경확보

CHAPTER 14

노인복지기관에서 활용할 수 있는 원칙 II : 마드리드(Madrid) 국제고령화계획

1 노인과 발전

1) 사회발전에 적극적 동참

세부원칙 1) 노인의 사회적, 문화적, 경제적, 정치적인 기여에 대한 인식제고

노인들은 우리 사회에 사회적, 문화적, 경제적 및 정치적 기여는 매우 높은 편이다. 그러나 젊은 세대나 후속세대들은 노인들의 다양한 기여를 정확하게 인식하지 못하는 경향이 높다. 이러한 문제점을 개선하기 위해 다음과 같은 점들이 개선되어야 한다. 첫째, 사회적 측면에서는 우리 사회에서 노인세대와 젊은 세대가 교류하고 연계할 수 있는 지지적인 사회적 환경을 개선해 나가야 한다. 예를 들어서 1세대와 3세대가 동일한 목표를 위해 연계하여 공동의 작업이나 활동을 수행하면서 노인들에 대한 부정적인 인식을 경감시킬 수 있도록 해야 한다.

둘째, 문화적 측면에서 노인들이 가진 문화적 재능이나 기술들을 젊은 세대들에게 전수할 방안을 모색하는 것이 필요하다. 노인복지기관에서 노인들만을 대상으로 프로그램을 진행하기보다는 노인들이 주체가 되어 젊은 세대들에게 문화적인 측면에서 정보와 경험을 전달할 수 있는 환경을 마련해야 한다. 셋째, 경제적 측면에서 노인들이 퇴직하기 전에 노동시장에서 많은 경제적 이바지를 했기 때문에 현재 우

리 사회가 경제적 발전을 성취했다는 점을 젊은 세대들에게 인식시켜야 한다. 이를 통하여 빈곤한 노인들에 대한 정부나 시민사회의 지원에 대한 부정적인 인식을 극복할 수 있게 해야 한다. 넷째, 정치적 측면에서 노인들의 인구는 계속해서 증가하고 있지만 노인들의 정치적 요구를 정확하게 반영하는 정부나 정당 그리고 시민단체는 매우 미흡한 측면이 있다. 노인들의 정치적 요구들을 정부나 지자체의 노인복지정책에 잘 반영하도록 해야 한다. 이러한 점을 개선하기 위하여 노인 인식개선사업과 대국민 홍보사업 및 교육 등을 보다 활성화시켜야 한다.

세부원칙 2) 모든 수준의 의사결정 과정에서의 노인 참여

그동안 노인들을 위한 정책, 프로그램 및 서비스를 기획하거나 운영할 때에 노인들의 의사를 반영하여 진행되는 경우는 매우 드문 편이다. 노인복지기관에서도 실무자 중심으로 프로그램들이 진행되었고 노인들은 단지 수동적인 주체에 불과했다. 앞으로는 노인들의 교육수준과 의식 수준도 향상되어 노인들의 의사를 반영하지 않으면 노인들의 참여도 적어질 것이다. 예를 들어서 그동안은 노인종합복지관에서 노인들의 의사를 반영하지 않고 많은 서비스를 시행했지만, 특히 교육수준이 높은 베이비붐 세대가 노인층으로 완전히 진입하는 초고령사회에는 노인들이 정책이나 프로그램의 기획과 집행단계에 이르기까지 모든 수준의 의사결정에 온전하게 참여할 수 있는 환경을 조성해야 한다. 또한 노인들이 적극적으로 노인복지기관의 운영위원회에 참가하여 의사를 개진할 수 있어야 하고, 그리고 노인들이 스스로 본인들의 문제나 이슈 그리고 관심사 등에 대응할 수 있도록 동아리활동이나 자조모임을 활성화해야 한다.

〈표 14-1〉 마드리드 국제고령화 원칙: 노인과 발전(Development)

	세부원칙	노인복지기관의 주요사업 및 실행 정도(L/M/H)[1]
1. 사회발전에 적극적 동참	1) 노인의 사회적, 문화적, 경제적, 정치적인 기여에 대한 인식제고	• 노인인식개선사업(L) • 대국민 홍보 및 교육사업(L)
	2) 모든 수준의 의사결정 과정에서의 노인 참여	• 프로그램 기획 및 운영(L) • 운영위원회(M) • 자조 모임(M)
2. 경제활동과 노동력 고령화	1) 일하기 원하는 모든 노인에게 고용기회 부여	• 고령자취업알선센터(M) • 노인일자리사업(M) • 사회적 기업(L)
3. 지식 · 교육 · 훈련에의 접근	1) 직업 지도 및 배치서비스를 포함하여 계속적인 교육, 훈련 및 재훈련에 대한 전 생애를 통한 기회균등	• 노인 평생교육(H) • 노인직업교육(L) • 노인직업훈련(L)
	2) 모든 연령계층 사람들의 잠재능력과 전문지식의 완전한 이용	• 노인일자리사업(M) • 전문자원봉사단(L) • 사회참여사업(L)
4. 세대간 연대	1) 세대간 평등과 상호이익을 통한 연대성 강화	• 세대통합프로그램(M) • 세대공동체사업(L)
5. 빈곤해소	1) 노인들의 빈곤감소	• 재가노인지원사업(M) • 노인일자리사업(M) • 사회적기업(L)

출처: United Nations (2002). Political Declaration and Madrid International Plan of Action on Ageing. New York: United Nations.

2) 경제활동과 노동력의 고령화

세부원칙 1) 일하기 원하는 모든 노인에게 고용기회 부여

현재 우리나라에서는 2016년부터 고용상 연령차별금지 및 고령자 고용촉진에 관한 법률에 따라 정년연령이 58세에서 60세로 연장되었다(국가법령정보센터, 2020). 그러나 아직도 노동현장에서 고령 근로자의 조기퇴직이 많아서 정년 연령 60세를

1) 실행 정도는 L=하(下), M=중(中), H=상(上)을 의미하며, 실행 정도에 대한 평가는 본 저자가 그동안 노인복지기관에 관련된 문헌자료 및 실태 등을 중심으로 주관적인 평가에 따라 작성하였음.

채우기도 어려운 실정이다. 저출산의 영향과 인구의 고령화로 초고령사회에서는 고령 근로자의 노동력이 우리 사회의 귀중한 자산으로 남을 것이다. 정년에 의한 고령 근로자의 노동시장에서의 퇴출은 우리나라의 대외 경쟁력을 경감시킬 수도 있고 노동시장에서의 노동 인력의 공백을 초래할 수도 있다.

이를 개선하기 위해서는 단순하게 연령에 의한 정년이 아니라 고령 근로자의 개별적인 노동능력과 신체 능력 등을 반영하여 정년 연령을 융통적으로 조정하고 궁극적으로는 선진국처럼 연령에 의한 강제적 퇴출은 지양해야 한다. 또한 고령 근로자와 노인들의 직업적인 능력을 향상하기 위하여 고령 근로자에게 부합하는 맞춤식 직업훈련프로그램을 제공하는 것이 필요하다. 그리고 사회적 기업, 협동조합 및 창업 등을 통하여 고령 근로자들과 노인들에게 노동시장에서 본인들의 직업적 능력과 기술을 활용하여 우리 사회에 기여할 수 있는 환경을 구축해야 한다. 이를 위하여 고령취업자알선센터의 역할도 개선하고 사회적 일자리인 노인일자리 사업도 노동시장 연계형으로 발전할 수 있도록 해야 한다.

3) 지식 · 교육 · 훈련에의 접근

세부원칙 1) 직업 지도 및 배치서비스를 포함하여 계속적인 교육, 훈련 및 재훈련에 대한 전 생애를 통한 기회균등

현재 우리나라에서는 2016년부터 고용상 연령차별금지 및 고령자 고용촉진에 법률에 따라서 정년 연령은 60세이다. 대부분의 고령 근로자들이 60세 이전에 조기 퇴직하지만 퇴직 이후에도 고령 근로자의 교육 및 훈련 욕구에 부합하여 프로그램을 제공하는 교육기관 및 직업훈련학교는 매우 미흡하다. 4차 산업혁명으로 인한 지식정보화 사회에 대비하여 고령 근로자들의 정보화 기술의 향상시키고 나아가 직업적인 능력도 증진해 나갈 수 있는 고령 근로자들을 위한 교육 및 직업훈련학교가 기업별, 산업별 및 직능별 등의 특성을 고려하여 설치 운영되어야 한다. 특히 기업 내에서도 고령 근로자들을 정년 연령에 따라서 일괄적으로 퇴직시키는 것보다는 계속 고용을 선호하는 고령 근로자들을 재교육시켜 산업현장에 재투입시킴으로써 노동 인력 부족 현상을 개선할 수 있도록 노력해야 한다. 특히 교육 및 훈련을 특정 연령대에 국한하지 말고, 전 생애에 걸쳐서 효과적인 교육과 훈련이 이루어질 수 있는 생애주기별 평생교육이 시행되어 연령에 상관없이 전 생애를 통하여 교육 및 훈련 욕구를 충족시킬 수 있는 환경을 마련하는 것이 필요하다. 이를 위하여 노인들을 위한 평생교육, 훈련 및 직업훈련 교육이 보다 활성화되어야 한다.

세부원칙 2) 모든 연령계층 사람들의 잠재능력과 전문지식의 활용

일반적으로 우리 사회는 노인계층에 대한 부정적인 인식과 편견이 있어서 노인들의 잠재적인 능력과 전문적인 지식을 활용하는 데 미흡한 측면이 많다. 막연하게 노인들이 젊은 계층보다 직업적인 능력과 전문적인 지식 등이 부족할 것이라는 부정적인 인식도 높다. 하지만 노인들은 삶의 살아오면 젊은 세대들이 경험하지 못한 다양한 환경과 상황 등을 극복해 온 노하우와 경험들이 많으며, 특히 오랜 노동 기간을 통하여 축적된 고령 근로자들의 직업적 능력은 젊은 세대의 근로자들보다 훨씬 더 풍부하다.

그러나 우리 사회에서는 노인이나 고령층의 능력과 지식을 제대로 활용하고 있지 못하고 있다. 노인세대들의 능력과 지식을 활용할 수 있도록 노인일자리사업을 통하여 1 · 3세대 교류를 보다 확대해 나가고, 노력 봉사형 자원봉사활동을 지양하고 노인들의 전문자원봉사활동을 활성화해 나가며, 특히 노인들의 사회참여활동을 다각화할 수 있도록 정부, 지자체 및 노인복지 관련 기관 등의 지원이 절실하게 필요하다. 그리고 세대갈등을 극복하고 세대 통합적인 차원에서 모든 연령계층의 잠재능력과 전문지식들이 연계되고 연합되어 우리 사회의 발전에 활용될 수 있는 환경을 조성하는 것이 필요하다.

4) 세대간 연대

세부원칙 1) 세대간 평등과 상호이익을 통한 연대성 강화

우리나라의 고령화가 진행되면서 세대 간의 갈등도 증폭된 것도 사실이다. 지역사회 내에서도 모든 연령계층의 협력하거나 연계하는 것보다는 분열과 불신이 팽배한 것도 사실이다. 예를 들어서 지역사회에서 모임이나 행사를 진행할 경우 모든 세대를 통합하여 진행되는 행사보다는 연령별이나 세대별로 확연하게 구분하여 진행되는 경우가 많은 편이다. 특히 도시화와 핵가족화로 인하여 조부모와 함께 동거하는 가족구조보다는 1세대와 2세대의 분리로 인하여 1세대와 3세대가 교류하는 경향은 매우 적고 노인계층과 청년계층 간의 접촉이나 상호작용이 매우 적은 편이다. 이를 해결하기 위해서는 모든 연령계층이 함께 더불어 살아가고 상호작용을 할 수 있는 지역사회 환경을 구축하는 것이 필요하다. 세대통합프로그램(Intergenerational Integration Program)과 세대공동체사업을 통하여 1세대, 2세대, 3세대가 함께 공동의 선을 추구하고 세대 간 평등과 연대성 강화를 통하여 모든 세대의 상호이익을 추구해 나가야 한다.

5) 빈곤 해소

세부원칙 1) 노인들의 빈곤감소

우리나라의 노인 빈곤율은 OECD 국가 중에서 최고 수준이다. 대부분의 OECD 회원국들은 근로 연령층의 빈곤율과 퇴직연령층의 빈곤율 간 차이가 크지 않고, 대다수 국가는 오히려 노인 빈곤율이 청장년 빈곤율에 비해 낮은 수준이다. 그러나 우리나라의 경우 노인 빈곤율이 청장년 빈곤율에 비해 5.4배 더 높은 것으로 조사되었다. 이는 소득의 생애주기 간, 세대 간, 계층 간 재분배가 잘 이루어지지 못하고 있다는 것을 의미한다. 우리나라의 국내총생산(GDP) 대비 노인에 대한 공적 지출 수준은 2013년 기준 2.23%로, OECD 평균(7.7%)에 비해 매우 낮은 편이다. OECD 국가들의 경우 공적연금 평균 보험료는 임금소득의 20%에 수준이지만 우리나라의 경우 노사 각각 4.5%로 총 9%만을 부담하고 있어서 공적연금의 보험료 수준이 매우 낮은 편이다(여유진, 2019). 또한 우리나라 국민연금의 평균 월 급여액도 복지국가에 비하여 매우 낮은 편이다. 예를 들어서 2019년에 고령자(55~79세)의 월평균 연금수령액은 2018년보다 4만 원 증가한 평균 61만 원으로 나타났다(통계청, 2019).

공적 노후소득보장체계의 완성을 위한 국민연금의 정상화의 길은 매우 요원하다. 국민연금의 재정 안정성, 보험료 부담에 대한 저항, 그리고 기업의 비용 부담 등으로 보험료 인상은 자제하고 그 대신 수급연령 인상과 대체율 인하를 선택할 경향이 높아서 앞으로도 국민연금의 성숙을 통해 노인 빈곤을 획기적으로 감소하기는 어려울 것으로 전망되고 있다(여유진, 2019). 이러한 문제점을 해결하기 위해서는 국민연금의 재정 안정성 강화를 중시하는 정책을 변경하여 공적연금제도의 성숙을 통한 노인 빈곤 완화에 보다 관심을 가져야 한다. 정부는 국민에게 국민연금의 문제점들을 상세하게 홍보하여 국민연금의 급여가 용돈 수준이 아닌 진정으로 노인 빈곤을 해결할 수 있는 사회보험으로 발전될 수 있도록 대책을 마련해야 한다. 이를 위하여 현재 적립방식을 점차로 부과방식으로 전환할 수 있도록 하고 적정부담과 적정급여 방식을 확립하기 위하여 현재의 국민연금 보험료 9%를 보다 상향 조정해 나갈 수 있도록 사회적 합의를 도출해야 한다.

노인들의 빈곤감소를 위하여 고령 및 노인계층의 근로자가 노동시장에서 조기에 퇴출당하지 않고 노동시장 안에서 지속해서 경제활동을 할 수 있도록 고령 친화적(Aging Friendly) 노동환경을 구축하는 것이 필요하다. 퇴직한 고령 근로자들에게 새로운 기술을 훈련해서 노동시장에 진입시키기보다는 고령 근로자들이 그들이 종사했던 기존의 직종이나 직능에 계속고용(Continuing Employment)을 유지해 나갈 수 있는 대책이 무엇보다도 중요하다. 특히 국민연금의 급여 수준이 현실화하기 전까지는 고령 근로자들에 대한 차별을 없애고 노동시장 안(Inside of Labor Market)에서 경제적인 활동을 추구할 수 있도록 지원책을 제공하는 것이 노인 빈곤을 예방할 수 있는 효과적인 대책이 될 수 있다. 그리고 공공부조 제도인 국민기초생활보장제도와 기초연금이 노인 빈곤감소에 얼마나 효과적으로 작동하고 있는지를 체계적으로 분석하여 문제점들을 개선해 나가는 것이 필요하다. 또한 사회보험인 국민연금과 조세로 지급하는 기초연금 간의 관계를 정립하여 노인 빈곤을 감소시킬 방안을 모색해야 한다.

2 노년기의 건강과 안녕 증진

1) 전 생애에 걸친 건강 증진과 안녕

세부원칙 1) 식품 및 적절한 영양에 대한 모든 노인의 접근

국민 건강 영양 조사 결과를 보면 우리나라 65세 상 인구 중에서, 영양권장량의 75% 미만을 섭취하는 인구비율이 단백질의 경우 50% 이상, 칼슘이 80% 이상, 철분이 50% 이상, 비타민이 75% 이상으로 노인 인구에서의 영양부족이 심각한 문제로 조사되었다. 그리고 65세 이상 남자의 경우 지방이 차지하는 에너지 섭취비율이 13%이고, 여성의 경우는 11%로, 현재 노년층의 경우 지방의 섭취가 전체 에너지에서 차지하는 비율이 20%에 미치지 못하므로 다른 연령 계층보다는 지방의 섭취를 증가시키는 것이 보다 필요하다. 특히 70세 이상의 남성 노인에서 18.3%가 저체중으로 조사되었다. 노인에게 저체중은 여러 가지 건강상의 문제를 발생시키므로 지속적인 관리가 필요하다(황인경, 2002).

노인의 경우 여러 신체적 변화로 인해 식사량도 감소하고 영양흡수도 저하하는데, 특히 만성질환을 가진 경우 영양섭취에 특별한 관심이 필요하다. 세계보건기구(WHO)에서도 전 세계 노인들의 50% 이상이 여러 가지 영양소 섭취가 부족하거나 식이 및 영양과 관련된 질환을 가지고 있다고 보고하고 있고, 그리고 노인들을 영양 위험 집단으로 분류하고 있다(질병관리본부, 2015). 노인들에게 영양 과잉과 결핍이 공존하고, 그러나 과잉보다는 결핍이 더 심각한 문제를 일으킨다. 노인들의 영양 결핍의 원인은 신체적, 정신적 활동 장애, 사회로부터의 격리, 경제적 곤란, 만성질환 등이 있으며 특히 노화와 관련된 생리적 변화로 인하여 영양섭취의 불균형이 초래하게 된다(황인경, 2002).

〈표 14-2〉 마드리드 국제고령화 계획: 노년기의 건강과 안녕증진

	세부원칙	노인복지기관의 주요 사업 및 실행 정도(L/M/H)2)
1. 전 생애에 걸친 건강증진과 안녕	1) 식품 및 적절한 영양에 대한 모든 노인들의 접근	• 경로식당(H) • 음식배달(M) • 식품권(NA)
2. 부양자를 위한 훈련	1) 노인 욕구와 관련된 부양자를 위한 향상된 정보와 훈련제공	• 부양자후원 프로그램(L) • 부양자지원 프로그램(L)
3. 노인과 정신건강	1) 노인 정신건강 문제에 대한 예방에서부터 초기개입, 치료서비스와 관리제공에 이르는 종합적인 정신건강 보호서비스 개발	• 상담사업(M) • 정신건강사업(L) • 정신건강예방사업(L)
4. 노인과 장애	1) 장애노인의 전 생애에 걸친 최대한 기능적 능력 유지 및 완전한 참여 증진	• 기능회복사업(L) • 물리치료사업(M) • 치료레크리에이션(L)

노인에게 있어서 균형잡힌 영양 상태를 확보하는 데는 생리적 기능 및 사회경제적 여건의 변화 등으로 많은 제한점이 있다. 그러나 노화 및 노화 관련 질환을 예방하거나 지연시키고 노인들의 삶의 질 향상을 위해서는 식사가 무엇보다도 중요한 요인이다(황인경, 2002). 노인의 영양섭취 수준을 분석한 결과 영양 상태가 가장 양호한 경우는 시설의 노인이 아닌 노인 부부였고, 그리고 영양 상태가 가장 나쁜 경우는 독거노인이었다. 노인 부부 가구에 비해 독거노인은 주로 혼자 식사하기 때문에 조리할 필요성을 느끼지 못하고, 식욕이 떨어져 결식이나 편식을 하는 일이 잦

2) 실행 정도는 L=하(下), M=중(中), H=상(上)을 의미하며, 실행 정도에 대한 평가는 본 저자가 그동안 노인복지기관에 관련된 문헌자료 및 실태 등을 중심으로 주관적인 평가에 따라서 작성하였음.

으며, 다른 사람에게 도움을 요청하기가 부담스러워 식사를 미루는 편이다(김정선·황은미, 2017).

복지시설에서 제공되는 밑반찬 서비스에 대해서도 아래와 같은 개선 요구가 있다. 첫째. 스스로 준비하기 어려운 채소 식품을 충분히 제공할 필요가 있다. 둘째, 열량을 높일 수 있는 지방 섭취 가능 식품을 제공할 필요가 있다. 셋째, 반찬 종류가 적어지더라도 노인에게 적절한 음식이 한 가지라도 제공되기를 바란다. 영양사가 상주하지 않는 노인장기요양시설에 대한 급식의 질 담보가 중요하다. 영양사가 없고 식단이나 식사 형태에 대한 기준도 명확하지 않고 투명하지 않아 급식의 질을 평가할 수 없다는 것이 문제이다. 식재료의 종류나 품질 등이 떨어질 수 있고 영양 균형과 열량 공급까지 부족해지는 상황이 장기화될 위험이 있으므로 개인 시설의 운영 합리화와 식재료나 식단 구성에 대한 원칙과 기준에 대한 제도화가 요구된다(김정선·황은미, 2017). 앞으로 노인 영양 문제에 대해서 보다 관심을 갖고 어떻게 하면 노인들에게 적정한 영양을 갖춘 영양식을 제공하고, 그리고 노인 영양 분야에서 보다 과학적이고 체계적으로 접근하여 노인들의 건강 증진과 삶의 질의 향상에 기여해야 한다.

2) 부양자를 위한 훈련

세부원칙 1) 노인 욕구와 관련된 부양자를 위한 향상된 정보와 훈련제공

우리나라에서도 노인 대부분은 가족이나 지인에게 돌봄을 받고 있다. 2017년 노인실태조사에 따르면, 일상생활의 기능 제한으로 돌봄을 받는 노인 중 약 96%는 가족과 지인에게 주로 도움을 받는 것으로 나타났다(보건복지부, 2017). 미국의 경우 약 1800만 명이 신체적, 정신적 또는 인지적 어려움을 겪는 노부모, 배우자, 친구나 이웃을 위해 돌봄 노동을 제공하고 있다. 이러한 가족 또는 비공식 돌봄 제공자(Family or Informal Caregivers)는 고령화 및 만성질환의 증가와 더불어 앞으로 더욱 늘어날 것으로 예상된다. 가족부양자들은 도움이 필요한 노인에게 뿐만 아니라 의료 및 건강보험 체계 전체에서 중요한 역할을 담당한다. 예를 들어, 미국의 지역사회 기반 노인장기요양서비스(Community-based Long-term Care Services)의 경제적 가치의 약 80%는 가족부양자에 의한 것으로 나타났다. 특히 장기요양에서 재가급여가 강조되고, 노인들의 지역사회 내 거주가 강조되면서 가족돌봄자의 역할과 의미는 앞으로 더욱 증대될 것으로 예상된다(남궁은하, 2019).

우리나라에도 가족돌봄 휴직제도(최대 연간 90일 무급휴가), 노인장기요양보험제도(제한적 범위에서 가족부양비 현금 지원), 노인돌봄종합서비스(부양자 휴가 지원 포함), 치매 노인돌봄 가족 지원 사업(부양자 교육 및 지지 모임 지원), 대국민 치매 상담 콜센터 등을 통해 노인을 돌보는 가족부양자의 일·가정 양립을 지원하고 돌봄 부담을 경감시킬 수 있는 제도적 기반이 구축되어 있다(남궁은하, 2019). 그러나 이러한 제도들에 대한 홍보가 부족하여 대다수의 가족부양자들이 이용하지 않고 있고, 그리고 정부의 정책대상은 가족돌봄 제공자보다는 만성질환의 노인을 대상으로 하는 경우가 많아서 가족돌봄 제공자에 대한 지원은 매우 미흡한 것이 사실이다.

미국의 경우에는 가족돌봄제공자법(RAISE)은 보건복지부 차원에서 가족부양자들을 지원할 국가 전략을 마련하고 개발하도록 하고자 추진된 법안이다. 이를 위해 법안은 가족부양자, 노인과 장애인, 재향군인, 의료 및 장기요양서비스 인력, 기업, 주·지방정부 관계자 등 공적·사적 영역의 대표자들을 모아 자문위원회를 구성하도록 하고 있다. 그리고 가족돌봄을 위한 전략 마련은 다음과 같은 영역에서 다루어지고 있다: ① 모든 의료 및 장기요양서비스에서 인간이나 가족 중심 케어(Person and Family Centered Care) 추구; ② 서비스 평가 및 계획에 노인, 환자나 가족부양자 참여; ③ 정보, 교육, 훈련 지원 및 케어 코디네이션; ④ 휴식 지원; ⑤ 재정적 지원 및 노동 분야에서의 일·가정 양립 관련 이슈(남궁은하, 2019).

미국 주 정부 차원에서도 가족부양자 유급휴가, 일하는 가족부양자를 위한 보조금 지급 등 새로운 프로그램들을 시행 중이다. 미국 주 정부에서 시행하고 있는 가족부양자들을 위한 프로그램은 우리나라의 가족부양자 서비스 확대 및 개선에 다음과 같은 시사점을 주고 있다: ① 새로운 프로그램 시행 시 충분한 시간을 두고 시범

테스트와 수정을 거쳐 정책 실행; ② 부양자의 필요와 욕구를 고려한 맞춤 서비스 제공; ③ 가족부양자에 대한 사회적 인식 제고를 통해 부양자의 서비스 접근성 향상; ④ 주 및 지방정부를 포함하는 서비스 네트워크 간의 소통 및 협력 증진; ⑤ 재정, 정보 체계 및 서비스 전달 통합(남궁은하, 2019).

우리나라에서 2026년부터 시행되는 지역사회통합돌봄사업(Community Care)에 만성질환을 돌보는 가족부양자를 위한 교육, 훈련 및 지원서비스를 보다 개발하고 확대해 나가는 방안을 모색해야 한다. 이를 통하여 가족부양자가 가정이나 지역사회에서 만성질환 노인들을 효과적으로 돌볼 수 있는 사회적 환경을 구축하여 노인들의 부적절한 조기 시설화(Early Placement in Institution)를 방지할 수 있도록 해야 한다.

3) 노인과 정신건강

세부원칙 1) 노인 정신건강 문제에 대한 예방에서부터 초기개입, 치료서비스 및 관리제공에 이르는 종합적인 정신건강 보호서비스 개발

많은 노인들이 여러 가지 정신건강의 문제를 겪고 있다. 이중 상당수는 치료가 필요한 정신질환을 앓고 있다. 노년기에 흔히 나타날 수 있는 정신건강 질환에는 다음과 같은 것들이 있습니다: ① 노년기 우울증; ② 치매; ③ 망상성 장애; ④ 불안장애; ⑤ 수면장애(불면증); ⑥ 노년기 정신병. 이러한 노년기 정신질환들은 정상적인 노화현상으로 받아들이지 말고 치료가 필요한 질병이며 적극적이고 적절한 치료를 통해서 건강한 정신건강을 회복할 수 있다는 것을 인식해야 한다. 우리나라의 경우 약 100만 명 이상의 노인들이 각종 정신질환으로 고통받고 있는 것으로 추정하고 있으나, 이들 중 적절한 치료를 통해 건강을 회복하는 노인들은 10%에 지나지 않고 있다(김도관 · 윤세창, 2005).

노인들의 정신건강 질환에 가장 흔한 질환은 우울증 및 치매와 경도인지장애인데 이에 대한 일반적인 관리는 다음과 같다. 첫째, 노년기 우울증은 일반 성인에 비해 우울감은 적게 호소하지만 신체 증상 및 기억 저하 호소가 심하고 불안, 초조 증상을 호소하는 경우가 많다. 우울증은 보통 약물치료에 반응하고 완치되는 경우가 많다. 그러나 노인에서는 항우울제 약물에 대한 반응이 좋지 못한 편이다. 우울증 관리에서 먼저 중요한 것은 정확한 진단과 평가다. 노인에서는 우울증의 진단과 치료에 소극적인 경우가 많은데 우울 증상의 심한 정도와 기능에 미치는 영향을 고려해 보다 적극적으로 치료하는 것이 중요하다(유승호, 2014).

가벼운 우울증의 치료는 일단 비약물적 치료인 정신 사회적 치료 접근을 먼저 고려해야 한다. 환경의 조정과 주변 사람들과의 관계문제를 다뤄주는 것만으로도 증상이 호전된다. 대인관계 치료 및 인지행동치료와 같은 기법들은 약물치료 없이 효과를 보기도 한다. 그러나 보다 심각한 기능 저하를 일으키는 주요 우울증에서는 빠른 호전을 위해 항우울제 투약이 적극적으로 필요하다. 약물치료와 함께 정신 사회적 치료를 동시에 시행하는 것은 치료 효과나 재발의 방지 측면에서 효과적일 것이다. 우울증의 예방관리는 노년기 다른 건강관리와 동일한 측면이 있다. 신체적인 건강을 위한 운동, 건강한 식단, 사회활동 및 여가활동 및 명상과 같은 마음을 챙기는 행위 등 가능한 환경의 조정과 함께 우울증을 예방하는 데 도움이 된다. 특히 노인은 통상적으로 우울할 것이라는 편견을 버리고 우울증을 제대로 평가하여 적극적으로 치료하는 것이 노년기 우울증의 관리에서 가장 중요하다.

둘째, 일단 치매로 진단이 되면 치료는 치매를 일으키는 원인질환이나 현재 치매의 심한 정도에 따라 달라진다. 가역적인 치매는 원인질환을 치료할 경우 호전되고 미리 원인을 막음으로써 예방할 수 있다. 그러나 만성 퇴행성 뇌 질환과 혈관성 병변으로 발생하는 대부분의 비가역적 치매에서는 이미 손상된 인지 기능이나 활동의 수준을 이전으로 되돌리기 어렵다. 현재 알츠하이머병이나 혈관성 치매의 치료로 저하된 인지 기능을 호전시키기 위해 공식적으로 '콜린에스테라아제 억제제'와 'NMDA 수용체 길항제'와 같은 인지 기능개선제를 투여하는데, 근본적으로 병의 진행을 막을 수 없고 어느 정도 지연시키는 정도의 효과를 가지고 있다. 혈관성 치매는 이에 더하여 혈관성 병변의 진행을 막기 위한 약물을 투여함으로써 어느 정도 예방을 기대할 수 있다. 따라서 치매 상태를 가능한 빨리 진단하여 조기에 치료를 시작하는 것이 최선일 것이다(유승호, 2014).

저하된 인지 기능과 이로 인한 일상생활동작 능력의 손상을 최소화하기 위해 약물치료와 함께 인지훈련을 포함한 인지재활치료를 시행하면 도움이 될 수 있다. 현실지향, 회상요법, 인정치료, 다감각자극 및 신체활동 등은 환자의 인지 기능 개선보다는 환자의 정서적인 안정 및 삶의 질의 향상에 효과적일 것이다. 가능한 빨리 진단해 치료를 시작한다 해도 결국 병은 진행되기 때문에, 진행된 상태에 따라서 돌봄 관리가 필요하게 된다. 일상생활동작에 대한 돌봄은 가족들이 주로 시행하는데, 가족들이 감당하기 어려운 경우에는 전문가의 도움을 받을 수 있다. 요양보호사의 정기적인 방문, 주간보호센터 및 입소 시설 이용이 유용하다. 이에 대한 재정적인 부담은 노인장기요양보험제도의 시행으로 많이 감소하였다. 결국 치매의 치료는 다양한 단계에서 환자나 보호자에게 적합한 맞춤형 치료 및 서비스가 제공되어야 하고, 지역치매센터의 활성화와 같은 국가나 지역사회 차원에서의 체계적이고 다각적인 접근과 관리계획이 필요하다(유승호, 2014).

치매의 흔한 원인질환인 알츠하이머병과 혈관성 치매는 상당 부분 의학적 위험요인을 공유하고 있는데 고혈압, 당뇨, 고지혈증, 심혈관질환 및 뇌혈관질환 등이다. 따라서 이러한 질병을 치료하고 꾸준히 관리하는 것이 중요하다. 그리고 적절한 영양, 운동, 인지적 활동, 사회·여가활동 및 명상 등이 치매를 예방하는 데 중요한 역할을 한다. 이러한 예방적 관리는 어려서부터 꾸준히 하면 보다 효과적이지만 나이가 들어서 시작해도 늦은 것은 아니다. 노인들도 좋은 건강 증진 활동들을 지속적이고 실천하는 행동이 우울증이나 치매나 경도인지장애 같은 노인 정신건강 의학적 문제 등을 예방하고 치료하는 데에 중요하다.

우리나라는 노인들의 정신건강 관리 및 보호를 전문적으로 다루는 기관은 없다. 다만 지역사회에 정신보건복지센터가 노인을 포함한 모든 연령계층의 정신건강을 관리하는 중심기관으로의 역할을 담당하고 있다. 앞으로 정신보건복지센터가 늘어나는 노인성 정신질환에 대하여 보다 체제적으로 접근하는 것이 필요하다. 그리고 우리나라에는 치매안심센터가 있어서 치매에 한정해서 다양한 서비스를 제공하고 있다. 앞으로 정신보건복지센터와 치매안심센터가 연계하여 노인 정신건강 문제에 대한 예방에서부터 초기개입, 치료서비스 및 관리제공에 이르는 종합적인 정신건강 보호서비스 개발하는 것이 매우 필요하다.

4) 노인과 장애

세부원칙 1) 장애노인의 전 생애에 걸친 최대한 기능적 능력 유지 및 완전한 참여 증진

전체 인구 고령화와 함께 장애 인구 역시 고령화 현상이 나타나고 있다. 장애 노인은 교육수준이 낮고, 독거가구가 22.6%로 전체 노인의 독거가구(19.6%)에 비해 많은 편이다. 장애 노인의 주된 장애는 지체 장애(51.7%), 청각장애(16.3%), 뇌병변장애(14.5%), 시각장애(11.2%)의 순으로 많고, 간질 장애, 간 장애, 안면 장애는 0.1% 수준으로 가장 적은 편이다. 주된 장애 유형은 지체 장애(51.7%)가 가장 많고, 67%가 경증(4~6등급)이며 장애 발생은 58.7%가 60세 이상 노년기에 발생하였다. 월평균 개인소득은 57만 4천 원으로 낮고, 주된 개인 소득원은 공적이전소득(37%)이다(김성희, 2013).

장애 노인의 주관적 건강상태는 장애발생시기가 늦을수록 나쁜 경향을 보이고 장애 기간이 길수록 양호한 것으로 나타났다. 장애 노인의 남의 도움 필요 정도는 "모든 일상생활 혼자 가능"(49.3%), "대부분 혼자 가능"(19.7%), "일부 도움 필요"(16.2%), "거의 모든 일 도움 필요"(8.2%), "대부분 도움 필요"(6.6%)의 순으로 나타났다. 그리고 남의 도움을 필요로 하는 장애 노인이 31.0%인 것으로 나타났고, 주로 도와주는 사람은 가족(79.5%)이 가장 많았다. 가장 많이 이용한 복지사업은 통신 및 교통요금 등의 요금감면사업이고, 장애인복지시설 이용 경험은 장애인 복지관(6.2%)을 제외하고 5% 미만이며, 복지 욕구는 의료보장(41.2%), 소득보장(37.0%)이 가장 큰 편이다.

앞으로 장애 노인들을 위해서 해결되어야 할 주요 사항은 다음과 같다(김성희,

2013). 첫째, 현재 노인과 장애 영역은 서로 다른 영역으로 인식되어 각각 사업을 시행하고 있으나, 그러나 장애 노인 대상 사업 중 유사 사업인 도우미 파견사업이나 지역사회 재가복지사업 경우 서비스 제공 기관 간 연계망 구축이 필요하다. 그리고 장애인복지기관과 노인복지기관에서 장애특성과 노인특성을 모두 고려한 장애 노인 통합 프로그램 등을 개발하여 운영하는 것이 필요하다.

둘째, 장애 상태 및 개별적 욕구에 따른 서비스 제공이 필요하다. 장애 정도가 경증인 경우 이동지원서비스와 같은 사회활동 참여활동에 대한 욕구가 높다. 그러나 외상 상태 등의 중증장애 노인은 돌봄서비스나 의료서비스에 대한 욕구가 높다. 따라서 장애 노인의 장애특성 및 개별적 욕구에 부합하는 서비스가 제공되어야 한다. 장기요양 욕구를 가진 중증 장애 노인의 경우 노인장기요양보장제도의 수급자격을 얻지 못할 경우는 유사 기능을 수행하는 노인돌봄바우처나 지역 보건복지서비스를 활용하여 서비스를 제공하는 방안 마련이 필요하다.

셋째, 외부활동이나 여가활동 지원을 위한 프로그램 개발이 필요하다. 장애 노인의 경우 여가활동은 대부분 소극적 여가활동에 참여하는 경향이 높다. 이러한 여가활동도 연령이 증가할수록 감소하므로, 장애 노인의 여가활동 지원을 위한 지역사회 서비스 개발이 중요하다. 지역사회 장애복지관, 장애인체육관 등에서 장애 노인의 여가활동지원 프로그램을 개발할 필요가 있고, 그리고 노인여가시설을 통해서 장애노인 여가활동 지원사업을 지원할 필요성도 높다.

넷째, 건강관리사업 확대와 재활서비스 제공 강화가 필요하다. 장애 노인의 장애발생이 노년기에 가장 많이 발생하므로 노년기의 지속적인 건강관리와 재활서비스의 확대 등을 통한 장애 발생 예방이 필요하다. 장애인의 노화에 따른 2차적 장애발생에 대한 교육과 예방 등의 재활프로그램과 장애 노인의 장애특성을 고려한 전문적 평가 및 관리를 통한 맞춤형 건강 증진 프로그램을 개발해야 한다. 장애 노인 증가를 대비하여 지속적인 건강 재활프로그램의 보급, 만성질환 예방과 관리 중심의 건강관리사업 수행, 그리고 건강검진 강화 등이 필요하다.

끝으로 장애 노인들이 남은 여생 동안 본인들의 최대한 기능적 능력을 지속적으로 유지할 수 있도록 개별 장애 노인에 부합하는 맞춤식 서비스를 제공하는 것이 필요하다. 그리고 장애 노인을 돌보는 가족부양자들에게도 후원서비스와 프로그램을 제공하여 가족부양자들의 부양 스트레스를 경감시켜 주는 것이 필요하다. 또한 당사자주의의 원칙에 근거하여 장애 노인들을 위한 정책 결정, 서비스 및 프로그램 개발에 장애 노인들의 의사가 반영될 수 있는 환경을 구축하여 모든 경제사회 및 문화영역 등에서 장애 노인들의 완전한 참여를 증진해야 한다.

3 능력을 부여하고 지원하는 환경확보

1) 주택과 주거환경

세부원칙 1) 개인적 선호 및 지불능력을 고려한 주택제공을 통해 친고령 지역사회 여건 증진

인구 고령화와 가족구조의 변화로 노인가구가 급증하고 있다. 노인을 포함하고 있는 전체 가구 중 노인가구(노인 부부, 독거노인)의 비중이 1994년 40.4%에서 2014년 67.5%로 증가하였다. 노인가구가 증가함에 따라서 노인들의 일상생활능력(ADL) 저하를 보완해 줄 수 있는 다양한 편의시설이 확보된 주택이 필요하다. 그리고 노인들은 비슷한 장소에 대한 애착이 크고 오랫동안 살아온 장소에서 생활하기를 원하고 있다. 고령자들은 자기정체성을 집이라는 장소와 연관시키는 경향이 높고, 낯선 시설에 살기보다는 본인들이 살던 지역이나 공동체에서 생활하기를 원하고 있다(오승연, 2016).

그래서 노인들이 한 번도 살지 않았던 지역에 새로운 노인 주거시설이나 노인주택에 입주시키는 것보다는 노인들이 살고 있는 지역에 노인들의 주거 욕구와 주거 선호도를 체계적으로 반영하여 노인주거복지 대책을 추구해 나가는 것이 필요하다.

노인들의 건강상태에 따라서 거주할 주택의 선호도가 변경되는 것으로 조사되었다. 그러나 노인들의 건강상태가 나빠지는 경우 현재 집에서 그대로 거주하겠다는 비율이 낮아지는 것으로 조사되었다. 건강이 나빠졌을 경우 고령자 전용주택(국민임대, 공동생활 주택, 실버타운, 양로시설 등)을 선호하는 것으로 나타났다. 도시고령자는 유료시설에 대한 선호도가 높았고, 농촌 고령자는 무료 양로시설에 대한 선호도가 높은 편이다.

그리고 노인들은 나이가 들수록 신체적 기능이 저하되고 일상생활동작에 제한이 있어서 주택 내의 안전사고를 방지할 수 있는 대책을 마련해야 한다. 특히 75세 이상의 후기노인들의 일상생활동작 능력의 저하를 보완할 수 있는 물리적 기능이 노인들이 현재 거주하고 있는 주택에 추가로 보강되어야 한다. 또한 일반 가구에 비해 노인가구들은 소득과 자산 불평도가 높아 노인가구의 경제적 수준에 따라서 주거의 질에 편차가 큰 편이다(오승연, 2016). 정부에서는 노인들의 경제적 상황을 고려하여 노인들이 구매 가능한 다양한 노인주택의 유형을 개발하고 재정적인 지원을 통하여 고령 친화적 지역사회를 조성할 수 있는 대책을 마련해야 한다. 정부의 공급만으로는 고령자의 다양한 주거수요에 대응하기 어려우므로 민간기업과 지역사회의 참여를 유도하여 노인 전용주택 시장을 활성화해야 한다.

선진국의 고령자 주거정책의 방향은 고령자들을 노인주택 같은 시설에 집단 거주하게 하는 것보다는 노인들이 살아왔던 지역에서 계속 거주하면서 살아갈 수 있도록 장려하는 정책으로 변화하고 있다. 이러한 Aging in Place 정책은 고령자의 주거 욕구를 충족시킬 뿐만 아니라 장기요양이 필요한 노인들에게도 시설에 입주시키는 것보다 재가서비스를 제공하고 있다. 특히 Aging in Place를 실현하기 위한 정책 방향은 다음과 같다: ① 노인들이 안전하고 자립적인 생활을 위한 주택개량지원사업 및 돌봄 지원서비스의 활성화; ② 주거와 의료영역을 통합한 노인 전용 주거시설의 공급; ③ 공급 위주의 정책을 지양하고 노인들의 다양한 주거수요의 반영(오승연, 2016).

세부원칙 2) 장애 노인 등의 욕구를 고려하여 독립적인 주거를 향상할 수 있도록 주택과 환경설계 증진

장애인 가구 중 65세 이상 노인가구 비율은 2015년 57.3%로 일반 가구(2014년 21.2%)에 비해 노인가구의 비율이 상당히 높으며 장애인 가구의 고령화는 심화하고 있다. 장애인 가구 중 65세 이상 고령 장애인이 있는 가구는 47.2%이며, 그중 고령 장애인으로만 구성된 가구의 비율은 14.0%에 이르고 있다. 고령 장애인 가구의 주거상황은 매우 열악하고 주거비 부담이 큰 편이다. 고령 장애인 가구는 상대적으로 이동 편의와 기타 편의시설이 구비되지 않은 주택에 장기로 거주하고 있으며, 그리고 소득은 낮은 데 비해서 소득 대비 임대료 비율은 높아 주거비 부담이 큰 편이다. 고령 장애인 가구의 월평균 소득(147.4만 원)은 전체 장애인 가구(183.5만 원)에 비해 낮으며, 소득 대비 임대료 비율(RIR)은 28.3%로 전체 장애인 가구(24.1%)에 비해 높다(강미나, 2017).

고령 장애인은 '친숙한 환경에서 계속 살고자 하는(Aging in Place) 욕구'가 크므로 이들을 위한 주택지원, 주택개조 지원, 서비스를 동반한 주거 등이 중요하다. 고령 장애인 가구가 주택 내·외부에서 불편을 느끼는 장소는 욕실(27.6%), 주택 외부(23.3%), 현관(18.5%) 및 부엌(10.4%) 등의 순으로 나타났다. 아파트 거주 시에는 욕실(30.8%), 현관(17.5%), 주택 외부(16.5%) 및 바닥(10.1%) 등의 순이었다. 고령 장애인 가구가 설치나 개선을 바라는 편의시설로는 다음과 같다: ① 주 출입구 계단 경사로; ② 욕실 안전손잡이 설치; ③ 현관 출입 시 불편한 제거; ④ 부엌 좌식싱크대 설비; ⑤ 바닥 미끄럼방지 마감재 시공; ⑥ 욕실 기타; ⑦ 바닥 높낮이 차이 제거.

장애 노인들을 위한 주거정책의 방향은 다음과 같다(강미나, 2017). 첫째, 주택개조의 표준화 및 확대의 필요성, 장애인 당사자나 가족이 신체 상황에 적합한 개조 부분을 쉽게 파악하고 주택개조 방향과 비용을 정확하게 예상하며 개보수 요청을 용이하게 할 수 있도록 관련 항목을 표준화하고 이를 실현해 볼 수 있는 체험주택을 마련하여 활용하는 것이 필요하다. 비전문가라도 주택개조를 손쉽게 의뢰할 수 있도록 장애인의 행동특성을 반영하여 개보수 자재, 개조 단계 등을 표준화하고 편리성과 안정성을 제고할 수 있는 개조 항목을 지속해서 개발하는 것이 필요하다. 표준화된 항목에 따라 주택개조를 시공한 체험주택을 마련하여 장애인들이 생활 속에서 활용할 수 있는 개조 관련 사항을 선택 · 상담 · 시공계약을 할 수 있도록 해야 한다.

둘째, 모든 사람에게 편리한 주거공간의 확보 필요성, 매입임대사업 및 주거약자용 주택공급 시 설계 초기부터 높낮이 제거, 여유 공간 확보 등 비장애인이 사용하기에도 큰 불편함이 없도록 기본적인 설치사항을 반영하고, 그리고 개조 지원 시 주택 유형을 고려하여 장애인 편의시설이 잘 구비되지 않은 단독 · 연립 · 다세대주택을 우선으로 개조할 수 있도록 소득세 공제, 재산세 감면, 비용 저리 융자 및 세제 혜택 등의 개조 지원해야 한다. 일본의 경우에는 고령자나 장애인을 위한 배리어프리 주택개조를 한 경우 소득세, 재산세, 주택개조비 및 차입금 등에 대한 세제 혜택을 제공하고 있다. 임대인이 주택개조를 통하여 장애인의 편의를 높일 경우 발생하는 차입금의 일정 부분에 대해 세액공제 및 재산세 감면 등의 혜택을 검토하여 안전한 주거를 촉진할 필요가 있다.

셋째, 공공임대주택 입주기회의 확대 필요성. 고령 장애인의 공공임대주택 입주기회 확대 및 1인 저소득 고령 장애인 가구 우선 지원하는 것이 필요하다. 영구임대주택 공급 시 장애인은 일반공급 1순위 대상인데, 고령 장애인을 우선 공급대상으로 지정하여 현재 신혼부부 10% 우선 공급처럼 확대할 필요가 있다. 국민임대주택 공급 규칙상 우선 공급에 장애인 등을 대상으로 공급물량의 20%가 배정되어 있으나 현실적으로 입주에 어려움이 많으므로, 고령 장애인 소득 기준을 보다 완화 · 적용하고 배점 기준에서 고령 장애인이 우선으로 공공임대주택에 입주할 수 있도록 자격요건을 검토할 필요가 있다(강미나, 2017). 정부는 장애 노인들의 다양한 주거 욕구를 고려하여 장애 노인의 개별적 특성에 부합하는 주거유형과 주택들을 합리적인 수준에서 공급할 수 있도록 해서 장애 노인들의 독립적 주거 생활을 향상할 수 있도록 해야 한다.

세부원칙 3) 노인들을 위한 접근 가능하고 공급 가능한 교통수단의 제공

우리나라 고령자들의 주요 교통수단은 버스 48.9%, 지하철 19.3%, 자가용 18.4% 순으로 나타났고, 활동이 자유롭고 독립성을 확보한 65~69세 집단과 체력 저하로 대중교통 이용이 어려운 85세 이상 집단에서 자가용 이용도가 높은 것으로 나타났다. 현재 운전을 하는 고령자들은 연령이 낮고, 남성이며, 일상생활 수행능력에 제한이 없고, 자가용을 소유한 특징이 있다. 운전을 중단한 고령자들은 노인 부부가구나 자녀 동거가구를 이루고 있는 경향을 보였으며, 운전 경험이 없는 고령자들은 여성인 경우가 많고, 그리고 농어촌에 거주하는 경향이 나타났다(염주희, 2013).

노인들을 위한 접근 가능하고 공급 가능한 교통수단을 제공하기 위해서는 다음과 같은 사항들을 고려해야 한다(염주희, 2013). 첫째, 고령자들의 교통 이용 현황은 다양한 형태를 보인다. 고령자의 외출 및 이동 특성은 목적지, 이동 거리 및 동행자 여부 등에 따라서 선택이 달라질 수 있기에 한 가지 수단에 대한 지원보다는 전반적인 이동성 개선에 초점을 맞출 필요가 있다.

둘째, 연령이 증가할수록 자가용과 같은 개별적 교통수단을 사용하는 경향이 나타나는데, 이는 대중교통수단이 신체적 노화가 진행된 노인들의 이동 욕구를 뒷받침하는 데 어려움이 있음을 시사한다. 급격히 늘어나는 고령자 계층에게 개별적 교통수단을 제공하는 일은 막대한 사회적 비용을 초래하므로, 고령자들이 독립적으로 이동할 수 있도록 제반 여건 마련에 초기투자를 하고 가능한 한 오랫동안 현재 이용 수단을 사용할 수 있도록 장려하는 것이 필요하다.

셋째, 운전자가 아닌 승객으로 자가용을 이용하는 고령자가 많아지므로 고령자에게 이동 편의를 제공하는 비고령 운전자에 대한 배려도 필요하다. 지역사회 차원에서 이들을 지원할 수 있는 체계가 확립되면, 기관이나 자원봉사단체 소속 운전자가 고령자에게 이동 편의를 제공하는 경우, 보호자가 고령자 소유의 차량을 운전하여 이동 편의를 제공하는 경우 등이 활성화될 수 있다.

넷째, 현재 운전 중인 고령자는 높은 수준의 이동성을 확보하고 있지만, 소득 감소 및 인지능력 저하 등으로 미래에는 운전에서 은퇴할 경우가 생길 수 있다. 이에 고령 운전자들이 안전하게 운전을 지속할 수 있도록 고령 운전자 교육을 강화해야 하며 이들이 운전을 중단하였을 때 대안적 교통수단을 확보할 수 있도록 여건 마련에 해야 한다. 고령 운전자와 마찬가지로 대중 교통이용자도 신체적 노화로 인해 더는 현재 이동수단을 이용할 수 없게 되면 대안적 교통수단이 필요하다. 고령자들이 다른 교통수단으로 전환해야 할 때 서비스의 부재로 인해 사회적 고립과 삶의 질 저하를 경험하지 않도록 지역별 이동수단 발굴이 필요하다.

다섯째, 고령자의 이동성은 대중교통 이용에서 개별교통 이용으로 변화할 것으로 예상되지만 지역적, 경제적, 신체적 이유로 개별교통 이용이 어려워지는 고령자도 늘어날 것이다. 고령자의 이동성 보장을 위해서는 교통약자 전용 택시 운행, 수요응답형 교통수단 등 현재 제공되고 있거나 앞으로 도입할 서비스에 대한 욕구 조사가 선행되어야 할 것이다. 교통은 건강 · 의료, 사회참여, 여가 등 다른 모든 서비스에 접근하기 위해 필수적인 사항이다. 초고령사회를 대비하여 노인들의 고립을 완화하고 이들이 독립적으로 생활할 수 있는 여건을 마련하기 위해서는 고령자나 노인 대상 서비스 개발할 때에 노인들의 이동성에 대한 고려가 반드시 포함되어야 한다.

2) 노인 유기, 학대 및 폭력

세부원칙 1) 노인에 대한 모든 형태의 유기, 학대 및 폭력 근절

우리나라의 노인학대의 현황과 실태를 살펴보면 다음과 같다. 노인학대 전체사례 건수는 2019년 16,071건으로 2015년에 비교하여 대비 약 35.0% 증가하였다. 그리고 2019년 신고 의무자에 의한 신고 건수는 2015년 대비 약 24.0% 증가하였다. 생활시설 학대의 경우 2019년 486건(9.3%)으로 전년 대비 27.9% 증가하였으며, 2019년 이용시설 학대의 경우 131건(2.5%)으로 전년 대비 219.5% 증가하였다. 학대행위자 중에서는 지속적으로 학대피해 노인의 "아들"이 가장 높은 비율을 보이고 있고, 그 다음으로는 배우자(30.3%), 기관(18.5%), 딸(7.6%) 등의 순서이다. 연도별 학대 피해 노인의 연령대는 70대가 최근 5년간 45% 내외의 수치를 보이며 가장 많은 비율을 차지하는 것으로 나타났다(보건복지부, 2020).

우리나라 노인학대는 계속해서 증가하고 있다. 노인학대를 예방하고 노인학대를 낮추기 위해서는 신고 의무자 범위를 보다 확대하고 신고 의무자의 신고가 보다 확대될 방안을 모색해야 한다. 그리고 노인들이 이용하는 생활시설이나 이용시설에서의 노인학대가 증가하므로 노인들을 위한 생활시설과 이용시설에서 노인학대를 방지할 수 있는 체계를 구축하고 관련 실무자나 서비스 제공자들에 대한 노인학대 예방 교육을 보다 활성화해 나가야 한다. 그리고 노인학대의 가해자가 아들, 배우자나 딸인 경우가 많은데 노인학대 발견 시 가해자에 대한 법적 제재도 집행함과 동시에 가해자에 대한 학대 예방 교육과 심리 · 사회적 지원도 동시에 제공하는 방안을 모색해야 한다. 그리고 75세 이상의 후기노인들에 대한 학대가 증가하므로 후기노인들을 학대상황으로 보호할 방안을 적극적으로 마련해야 한다.

노인학대는 여러 유형이 동시다발적으로 발생하며, 보통 정서적 학대, 신체적 학대, 그리고 방임 등의 순으로 나타난다. 2019년 학대유형 건수는 정서적 학대 3,465건(42.1%), 신체적 학대 3,138건(38.1%), 방임 741건(9.0%), 경제적 학대 426건(5.2%), 성적 학대 218건(2.6%), 자기방임 200건(2.4%), 유기 41건(0.5%) 등의 순으로 나타났다. 2019년 경제적 학대의 경우 2018년에 비해서 11.8% 증가하였고, 그리고 2019년 자기방임의 경우 2018년에 비하여 16.7% 감소하였다(보건복지부, 2020). 노인들에 대한 학대는 단일한 학대보다는 여러 가지의 학대가 동시에 이루지는 경우가 많다. 피학대 노인들이 어떠한 학대의 피해자인지를 정확하게 파악하고 이러한 학대상황을 극복할 수 있도록 심리 · 사회적 지원을 포함하여 경제적인 지원도 적극적으로 제공해야 한다. 특히 최근에 노인들에 대한 경제적 학대가 증가하므로 노인들이 경제적 학대나 착취를 받지 않도록 지속적인 모니터링 체계와 예방대책을 수립해야 한다.

지역사회에서 노인학대의 예측 징후와 노인학대 예방에 대해서 우리가 해야 할 역할들을 정리해 보면 다음과 같다: ① 노인학대 위험요인을 경감할 수 있는 방법들에 대하여 논의해 본다; ② 지역사회 내에서 노인들이 학대를 당하지 않고 잘 생활하는지 지속적인 연락과 관찰을 계속한다; ③ 세계 노인학대 인식의 날(6월 15일)을 맞이하여 지역사회에서 노인학대 인식의 날을 기념하고 노인학대에 대한 정보들을 교환한다; ④ 지역사회에서 진행되는 노인을 위한 행사에 참여하여 공동체적 배려와 보조의 필요성에 대해 이해한다; ⑤ 노인학대 예방과 학대위험에 처한 노인을 돕는 방법에 관한 자세한 정보는 중앙노인보호전문기관을 통하여 알아본다; ⑥ 지역사회나 학교에서 "존엄과 노화"를 주제로 논의해 본다; ⑦ 지역사회에서 노인학대에 처할 수 있는 노인들을 방문하여 적절한 서비스를 제공하도록 한다. 초고령사회에서 인구의 고령화로 노인 인구도 급증하지만 노인학대도 급증할 것이다. 앞으로 우리나라에서 노인에 대한 모든 형태의 유기, 학대 및 폭력 등이 근절될 수 있도록 정부, 지자체, 시민단체, 학계 및 실무자 등이 효과적으로 협력하고 연계할 방안을 모색해야 한다.

3) 노인 이미지 개선

세부원칙 1) 노인의 권위, 지혜, 생산성, 여타 중요한 공헌에 대한 사회의 인식

사람들이 노인에 대해 긍정적, 부정적 고정관념을 모두 갖고 있다고 할지라도 우리나라의 일반인들은 노인에 대해서 전반적으로 부정적인 측면을 더 많이 가진 것으로 나타나고 있다. 이를 반영하듯 우리 사회의 노인공경에 관한 조사 결과, 조사대상자의 47.6%가 현재 우리 사회에서 노인이 공경받지 못하고 있는 것으로 평가되었다. 한편 노인에 대한 태도를 조사한 결과 50% 이상이 노인은 일상생활을 즐기며 살고 있지 않으며, 미래에 대한 계획을 세우지 않고, 노인은 자신의 의견을 고집하거나 거기에 집착하며, 나이가 들수록 능력이 떨어져서 하는 일이 별로 없다고 하여 노인에 대한 부정적 기대가 더 높은 것으로 나타났다(국가인권위원회, 2006).

한편 청소년에서 중장년층을 대상으로 노인편견을 연구한 결과, 대인관계, 여가·문화, 성·결혼, 활동, 그리고 역량 등의 대인관계 영역이 다른 영역보다 노인편견 점수가 높은 편으로 나타났다. 우리나라는 신문 매체에 나타난 노인 이미지를 연구한 결과, 광고에서 노인의 모습이 왜곡되고 있는 경향이 높은 편인 것으로 나타났다. 이와 같은 현상은 노인들이 다른 연령층보다 중요하지 않다는 메시지를 전달할 수 있고, 그리고 노인이라는 이유만으로 부정적인 이미지를 갖게 할 수 있다(국가인권위원회, 2006). 특히 미디어 매체는 노인을 '육체적' 약자이자 '경제적' 약자로 재현하는 동시에 돌봄이 필요한 의존적 약자이며 동시에 과거 지향적 이미지라는 부정적인 시선으로 재현하고 있는 것으로 나타났다.

노인의 이미지 중에서는 신체적 이미지에 중점을 두는 경향이 여전히 강했다. 즉, '나이듦'이 곧 노인이라는 것을 전제조건으로 하여 노인층의 이미지를 재현하는 것이다. '건강한 노인'을 이미지화하고 있지만 그 배경에는 '나이가 들었음에도 불구하고 건강한'이라는 추상적 개념을 동시에 생산하고 있다. 이와 같은 현상은 줄곧 미디어가 노인의 쇠약한 신체를 강조함으로써 '늙음=약함'이라는 이미지를 생산하고 있은 것과 동일한 맥락이다. 이러한 이미지의 강조는 노인들이 나이가 들수록 신체적으로 나약해지는 것을 의미하고, 젊은 연령계층에게 나이 든다는 것에 대한 두려움을 양상시키는 부정적인 역할로 작용할 수 있다(김숙 · 박주연, 2014).

앞으로 언론매체에서는 노인 이미지에 대한 편파적인 시각이 아니라 긍정적인 부분과 부정적인 부분을 동시에 제공하여 균형적인 시각을 제공해야 한다. 이를 위하여 언론매체와 미디어는 프로그램을 통해 노인들의 진정한 현실의 문제를 충분히 전달하고, 문제 해결방법을 모색할 수 있는 다양한 노년의 모습에 대해 제시하는 방법을 모색해야 한다. 그리고 이를 효율적으로 전달할 수 있도록 노인 관련 주제와 이를 전달한 방법을 개발해야 한다. 이를 위하여 전 연령층이 모두 시청할 수 있는 프로그램에 균형 있게 노인 관련 주제나 문제 등을 배치시켜 균형을 맞출 필요하다. 그리고 부정적인 노인들의 이미지 재생산보다는 바람직한 노년의 삶이나 이미지에 대한 다양한 방식을 제시할 필요가 있다. 또한 다른 연령계층도 노인들을 긍정적으로 받아들일 수 있도록 다양한 장르에서 노인들의 자연스러운 고령화 문제를 중심으로 프로그램을 제작하는 것이 필요하다.

지혜는 연령의 증가와 함께 정지되거나 퇴보하는 부정적 변화들과 달리 연령의 증가와 함께 오히려 높아진다는 연구들이 늘고 있다. 이러한 배경에는 지혜가 삶의 다양한 경험의 축적으로 얻을 수 있는 능력이기 때문에 젊은 사람들에 비해 상대적으로 인생의 다양한 경험을 했을 노인들이 더 지혜로울 것이라는 연구에서 비롯되었다고 할 수 있다(최숙희 · 송선희, 2014). 노인의 지혜에 대한 또 다른 연구에서는 연령이 낮은 집단보다 높은 집단의 지혜점수가 높게 나타나 연령이 증가할수록 지혜점수가 높은 것으로 나타났다(성기월, 2011). 또 다른 연구에서는 청년집단보다 중년 집단이, 중년 집단보다 노년 집단이 지혜의 점수가 높은 것으로 나타나 지혜는 연령의 증가와 관련이 있는 것으로 조사되었다(김민희 · 민경환, 2010).

〈표 14-3〉 마드리드 국제고령화 계획: 능력을 부여하고 지원하는 환경 확보

	세부원칙	노인복지기관의 주요 사업 및 실행 정도(L/M/H)[3]
1. 주택과 주거환경	1) 개인적 선호 및 지불능력을 고려한 주택제공을 통해 친고령 지역사회 여건 증진	• 노인그룹홈(L) • 노인주거환경개선사업(M) • 고령친화마을(NA)
	2) 장애노인 등의 욕구를 고려하여 독립적인 주거를 향상시킬 수 있도록 주택과 환경설계 증진	• 장애노인주거지원사업(NA)
	3) 노인들을 위한 접근 가능하고 공급 가능한 교통수단의 제공 증진	• 전용 셔틀버스(L) • 노인전용 교통수단(NA)
2. 노인 유기, 학대 및 폭력	1) 노인에 대한 모든 형태의 유기, 학대 및 폭력 근절	• 노인보호전문기관(M) • 노인학대예방센터(M) • 학대노인쉼터(L)
3. 노인 이미지 개선	1) 노인의 권위, 지혜, 생산성, 여타 중요한 공헌에 대한 사회의 인식	• 노인에 대한 인식개선사업(L) • 대 국민 홍보 및 교육사업(L) • 노인의 사회참여 사업(L)

그리고 고용상태를 유지하고 있는 고령자의 생산성(Productivity)은 높은 편으로 나타났다. 언어능력과 같은 인지능력은 직업 생활을 통해 상대적인 고연령 군에서

3) 실행 정도는 L=하(下), M=중(中), H=상(上)을 의미하며, 실행 정도에 대한 평가는 본 저자가 그동안 노인복지관에 관련된 문헌자료 및 실태 등을 중심으로 주관적인 평가에 따라 작성하였음.

도 유지되고, 그리고 연령이 많아 역량이 감소할 것이라는 생각과는 달리, 일하는 사람의 신체 건강과 인지능력은 크게 감소하지 않았다. 따라서 고령 근로자들에게 일할 기회를 보다 확대해야 한다. 보건복지부에서 60세 이상에게 직업능력 강화 및 재취업 기회를 촉진하고자 시니어 인턴십 사업을 시행하고 있지만, 사업 규모가 작고 고령자에 적합한 일자리 발굴도 미흡한 상황이다. 제도가 도입된 취지에 따라 60세 이상에 적합한 틈새 직종 직무를 발굴하여 60세 이상의 고용 활성화에 기여할 수 있도록 해야 할 것이다(지은정, 2017).

우리 사회에서 노인들의 권위가 예전보다 많이 약화되고 있다. 이는 노인세대들과 젊은 세대들 간의 교류가 절대적으로 부족하고 우리 사회에 팽배한 노인들에 대한 부정적인 인식 때문이다. 우리 사회가 노인의 권위를 보다 향상시키기 위해서는 노인들을 객관적으로 바라볼 수 있는 관점을 높이고 우리 사회에 이바지했던 시니어 세대들의 공헌에 대한 적절한 보상 및 지원 등이 필요하다. 그리고 노인들의 지혜는 삶을 살아오면서 보다 증가하는 경향이 있으므로 우리 사회는 다양한 분야에서 노인들의 지혜를 잘 활용할 수 있는 환경과 대책을 조성해야 한다. 그리고 저출산과 인구의 고령화로 한 명의 근로자라도 귀중한 시점에 고령 근로자들을 노동시장에서 나이만의 기준으로 퇴직시키는 것보다는 개별근로자의 생산성을 반영하여 계속 고용을 유지하는 방안을 모색해야 한다. 끝으로 노인들이 우리 사회의 단순한 보호 대상 인구가 아니라 노인들이 우리 사회에 기여할 수 있는 주체적인 존재로 인식하고 이를 지원할 수 있는 정책과 서비스의 개발이 필요하다.

CHAPTER

15

초고령사회를 대비한 노인복지관의 운영전략

1. 노인복지관의 개념 및 실태
2. 초고령사회에 대비한 노인복지관의 기능과 역할
3. 초고령사회에 대비한 노인복지관의 운영전략

CHAPTER 15

초고령사회를 대비한 노인복지관의 운영전략

1 노인복지관의 개념 및 실태

우리나라에서 노인복지관이 처음 설립된 것은 1971년 인천의 '인천광역시 노인복지회관'이다. 그러나 이 기관은 노인복지법이 제정되기 이전에 설립된 데다가 대한노인회에서 운영하였기 때문에, 노인여가복지시설의 역할과 기능을 수행함에 미흡한 측면이 있었다(보건복지부, 2004). 1981년 노인복지법이 제정된 이후, 노인여가복지시설의 하나로 노인복지회관이 처음으로 설립된 것은 1983년도 전북의 '금암노인복지회관'이다. 그러나 노인복지사업이 보다 전문적으로 시작되었다고 볼 수 있는 것은 1989년 서울에 소재한 시립 남부노인종합복지관과 시립 북부노인종합복지관이 개관하면서부터라고 볼 수 있다. 이 두 기관에서는 상담사업, 사회교육사업 등 전문적인 노인복지사업을 시작하게 되었다. 그 이후 노인복지관은 고령자 취업알선센터 개설(1992), 치매주간보호소 개설(1992), 가정봉사원 위탁교육 실시(1995), 치매단기보호사업 시작(1996년, 송파노인종합복지관), 중풍 주간보호소 개설(1998), 경로당 활성화 사업(2001) 및 노인일자리사업(2004) 등을 하게 되면서 노인복지관의 역할이 점점 더 확대되고 있다. 또한 재가복지사업과 사회교육사업은 노인복지관의 기본사업으로 정착되었다.

서울시의 경우 1989년 5월 시립 남부노인종합복지관(이하 노인복지관, 현 관악노인복지관)과 시립 북부노인종합복지관(중부노인복지관이 1992년 북부노인복지관으로 개명되었다가 현재는 노원노인복지관) 개관을 시작하여 1994년에는 구립 약수노인복지관, 1996년에는 구립 송파노인복지관, 1997년 시립 구로노인복지관, 1998년에는 구립 서초노인복지관, 구립 양천노인복지관, 사립 성가정노인복지관, 1999년에는 시립 은평노인복지관, 시립 강서노인복지관, 시립 성북노인복지관, 시립 중랑노인복지관, 시립 마포노인복지관, 2000년에는 시립 금천노인복지관, 시립 도봉노인복지관, 시립 성동노인복지관, 시립 강북노인복지관, 구립 영등포노인복지관, 2001년에는 시립 서울노인복지센터, 시립 동작노인복지관, 2002년에는 시립 용산노인복지관, 2003년부터는 시립 동대문노인복지관, 시립 강동노인복지관, 시립 광진노인복지관 등 총 24개 노인복지관들이 설립되어 운영되고 있다.

노인복지관은 일본의 노인복지센터, 미국의 다목적노인센터(Multipurpose Senior Center)와 유사한 시설로 우리나라에 소개되었다. 이것은 1981년 노인복지법이 만들어지면서 노인복지시설 중 노인복지회관으로 규정되어 법적인 정의가 마련되었다. 노인종합복지관이라는 용어는 1989년 서울시에 남부노인종합복지관이 설립되면서 다양한 노인복지서비스를 제공한다는 취지로 생겨났다. 즉, 법적으로는 노인복지회관으로 규정하고 있지만 각 지역에 따라 노인종합복지관, 노인복지관, 노인종합복지회관, 노인복지관으로 다양하다. 현재 노인복지법에 의하면 노인복지관은 무료 또는 저렴한 요금으로 각종 노인 문제에 대한 상담과 건강의 증진 · 교양 · 오락 기타 노인의 복지증진에 필요한 편의 제공을 목적으로 하는 시설로 정의하고 있다.

즉, 노인복지법에 따르면 노인복지관은 지역 노인들과 그 부양자들을 위한 다양한 복지 및 의료서비스를 제공하는 지역 기반형 노인 여가시설로 규정되고 있다. 그러나 노인복지법시행규칙의 노인여가복지시설의 운영기준에 따르면, 노인복지관은 노인의 복지증진을 위하여 종합적인 노인복지센터의 기능을 수행할 수 있도록 필요한 사업을 선정 · 수행하여야 한다고 명시하고 있다. 이는 노인복지관이 단순히 여가시설의 역할만을 수행하는 것이 아니라 노인의 복지 욕구에 부응하여 다양한 사회복지서비스를 종합적으로 제공하도록 하는 '노인복지센터'로서의 기능을 수행해야 함을 시사하고 있다.

노인종합복지관의 설립은 일반적으로 정부 및 지방자치단체의 예산을 지원받아 지방자치단체에 의해 건립된다. 건립 후 노인복지관의 운영 주체, 운영예산 및 프로그램을 결정하게 된다. 이로 인해 노인복지관 건립 시 운영 주체의 참여 미비로 문제가 발생하기도 한다. 이러한 이유로 최근에는 운영 주체가 노인복지관 설립 전에 선정되어 설립과정에 참여하는 경우가 많아졌다. 노인복지관의 운영은 ① 지방자치단체가 직접 운영하는 경우, ② 사회복지법인에 의해 운영되는 경우, ③ 노인관계 단체인 대한노인회에 의해 위탁 운영되는 경우가 있다. 노인복지관의 운영조직은 운영 주체의 운영방식에 따라 약간씩 차이가 있다. 그러나 일반적으로 총무부서, 사회복지부서, 기능회복부서, 재가보호부서 등으로 나눌 수 있다. 그리고 노인복지관에 따라서 주간보호센터와 고령자취업알선센터 등을 복지관 부설 및 별도의 조직으로 운영하기도 한다.

노인복지관에 따라서 부서에 대한 서로 상이한 명칭 등을 사용하지만 일반적인 노인복지관의 조직 부서에 대한 주요 업무들을 살펴보면 다음과 같다.

① 총무부: 이 부서는 직원의 인사, 급여 및 예산결산에 관한 사항, 일반사무, 회계경리, 물품조달 등의 업무를 수행하는 부서이다. 또한 시설 관리에 관한 업무도 수행한다.

② 사회복지부: 노인종합복지관의 핵심부서 중 하나로 노인복지에 관한 상담, 사회교육 및 지역복지에 대한 다양한 서비스를 담당하며, 후원, 출판, 홍보, 행사, 교육 등의 업무를 수행하는 곳이다.

③ 기능회복부: 신체적인 기능이 저하되어 있는 노인들의 건강 증진 및 기능회복을 위한 물리치료, 작업치료, 언어치료, 한방치료 등 다양한 의료서비스를 제공하는 부서이다. 이곳은 재가복지부의 주간 및 단기보호시설과 밀접한 관계를 맺고 있어야 한다.

④ 재가복지부: 재가복지서비스를 담당하는 부서로 주간보호, 재가보호, 노인맞춤돌봄서비스, 지역복지사업을 추진하는 부서이다.

⑤ 고령자취업알선센터: 노인고용에 관한 관심이 높아지면서 노인취업에 관련된 구직 및 구인상담, 직업훈련, 직업교육 등을 실시하고 있다.

⑥ 운영위원회: 서울시 노인복지관의 경우 사업계획 수립 및 실적평가에 관한 사항, 사업계획 추진에 따른 제반 협조 사항, 기타 회관운영에 필요한 사항에 관한 자문을 받기 위해 관장이 설치 운영해야 한다. 앞으로 지역사회의 특수성을 살리고 초고령사회에 효과적으로 대응하기 위하여 기존의 조직 부서를 유지하면서 특화사업 및 신규 서비스를 창출하기 위해서 노인복지관의 조직구조를 새롭게 개편하는 것도 바람직하다.

1980년대 이후 노인종합복지관이 지속해서 확충되고 있다. 2009년에는 250개의 노인종합복지관이 운영되고 있었고, 2020년 현재 391개 노인종합복지관이 운영되고 있으며 180만 명의 회원들이 활동하고 있으며 6,000명의 실무자가 서비스를 제공하고 있다(한국노인종합복지관협회, 2020). 지역별 배분의 측면에서 본다면 앞으로도 지속적인 양적인 확대도 필요하지만, 지금부터는 초고령사회를 대비하여 노인복지관의 기능과 역할의 정체성을 확립하고 질적으로 성장해 나가야 한다. 특히 노인복지관은 해당 지역의 지역적 특성을 고려하여 노인들의 삶의 질을 진정으로 향상할 수 있는 대안과 사업을 추구해 나가도록 노력해야 한다. 이를 위하여 정부, 지방자치단체, 관련 기관, 관련 협회 및 관련학계 등은 보다 수평적이며 수직적으로 연계하여 현재 노인복지관이 안고 있는 다양한 문제와 이슈들에 대하여 종합적이고 포괄적으로 해결할 방안을 모색하여 고령화의 높은 파고를 지혜롭게 극복해 나갈 수 있도록 서로 협력하는 자세가 매우 필요하다.

본 장에서는 현재의 노인종합복지관(이하 노인복지관)의 현황을 파악하고 어떻게 하면 체계적으로 초고령사회에 대비하여 노인복지관의 기능과 역할을 정립해 나갈 것인지에 대하여 기존의 노인복지관과 관련 국내외 선행연구들과 문헌 자료들을 중심으로 고찰하였다. 그리고 노인복지관의 주요 이슈와 쟁점들을 파악하여 앞으로 초고령사회를 대비하여 노인복지관이 어떻게 효과적으로 대응해 나갈 것인지에 대한 전문적이고 효과적인 운영전략 및 대책들을 제언하고자 한다.

2 초고령사회에 대비한 노인복지관의 기능과 역할

1) 노인복지관의 직접적 사업[1)]

(1) 상담사업

노인복지관에서 상담사업은 이용 상담을 제외하고는 활성화의 정도가 노인복지관의 다른 사업 분야들과 비교하여 낮은 편으로 조사되었다(허준수, 2010). 1981년 노인복지관이 여가시설로 시작되었기 때문에 노인복지관의 다른 사업들에 비하여 상담사업을 시행하는 비중의 매우 낮은 편이다. 일반적으로 노인복지관에서 시행하고 있는 상담사업은 이용 상담, 법률상담 및 영양 상담 등이 대부분이고 상담사업의 핵심인 심리 · 사회적 상담(Psycho-social Counseling)을 시행하는 노인복지관은 매우 적은 편이다. 상담사업에 대한 예산, 공간 및 인력 등도 매우 미흡하다.

노인복지관에서 상담사업의 질을 향상하기 위하여 임상사회사업실천(Clinical Social Work Practice)의 전문성을 추구하고 사회복지사들의 역할을 강화하는 방안을 모색해야 한다. 이를 위하여 지금까지 형식적이며 소규모로 진행되고 있는 노인복지관의 상담사업을 노인복지관 전체 이용 노인을 대상으로 노년기의 다양한 문제나 욕구들에 부합한 전문적 상담사업을 진행할 수 있도록 전면적으로 개편되어야 한

1) 본 연구에서는 노인들에게 직접적으로 서비스를 제공하는 사업들(예: 상담, 사회교육, 주간보호, 여가 및 취미활동 등)을 직접적 사업(Direct Service)으로, 그리고 노인들에게 간접적으로 서비스를 제공하는 사업들(예: 행정, 조사, 연구, 홍보 등)을 간접적인 사업(Indirect Service)으로 분류하여 명명하였다.

다. 이를 위하여 그동안 소규모나 형식적으로 진행된 상담사업을 지양하고 사회복지실천의 전문적인 영역인 개별지도(Casework)와 집단지도(Group Work) 등의 임상사회사업실천을 보다 확대해 나가는 것이 필요하다. 또한 이러한 상담사업을 전문적으로 운영해 나갈 수 있는 임상전문 사회복지사의 양성과 배치가 필요하다.

일부 복지관에서는 상담사업에 복지 분야에 경험도 없고 사회복지 관련 학위도 없는 임상심리학이나 심리학 전공자를 채용하는 예도 있으나 이를 지양해야 한다. 왜냐하면 일반적인 임상심리학이나 심리학 전공만으로는 노인복지 분야에서의 사회복지실천과 심리 · 사회적 상담에 대한 이해가 부족하기 때문이다. 초고령사회에서 노인들의 상담사업에 대한 욕구는 더 확대될 것이다. 앞으로 노인복지관이 단순한 여가시설을 넘어서 복지시설로 전환되기 위해서는 상담사업이 노인복지관의 핵심사업으로 확대되어야 한다. 이를 위하여 노인들의 다양한 심리 · 사회적 문제들을 전문적으로 대응할 수 있도록 노인복지관의 상담사업에 대한 재원, 공간 및 인력 등이 대폭 확충되어야 한다.

(2) 사회교육사업

전반적으로 사회교육사업들은 노인복지관들의 다른 사업 분야들보다도 매우 활성화된 것으로 조사되었다. 특히 사회교육사업에서는 여가 및 취미활동, 정보화 · 컴퓨터 교육, 교양교육, 건강관리 관련 교육, 체육 관련, 소모임 · 자치 · 동아리활동 등의 순서로 활성화된 것으로 조사되었다(허준수, 2010). 노인복지관이 여가시설로 시작했기 때문에 그동안 노인복지관에서 사회교육사업의 비중과 활성화 정도는 매우 높은 수준이다. 노인복지관 이용 노인들의 대다수가 다른 사업에 참여하기보다는 사회교육사업에 참여하는 비율이 매우 높은 편이다. 이는 현재 노인복지관 이용 노인의 사회교육에 대한 욕구가 매우 높기 때문이다.

그러나 초고령사회에 대비하여 사회교육사업에 대한 전면적인 개선작업이 필요하다. 현재 노인복지관에서는 국어, 한문, 외국어, 컴퓨터, 여가활동, 교양교육 및 체육 관련 사업 등에 대한 참여가 많은 이유는 공교육 혜택을 받지 못했던 노인복지관 이용 노인들의 사회교육에 대한 욕구가 높기 때문이다. 그러나 앞으로 노인계층에 진입하는 장년 계층들은 현재 노인복지관 이용 노인들보다도 교육수준이 높고 경제력이 높아서 사회교육에 대한 욕구가 낮을 것으로 예상된다. 또한 현재 사회교육의 내용, 형식과 방법 등에 대한 전면적인 개선이 필요하다. 그동안 대부분 노인복지관의 사회교육은 노인들을 단순한 수동적인 피교육생의 역할을 강조하고 있다. 앞으로의 사회교육의 방향은 노인들을 교육의 진행과 운영에 있어서 주체적이며 중심적인 역할을 수행하게 하고, 그리고 사회복지사는 공급자 관점을 지양하고 노인들의 주도적인 학습과 교육을 위한 공간과 환경을 조성해 주는 역할을 담당하는 것이 필요하다.

초고령사회에 대비하여 노인복지관의 사회교육을 혁신적으로 개선하지 않는다면 앞으로 노인복지관에서의 핵심사업이었던 사회교육의 위상은 급격히 감소할 것으로 생각된다. 이를 해결하기 위해서는 강사 중심의 일방통행식의 교육방식과 단순한 정보제공 등의 방법을 개선하여 쌍방향식 교육과 정보를 제공하여 참여 노인들 능력을 임파워먼트(Empowerment)시킬 수 있는 사회교육으로 전환되어야 한다. 그리고 사회교육을 통하여 참여 노인들의 개별적인 교육 욕구를 충족하는 것도 중요하지만 사회교육을 통해서 학습한 내용과 지식 등을 활용하여 지역사회에 기여할 수 있고 사회적 자본(Social Capital)을 확충시킬 수 있는 사회교육의 개편하는 작업이 필요하다. 그리고 일반적인 지식습득을 위한 교육은 지양하고 초고령사회에서 노인들에게 가장 필요한 사회교육을 보다 확충해 나가고 그 외의 사회교육 과정은 지역사회의 전문 교육기관으로 이전시키는 방안을 모색해 보아야 한다.

앞으로 초고령사회에서는 지금의 노인복지관의 클라이언트보다는 높은 수준의 교육을 받은 노인들이 대부분을 차지할 경향이 높으므로 단순하고 일반적인 교육의 양적 확대보다는 교육내용의 질적 향상의 중심으로 노인들의 다양한 인생 주기별 교육 욕구들을 체계적으로 반영할 수 있는 평생교육(Life-long Education) 차원의 교육방법 및 학습방안을 개발하여 보급해야 할 것이다. 또한 노인복지관 사회교육프로그램의 운영과 관리를 담당 강사에게 전적으로 맡기기보다는 노인복지관에서 사회교육을 담당하는 사회복지사가 노인복지와 평생교육에 대한 전문적 자격을 가지고 사회교육 프로그램을 체계적으로 운영하고 관리할 수 있는 환경을 조성해 나가야 한다.

(3) 재가노인지원사업

전반적으로 재가노인지원사업에서 밑반찬 배달서비스와 식사 및 도시락 배달사업서비스는 양적인 차원에서 어느 정도 활발하게 사업이 진행되고 있지만, 그러나 건강관리 및 의료 관련 서비스를 포함하여 재가노인지원사업에 대한 활성화 정도는 대부분이 중간 수준에 머무르고 있는 편이다(허준수, 2010). 우리나라에서 재가노인복지사업의 종류, 수준 및 내용 등이 미흡하여 지역사회 거주 노인들의 다양한 재가복지서비스 욕구를 충족시키지 못하고 있다. 그리고 재가서비스의 대상이 국민기초생활보장제도의 수급 노인이나 차상위 빈곤 계층의 노인들을 대상으로 하므로 그 외의 계층의 노인들에게 공공 재가서비스를 제공하지 못하고 있다. 앞으로의 과제는 어떻게 하면 지역사회 거주 노인들에게 재가서비스를 효과적으로 제공할 수 있는 전달체계를 구축할 것인가이다.

그동안 우리나라에서는 지역사회 거주 노인들을 대상으로 재가서비스를 제공할 수 있는 보편적인 커뮤니티 케어서비스(Community Care Service)에 대한 전달체계의 구축하고 활성화하기보다는 생활시설중심의 서비스 제공을 중심으로 전달체계를 구축하는 경향이 높았다. 그러나 생활시설에 거주하는 노인들은 전체 노인 중에서 소수를 차지하고 대부분 노인은 지역사회에서 노년기를 맞이한다. 만일 재가서비스가 적절하게 제공된다면 지역사회 본인들의 집에서 지속해서 거주하면서 생활할 수 있지만 재가서비스 욕구가 충족되지 않을 때는 병 · 의원이나 생활시설로의 조기 시설화(Early Placement of Institutionalization)가 빠르게 진행될 것이다. 이에 정부에서는 2026년부터 지역사회 거주 만성질환 노인들에게 재가서비스를 제공할 수 있는 한국형 커뮤니티 케어인 지역사회통합돌봄서비스의 전달체계를 시행하려고 한다(보건복지부, 2019).

초고령사회를 대비하여 지역사회 거주 노인들에게 적절한 재가서비스를 제공하는 것은 재가 노인들에게 본인들의 거주하는 집에서 가족들이나 부양자의 보호를 받으면서 성공적 노화를 맞이할 수 있는 환경을 제공하는 것이다. 이를 통하여 집단거주로 발생할 수 있는 권리침해와 재가서비스에 비하여 비용이 많이 드는 생활시설중심의 서비스 제공의 문제점들을 개선할 수 있다. 앞으로는 재가서비스의 대상을 공공부조나 빈곤 계층으로 한정하는 선별적 복지를 지양하고 모든 계층의 노인으로 확대할 수 있는 보편적 복지를 지향해야 한다. 보편적 복지로 확대하기 이전에 재가서비스 확대로 인한 재원의 문제를 해결하기 위해서는 경제적 지불능력이 있는 노인들에게 계층별 차등 요금제를 적용하는 방안도 고려해 보아야 한다.

앞으로의 재가서비스는 공급자 중심의 단순한 서비스 제공을 지양하고 재가 노인의 재가복지서비스의 다양한 욕구들을 충족시키기 위하여 가사원조, 주간보호, 단기보호, 급식제공, 영양상담, 가정간호, 주간보호, 방문요양, 물리치료, 언어치료, 보장구 지원, 호스피스서비스 등을 체계적으로 제공할 수 있는 전달체계를 구축해야 한다(허준수, 2010). 그리고 지역사회통합돌봄서비스의 성공적인 정착을 위해서는 현행 노인복지관의 재가노인자원사업을 문제점들을 심층적으로 파악하고, 지역사회 내의 재가서비스 관련 기관들과의 협력을 확대하여 자원개발을 도모하고, 그리고 다양한 노인 재가서비스의 종류를 사회서비스 전자바우처로 개발하는 방안을 모색해야 한다(한국사회보장정보원, 2020).

그리고 노인장기요양보험제도에서 만성질환으로 등급판정을 받은 수급 노인들에게 제공되는 재가급여와의 연계성을 확보하는 방안도 필요하다. 특히 재가노인들을 위한 재가서비스의 효과적인 진행을 위해서는 재가서비스(향후 지역사회통합돌봄서비스)를 효과적으로 운영하고 재가서비스의 제공인력들도 체계적으로 관리할 수 있는 전문 인력의 양성과 배치가 필요하다. 이를 위하여 정부와 학계가 협의하여 재가서비스 분야의 케어매니지먼트(Care Management)를 위한 국가 자격의 캐어 전문가를 육성하여 배치하는 방안을 적극적으로 모색해야 한다.

(4) 자원봉사사업

전반적으로 자원봉사사업은 타 분야의 사업들에 비하여 어르신 자원봉사단을 제외하고는 다른 자원봉사 관련 사업들은 중간 정도의 활성화 수준을 나타내고 있었다(허준수, 2010). 자원봉사사업의 활성화 정도는 어르신 봉사단, 성인봉사단, 자원봉사교육 · 훈련, 청소년봉사단, 그리고 수요처 개발 등의 순서로 조사되었다. 대부분의 노인복지관에는 노인자원봉사단이 결성되었지만 노인자원봉사단의 활동은 매우 저조한 수준이다. 노인자원봉사단의 활동 내용은 전문자원봉사활동보다는 노력봉사 형식의 비전문 자원봉사활동이 대부분을 차지하고 있다. 앞으로 노인자원봉사단의 활동을 활성화하기 위해서는 노인자원봉사활동의 내용, 형식 및 방법 등을 개선해야 하고, 특히 노인자원봉사자들이 활동할 수 있는 자원봉사 수요처를 사전에 확보하는 것이 노인자원봉사단의 활성화에 매우 중요하다.

그리고 노인자원봉사활동을 체계적으로 운영하기 위하여 자원봉사자의 선발, 교육, 배치, 슈퍼비전, 인정 및 보상 등을 단계적으로 운영할 수 있는 자원봉사관리체계를 확립하고 이를 효과적으로 관리할 수 있는 자원봉사관리자(Volunteer Manager)로 전담직원을 배치하는 것이 필요하다. 특히 노인자원봉사활동의 지속성을 유지하기 위하여 단순한 인구 사회학적 특성 위주로 자원봉사자를 선발하기보다는 예비자원봉사 참가 노인들의 특성, 관심 및 동기 등을 체계적으로 반영하여 이에 부합하는 자원봉사활동에 배치하고 지속적인 슈퍼비전을 제공하는 것이 매우 필요하다. 그리고 자원봉사활동에 대한 정기적인 인정과 보상을 통하여 자원봉사활동에 참여하는 노인들을 배려할 수 있는 대책도 마련해야 한다.

초고령사회를 대비하여 노인복지관에서 어르신자원봉사단의 전문화와 특성화도 추구해야 하지만, 노인자원봉사단을 질적인 측면이나 양적인 측면에서 확대해 나가야 한다. 양적인 측면에서는 2004년부터 노인자원봉사활동과 유사한 활동으로 유급의 노인일자리사업을 시행되면서 전반적인 노인자원봉사활동이 증가하지 않고 감소하는 현상이 지속되고 있다. 그리고 질적인 측면에서 대부분의 노인자원봉사활동이 노력 봉사에 그치기 때문에 신체적이나 기능적 능력이 낮아지는 노년기에 적합한 자원봉사활동에 매우 적은 편이다. 노인들의 신체적 특성과 기능적 능력에 부합하는 노인 친화적 자원봉사활동을 개발하여 보급해야 한다.

또한 노인들만으로 구성된 노인자원봉사단을 운영하는 것도 중요하지만 1세대, 2세대 및 3세대가 함께 할 수 있는 세대 통합적인 봉사단[2)]을 조직하여 운영하는 방안도 고려해야 한다. 그리고 핵가족화로 노인가구와 가족들의 교류가 미흡한 점을 극복하기 위하여 노인과 가족 구성원을 포함한 가족봉사단을 운영하는 방안도 모색해야 한다.

노인복지관에서 노인자원봉사단을 모집하기 이전에 선행되어야 할 점은 노인자원봉사자들을 보낼 수 있는 지역사회의 수요처 개발하는 것이다. 그리고 수요처가 원하는 자원봉사활동을 수행할 수 있는 예비 자원봉사자들에게 적절한 사전 훈련과 기관에 대한 오리엔테이션을 시행하는 것이 필요하다. 그 다음 단계로는 적합한 노인자원봉사자를 수요처 기관에 배치하고 자원봉사관리자의 수요기관 관리를 통하여 노인자원봉사자가 지역사회 내의 수요처에서 안정적이고 지속해서 자원봉사활동을 해나갈 수 있는 환경을 구축하는 것이 필요하다.

(5) 노인일자리사업 및 사회활동지원사업

2004년 저소득계층 노인들의 여가선용과 보충적 소득지원을 위해 노인일자리사업을 시행하였다. 제도 초기에는 정책대상을 저소득계층의 노인으로 한정해서 운영했지만 저소득계층 참여 노인들이 대부분은 저학력인 경우가 많아서 노인일자리사업을 보다 효과적으로 운영하기 위하여 참여자를 모든 노인으로 변경하였다. 그 이후에 경제력이 높은 노인들이 정부 재정 지원사업인 노인일자리사업에 참여하여 소액이지만 급여를 받는다는 지적으로 노인일자리사업의 참여자를 소득 하위 70%인 기초연금 수급 노인들을 한정하여 운영하고 있다. 노인일자리사업 대상의 변경을 사

2) 지역사회 내에서 아동, 청소년, 장애인, 여성, 소외계층이나 노인들이 공동으로 자원봉사활동을 행할 수 있는 다양한 자원봉사활동의 개발과 보급이 필요하다.

회적 합의를 통하지 않고 정책 입안자가 독단적으로 변경하는 것은 지양해야 한다.

정부에서 노인일자리사업을 시행한 목적은 저소득계층 노인들에게 보충적 소득을 지원하기 위하여 유사 자원봉사활동에 실비급여를 제공하는 것이다. 그러나 사회적 합의도 없이 급격하게 노인일자리사업 대상자가 국민기초생활보장 수급 노인을 제외한 모든 노인에서 기초연금 대상자로 변경하면서 많은 혼란이 있었다. 앞으로는 기초연금이 보충적 소득지원의 수단의 역할을 담당하고 노인일자리사업은 모든 노인에게 제한 없이 참여할 수 있도록 하는 방안을 모색해야 한다. 최근에 노인일자리사업의 유형을 다양화하면서 재능 나눔형 일자리와 시장참여사업단 등에 기초생활 보장 수급자로 대상을 제한하지 않고 모든 노인의 참여가 가능하나 전체 노인일자리사업에서 그 비중이 미흡한 측면이 있다.

초기 노인일자리사업은 공익형 일자리, 교육형 일자리, 복지형 일자리 등이 노인일자리사업의 핵심사업으로 운영되었고, 그리고 시장형 일자리와 인력파견형 일자리가 부수적인 사업으로 운영되었다(한국노인인력개발원, 2008). 노인일자리사업 시행 초기에는 공익형 일자리사업의 중심 수행기관은 지방자치단체가 담당했고, 교육형 일자리와 복지형 일자리는 노인복지관이나 종합복지관이 담당했고, 그리고 시장형 일자리와 인력파견형 일자리는 시니어클럽이 담당하였다. 그러나 현재 시행되고 있는 노인일자리사업은 그 종류, 대상 및 내용 등 매우 다양하고 복잡하게 구성되어 운영되고 있다. 현재 시행되고 있는 노인일자리사업의 구체적인 종류는 다음과 같다. 공익활동, 재능 나눔 활동, 사회서비스형, 시장형 사업단, 취업 알선형, 고령자 친화 기업, 시니어 인턴십 등이다(한국노인인력개발원, 2020).

초고령사회를 대비하여 앞으로 노인일자리사업은 획기적으로 변화되어야 한다. 첫째, 노인일자리사업의 정부재정지원사업으로 언제까지 지속할지에 대하여 명확하게 해야 한다. 초고령사회에서 노인 인구가 천만 명이 된다면 노인일자리사업의 예산은 보다 확대되어야 하고 정부 재정에 막대한 부담으로 작용할 수도 있다. 노인일자리 지원사업은 2019년 대비 29.9% 증액되어 2020년에 1,199,064백만 원이 편성되었고, 노인일자리 수는 2020년 78만 개로 2019년에 비하여 14만 개가 증가하였다(참여연대, 2019). 그리고 우리나라의 노인일자리사업은 참여 노인들에게 다음과 같이 실비급여를 제공하고 있다. 공익형 일자리사업은 평균 11개월 활동에 월 27만 원을 지급하고, 재능 나눔 활동은 평균 8개월 활동에 월 10만 원을 지급하고, 사회서비스형은 평균 11개월에 54만 원을 지급하고, 그리고 시장참여형은 평균 9개월 활동에 연간 230만 원 등 실비수준이지만 급여를 제공하고 있다(한국노인인력개발원, 2020).

그러나 일본의 노인일자리사업은 실버인재센터에 운영비를 지원하고 있지만, 개별 참여 노인들에게 정부에서 직접적인 급여를 제공하지 않고 참여 노인이 일자리를 제공하는 발추처나 기관에서 급여를 받고 있다. 그 내용을 구체적으로 살펴보면 실버인재센터의 운영비는 국가가 보조하고 있고, 참여 노인들은 회원제로 운영되며 회원은 60세 이상의 정년퇴직자나 일선에서 퇴직한 사람 등을 대상으로 한다. 실버인재센터는 전국에 1325개소가 운영 중이며 가입 회원 수는 71만 정도이다.

실버인재센터의 회원이 되면 연회비를 납부하고 회원은 센터로부터 일자리를 지속적으로 소개받는다. 센터가 개인, 회사, 공공기관으로부터 일을 의뢰받아 연결해주는 방식으로 진행된다. 근로시간은 한 달에 10일, 일주일에 20시간을 넘지 않는다(브라보마이라이프, 2020). 이처럼 일본은 노인일자리사업을 정부 지원사업이 아니고 정부는 센터의 운영비만 지급하고 회원들이 회비를 내고 급여는 각자가 근무하는 회사에서 받기 때문에 노인일자리사업의 참여 노인들이 증가하더라도 정부의 재정에 대한 부담은 거의 없는 편이다.

둘째, 정부는 노인일자리사업의 성격과 역할을 명확하게 규정해야 한다. 노인일자리사업은 노동시장 내에서의 일자리사업이 아니라 '사회적 일자리'의 한 유형으로 노인들을 위한 사회적 일자리이다. 사회적 일자리 사업은 경제적으로 취약한 청년, 여성, 장애인, 노인 등을 위하여 정부 재정을 투입하여 운영하여 민간기업처럼 이익을 추구하지 않고 공익추구를 그 목표로 하고 있다. 노인일자리사업에 '일자리'라는 용어가 들어가서 노동시장 내의 '고용'이나 '노동'으로 혼동되는 경우가 많다. 이 때문에 노인일자리사업을 일반적인 고용으로 간주하여 참여 노인들에게 사회보험료를 납부해야 한다는 견해도 있었다.

이로 인하여 현재 노인일자리사업의 명칭은 '노인일자리사업 및 사회활동지원사업'으로 변경되었다. 또한 정부에서는 노인일자리사업을 일반적인 고용통계로 분류하여 실제로 노인고용은 줄어들고 있지만 노인일자리사업의 양적 확대의 영향으로 노인고용이 증가하고 있는 것 같은 착시현상이 발생하고 있다. 2020년에 노인일자리사업은 78만 개로 앞으로는 노인일자리사업의 수는 더욱더 확대될 것이다(참여연대, 2019). 정부에서는 노인일자리사업을 고용통계에 합산하지 말고 분리해서 집계하는 것이 실비급여 수준의 노인일자리사업을 정규 일자리로 오해하는 문제점을 해결할 수 있다.

셋째, 노인일자리사업과 다른 노인복지 지원제도와의 연계성을 확보하고 노인일자리사업의 혜택을 받지 못하는 사각지대를 해소해야 한다. 노인일자리사업은 노인들에게 실비수준의 급여를 제공하여 노인들의 경제적 빈곤을 해결하는 역할을 하고 있다. 하지만 앞으로 기초연금이 확대된다면 노인들의 보충적 소득보장의 목적으로 제공되는 노인일자리사업은 점차 축소돼야 하고, 그러나 기초연금이 경감된다면 노인일자리사업을 확대하는 것을 고려해 보아야 한다. 초고령사회를 대비하여 노인인구 천만 명이 정책대상으로 확충되는데 정부 재원으로 시행되는 노인일자리사업과 기초연금을 동시에 확대하기에는 정부 재정에 많은 부담으로 작용할 수 있다. 그리고 노인일자리사업은 수행기관이 많은 대도시나 중소도시를 중심으로 진행되고 있어서 수행기관이 없는 농어촌지역에서는 노인일자리사업이 시행되지 못하는 구조적인 문제점을 해결해야 한다.

(6) 노인고용사업

전반적으로 노인고용이나 노인소득증대사업은 노인복지관의 타 분야 사업들보다도 활성화의 정도가 낮은 것으로 조사되었다. 노인취업 알선, 취업교육과 훈련은 일부에서 진행되고 있지만, 창업지원, 자활사업 및 지역사회 시니어클럽(CSC)의 활성화 정도는 매우 저조한 편이다(허준수, 2010). 노인복지관에서 노인들을 위한 고용 창출과 직업훈련을 시행하기에는 재정, 인력 및 공간 측면에서 개선되어야 할 점이 매우 많다. 현재 노인의 고용 창출이 중요한 사회적 이슈로 드러나고 있고 초고령사회에서도 그 중요성은 계속해서 주목받겠지만, 노인의 고용 창출을 위한 사회적 환경의 조성과 전문적 실천기술의 개발에 관한 관심은 낮으며 대부분 획일적인 방향으로 비체계적으로 노인고용사업을 확대하려고 해서 많은 문제점이 제기되고 있다. 중앙정부와 지방정부는 실질적인 노인고용 창출을 위한 제도 개선, 예산 확보, 전달체계의 통합, 전문 인력의 양성·배치 등에 대한 종합적인 대책을 마련해야 한다.

초고령사회를 대비하여 노인복지관은 노인고용에 대한 인식을 전면적으로 개편하여 고령 근로자와 노인들의 노동시장으로 진입할 수 있는 지지적인 환경을 구축해야 한다. 그리고 노인고용을 활성화하기 위하여 새로운 교육이나 훈련을 제공하기보다는 노인근로자의 개별적인 직업적 경험, 능력, 기술 등을 체계적으로 평가하여 이에 적합한 구직활동을 할 수 있도록 지원하는 것이 노인고용을 더욱더 확충할 수 있는 방안이다. 그러기 위해서는 지역사회 내의 구인처를 미리 파악하여 구직노인들을 적재적소에 배치하는 방안이 필요하다. 그리고 노인근로자가 구직에 성공한 이후에도 구직의 지속성을 위하여 노인근로자에 대한 정기적인 상담과 지도를 제공해야 한다. 이를 위하여 정부나 지방정부는 기존의 형식적인 구인·구직 형태의 노인고용방안을 지양하고 보다 적극적 노인고용정책을 시행하기 위하여 재정과 관련 인력을 대폭 확충해야 한다.

노인복지관도 노인고용을 일상적인 사업의 확대로 인식하기보다는 지역별 특성, 노인의 개별적인 사회인구학적인 특성, 그리고 직업능력(Job Capacity)에 부합하는 고용 창출 사업을 시행할 수 있도록 기존에 고용 창출을 전문적으로 실시하고 있는 지역사회 내의 다양한 민간 혹은 공공기관들[3]과 협력하는 방안을 모색하는 것이 필요하다. 노인근로자가 구직이 어려운 경우에는 지역사회의 다양한 직업 및 자활

---

3) 고용안정센터, 직업훈련학교, 자활지원기관, 자활공동체, 협동조합, 사회적 기업, 민간취업교육기관, 교육기관, 공공기관 등.

기관 등과 협력하여 노인근로자에게 정규취업 전의 직업 경험을 할 수 있는 환경을 제공하는 것이 필요하다. 저소득계층의 노인들은 자활급여를 수급하여 자활지원기관에서 시행하는 일자리사업에 참여하도록 하고, 직업교육이나 훈련이 필요한 노인에게는 적절한 직업훈련학교를 찾아서 구직에 필요한 교육이나 훈련을 받게 하고, 그리고 저소득계층 이외의 노인근로자는 사회적 기업이나 협동조합 등에 참여하게 하여 특정 직업기술을 경험하고 소정의 급여를 받을 수 있도록 해야 한다. 또한 노인근로자 중에서 직업기술이나 직업 경험이 풍부한 경우에는 창업지원이나 이직 지원을 통하여 본인들의 기술과 능력을 활용하여 새로운 사업에 진출할 수 있도록 지원해야 한다.

초고령사회에 대비하여 노인고용을 활성화하기 위해서는 현재의 수동적인 노인고용업무를 전면적으로 개편하여 혁신적인 노용 고용지원체계를 구축해야 한다. 이를 위하여 중앙정부나 지방정부는 노인고용 활성화를 위한 적절한 예산과 인력을 확대하는 방안을 마련해야 한다. 노인복지관에서 고용업무를 담당하는 실무자들이 노인고용의 문제를 효과적으로 해결하기 위해서는 산업복지 차원에서 노인고용과 복지실천을 통합한 혁신적인 실천방안과 대책에 대하여 훈련을 받아야 한다. 이를 위하여 노인고용 분야 실무자의 전문성 향상을 위하여 실무자에 대한 교육과 훈련을 대폭 확충해야 한다.

초고령사회에서 노인고용의 활성화는 우리 사회에 많은 긍정적인 영향을 미친다. 첫째, 노인근로자가 지속적인 고용을 통하여 사회에 이바지할 수 있다. 연령 중심의 정년제도는 계속 고용이 가능한 노인근로자를 강제적으로 노동시장에서 퇴출시키는 부작용이 있다. 퇴직 이후에도 지속적인 취업을 원하는 노인들에게 취업을 제공하면 그들의 경험과 지식을 우리 사회에서 활용할 좋은 기회가 된다. 둘째, 노인근로자가 계속 고용을 하는 경우 그렇지 않은 경우보다 신체적인 기능과 기능적인 능력을 유지하는 데에 긍정적인 영향을 미친다. 셋째, 노인근로자가 계속 고용을 유지할 때에 경제활동에서의 수입을 통하여 노인 빈곤을 예방할 수 있고, 그리고 이를 통하여 의존적인 노인 인구의 수가 줄어들어서 정부의 노인 관련 지출을 절감할 수 있다. 그러므로 노인취업의 확대를 통하여 노인들이 그들의 직업적 경험과 능력을 발휘하여 우리 사회에 지속해서 기여하고 이를 통하여 건강하고 경제적으로 안정적인 노후 생활을 영위할 수 있도록 지원해야 한다. 이를 위하여 중앙정부와 지자체는 노인을 의존인 주체로 만들 수 있는 지원제도나 서비스 제공보다는 노인이 주체적으로 경제적 문제를 해결할 수 있는 노인취업의 활성화를 초고령사회에서의 최우선 정책과제로 생각하고 이를 제도적으로 지원할 수 있는 환경을 구축해야 한다.

(7) 기능회복사업

전반적으로 기능회복사업과 보건의료사업은 방문 진료, 방문간호 및 재활 치료를 제외하고는 활성화 정도가 높은 편으로 조사되었다. 이 분야에서 활성화 정도의 순서는 물리치료, 건강관리 · 상담, 촉탁의 진료, 체력단련, 건강교육, 재활 치료 및 방문 진료 · 방문간호사업 등으로 조사되었다(허준수, 2010). 현재 노인복지관의 기능회복사업은 노인들의 만성질환에 대한 관리와 합병증 예방을 위해 기초 검진서비스와 물리치료를 제공하고 신체 재활을 도우며 각종 전문 검사 및 의료자원연계 등을 통해서 노인들에게 건강지원서비스를 제공하는 데 목적이 있다. 이를 위하여 물리치료실과 건강상담실의 운영을 통하여 다음과 같은 서비스를 제공하고 있다. 물리치료 사업에는 물리치료, 운동 치료, 정보제공, 방문 물리치료, 낙상 예방사업, 그리고 질환별 운동 치료 등이 시행되고 있다. 건강상담사업으로는 진료, 검사, 방문, 간호상담, 지역자원 연계, 만성질환 교육 등을 실시하고 있다.

초고령사회를 대비하여 노인복지관의 기능회복사업과 보건의료사업은 전면적인 개편이 필요하다. 기능회복사업은 체계적 건강관리를 통하여 진행되기보다는 노인들의 개별적인 선호에 따라서 다양한 기능회복사업 중에서 선택하여 참여하기 때문에 기능회복사업의 본래 목적을 달성하기가 어렵다. 이를 개선하기 위해서는 노인복지관 전체 이용 노인들을 대상으로 건강검진이나 평가를 시행하여 건강상 허약하고 만성질환을 여러 개 가진 취약노인들을 찾아서 체계적인 건강관리 프로그램을 진행해야 한다. 특히 노인장기요양보험제도에서 급수 판정에서 제외되었지만, 건강상 허약한 노인들을 기능회복사업의 주요 대상으로 해야 한다. 그리고 건강한 일반 노인들을 대상으로 정기적으로 검사를 진행하여 위험요소를 파악하고 질환 발견 시 병·의원으로 연계시켜 주고, 그리고 다양한 건강 관련 교육을 통하여 노인복지관 이용 노인들의 전반적인 건강 증진(Health Promotion) 향상방안을 모색해야 한다.

특히 초고령사회에서는 후기노인들[4]의 수가 대폭적으로 증가하기 때문에 노인복지관의 보건의료서비스에 대한 보건 및 의료욕구는 계속 증가할 예정이다. 기능회복사업 분야의 개선을 위해서는 2008년부터 시행되고 있는 노인장기요양보험제도, 노인 보건을 담당하는 지역보건소, 치매안심센터 등 의료·보건 관련 기관들과 노인복지관의 체계적인 연계방안을 마련하고, 그리고 이 분야에서의 노인복지관의 적합한 역할과 기능을 정립하는 것이 필요하다. 특히 노인장기요양보험제도의 혜택에서 제외되는 노인들에게 노인복지관이 어떠한 기능회복사업과 보건의료서비스를 지속 제공할지에 대하여 고민해야 한다. 그리고 기능회복사업과 보건의료 분야의 사업에서 건강이나 보건 분야의 전문가인 물리치료사나 간호사의 역할도 중요하지만, 이 분야에서 보건의료 분야의 전문 인력과 협업하여 노인들의 기능회복사업을 수행할 수 있는 의료복지 사회복지사를 교육하고 훈련하여 기능회복사업에서 타 전문가에게 전적으로 의존하지 말고 노인복지실천과 의료사회복지를 담당할 수 있는 사회복지사를 배치할 수 있도록 해야 한다.

(8) 경로당 활성화 사업

전반적으로 경로당 활성화 사업은 노인복지관들의 타 사업 분야들에 비해서 활성화의 정도가 중간 수준으로 나타났다. 이 분야의 활성화 정도는 여가지원사업, 체육 관련 사업, 사회교육 관련 사업, 보건의료 관련 사업, 심리·사회적 관련 사업, 가사지원 및 생활 지원사업 등의 순서로 조사되었다(허준수, 2010). 우리나라의 경로당은 다른 나라와 비교해 보아도 매우 독특한 노인들의 공간이다. 경로당의 설치는

---

4) 후기노인들은 75세 이상의 노인들을 의미함.

주택건설기준 등에 관한 규정(국가법령정보센터, 2020)과 노인복지법 시행규칙에 따라 설립하고 운영할 수 있다. 이에 따라서 공동주택이 건립되면 될수록 경로당의 설치도 증가하고 있다. 노인복지관과 비교하여 경로당을 이용하고 있는 노인들은 주로 후기노인들이고 특별한 활동을 진행하기보다는 경로당 이용 노인들 상호 간의 친목 도모가 주요 목적으로 하고 있다.

노인복지관에서 시행하는 경로당 활성화 사업은 지역사회 내의 경로당 중에서 특정 경로당들을 선정하여 노인복지관을 이용하지 않은 경로당 이용 노인들에게 여가활동, 취미활동, 건강 관련 활동, 그리고 정보제공 활동 등을 제공하고 있다. 경로당의 일차적인 목적이 이용 노인들이 낮 동안 편안하게 쉬면서 친목 도모를 위한 것이므로 과도하게 노인복지관에서 시행하고 있는 프로그램들을 진행하는 것은 지양해야 한다. 일부 경로당 이용 노인들은 노인복지관에 대한 정보가 없어서 전혀 이용하지 않는 경우가 있는데 이들을 노인복지관으로 초청하여 노인복지관의 이용방법을 소개하는 프로그램을 운영해도 좋을 것 같다. 노인복지관과 경로당의 연계가 잘 되어 경로당의 특성에 부합하는 사업들을 시행해 나간다면 노인복지관을 이용하지 않은 지역사회 노인들에게 노인복지관의 서비스를 효과적으로 전달할 중요한 기회를 마련할 수 있다.

초고령사회를 대비하여 경로당 활성화 사업을 보다 효과적으로 추진하기 위해서는 형식적인 재정지원이나 한정된 인력만으로는 그 목표를 달성하기가 어렵다. 노인복지관의 경로당 활성화 사업이 성공적으로 운영될 수 있도록 중앙정부나 지방정부의 보다 적극적인 재정적 지원과 인력지원이 필요하다. 그리고 경로당이 효과적으로 운영되기 위해서는 경로당 임원들의 임파워먼트를 위한 훈련과 교육이 필요하다. 경로당에서는 이러한 교육을 진행하기가 어려우므로 노인복지관이 중심이 되어 지역사회 내의 경로당을 대상으로 한 경로당 임원진 리더십프로그램을 진행하는 것도 필요하다. 또한 경로당이 지역사회 내의 인력자원과 물적지원을 효과적으로 연계할 수 있도록 노인복지관이 지원하는 방안도 모색해야 한다.

(9) 지역복지사업

전반적으로 지역복지사업들은 노인복지관들의 다른 사업 분야들보다도 활성화의 정도가 낮은 것으로 조사되었다. 지역복지사업에서는 결연·후원사업, 연계사업, 조사연구사업, 주민조직화사업 및 주민교육사업 등의 순서로 활성화된 것으로 조사되었다(허준수, 2010). 사회복지접근방법은 개별지도, 집단지도, 그리고 지역복지 등으로 구성되었지만 노인복지 분야에서 지역복지사업은 잘 활용되고 있지 못하다. 초고령사회를 대비하여 노인복지관은 찾아오는 이용 노인들만을 대상으로 수동적인 자세에서 서비스를 제공하기보다는 지역사회를 거점으로 지역사회 내의 다른 민간 및 공공기관들과 유기적인 연계를 통하여 부족한 재정, 인력 및 시설의 자원을 확충하는 방안을 모색해야 한다. 그리고 다양한 노인복지 분야 사업이나 프로그램을 노인복지관의 한정된 인력과 공간으로 제한하지 말고 노인복지관의 사업이나 서비스의 활동공간을 지역사회 전체로 옮겨 가는 방안을 모색해야 한다.

특히 지방분권화 시대에서 노인복지관의 성공적인 운영은 얼마나 지역주민과 함께 더불어서 노인복지관 사업을 추구할 수 있느냐에 달려 있다. 이를 위하여 지역주민들의 노인복지관에 대한 이해를 증가시킬 수 있는 교육, 훈련, 그리고 홍보활동 등을 시행해야 한다. 그리고 지역주민들의 임파워먼트시켜서 노인복지관의 지역복사업에 함께 참여할 수 있는 환경을 마련해야 한다. 또한 노인복지관 단독으로 지역복지사업을 전개하기보다는 지역사회 내의 다양한 주민단체, 주민조직, 시민단체 및 종교단체 등과 연계하여 지역 단위의 노인복지사업을 연계하여 시행할 수 있도록 해야 한다.

노인복지관의 지역복지사업을 더욱더 활성화하기 위해서는 지역사회 내에 어떠한 노인복지 관련 주요 이슈와 문제는 무엇이고 이를 어떠한 방법으로 해결할 것인지를 찾아내는 것이다. 이를 위하여 지역사회조사, 지역사회공청회, 전문가집단인터뷰(Focused Group Interview), 그리고 2차 자료 등을 통하여 지역사회 내의 노인 관련 문제들을 발견하고, 이를 해결할 수 있는 미시적 접근방법, 중범위적 접근방법 및 거시적 접근방법 등 실시해야 한다. 미시적 접근방법은 개별지도나 심리·사회적 상담 등을 제공하고, 중범위적 접근방법은 복지기관의 운영이나 지역복지사업 등을 제공하며, 거시적 접근방법은 정책이나 제도의 시행 등을 의미한다. 노인복지 분야에서의 지역복지사업은 중범위적 접근방법의 시행을 의미하며, 이는 노인 문제 해결이나 복지서비스 제공을 위한 지역사회 내의 공공이나 민간의 전달체계를 구축하거나 지역사회 재건(Community Building)으로 노인 친화적인 지역사회환경을 구축하여 노인들의 삶의 질을 향상시키는 것이다.

(10) 복리후생사업

복리후생사업은 복지관을 이용하시는 어르신들에게 일상생활에 필요한 복리후생 서비스(급식과 이·미용)를 제공하여 경제적, 신체적, 정서적으로 안정된 건강한 노후 생활을 영위할 수 있도록 지원하고 있다. 전반적으로 복리후생사업은 목욕탕서비스를 제외하고는 노인복지관의 타 분야 사업들과 비교해서 활성화 정도의 수준이 높은 것으로 조사되었다(허준수, 2010). 복리후생사업에서 대표적인 사업은 급식사업으로서 주로 점심 식사를 제공하고 있고, 국민기초생활보장 수급 노인들은 무료이고 그 외의 경우에는 실비로 제공되고 있다. 이·미용 서비스도 실비로 이·미용을 원하는 노인들에게 서비스를 제공하고 있다. 그리고 노인복지관을 오고 갈 수 있는 차량 서비스 등을 제공하고 있다.

복리후생사업은 이용 노인들이 단순하게 급식프로그램, 이·미용 서비스나 차량 서비스만을 받는 것이 아니라 노인복지관의 다른 사업이나 프로그램에도 참여할 수 있게 하고 새로운 형태의 사업으로도 발전시켜 나가야 한다. 예를 들어서 차량 서비스의 경우 단순히 복지관만을 왕래하는 교통수단에 그치지 않고 노인들의 다양한 교통 욕구를 해결하기 위한 시니어 교통서비스로 개선할 수 있으며, 경로식당의 경우 단순한 식사 제공의 차원을 넘어서 이용 노인들의 영양개선이나 건강 증진 프로그램들과의 연계를 도모할 수 있으며, 그리고 경로식당 이용 노인들을 복지관의 다른 사업으로의 참여를 유도하여 노인들의 능력을 고취(Empowerment)할 수 있는 환경을 조성하는 것도 필요하다.

(11) 주간보호사업

전반적으로 주간보호사업에서의 활성화 정도는 건강관리 관련 서비스, 재활치료 관련 서비스, 심리 · 사회적 서비스, 생활 및 가사지원서비스, 그리고 가족기능강화 및 후원서비스 등의 순서로 조사되었다. 특히 건강관리서비스와 재활치료 관련 서비스들은 동일 사업 분야에서 다른 서비스들보다도 비교적 활성화된 것으로 조사되었고, 생활 · 가사지원서비스와 가족기능강화 및 후원서비스 등은 활성화의 정도가 낮은 것으로 조사되었다(허준수, 2010). 2008년 노인장기요양보험제도가 시행되면서 노인복지관에서 정부재정지원사업으로 운영된 주간보호사업은 노인장기요양보험제도의 재가급여의 하나로 등급판정을 받은 수급 노인을 대상으로 주 · 야간보호사업으로 개편되어 운영되고 있다. 노인장기요양보험제도는 고령이나 노인성 질병 등으로 일상생활을 혼자서 수행하기 어려운 이들에게 신체활동 및 일상생활 지원 등의 서비스를 제공하여 노후 생활의 안정과 그 가족의 부담을 덜어주기 위한 사회보험제도이다(보건복지부, 2020).

주간보호사업이 정부재정지원사업에서 노인장기요양보험제도로 전환되면서 많은 변화가 발생하였다. 정부재정지원사업에서의 이용대상은 국민기초생활보장 수급 노인으로 한정되어 운영되었으나, 노인장기요양보험제도에서는 만성질환을 가진 노인 중에서 등급판정을 받은 수급 노인들을 대상으로 하고 있다. 그리고 정부재정지원사업의 경우에는 이용료 부담이 없었으나 노인장기요양보험제도에서는 이용 노인들이 총비용의 15%를 자기 본인부담금으로 내야 한다. 그리고 정부재정지원사업에서는 노인복지관의 일부 사업으로 간주되어 노인복지관 평가 시 주간보호사업도 함께 평가를 받았지만, 현재는 노인장기요양보험제도의 운영기관인 건강보험 공단의 평가를 받아야 하고 노인복지관의 부설기관으로 운영되고 있다. 그리고 주간보호사업이 다양한 노인성 질환의 노인들을 대상으로 서비스를 제공하기보다는 특정 질환(치매 혹은 뇌졸중 등)에 한해서 서비스를 제공하고 있다.

초고령사회를 대비하여 주간보호사업을 보다 효과적으로 운영하기 위해서는 특정 질환의 노인들만을 대상으로 제한적인 서비스 제공을 지양하고 다양한 노인성

질환을 가진 노인들을 포함하여 서비스를 제공하는 것이 바람직하다. 그리고 정부 재정지원사업으로의 노인복지관 주간보호사업이 소규모 인원(30명 이하)을 대상으로 운영되어서, 현재의 제한된 주간보호서비스 공간, 시설, 인력의 인프라만으로는 급증하는 재가 노인들을 위한 주간보호 서비스를 제공하는 데 많은 문제점이 있다. 앞으로는 주간보호사업을 노인복지관에서 분리하여 대규모 공간에서 주간보호욕구를 가진 모든 노인을 포함하여 서비스를 제공할 수 있도록 재정, 공간 및 인력을 대폭으로 확충해야 한다. 이를 위하여 노인장기요양보험제도에서 탈락한 노인들에게고 주간 보호 서비스를 제공할 수 있는 환경을 마련해야 한다. 또한 만성질환의 노인들을 부양하는 가족 구성원들의 부양 부담을 경감시킬 수 있는 체계적이고 전문적인 심리 · 사회적 후원프로그램(Caregiver's Support Program)의 개발과 확충이 매우 필요하다.

2) 노인복지관의 간접적 사업[5)]

노인복지관의 간접적 사업(Indirect Service)은 노인복지관 이용 노인들에게 직접적인 서비스를 제공하는 사업이 아니라 노인복지관의 효과적인 운영을 위하여 사회복지사를 중심으로 운영되는 간접적인 사업이나 행정서비스들을 의미한다. 노인복지관의 간접적 서비스에 대한 이슈와 개선방안은 다음과 같다. 첫째 행정 관련 사업으로 전반적으로 행정관리업무는 중간 정도의 활성화 수준으로 조사되었다(허준수, 2010). 현재 노인복지관에서 행정업무의 전문성은 매우 낮은 편이다. 노인복지관의 종사하는 사회복지사들이 본인들의 사례를 중심으로 사회복지실천을 하기보다는 정부나 지자체의 관리 감독에 대비한 단순한 행정업무에 대부분의 업무 시간을 할애하고 있다. 앞으로 노인복지실천의 전문성을 확보하기 위해서는 행정업무만을 담당하는 부서(예, 총무부서)를 확충하여 모든 행정 관련 업무들을 일임하고 노인복지관

5) 본 Chapter의 각주 1)을 참조하시오.

의 사회복지사는 본인들이 전담하고 있는 복지사업이나 서비스 제공에만 집중할 수 있도록 하는 것이 필요하다. 이를 위하여 노인복지관에서 행정 관련 업무만을 당당할 수 있는 전담인력을 선발하는 방안을 모색해야 한다. 그리고 노인복지관의 효과적인 비영리 경영관리(Non-profit Management) 중심의 행정관리체계 도입을 위하여 노인복지관협회와 학계가 협력하여 혁신적인 방안을 모색해야 한다.

둘째는 교육사업으로 전반적 교육사업의 활성화 정도는 중간 수준인 것으로 조사되었다. 실습생교육과 지도, 직원연수 및 직무 관련 직원교육 등의 순서로 활성화된 것으로 조사되었다(허준수, 2010). 노인복지관에서 전문가를 양성하고 훈련하기 위해서는 현재 시행하고 있는 교육방법들의 문제점들을 분석하여 더욱 체계적이고 전문화할 방안을 모색해야 한다. 특히 전문성 향상을 실무자들을 위한 직원교육을 개별 복지관에서 실시하기에는 많은 어려운 점들이 있다. 이를 해결하기 위하여 노인복지관협회를 중심으로 대학이나 연구기관 등과 연계하여 노인복지관 실무자들을 위한 전문교육시스템을 구축하는 방안을 모색해야 한다. 또한 노인복지실무자의 전문성을 향상하기 위하여 노인복지관협회, 실천가협회, 그리고 관련 학계 등이 주축이 되어 사회복지 분야의 타 분야에서 실시하고 있는 노인복지전문가 양성방안[6]을 도입하는 방안을 적극적으로 고려해야 한다.

셋째는 조사연구사업으로 전반적으로 조사연구사업은 노인복지관의 타 분야의 사업에 비해서 중간 정도의 활성화 정도를 나타내고 있다(허준수, 2010). 일반적으로 노인복지관에서 정기적으로 조사연구보고서를 작성하지만 조사연구를 통하여 노인복지관에서 적용될 수 있는 실천적 개입방안의 모색이나 서비스 개선을 위하여 활용되기보다는 정기적인 차원에서 단순히 개별 노인복지관의 사업내용을 정리하거나 프로그램 진행 상황의 기록을 위한 조사연구사업을 진행하는 경향이 매우 높다. 노인복지실무자들은 복지관의 전문성 확보와 이용자 중심의 실질적인 서

6) 한국정신건강사회복지사협회는 정신보건사회복지사 양성제도를 운영하고, 그리고 한국학교사회복지사협회에서는 학교사회복지사 자격시험을 운영하고 있다.

비스를 제공하기 위하여 사회복지 실천적인 조사연구방법을 노인복지관의 다양한 사업 분야들에 적용할 수 있는 능력과 자질을 배양할 수 있도록 해야 한다. 이를 통하여 노인복지관에서 시행되고 있는 다양한 사업들의 효과성, 효율성 및 이용자 만족도 등을 평가하여 노인복지관의 운영과 사업개선에 적극적으로 반영하도록 해야 한다.

넷째는 홍보사업으로 전반적으로 홍보사업은 중간 정도의 활성화 수준으로 조사되었다(허준수, 2010). 초고령사회를 대비하여 지역사회 주민들의 참여 증진과 노인복지관의 기능과 역할을 알리기 위해서 보다 적극적인 차원에서 다양한 홍보방법을 마련해야 한다. 이를 위하여 지역주민 대상의 시민복지대학을 개설하여 지역주민들의 복지 분야에 대한 교육을 시행하고 이 과정을 마치면 노인복지관의 자원봉사자로 활동할 수 있는 환경을 구축해야 한다. 그리고 지역사회 내의 공공이나 민간 기관에 노인복지관을 지속해서 홍보하고, 이를 위하여 전통적인 복지관 안내서 배포와 대면 홍보활동도 확대하지만, 또한 다양한 소셜네트워크(SNS)를 이용한 홍보방안을 수립해야 한다. 이러한 홍보활동을 홍보 대행기관에 의뢰하기보다는 노인복지관 이용 노인들을 중심으로 복지관 홍보단을 구성하여 다양한 홍보활동을 활성화해야 한다. 그리고 노인복지관의 홍보활동을 단지 노인복지관 안내에 국한하지 말고 노인복지관의 기능, 역할 및 정보제공을 지역주민들에게 체계적으로 제공하고 이를 통하여 지역사회 내의 다양한 인적자원과 물적지원 등의 복지자원을 개발하는 기회로 만들어야 한다.

3 초고령사회에 대비한 노인복지관의 운영전략

초고령사회를 대비하여 노인복지관은 일상생활을 독립적으로 영위할 수 있는 건강한 노인 중심의 사업과 만성질환으로 인해 일상생활의 유지에 도움이 필요로 하는 요보호 노인 중심의 사업을 균형 있게 실시해야 한다. 또한 노인복지관은 특정 노인집단을 제한해서 사업을 시행하기보다는 빈곤 저소득노인, 장애 노인, 여성 노인, 일반 노인, 가족부양자, 조부모 가정 등을 포함하여 우리 사회의 다양한 노인계층과 그들의 가족 구성원들에게도 필요한 복지서비스를 제공할 수 있는 다목적 복지관으로 발전해 나가야 한다. 또한 지역별 특성 및 노인들의 다양한 욕구들을 외면한 채 공급자 중심의 획일적인 사업을 진행하는 것보다는 주요 필수사업을 제외하고는 더욱더 전문적이고 특화된 사업을 전개해 나갈 수 있도록 해야 한다. 이를 위하여 기존의 예산, 인력 및 공간 활용을 대폭적으로 개편하여 노인복지관이 융통성 있게 다양한 복지사업을 전개해 나갈 수 있도록 해야 한다. 이처럼 다양한 서비스를 제공하기 위해서는 많은 예산이 필요하므로 노인복지관의 모든 사업을 무료로 제공하기보다는 특정 서비스는 유료사업으로 전환하여 운영하는 방안을 모색해야 한다.

둘째, 초고령사회를 대비하여 노인복지관 복지사업의 바람직한 전개 방향은 그 기능과 역할을 복지관 이용자를 대상으로 한 수동적인 형태의 직접적인 서비스(Direct Service)의 제공에 국한하지 말고 아웃리치(Out Reach)를 적극적으로 활용하여 지역사회에 거주하는 모든 노인과 그들의 가족 구성원을 대상으로 포괄적이고 종합적인 서비스를 제공할 수 있도록 해야 한다. 이를 위하여 노인복지관을 중심으로 지역사회 연계체계(Community Network System)를 구축하고 체계적인 클라이언트 중심의 케어매니지먼트(Care Management) 모델을 활용하는 방안을 모색해야 한다.

이를 위하여 지역사회를 거점으로 체계적인 노인복지서비스를 제공하기 위해서는 지역사회의 인적 및 물적지원 간의 긴밀한 네트워크의 구축이 필요하다. 노인복지관을 중심으로 지역사회 내에서 네트워크를 구축하면 이 네트워크에 포함되어야 할 지역사회의 관련 기관들로는 종합사회복지관, 사회복지사무소, 지역복지협의회, 생활시설, 양로원, 요양원, 노인전문병원, 자활지원기관, 자원봉사센터, 보건소, 정신보건복지센터, 병 · 의원, 종교기관, 교육기관 및 공공기관 등이 포함될 수 있다. 노인복지관의 사회복지사나 관련 실무자들은 네트워크를 활용하여 지역사회 내의 복지자원을 보다 효과적으로 동원하여 서비스 대상을 저소득계층으로 한정하지 말고 지역사회 거주 모든 노인을 대상으로 그들에게 필요한 서비스를 제공할 수 있도록 해야 한다.

또한 사례관리는 노인들에게 적절한 서비스를 제공하고 개입하여 계획된 결과를 도출하는 데에 매우 중요한 사회복지 실천모델의 하나이다. 나이가 많아질수록 노인들은 다중의 서비스 전달체계로부터 다양한 서비스를 받게 된다. 특히 만성질환 상태의 빈곤 노인의 경우에는 복지, 재활, 건강관리 및 의료서비스 등을 받아야 하고 동시에 공적 부조의 대상자로 공적 재가보호 및 생활 지원서비스들을 받을 수 있는 경향이 매우 높다. 매우 다른 전달체계들에서 다중의 복합적인 서비스들을 동시에 받게 된다면 사회적 · 경제적 · 비용적 측면뿐만 아니라 대상 노인들에 대한 서비스의 효과성 및 효율성도 감소하며 개별 특성에 부합하는 적합한 서비스의 제공에도 적절하지 않다.

셋째, 초고령사회를 대비하여 노인복지관의 인력개발과 전문성 향상에 더 많은 관심과 노력을 기울여야 한다. 우선 노인복지관 실무자의 전문성 확보를 위하여 직무 관련의 직원교육, 직원연수, 국내 · 국외 시설견학, 실무 세미나, 상급학교 진학 등 실무자들이 노인복지사업을 보다 체계적이고 효과적으로 실행해 나갈 수 있도록 적정한 예산과 지지적인 환경을 마련해야 한다. 특히 노인복지관을 포함하여 사회복지 분야 실무자들의 과중한 업무와 소진을 예방하는 차원에서 사회복지 실무자들의 작업환경(근무시간, 근로환경 및 인정 · 보상) 및 처우 개선 등을 위하여 다른 사회복지 관련 기관 및 단체들과 협력하여 동일한 근무환경과 업무를 수행하는 타 공공직업 분야에 상응하는 급여와 복리후생의 혜택을 받을 수 있도록 대책을 마련해야 한다. 또한 예비사회복지사를 효과적으로 훈련시키고 노인복지 분야의 전문성을 확보해 나가기 위하여 우선으로 노인복지관, 관련 단체 및 학계가 협력하여 '전문노인복지실습'과 '노인복지전문가' 제도를 구체화할 방안을 모색한다. 그리고 궁극적으로는 정부 및 지방자치단체와의 협의를 통하여 '노인복지전문가'를 제도화시키는 방안을 추구해야 한다.

넷째, 초고령사회를 대비하여 노인복지관의 체계적이며 효과적인 행정 관리체계의 구축이 필요하다. 노인복지관 운영규칙에는 노인복지관의 목적, 운영원칙, 직제, 자문위원회의 구성, 개관시간, 상담사업, 주간보호사업, 교육사업, 정서함양사업, 복리후생사업, 기능회복사업, 자원봉사활동 육성사업, 지역 복지협동사업, 노인소득증대사업 등에 대한 매우 간략한 지침으로 구성되었는데, 이 운영규칙이 제정된 지 많은 시간이 지났고 몇 차례의 개정을 거쳤으나 개정 사항이 매우 소폭에 그치고 있다. 그동안 노인복지관에 관련된 사회적 환경도 많은 변화가 있었기 때문에 앞으로 다가올 초고령사회를 대비하여 더욱 체계적이고 합리적이며 세부적인 운영규칙을 마련할 필요가 있다. 특히 노인복지관의 업무를 전문화하기 위하여 우리나라 노인복지관의 현실을 고려하여 활용 가능한 노인복지관의 표준기준(Standard), 조직개편, 운영지침, 업무 분장, 직무설계, 업무 매뉴얼 등의 마련도 선행되어야 하고, 그리고 초고령사회의 다양한 노인들의 욕구들을 반영할 수 있는 노인복지관 운영규정을 마련해야 한다.

다섯째, 초고령사회를 대비하여 노인복지관에서 수행하는 사업들을 위한 적정한 시설 및 공간 확보 및 활용에 대한 체계적인 계획이 선행되어야 한다. 이를 위하여 노인복지관의 주요사업이 적절하게 진행할 수 있도록 우선으로 노인복지관 설립단계에서부터 노인들의 다양한 특성 및 욕구들을 고려한 건축, 공간 배치 및 동선확보 등을 고려해야 한다. 그리고 노인복지관의 사업을 시행하기에 적합한 시설 및 공간 확보를 위해서 노인복지관 내에 불필요한 사업 및 공간 폐지 등을 전면적으로 검토해야 한다. 또한 제한된 노인복지관의 공간 안에서 모든 사업을 진행해 나가는 것은 많은 어려움이 있으므로 가능하면 지역사회의 공공 및 민간 기관과 연계하여 노인복지관 이외의 시설과 공간에서 사업 및 프로그램을 진행할 수 있도록 해야 한다. 그리고 초고령사회에서는 지금보다도 요보호 노인들이 더 많이 급증하므로 경직된 자세로 노인 관련 이용시설과 생활시설과의 경계를 구분하는 것보다는 재정이나 인력이 풍부한 법인을 중심으로 운영 가능한 노인복지 관련 시설들을 설립하여 지역사회 내의 이용시설과 생활시설과의 유기적인 의뢰체계와 협력체계를 구축하는 방안도 고려해야 한다.

여섯째, 노인복지관은 찾아오는 이용자들에게 단순히 서비스를 제공하는 차원을 넘어서 지역사회의 노인복지 전달체계의 중심기관의 역할을 담당해야 한다. 이를 위하여 초고령사회에서 제기될 수 있는 다양한 노인 관련 문제와 이슈들에 대하여 사회 옹호적인 차원에서 노인들의 권리와 이익을 대변할 수 있는 조직체로서 그 역할을 수행해야 한다. 정부나 지방자치단체는 전문성 부족으로 노인복지현장에 대한 이해가 부족하여 노인복지기관의 기능과 역할을 저해할 수 있는 새로운 제도와 조직들을 만들어 내고 있다. 노인복지전달체계에서 가장 중심적인 위치에 있는 노인복지실무자들은 이러한 정부나 지방자치단체의 변화에 수동적인 자세로 관망하는 자세를 지양하고, 노인들의 문제 및 욕구들이 체계적으로 해결되는 방안으로 잘못된 정부의 제도나 정책 방향에 대하여 개선을 촉구할 수 있는 노인들을 위한 사회행동(Social Action)을 적극적으로 펼쳐나가야 한다.

끝으로 우리 사회의 연령차별(Ageism), 연령별 계층화 및 분리현상을 지양하고 사회구성원 모두가 참여하여 노인복지 문제들을 함께 해결할 수 있는 세대통합적인(Intergenerational Ties) 차원에서 서비스 및 프로그램 등을 제공해야 한다. 그리고 노인들의 역량을 강화해서 적극적인 사회참여를 도모하여 궁극적으로는 사회통합을 추구할 수 있는 구체적인 방안들을 모색해야 한다. 초고령사회에 대비하여 노인들의 복지 욕구를 보다 효과적으로 해결할 수 있도록 현행 노인 관련 사회정책 및 복지정책 등의 문제점들을 자세히 파악하고 앞으로 우리 사회의 미래를 예측하여 노인 문제를 해결해 나갈 수 있는 사회적 공감대 및 환경을 조성해야 한다.

또한 노인복지관을 포함하여 노인복지와 관련된 공공·민간의 전달체계의 실태와 현황을 자세히 파악하며, 전국적 혹은 지역적 단위의 정기적인 실태조사를 시행하여 초고령사회에 대비하여 우리 사회가 대비해야 할 사회적 안전장치가 무엇인지를 규명하는 작업도 선행되어야 한다. 초고령사회의 노인 문제 해결에서 가장 중요한 점은 중앙정부, 지방자치단체, 노인복지 관련 단체, 실무자협회, 교육기관 및 시민 및 종교단체 등이 연계하여 노인복지전달체계의 효과적인 민관 거버넌스(Governance)체계를 구축하는 것이다. 이를 위하여 인구 고령화의 충격을 보다 효과적으로 극복해 나갈 수 있는 전문적이고 실천적이며 효과적인 노인복지 관련 정책[7], 제도, 사업 및 프로그램 등을 개발하고 발전시켜 나가야 한다.

7) 노인복지법, 사회복지사업법, 고령자고용촉진법, 노인장기요양보험제도, 저출산・고령사회 기본대책법, 사회보험, 공공부조제도 등.

[참고문헌]

강미나 · 조윤지 (2017). 고령장애인을 위한 주택개조 지원 활성화 방안. **국토정책 Brief,** (620), 1-8.

강소항 · 문상호 (2010). 중 · 고령자의 직무 특성이 삶의 질에 미치는 영향: 고령화연구패널 (KLoSA) 분석을 중심으로. **사회보장연구,** 26(3), 225-255.

강은나 (2011). 사회적기업 근로자의 직무요구와 고용불안정이 직장만족에 미치는 영향: 사회적 미션 지향성의 조절효과 검증. **보건사회연구,** 31(2), 237-269.

강은나 · 이민홍 (2016) 우리나라 세대별 1인가구 현황과 정책과제. **보건복지포럼,** 47-56.

강현정 (2009). 농촌 여성독거노인의 사회활동과 삶의 만족도. **한국사회복지조사연구,** 21, 1-26.

강호정 · 김경식 (2007). 노인들의 사회체육활동과 사회적지지 및 고독감의 관계. **한국콘텐츠학회논문지,** 7(11), 280-288.

고양곤 (2004). 한국 케어복지 활성화를 위한 방향과 과제, 한국케어복지활성화를 위한 방향 설정과 과제, 2004년 한국케어복지학회 창립 및 학술세미나 자료집, 26-50.

고양곤 · 김동배 · 임춘식 · 모선희 · 원영희 · 이금룡 · 박준기 (2001). 노인자원봉사활동 활성화 방안, 한국노년학회, **한국노년학,** 21(1), 147-166.

고은숙 (2003). 노인자원봉사활동 참여 여부에 영향을 미치는 요인 -서울노인복지센터 참여 · 비참여 집단을 중심으로. **사회복지리뷰,** 8, 23-43.

교육인적자원부 (2001). 제1차 국가인적자원개발 기본 계획. 교육인적자원부 자료.

교육인적자원부 (2006). UNDP(2004)의 인간개발지수 현황, HDI. Human Development Report, 교육인적자원부 정책총괄과 자료.

교육인적자원부 (2006). 제1차 국가인적자원개발기본계획. 2006년도 시행계획(안). 교육인적자원부 자료.

국가법령정보센터 (2020). 고용상 연령차별금지 및 고령자고용촉진에 관한 법률. http://law.go.kr/lsInfoP.do?lsiSeq=180478&efYd=20160728#J4081852

국가법령정보센터 (2020). 국가여가활성화기본법. https://www.law.go.kr

국가법령정보센터 (2020). 주택건설기준 등에 관한 규정. https://www.law.go.kr

국가인권위원회 (2006). 노인에 대한 사회차별 실태조사. 서울: 국가인권위원회.

국가인권위원회 (2006). 노인에 대한 차별 실태조사. 서울: 국가인권위원회.

권대봉 (2003). **인적자원개발의 개념 변천과 이론에 대한 종합적 고찰**. 서울: 원미사.

권승·황규선 (2004). 노년층의 은퇴 결정요인에 관한 연구: 성별, 거주지별 차이분석을 중심으로, **한국노년학**, 24, 69-90.

권현수 (2009). 노인의 사회참여가 삶의 만족도에 미치는 영향 - 우울, 주관적 건강상태의 매개효과를 중심으로. **한국생활과학회지**, 18(5), 995-1008.

권현수 (2009). 노인의 사회참여가 삶의 만족도에 미치는 영향: 우울, 주관적 건강상태의 매개효과를 중심으로. **한국생활과학회지**, 18(5), 995-1008.

김경혜 (2004). 재가복지서비스 전달체계 개선방안－가정봉사원 사업을 중심으로, 재가복지서비스 전달체계 개선 정책토론회 자료집. 서울: 서울시정개발연구원.

김광자 (2011). 취업장애인의 직업만족도 영향요인에 관한 연구. 인제대학교 박사학위논문.

김구 (2016). 온라인과 오프라인의 사회적 자본이 행복에 미치는 영향에 관한 탐색적 접근. **한국정책과학학회보**, 20(3), 87-113.

김근홍 (2007). 독일의 수발보험과 수발인력, 각국의 케어전문 인력에 관한 고찰. 서울: 한국케어복지협회.

김남진 (1999). 규칙적인 운동 참여 여부와 그 정도가 노인의 생활만족도에 미치 는 영향, **한국노년학**, 19(3), 51-64.

김남진 (1999). 규칙적인 운동 참여 여부와 그 정도가 노인의 생활만족도에 미치는 영향. **한국노년학**, 19(3), 51-64.

김도관·윤세창 (2005). 제106회 조선일보·삼성서울병원공동 건강교실: 노년기 정신건강.

김도훈·오병훈·이후경·유계준 (1997). 노인의 여가기능이 우울척도에 미치는 영향. **노인정신의학**, 1(1). 73-80.

김동배 (1996). 노인복지의 현황과 정책과제. 사회복지신문 제271호. 7월 29일. 4면.

김동배·유병선·이은진 (2013). 근로노인의 근로만족이 생활만족도에 미치는 영향; 자아존중감의 매개효과 검증. **노인복지연구**, 60, 201-236.

김동배·이윤화·안인경 (2004). 노인의 소득창출을 위한 직업능력개발에 관한 연구. **한국노년학**, 24, 107-127.

김동배·채수진·김성웅·김세진 (2009). 고령근로자의 직무만족도 영향요인에 대한 탐색적 연구 -만성질환 고령근로자와 건강한 고령근로자의 비교. **노인복지연구**, 45, 261-291.

김명숙·고종욱 (2013). 노인 생활만족도 결정요인에 대한 통합적 접근. **한국콘텐츠학회논문지**, 13(6), 246-259.

김미령 (2005). 여성 노인의 고독감에 미치는 영향 연구. **정신보건과 사회사업**, 21, 90-111.

김미령 (2008). 여성 노인의 삶의 만족도에 영향을 미치는 성공적 노화의 구성요소. **한국노년학**, 28(1), 33-48.

김미혜 (1995). **행복한 내일을 위한 정년 길라잡이**. 서울: 동인.

김민희 · 민경환 (2010). 지혜의 연령차와 중노년기 심리적 적응과의 상관. **한국노년학**, 30(3), 947-971.

김복순 (2017). OECD 회원국의 소득분배지표와 가계부채 비중. **노동리뷰**, 87-90.

김선주 · 최영진 (2015). 정규직과 비정규직 근로자의 직무만족도가 서비스 지향성에 미치는 영향: 국내 병원 종사자를 중심으로. **생산성논집**, 29(4), 145-169.

김성희 (2013). 장애노인의 실태와 과제. **보건 · 복지 Issue & Focus**, 208, 1-8.

김수연 (1988). 노인 종교참여도와 관련변인에 관한 연구. **한국노년학**, 8, 55-68.

김수영 (2004). 위상정립을 위한 노인복지관의 기능과 역할, 노인복지회관의 기능과 역할. 한국노인종합복지회관협회 2004년 정기세미나 자료집. 서울: 한국노인복지회관협회.

김숙희 (2010). 사회복지사들의 직무특성과 조직몰입이 직무만족에 미치는 영향. 대구한의대학교 대학원 석사학위논문.

김숙 · 박주연 (2014). 텔레비전 시사 및 교양 프로그램에 나타난 노인 이미지 연구. **사회과학연구**, 30(2), 281-300.

김애순 (2000). 은퇴와 노년기 일의 의미, **한국노인복지정책연구**, 17, 163-189.

김양례 (2008). 노인의 생활체육 참가와 인지된 건강상태 및 고독감의 관계. **한국여성체육학회지**, 22(2), 121-137.

김양례 · 구해모 · 조성식 (2004). 노인의 체육활동참여 실태 및 활성화 방안 연구. **체육과학연구**, 15(4), 84-89.

김영범 · 이승훈 (2008). 한국 노인의 사회활동과 주관적 안녕감: 서울 및 춘천노인을 대상으로. **한국노년학**, 28(1), 1-18

김옥희 (2011). 노인돌보미의 직무만족이 조질몰입에 미치는 요인 연구: 노인돌보미 집단 간 차이를 중심으로. **노인복지연구**, 52, 279-304.

김은경 · 장현숙 · 박경숙 · 홍현숙 · 하명주 · 김인국 (2002). 장기요양보호 대상노인의 건강유지증진을 위한 지역사회 연계모델 개발 연구. 서울:한국보건산업진흥원.

김재수 · 박종 · 류소연 · 이철갑 · 김학렬 · 김양옥 (1999). 일부 농촌노인의 여가활동과 생활만족도와의 관련성. **한국농촌의학회지**, 21(1), 131-143.

김정선 · 황은미 (2017). 노인의 특징별 맞춤형 식사서비스 제공을 위한 지원 방안. **보건 · 복지 Issue & Focus**, 341, 1-8.

김진숙 (2007). 한국임금노동자의 직업만족도와 건강수준 간의 상관관계. **노동정책연구**, 7(4), 143-164..

김춘지 · 이수영 (2017). 일자리참여 노인의 직무만족이 삶의 질에 미치는 영향에 대한 교육여부의 조절효과. **사회복지경영연구**, 4(1), 101-124.

김춘택 · 박종우 (1999). 대구시 노인의 생활만족에 영향을 미치는 요인, **한국노년학**, 9(3), 21-33.

김태열 · 양정훈 (2015). 보훈섬김이의 심리적 건강상태와 직무만족도 증진방안 연구. **한국보훈논총**, 14(1), 125-151.

김태완 · 이주미 · 정진욱 (2015). 노인의 빈곤과 우울에 관한 연구. **보건사회연구**, 35(3), 71-102.

김태현 (1996). **노년학**. 서울: 교문사.

김한곤 (1992). 가족형태, 소득 및 건강상태가 노인의 생활만족도에 미치는 영향, **영남대 인문연구**, 14(1), 151-171.

김현미 · 최연희 (2011). 취약계층 독거노인의 우울에 미치는 영향변인. **지역사회간호학회지**, 12, 428-436.

김혜영 (2011). 요양보호사의 직무만족에 영향을 미치는 요인 -전라남도 지역을 중심으로. **사회복지연구**, 42(4), 35-59.

김희년 · 정미숙 (2004). 지역사회복지시설 이용노인들의 여가활용실태 및 활성화에 관한 연구. **노인복지연구**, 26, 263-285.

나성식 · 구수연 · 박영례 (2013). 보육교사의 건강상태와 직무만족에 관한 연구. **어린이문학교육연구**, 14(3), 307-328.

나일주 편저 (1994). **산업교육의 이론과 실제**. 서울: 한국능률협회.

남궁은하 (2019). 노인 · 장애인 부양가족을 위한 미국의 정책 변화와 시사점. **국제사회보장리뷰**, 2019(겨울), 76-87.

남은우, Green, J., Ikeda, N., Moon, J., & Park, M. (2008). 노인과 청장년의 주관적 건강에 관한 비교연구, **보건교육건강증진학회지**, 25(5), 65-77.

동경볼런티어센터 편 (1999). 박태영 · 이재모(역). **연장자 자원봉사조정자매뉴얼**. 대구: 대구노인종합복지회관

모선희 (2015). 충남 독거노인의 사회적 배제 실태와 영향요인. **한국사회복지조사연구**, 43, 191-209.

문영만 (2013). 기업 내부의 고용관계: 고용형태별 직무만족도 차이 및 결정요인. **한국산업노동학회**, 19(1), 139-175.

박경란 · 이영숙 (2002). 성공적인 노화에 대한 인식 조사 연구, **한국노년학**, 22(3), 53-66.

박연환 · 강희선 (2008). 복지회관 이용 노인의 사회적 고립감 예측요인. 대한간호학회지, 38(5), 712-719.

박우성 · 노용진 (2002). 비정규직 근로자의 직무만족 결정요인. **인사관리연구**, 26(1), 151-173.

박정민 · 윤영채 (2018). 차별적 경험과 성역할 태도가 직무만족에 미치는 영향. **사회과학연구**, 29(3), 21-38.

박지혜 · 전용관 (2009). 신규 대졸취업자의 최종학교교육 기여도, 직업기대수준, 급여수준이 직무만족도에 미치는 영향. **산업교육연구**, 19, 51-64.

박충선 (1998). 노년기의 생활시간과 생활만족도에 관한 연구, **한국노년학**, 18(2), 30-46.

방하남 (2000). 직무만족도와 생활만족도의 결정요인과 상호작용효과에 관한 연구. **노동경제논집**, 23, 133-154.

방하남 · 신동균 · 김동헌 · 신현구 (2005). **인구 고령화와 노동시장 변화 및 노동정책과제**. 서울: 한국노동연구원.

배기준 (2008). 직무만족도의 변화 분석. **노동리뷰**, 84-95.

배진희 (2009). 고령노인의 일상생활기능 저하가 우울에 미치는 영향. **한국노년학**, 29(1), 353-368

배화숙 (2008). 비정규직 유형별 직무 및 일상생활만족도 차이연구. 제9회 한국노동패널 학술대회 자료집, 한국노동연구원.

법제처 (2014). 저출산 · 고령사회기본법. 국가법령정보센터. http://www.law.go.kr/LSW/lsInfoP.do?lsiSeq=152037#0000.

변재관 · 김창규 (2005). 30만 노인일자리 창출을 위한 추진전략. 2005 **노인일자리사업혁신 포럼 자료집**. 13-27.

보건복지가족부 (2008). 노인장기요양보험. 보건복지부홈페이지(http://www.mw.go.kr).

보건복지가족부 (2008). 노인장기요양홈페이지. (http://www.longtermcare.or.kr).

보건복지부 (2000). 재가노인복지사업. 보건복지부. http://www.mohw.go.kr

보건복지부 (2004). 고령사회대책기본법 제정 추진경과 및 입법방향. 서울: 보건복지부.

보건복지부 (2004). 공적노인요양보장제도 실행위원회 제5차 회의결과 보고. 보건복지부: 노인요양보장과.

보건복지부 (2005). 고령사회 대비 노인인력활용 실태 및 발전방안. 보건복지부 정책과제보고자료.

보건복지부 (2007). **노인장기요양제도**. 서울: 보건복지부.

보건복지부 (2007). **요양보호사 및 장기요양기관 인프라 확충 설명회 자료집**. 서울: 보건복지가족부.

보건복지부 (2008). **요양보호사 교육기관 설립 및 운영 설명회 자료집**. 서울: 보건복지가족부.

보건복지부 (2011). 2011년 복지욕구 실태조사.

보건복지부 (2017). 노인실태조사. 서울: 한국보건사회연구원.

보건복지부 (2019). 「지역사회 통합돌봄」 8개 지자체에서 첫 걸음. https://www.mohw.go.kr/react/al/sal0301vw.jsp?PAR_MENU_ID=04&MENU_ID=0403&page=1&CONT_SEQ=348925

보건복지부 (2020). 2019 노인학대 현황보고서. 세종시: 보건복지부

보건복지부 (2020). 기초연금. 보건복지부 제도안내.

보건복지부 (2020). 노인장기요양보험제도.
https://www.mohw.go.kr/react/policy/index.jsp?PAR_MENU_ID=06&MENU_ID=06390301&PAGE=1&topTitle=

보건복지부 · 계명대학교 (2009). **2008년도 전국노인생활실태조사**. 서울: 보건복지가족부.

보건복지부 · 국민연금관리공단 노인인력운영센터 (2005). 2005년도 노인일자리사업종합안내.

보건복지부 · 노인인력개발원 (2006). 2006년도 노인일자리사업안내.

볼론티어21 (2001). **자원봉사센터 운영 매뉴얼**. 서울: 볼론티어21.

브라보마이라이프 (2020.8.3). 60세 이상의 인턴 일자리 '실버인재센터'가 책임진다.

사회복지신문 (1997.2.3). 1996년 한국의 지표.

서병숙 (1994). **노인연구**. 서울: 교문사.

서순림 · 도복늠 · 노명희 · 성기월 (1998). 노인의 일상생활 능력과 우울 및 건강문제, **경북간호과학지**, 2(2), 37-50.

서양열 (2004). 노인일자리사업 참여 만족에 관한 연구:전라도 노인을 중심으로. **노인복지연구**, 24, 31-51.

서지원 (2008). 노년기 경제적 복지를 위한 사회투자정책의 방향: 인적자본 및 사회자본의 활용을 중심으로, **한국가족자원경영학회지**, 12(2), 31-55.

서진교 (2000). 노인의 여가활동 참여와 사회적망, 사회적지지 및 건강과의 관계. **한국스포츠사회학회지**, 13(1). 59-72.

서홍란 · 김희년 (2010). 요보호 여성독거노인의 심리적 안녕감에 영향을 미치는 요인. **정신보건과 사회사업**, 35, 176-202.

석재은 · 김태완 (2000) 노인의 소득실태 분석과 소득보장체계 개선방안연구. 한국보건사회연구원 연구보고서.

선우덕 · 정경희 · 오영희 · 조애저 · 석재은 (2001). **노인 장기요양보호의 욕구실태조사 및 정책방안 연구**. 서울: 한국보건사회연구원.

성기월 (1999). 시설노인과 재가노인의 일상생활활동정도와 생활만족 정도의 비교, **한국노년학**, 19(1), 105-117.

성기월 (2011). 한국노인의 성공적 노화와 지혜와의 관련성. **노인간호학회지**, 13(1).

성동노인복지관 (2020). 사업소개. 서울: 성동노인종합복지관
https://www.sdsenior.or.kr/main/sub.html?pageCode=19

송준호 · 우문식 (2013). 조직구성원의 성격 특성이 직무만족과 조직시민행동에 미치는 영향: 행복의 매개효과를 중심으로. **한국기업경영학회**, 20(6), 45-65.

송지준 · 엄인숙 (2008). 중년과 노인의 여가활동유형과 우울, 고독감간의 관계. **관광연구**, 23(1), 43-62.

송진영 (2007). 중고령자의 직업만족도에 영향을 미치는 요인에 관한 연구. **인권복지연구**, 2, 96-120.

송진영 (2012). 임금근로 장애인에 대한 차별과 직무만족도 간 장애수용과 고용안정성의 매개효과 검증. **사회과학연구**, 28(4), 329-346.

양순미 · 홍숙자 (2003). 농촌노인의 독거 · 동거 가구형태가 심리적 고독감에 미치는 영향. **한국가정관리학회지**, 21(6), 129-139.

엄명용 (2002). 가족(성인자녀)에 의한 노인부양의 종류와 정도에 영향을 미치는 이전(원) 가족관계 양상 분석 및 개입전략의 제시, **한국사회복지학**, 47, 206-242.

여유진 (2019). 한국의 노인빈곤과 노후소득보장. 보건복지 ISSUE & FOCUS. 세종: 한국보건사회연구원.

염주희 (2013). 한국 고령자의 교통 이용 현황. **보건 · 복지 Issue & Focus**, 172, 1-8.

오석홍 (2005). **조직이론**. 서울: 전영사.

오수길 · 곽병훈 (2004). 사회적 자본, 정부, 거버넌스의 연계에 관한 시론적 모색: 재가노인복지서비스 전달체계의 역사적 분석을 사례로, **한국행정학보**, 38(6), 225-245.

오승연 (2016). 고령자 주거실태와 주거정책방향. **KIRI 고령화리뷰테마진단**, 6, 19-36.

원영신 (1997). 여가교육으로 행해지는 노인체육활동에 관한 연구. **한국노년학**, 17(3), 36-52.

원영희 (1995). 동별거형태가 한국노인의 심리적 행복감에 미치는 영향. **한국노년학**, 15(2), 97-116.

원종순 · 김계하 (2008). 방문간호 대상 노인의 인지기능, 우울 및 생활만족도 평가. **대한간호학회지**, 38(1), .1-10.

원형중 (1993). 여가활동 참여가 수도권 거주 노인의 고독감, 여가만족, 생활만족에 미치는 영향. **한국노년학**, 14(2), 90-104.

유선주 · 장현수 · 배성권 (2003). **장기요양보호 노인의 간병 일상생활 지원인력 수급 및 관리운영체계의 구축**. 서울: 한국보건산업진흥원.

유성호 · 모선희 · 김형수 · 윤경아 (2002). **노인복지론**. 서울: 아시아미디어리서치.

유승호 (2014). 노인 정신건강 문제 노화 아닌 질환으로 인식시켜야. 메디칼업저버, http://www.monews.co.kr

윤귀현 (2009). 노인의 여가스포츠활동 참여가 고독감과 사회적 연결망에 미치는 영향. **한국운동재활학회지**, 5(1), 9-20.

윤명숙 · 이묘숙 (2011). 지역사회 여성 노인들의 우울과 생활만족도에 관한 연구. **한국지역사회복지학**, 36, 89-115.

윤희숙 · 권형준 (2013). 가구 유형과 공적연금 수급 여부를 고려한 고령층 빈곤과 자산분포 현황. **KDI정책포럼**, 254 (2013-03).

윤희열 (1996). 재취업 노인들의 직무만족도에 영향을 미치는 요인에 관한 연구, 서울대학교 대학원 석사학위논문.

이경민 · 최윤정 (2009). 유아교사의 행복, 강점, 직무만족의 관련성 탐색연구. **유아교육연구**, 29(3), 215-235.

이금룡 (2002). 한국노인의 사회활동: 노년기 여가활동과 자원봉사활동을 중심으로, Andragogy Today, 5(2), 1-22.

이다솔 · 남태우 · 권기헌 (2018). 일중독이 조직몰입과 직무만족에 미치는 영향. **사회과학연구**, 34(1), 137-168.

이민수 · 최윤경 · 정인과 · 곽동일 (2000). 한국 어느 도시지역의 노인성 우울증 역학조사. **노인정신의학**, 4(2), 154-163.

이병순 · 김욱 (2006). 노인자원봉사자의 봉사활동 지속성 및 참여도 영향요인 연구. **대한케어복지학**, 2(3), 87-108.

이병준 (2002). 중고령자의 직업능력개발방안. KRIVET HRD 12차 정책포럼 〈중고령자의 직업능력개발 지원 대책〉. 한국직업능력개발원, 123-139.

이상구 · 박인수 · 김지은 (2006). 노인종합복지관 여가프로그램 참가유형에 따른 이용만족도, 고독감 및 성공적 노후의 관계. **한국스포츠사회학회지**, 19(1), 133-153.

이성훈 · 원장원 · 백학순 · 박지정 · 김병성 · 최현림 · 홍영호 (2008). 독거노인에서 외로움이 인지기능의 변화에 미치는 영향. **가정의학회지**, 29, 695-702.

이소정 (2009). 우리나라 노인의 사회참여 유형분석. **한국인구학**, 32(1), 71-91.

이인수 (2001). 한국 노인의 정치 및 · 사회활동을 위한 과제. 노인복지연구, 14: 35-66.

이재경 · 최정길 (2012). 호텔산업에서 허즈버그 (F. Herzberg) 의 동기 · 위생이론 적용에 관한 검증. **대한경영학회지**, 25(4), 2091-2111.

이재면 (1995). 재택노인의 생활기능상태와 생활만족도에 관한 연구, **한국보건교육학회지**, 12(2), 109-119.

이정의 (2011). 고령 근로자의 직무요구와 교육기술 수준 적합도가 직무만족에 미치는 영향: 임금근로자와 자영업자를 중심으로. **고용직업능력개발연구**, 125-149.

이진희 · 김욱 (2008). 노인교육 참여가 노인의 심리적 안녕감에 미치는 영향. **한국노년학**, 28(4), 887-905.

이채식 · 김명식 (2013). 취업장애인의 직업유지에 영향을 주는 제 특성에 관한 연구. **장애와 고용**, 23(1), 327-356.

이택영 · 김진경 (2010). 도시 및 농어촌 노인의 활동 수준 및 활동 정도에 따른 삶의 질 비교. **한국콘텐츠학회지**, 10(2), 402-411.

이해영 (2007). 일본의 개호보험과 개호안력, 각국의 케어전문 인력에 관한 고찰. 서울: 한국케어복지협회.

이현기 (2001). 고령자 재취업과 지역복지정책적의 함의. **노인복지연구**, 11, 87-118.

이혜경 · 남춘연 (2015). 직장인의 직무스트레스, 우울, 심리적 행복감이 직무만족도에 미치는 영향. **한국간호교육학회**, 21(4), 489-497.

이홍직 (2009). 노인의 정신건강에 영향을 미치는 요인에 관한 연구: 사회자본 특성을 중심으로, **사회과학연구**, 25(3), 25-42.

이효영 · 전경숙 (2009). 사회 자본에 대한 긍정적인 생각이 한국노인의 사회참여에 미치는 영향. **한국노년학**, 29(3), 789-803.

이효재 · 지순 · 박매자 (1979). 한국 소득층 노인생활에 관한 사회 경제 및 공간문제 연구, **한국문화연구원**, 34, 239-288.

임재영 · 조창익 (2008). 한국 노인의 흡연 및 음주행위에 대한 사회자본의 효과, **보건경제와 정책연구**, 14(2), 73-92.

임지영 · 박은숙 · 박영주 (2004). 사회복지시설 간호사의 직무만족 및 조직몰입이 이직의도에 미치는 영향. **간호행정학회지**, 10(2), 185-193.

장영철 · 노용진 · 이재원 · 정지선 · 박세진 (2005). 노동인적자원개발 활성화를 위한 정책방향. 노동부.

장재혁 (2008). 노인장기요양보험 추진현황과 발전방향, **보건복지포럼**, 14, 5-17.

장창원 (2004). 중고령층 재취업 결정요인분석과 정책 과제. **진로교육연구**, 17(2), 157-186.

장현숙 · 오종희 · 배성권 · 유선주 · 박재산 (2003). **노인의료복지시설 시설기준에 관한 연구**. 한국보건산업진흥연구원.

전용득 (1998). 공공조직 공무원의 직무만족에 관한 연구. 동아대학교 대학원 박사학위논문.

전지원 · 박미석 (2006). 노인의 직업활동 참여동기, 직업만족도 및 심리적 복지감에 관한 인과모형 분석. **한국노년학**, 26(3), 521-545.

정경희 (2004). 우리나라 공적 노인요양보장체계구축에 있어서의 주요 이슈, 한국케어복지활성화를 위한 방향설정과 과제, 2004년 한국케어복지학회 창립 및 학술세미나 자료집, 26-50.

정경희 (2015). 노년기 독거 현황과 정책적 대응 전략. **보건 · 복지 Issue & Focus**, 1-8.

정경희 외 (2004). **2004년도 전국 노인생활실태 및 복지욕구조사**. 한국보건사회연구원.

정광호 · 김태일 (2003). 공공부문 조직과 민간기업 조직의 직무만족도 비교분석: 한국노동패널연구 (KLIPS) 자료를 중심으로. **한국정책학회보**, 12(3), 1-29.

정연앙 · 최장호 (2008). 성과급 임금제도와 직무만족도 간의 관계에 관한 연구. **인사관리 연구**, 32(3), 69-94.

정진경 (2009). 노인자원봉사활동 추진실태 및 활성화방안. 2009년 경상북도 자원봉사포럼 자료집. 한국자원봉사포럼.

정혜령 (2009). 평생교육에서 사회적 자본 논의의 비판적 탐색. **평생교육연구**, 15(2), 53-75.

정효채 (2013). 연령이 직무만족에 미치는 영향: 잠재성장모형을 이용한 종단연구. 경희대학교 대학원 석사학위논문.

조계화 · 김영경 (2008). 한국노인의 우울, 자살생각 및 삶의 만족도 영향요인. **한국간호교육학회지**, 14(2), 176-187.

조미희 · 윤동열 (2016). 농업인 교육훈련이 직무만족에 미치는 영향; 심리적 자본의 조절효과를 중심으로. **생산성논집**, 30(1), 134-162.

조성남 · 이동원 · 원영희 (1998). **고령화 사회와 중상층 노인의 사회활동**. 서울: 집문당.

조혜정 · 장희정 (2000). 여행사 종사원의 직무만족에 관한 연구. **관광레저연구**, 12(2), 85-105.

주경희 (2011). 노인의 사회참여활동영역과 수준에 따른 삶의 질 비교연구. **한국지역사회복지학**, 39, 231-264.

지은숙 (2011). 노인일자리 참여 노인의 직무만족도와 생활만족도에 관한 연구. 원광대학교 대학원 사회복지학과 박사학위논문.

지은정 (2017). 60세 이상 고령근로자의 생산성에 대한 인식연구: 통계적 차별과 접촉가설을 중심으로. **보건사회연구**, 37(3), 73-109.

질병관리본부 (2015). 노인영양. 세종: 질병관리본부
http://health.cdc.go.kr/health/mobileweb/content/group_view.jsp?CID=CDC7CC801B

차홍봉 (2002). 중고령자의 증가와 인적자원개발방향. 중고령자 직업능력개발 지원 대책. 서울: 한국직업능력개발원.

참여연대 (2019). 2020년 노인복지 분야 예산안 분석. **복지동향**. 서울: 참여연대.

천현숙 (2004). 대도시 아파트 주거단지의 사회자본, **한국사회학**, 38(4), 215-247.

최돈민 (2002). 인적자원개발정책의 국제 비교 분석, **비교교육연구**, 12(2), 65-92.

최성애 (1999). 노인의 인구사회학적 변인과 여가참여가 생활만족도에 미치는 영향. **한국체육과학회지**, 8(2), 45-56.

최성재 (1986). 노인의 생활만족도 척도 개발에 관한 연구, **한국문화연구원논총**, 49, 233-258.

최송식 · 박현숙 (2009). 노인의 고독감에 영향을 미치는 요인에 관한 연구: 도농복합지역을 중심으로. **한국노년학**, 29(4), 1277-1293.

최숙희 · 송선희. (2014). 노인의 지혜가 삶의 만족도, 자아 존중감, 심리적 복지감, 자녀관계의 질에 미치는 영향. **디지털융복합연구**, 12(12), 49-59.

최순영 (2001). 만성요통 여교사에 대한 운동프로그램의 효과. **여성건강간호학회지**, 7(2), 169-187.

최옥금 (2006). 노인빈곤에 영향을 미치는 요인에 대한 연구. **한국사회복지학회 학술대회 발표지**, 3, 337-343.

최외선 · 김한곤 (1989). 노인의 생활만족도에 관한 연구II, **영남대 인문연구.** 10(2), 213-236.

최외출 · 최준호(2005). 지역사회복지를 위한 노인 인적자원개발 활성화 방안, **복지행정논집.** 15(2), 157-189.

최지선 (2009). 중증장애인 근로자의 고용안정성이 생활만족에 미치는 영향: 직무만족도 매개효과와 직장 내 차별경험의 조절효과 검증. **사회복지정책.** 36(4), 343-367.

최항순 (2002). 미국의 노인복지정책. **한국사회정책** 9, 213-242.

최현수 · 류연규 (2003). 우리나라의 노인빈곤 동향 및 빈곤구성에 대한 연구. **한국노년학.** 23(3), 143-160.

최희경 (2004). 노인의 빈곤요인과 소득보장정책 연구. 부산대학교 대학원 사회복지학과 박사학위논문.

통계청 (2000). 한국의 사회지표. 서울: 통계청.

통계청 (2001). 장래인구추계. 대전: 통계청.

통계청 (2002). 한국의 사회지표. 대전: 통계청.

통계청 (2003). 2003년 고령자 통계. 대전: 통계청.

통계청 (2005). 2005년 고령자통계. 대전: 통계청.

통계청 (2009). 2009년 고령자통계. 대전: 통계청.

통계청 (2010). 2010 고령자통계. 대전: 통계청.

통계청 (2017). 2017년 고령자 통계. 대전: 통계청.

통계청 (2017). 경제활동 인구조사: 청년층 및 고령층 부가조사 대전: 통계청.

통계청 (2017). 성 및 연령별 1인가구: 시군구. 대전: 통계청.

통계청 (2018). 2018년 5월 경제활동인구조사: 고령층 부가조사. 대전: 통계청.

통계청 (2018). 장래가구 추계 시도편: 2015~2045. 대전: 통계청.

통계청 (2019). 2019년 고령자통계. 대전: 통계청.

한경혜 · 김주현 · 박경숙 · Akiyama · 이재인 (2011). 도시지역 연소노인들의 사회참여와 동기요인간의 관련성. **한국노년학.** 31(4), 1189-1208.

한경혜 · 윤순덕 (2001). 자녀와의 동별거가 농촌노인의 심리적 복지감에 미치는 영향. **한국노년학.** 21(2), 163-178.

한국노인인력개발원 (2008). 제1기(2004~2007) 노인일자리백서. 서울: 한국노인인력개발원.

한국노인인력개발원 (2020). 노인일자리 및 사회활동지원사업. https://www.kordi.or.kr/content.do?cmsId=400

한국노인종합복지관협회 (2011). 전국노인복지관 현황. 서울: 한국노인종합복지관협회.

한국노인종합복지관협회 (2020). 우리나라 노인종합복지관의 현황. http://www.kaswcs.or.kr/sub05/sub0507.php

한국보건사회연구원 (1995). 노인생활 실태분석 및 정책과제. 서울: 한국보건사회연구원.

한국보건사회연구원 (2005). 2004년 전국노인생활실태 및 복지욕구조사. 서울: 한국보건사회연구원.

한국보건사회연구원 (2012). 2011년 노인생활실태조사. 서울: 한국보건사회연구원.

한국사회보장정보원 (2020). 사회서비스전자바우처 현황. http://www.ssis.or.kr/lay1/S1T752C771/contents.do

한인섭 (2002). 지방공무원과 지방공기업 종사자의 직무만족도 비교. **한국사회와 행정연구, 12**(4), 27-41.

한정란 외 (2006). **세계의 노인교육**. 서울: 학지사.

한정란 · 김동배 · 원영희 · 이금룡 (2001). 노인자원봉사의 교육노년학적 의미, **Andragogy Today, 4**(3), 45-67.

한정란 · 이금룡 (2005). 고령사회와 평생교육체계구축, 한국노년학회 및 한국노인단체협의회 공동세미나.

한종국 (2014). 직무특성이 중고령자의 직무만족도에 미치는 영향연구-고령친화적 인적자원관리의 조절효과를 중심으로-. 명지대학교 대학원 경영학과 박사학위논문.

허준수 (1998). 산업복지측면에서의 퇴직준비프로그램의 활성화 방안: 사회복지사, 기업 및 정부의 역할. **한국사회정책, 5**(2), 221-251.

허준수 (2000). 노인부양자를 위한 후원프로그램의 활성화 방안, 노인복지연구총서, 한국노인복지문제연구소, 155-193.

허준수 (2002). 도시노인의 여가활동에 영향을 미치는 요인들에 관한 연구, **한국노년학, 22**(2), 227-247.

허준수 (2002). 중고령자의 실업 및 노동시장 차별, 중고령자의 직업능력개발지원대책. 제12차 한국직업능력개발원 HRD 정책포럼. 서울: 한국직업능력개발원.

허준수 (2004). 지역사회거주 노인들의 생활만족도에 관한 연구, **노인복지연구, 24**, 127-151.

허준수 (2006). 도시지역 미취업 노인들의 취업의사결정요인에 관한 연구. **한국사회복지학, 58**(1), 291-318.

허준수 (2007). 미국의 장기요양보호와 케어인력, 각국의 케어전문 인력에 관한 고찰. 서울: 한국케어복지협회.

허준수 (2011). **노인복지연구**. 서울: 신정.

허준수 (2011). 노인들의 고독감에 대한 영향요인에 관한 연구: 노인복지관 이용 노인과 비이용 노인을 중심으로. **노인복지연구, 53**, 101-131.

허준수 (2014). 노인들의 사회참여활동 유형별 결정요인에 관한 연구. **노인복지연구, 64**, 235-263.

허준수 · 조승호 (2017). 노인들의 삶의 만족도에 대한 인과모형 연구: 유형별 사회참여활동의 매개효과를 중심으로. **한국콘텐츠학회논문지**, 17(1), 673-691.

허준수 · 최성헌 · 김재란 (2019). 노동시장 참여 고령 1인가구의 직무만족 결정요인에 관한 연구: 성별과 연령을 중심으로. **한국콘텐츠학회논문지**, 19(9), 411-429.

허준수 · 이금룡 · 원영희 (2005). 노인자원봉사활동과 노인일자리사업의 연계방안에 관한 연구. 보건복지부 · 한국노인인력개발원.

호태석 · 황정혜 (2002). **교회와 노인복지**. 서울: 갈릴리.

홍경준 (2001). 빈곤에 대한 또 다른 탐색, **상황과 복지**, 9, 165-192.

황라일 · 임지영 · 이영휘 (2009). 노인의 인지 기능 수준에 따른 삶의 만족도 영향요인 비교. **대한간호학회지**, 39(5), 622-631.

황인경 (2002). 노인영양. **임상노인의학회지**, 3(1), 73-85.

황종남 · 권순만 (2009). 중 · 고령자의 사회활동 참여와 인지기능과의 관계. **한국노년학**, 29(3), 971-986.

황진수 · 최성재 · 김태현 · 이가옥 · 유성호 · 변재관 (2001). 고령자 취업 활성화방안. **한국노년학**, 21, 93-118.

황해익 · 주철안 · 김병만 (2011). 유아교사의 보수처우만족도가 직무만족도에 마치는 영향. **아동교육**, 20(4), 285-305.

AARP (2020). *Travel and Leisure*. Washington, DC: AARP.

Alma, M., Van Der Mei, S., Melis-Dankers, B., Van Tilburg, T., Groothoff, J., & Suurmeijer, T. (2011). Participation of the Elderly After Vision Loss. *Disability and Rehabilitation, 33*(1), 63-72.

Aquino, J., & Russell, Daniel, W. (1996). Employment status, social support, and life satisfaction among the elderly, *Journal of Counseling Psychology* 43 (4), 480-490.

Arber, S., & J. Ginn (1991). *Gender and Later Life-A Sociological Analysis of Resources and Constraints*. London: Sage.

Archer, J., & V. Rhodes (1993). The grief process and job loss: A cross-sectional study. *British Journal of Psychology* 84: 395-410.

Arnone, W. (1989). Preretirement Planning Comes of Age. Pension World. July(1989). 26-27.

Asakawa, T., & Koyano, W. (2000). Effects of Functional Decline on Quality of Life among the Japanese Elderly, International *Journal of Aging & Human Development*, 50(4), 319-329.

Astone & Nathanson (1999). Family Demography, Social Theory, and Investment in Social Capital., *Population and Development Review*, 25(1), 1-31.

Atchley (2016). Activity Theory. *The Encyclopedia of Aging: Fourth Edition, 2*. New York: Springer Publishing Company.

Australian Bureau of Statistics (2002). Social Capital and Social Wellbeing. Australia: Commonwealth of Australia.

Balatti, J., & I. Falk (2002). Socioeconomic Contributions of Adult Learning to Community: A Social Capital Perspective, *Adult Education Quarterly*, 52.

Balfour, L., & B. Wechsler (1990). Organizational commitment: "A reconceptualization and empirical test of public-private differences. *Review of Public Personnel Administration, 10*(3), 23-40.

Barrett, A. (1999). Social Support and Life Satisfaction among the Never Married, *Research on Aging*, 21(1), p46-73.

Bass, D. (1990). Caring Families: Supports and Interventions. Siver Spring: NASW Press.

Bengtson, & M. DeLiema (2016). Theories of Aging and Social Gerontology: Explaining How Social Factors Influence Well-Being in Later Life. Gerontology: Changes, Challenges, and Solutions.

Berkman, F. (1995). The Role of Social Relations in Health Promotion. *Psychosomatic Medicine, 57*, 245-254.

Biegel, D. (1995). Caregiver Burden. The Encyclopedia of Aging. New York: Springer Publishing Company, 138-141.

Blazer, D. (2002). Self-efficacy and Depression in Late Life: A Primary Prevention Proposal. *Aging Mental Health, 6*, 315-324.

Bosse, R., C. Aldwin, M. Levenson, & D. Ekerdt (1987). Mental health differences among retirees and workers: Findings from the normative aging study. *Psychology and Aging* 2: 383-389.

Bosse, R. et al. (1987). Mental Health Differences among Retirees and Workers: Findings from the Normative Aging Study. *Psychology and Aging,* 2, 383-389.

Boswell, R., Boudreau, W., & Tichy, J. (2005). The relationship between employee job change and job satisfaction: the honeymoon-hangover effect. *Journal of applied psychology, 90*(5), 882.

Brewington, J., & S. Nassar-McMillan (2000). Older adults: Work-related issues and implications for counseling. *The Career Development Quarterly* 49: 2-15.

Business Legal Reports. (1995). 1994 Survey of Employee Benefits. New York: Business Legal Reports Inc.

Cannuscio, C., Block, J., & Kawachi, I., (2003). Social Capital and Successful Aging: The Role of Senior Housing, *Annals of Internal Medicine*, 139(5), 395-400.

Carlton-LaNey, I. (1997). Social Workers as Advocates for Elders. Social Work in the 21st

Century. London: Pine Forge Press.

Cassidy, M. (1985). Role conflict in the postparental period. *Research on Aging* 7: 433-454.

Charles, D. (1971). Effect of Participation in a Pre-retirement Education. *Gerontologiest*. 11(1). 24-28.

Chen, C. (2001). Aging and Life Satisfaction. *Social Indicators Research 54*(1), 57-82.

Chi, I. & Chou, K. (2001). Social Support and Depression among Elderly Chinese People in Hong Kong, *International Journal of Aging & Human Development*, 52(3), 231-235.

Chiou, C., Chang, C., Chen, H., & Wang, H. (2009). Social support and caregiving circumstances as predictors of caregiver burden in Taiwan, *Archives of Gerontology and Geriatrics, 48*, 419–424.

Chou, & I. Chi (1999). "Determinants of life satisfaction in Hong Kong Chinese elderly: A longitudinal study," *Aging & Mental Health, 3*(4), 328-335.

Clark, S., Long, M. & Schiffman, L. (1999). The Mind-Body Connection: the Relationship Among Physical Activity Level, Life Satisfaction, and Cognitive Age Among Mature Females, *Journal of Social Behavior & Personality*, 14(2), 221-241.

Coke (1992). Correlates of life satisfaction among elderly African Americans, *Journal of Gerontology, 47*(5), P316-320.

Collier, P., & Gunning, W. (1999). Explaining African Economic Performance, *Journal of Economic Literature*, 37, 64-111.

Cox, N., Starke, M., & Holmes, C. (2002). National Study of Adult Day Services. Winston-Salem, NC: Wake Forest University.

Crawfford, E. (1999). A Study of the Relationships among Coping Strategies, Perceived Control and Successful Aging, Dissertation Abstracts International: Section B: The Science & Engineering, 59, p. 6485.

DALTCP (2003). The Future Supply Of Long-Term Care Workers in relation to the Aging Baby Boom Generation. Office of Disability, Aging, and Long-Term Care Policy.

DeSimon, R., Werner, J., & Harrris, D. (2002). Human Resource Development. Oralando: Harcourt College.

Desrosiers, J., Robihaud, L., Demers, L., Gelinas, I., Noreau, L., & Durand, D. (2009). Comparison and Correlates of Participation in Older Adults without Disabilities. *Archives of Gerontology & Geriatrics, 49*(3), 397-403.

Diggs (2008). *Activity Theory of Aging. Encyclopedia of Aging and Public Health*. New

York: Springer Publishing Company.

Dugan, E., & Kivett, V. (1994). The Importance of Emotional and Social Isolation to Loneliness Among Very Old Rural Adults. *The Gerontologist, 34*(3), 340-346.

Ekerdt et al. (1996). Profiling Plans for Retirement. *Journal of Gerontology.* 51(3). 140-149.

Ekerdt, D., & S. DeViney (1993). Evidence for a preretirement process among older male workers. *Journal of Gerontology; Social Science, 48*(2), S35-S43.

Esterly, W. (2000). Happy Societies: The Middle Class Consequences and Economic Development. Washington D.C.: World Bank.

Falk, I., & Kilpatrick, S. (2000). What is social capital? A study of rural communities, *Socilogia Ruralis*, 40(1), 87-110.

Family Caregiver Alliance (2015). Selected Long-Term Care Statistics.

Favreault, M., C. Ratcliffe, & E. Toder (1999). Labor force participation of older workers. *National Tax Journal,* 52(3): p483.

Ferraro, K. (1990). Cohort Analysis of Retirement Preparation, 1974-1981. *Journal of Grontology,* 45(1). S21-31.

Fox, D., & Raphael, C. (1997). Home-Based Care for a New Century. Malden, MA: Blackwell Publishers Inc.

Francis, G. (1983). The Volunteer Needs Profile, *Journal of Volunteer Administration*, 2, pp.17-33.

Fried, L., Freedman, M., Endres, T., & Wasik, B. (1997). Building Communities That Promote Successful Aging, *Western Journal of Medicine*, 167(4): 216-219.

Fuentes, J. (1992). How Adolph Coors helps employees with retirement planning. *Journal of Compensation & Benefits*, 8. p.56.

Gallageher, D., Rose, J., Rivera, P., Lovett, S., & Thompson, L. (1989). Prevalence of Depression in Family Caregivers. *The Gerontologiest*, 29, 449-456.

GAO (2002). Availability of Medicaid Home and Community Services for Elderly Individuals Varies Considerably. Washington, D.C.: United States General Accounting Office.

GAO (2005). Long-Term Care Financing: Growing Demand and Cost of Services Are Straining Federal and State Budgets. Washington D.C.: GAO.

Gierveld, J., & Tilburg, T. (1999). Living Arrangements of Older Adults in the Netherlands and Italy: Coresidence Values and Behavior and their Consequences for Lonliness. *Journal of Cross-Cultural Gerontology, 14,* 1-24.

Gilley, J., & Eggland, S. (1989). Principles of Human Resource Development. MA: Addison-Wesley.

Glass, T., Leon, C., Marottoli, R., & Berkman, L. (1999). Population based Study of Social and Productive Activities as Predictors of Survival among Elderly Americans. *BMJ, 319*(7208), 478-483.

Glei, D., Landau, D., Goldman, N., Chuang, Y., Rodriguez, G., & Weinstein, M. (2006). Participating in Social Activities Helps Preserve Cognitive Function: An Analysis of a Longitudinal., Population-based Study of the Elderly. *International Journal of Epidemiology, 34*, 864-871.

Golden, J., Conroy, R., Bruce, I., Denihan, A., Greene, E., Kirby, M., & Lawlor, B. (2009). Loneliness, Social Support Networks, Mood and Well-being in Community-Dwelling Elderly. *International Journal of Geriatric Psychiatry, 24*, 694-700.

Graney, M. (1975). Happiness and Social Participation in Aging. *Journal of Gerontology, 30*(6), 701-706.

Gray, V. (1983). Providing Support for Home Caregivers. In M. Smyer, & M. Gatz, (eds.). *Mental Health and Aging*. Beverly Hills: Sage Publishing Company.

Greene, V., & Monahan, D. (1989). The Effect of a Support and Education Program on Stress and Burden Among Family Caregivers to Frail Elderly Persons. *The Gerontologiest*, 29, 472-477.

Grossman, J., & Furano, K. (2002). Making the Most of Volunteers, Public/Private Ventures Brief. Washington, D.C.

Gutiérrez, J. Tomás, L. Galiana, P. Sancho, & M. Cebrià (2013). "Predicting life satisfaction of the Angolan elderly: A structural model," Aging & Mental Health, 17(1), 94-101.

Haapanen, N., Vuori, I., & Pasanen, M. (1999). Public Health Burden of Coronary Heart Disease Risk Factors among Middle-Aged and Elderly Men. *Preventive Medicine*, 28(4), 343-349.

Hackman, R., & E. Lawler (1971). Employee Reactions to Job III Characteristics. *Journal of Applied Psychology, 55*(3), 259-286.

Hackman,. R., & R. Oldham (1975). Development of the Job Diagnostic Survey. *Journal of Applied Psychology, 60*(2), 159-170.

Han, J., & Richardson, V. (2010). The Relationship Between Depression and Loneliness Among Homebound Older Persons: Does Spirituality Moderate This Relationship?. *Journal of Religion and Spirituality in Social Work, 29*(3), 218-236.

Hanifan, L. J. (1916). The rural school community center, *Annals of the American Academy of Political and Social Science*, 67, 130-138.

Hartford, M. (1985). Group Work With Older Adults In Monk, A.,(eds.). Handbook of Gerontological Services. New York: Van Nostrand Reinhold Company, p 169-179.

Havighurst (1961). Successful Ageing, *The Geronologiest, 1*, 8-13.

Hawkley, L., Masi, C, Berry, J., & Cacioppo, J. (2006). Loneliness is a Unique Predictor of Age-related Differences in Systolic Blood Pressure. *Psychology and Aging, 21*(1), 152-164.

Hecker (2004). National Clearinghouse on the Direct Care Workforce.

Heinemann, G., & Evans, P. (1990). Widowhood: Loss, Change, and Adaptation, in Family Relation in Later Life, edited by T. Brubaker. Newbury Park: Sage Publications.

Hochschild, A. (1997). *The Time Bind: When Work Becomes Home and Home Becomes Work*. New York: Metropolitan Books.

Hooyman, N., & Kiyak, A. (1996). *Social Gerontology*. Boston: Allyn and Bacon.

Hornstein et al. (1985). Modes of Experiencing and Adapting to Retirement. *International Journal of Aging*, 21. 291-298.

Hsu, H. (2007). Does Social Participation by the Elderly Reduce Mortality and Cognitive Impairment?. *Aging and Mental Health, 11*(6), 699-707.

https://www.caregiver.org/selected-long-term-care-statistics

Husaini, A., Moore, B., Stephen, T. (1990). Arthritis Disability, Depression, and Life Satisfaction, *Health & Social Work*, 15(4), 253-261.

Hybels, C., Blazer, D. & Pieper, C. (2001). Toward a Threshold for Subthreshold Depression: An Analysis of Correlates of Depression by Severity of Symptoms Using Data From an Elderly Community Sample, *The Gerontologist* 41(3), 357-359.

Ingen, E. (2008). Social Participation Revisited: Disentangling and Explaining Period, Life-Cycle and Cohort Effects. *Acta Sociologica, 51*(2), 103-121.

Jenkins, K., Pienta, A., & Horgas, A. (2001). Activity and health-related quality of life in continuing care retirement communities. *Research on Aging*, 24(1), 124-149.

Johnson, D., & Mullins, L. (1989). Religiosity and Loneliness Among the Elderly. *Journal of Applied Gerontology, 8*(1), 110-131.

Jonathan, F. (2000). The Effect of Leisure Activity on Depression in the Elderly. *Occupational Therapy in Health Care*, 13(1), 45-51.

Jones, R., et al. (1983). Developing Community Retirement Planning Services: An

Intervention Technique. In Aging and Work. 291-300.

Judge, A., J. Thoresen, E. Bono, & K. Patton (2001). The Job Satisfaction-Job Performance Relationship: A Qualitative and Quantitative Review. *Psychological Bulletin, 127*(3), 376-407.

Kahana, E., & Young, R. (1990). Clarifying the Caregiving Paradigm: Challenges for the Future. In Biegel, D., & Blum, A.,(eds.). Aging and Caregiving: Theory, Research, and Policy. Newbury Park: Sage Publications, 76-97.

Kane, R., Kane, R., Illston, L., & Eustis, N. (1994). Perspectives on Home Care Quality. *Health Care Financing Review*, 16(1), 66-89.

Kassner, E. (2006) Consumer-Directed Home and Community-Based Services: Research Report. Washington D.C.: AARP Public Policy Institute.

Kim, O. (1999). Predictors of Loneliness in Elderly Korean Immigrant Women Living in the United States of America. *Journal of Advanced Nursing, 29*(5), 1082-1088.

Knack, S., & Keefer, P. (1995). Institutions and Economic Performance: Cross-Country Tests Using Alternative Institutional Measures, *Economics and Politics*, 7(3), 207-227.

Kozel, V., & Parker, B. (2000). Integrated Approaches to Poverty Assessment in India, In Michael Bamberger, ed., Integrating Quantitative and Qualitative Research in Development Projects. Washington, D. C.: World Bank.

Krause, N., & Borawski-Clark, E. (1994). Clarifying the Functions of Social Support in Later Life, *Research on Aging* 16(3), 251-280.

Kumar & Chaturvedi (2018). Work-Life Balance and Job Satisfaction from the Perspective of Multiple Job Holding Women. Comparative Analysis of Generational Cohorts, *IJAME*, 6(5).

Lee, E., Murry, V., Brody, G., & Parker, V. (2002). Maternal Resources, Parenting, and Dietary Patterns Among Rural African American Children in Single-Parent Families. *Public Health Nursing, 19*(2), 104-111.

Lee, H., Jang, S., Lee, S., Cho, S., & Park, E. (2008). The Relationship between Social Participation and Self-rated Health by Sex and Age: A Cross-Sectional Survey. *International Journal of Nursing Studies, 45,* 1042-1054.

Lemon, L. Bengtson, & A. Peterson (1972). An Exploratin of the Activity Theory of Aging: Activity Types and Life Satisfaction among In-movers to a Retirement Community. *Journal of Gerontology, 27*, 511-523.

Lennartsson, C., & Silverstein, M. (2001). Does Engagement with Life Enhance Survival of Elderly People in Sweden. *The Journals of Gerontology*. 56B. S335-341.

Lerner, M., Somers, D., Reid, D., Chiriboga, D., & Tiemey, M. (1991).Adult Children as Caregivers: Egocentric Biases in Judgments of Sibling Contributions. *The Gerontologiest*, 31, 746-755.

Levasseur, M., Richard, L., Gauvin, L., & Raymond, E. (2010). Inventory and Analysis of Definitions of Social Participation found in the Aging Literature: Proposed Taxonomy of Social Activities. *Social Science & Medicine, 71*, 2141-2149.

Li, H. (2006). Involvement of Informal and Formal Service Providers: Meeting the Home Care Needs of Older Adults with Severe Functional Impairments, *Home Health Care Service Quarterly*, 25(3/4), 167-183.

Lian, W., Goh, L., & Chia, H. (1999). Correlates of leisure-time physical activity in an elderly population in Singapore. *American Journal of Public Health*, 89(10), 1578-1580.

Luanaigh, C., & Lawlor, B. (2008). Loneliness and the Health of Older People. *International Journal of Geriatric Psychiatry, 23*, 1213-1221.

Maddox, G. (1995). Support Groups. The Encyclopedia of Aging. New York: Springer Publishing Company, 917-918.

Mannell (1993). High-investment Activity and Life Satisfaction among Older Adults. In J. Kelly(Ed.), Activity and Aging, Newbury Park, CA: Sage.

Marshall, V., & Altpeter, M. (2005). Cultivating Social Work Leadership in Health Promotion and Aging: Strategies for Active Interventions. *Health and Social Work, 30*(5), 135-144.

Matthew, A. (2006). Long-Term Care: How to Plan and Pay for It. Berkeley, CA: Nolo.

McLagan, P. (1989). Systems Model 2000: Matching System Theory and Future HRD Issues. In D. Gradous(Ed.). Systems Theory Appllied to Human Resource Development. VA: ASTD Press.

Meeks, & Murrell, S. (2001). Contribution of education to health and life satisfaction in older adults mediated by negative affect. *Journal of Aging and Health, 13*(1), 92-119.

Menec, V. (2003). The Relation Between Everyday Activities and Successful Aging: A 6-Year Longitudinal Study. *Journal of Gerontology, 58*(2), S74-S82.

Mhaoláin, D. Gallagher, H. OConnell, A. Chin, I. Bruce, F. Hamilton, & B. Lawlor (2012). Subjective well-being among community-dwelling elders: what determines satisfaction with life? Findings from the Dublin Healthy Aging Study. *International Psychogeriatrics, 24*(02), 316-323.

Miller, B., & McFall, S. (1991). Stability and Change in the Informal Task Support

Network of Frail Older Persons. *The Gerontologiest*, 31, 735-745.

Monahan, D., Greene, V., & Coleman. (1992). Caregiver Support Groups: Factors Affecting Use of Services. Social Work, 37, 3., 254-260.

Monk, A. (1985). Preretirement Planning Program. In Handbook of Gerontological Services. edited by Monk A. New York: Van Nostrand Reinhold Company. 322-340.

Monk, A. (1994). Kosberg (ed). International Handbook on Services for the Elderly. Westport: Greenwood Press, 217-218.

Montgomery, R., Holley, L., Deichert, J., & Kosloski, K. (2005). A Profile of Home Care Workers From the 2000 Census: How It Changes What We Know, *The Gerontologist*, 45(5), 593-600.

Moorer, P., & Suurmeijer, T. (2001). The Effects of Neighborhoods on Size of Social Network of the Elderly and Loneliness: A Multilevel Approach. *Urban Studies, 38*(1), 105-108.

Morrow-Howell, N., Hinterlong, J., Pozario, P., & Tang, F. (2003). Effects of Volunteering on the Well-Being of Older Adults, *Journal of Gerontology*, 58B, no. 3, S137-145.

Nadler, L. (1970). Developing Human Resource. Texas: Learning Concept.

Narayan & Nyamwaya (1996). Learning from the Poor: A Participatory Poverty Assessment in Kenya, Environment Department Papers, Participation Series 34. Washington D. C.: World Bank.

Narayan, D. (1999). Bonds and Bridges: Social Capital and Poverty. Policy Research Working Paper 2167. Washington D. C.: World Bank.

National and Community Service (2020). Senior corps. https://www.nationalservice.gov

National Center for Health Statistics. (1987). Health/United States. Washington, D.C.: U.S. Public Health Service.

National Institute of Senior Centers (2004). Standard. http://www.ncoa.org

Neugarten, B., Havighurst, R. & Tobin, S. (1961). The Measurement of Life Satisfaction, *Journal of Gerontology*, 16, 134-143.

Neulinger, J. (1981). To leisure: An introduction. Boston: Allyn & Bacon.

Ng, H., & C. Feldman (2008). The relationship of age to ten dimensitons of job performance. *Journal of Applied Psychology, 93*, 392-423.

OECD (2013). OECD Guidelines on Measuring Subjectivewell-being. OECD Publishing.

OECD (2020). Social Capital. https://www.investopedia.com/terms/s/socialcapital.asp

Olson, S. (1981). Current Status of Corporate Retirement Preparation Programs. In Aging and Work. Summer. 175-187.

Oman, D., Thoresen, C., & McMahon, K. (1999). Volunteerim and Mortality among Older Adults: Findings from a National Sample, *Journal of Health Psychology*, 4, 301-316.

Oshagbemi, T. (2003). Personal Correlates of Job Satisfaction: Empirical Evidence from UK Universities. *International Journal of Social Economics, 30*, 1210-1232.

Pacs, R, Smith, P., & Mills, G. (1991). Human Resource Development. NJ: Prentice Hall.

Palmore, E. & Kivett, V. (1977). Change in Life Satisfaction: A Longitudinal Study of Persons Aged 46-70, *Journal of Gerontology*, 32, 311-316.

Penninx, B., Tilburg, T., Kriegsman, D., Deeg, D., Boeke, A., & Eijk, J. (1997). Effect of Social Support and Personal Coping Resources on Mortality in Older Age: The Longitudinal Aging Study Amsterdam. *American Journal of Epidemiology, 146*(6), 510-519.

Pierce, G., Sarason, B., & Sarason, I. (1996). *Handbook of Social Support and the Family*. New York: Plenum Press.

Pihlblad, C., & Adams, D. (1972). Widowhood, Social Participation and Life Satisfaction. *International Journal of Aging and Human Development, 3*(4), 323-330.

Poortinga, W. (2006). Social Capital: An Individual or Collective Resource for Health, *Social Science and Medicine*, 62, 292-302.

Porter, W., & Steers, R. (1999). Motivation and work behavior. McGraw-Hill, 1999.

Portes, A., & Sensenbrenner, J. (1993). Embeddedness and Immigration: Notes on the Social Determinants of Economic Actions, *American Journal of Sociology*, 98(6), 1320-1350.

Prieto-Flores, M., Forjaz, M., Fernandez-Mayoralas, G., Rojo-Perez, F., & Martinez-Martin, P. (2011). Factors Associated with Loneliness of Noninstitutionalized and Institutionalized Older Adults. *Journal of Aging and Health, 23*(1), 177-194.

Putnam, R. (2000). Bowling Alone: The Collapse and Revival of American Community. New York: Simon and Schuster.

Reich, M. (1981). Group Preretirement Education Programs: Whither the Proliferation?. In Aging and Work. Summer. 29-42.

Reitzes, D., & Mutran, E. (1995). Activities and self esteem. *Research on Aging*, 17(3), 260-278.

Richard, L., Gauvin, L., Gosselin, C., & Laforest, S. (2008). Staying Connected: Neighbourhood Correlates of Social Participation among Older Adults Living in an Urban Environment in Montreal., Quebec. *Health Promotion International., 24*(1), 46-57.

Riddick, C. (1985). Life satisfaction for older female homemakers, retirees, and workers. *Research on Aging*, 7, 383-393.

Riddick, C., & Daniel, S. (1984). The Relative Contribution of Leisure Activities and Other Factors to the Mental Health of Older Women. *Journal of Leisure Research, 16*(2), 136-148.

Riddick, C., & Stewart, G. (1994). An examination of the life satisfaction and importance of leisure in the lives of older female retirees: A comparison of blacks to whites. *Journal of Leisure Research*, 26(1), 75-80.

Rivlin, A., & Wiener, J. (1988). Caring for the Disabled Elderly. Washington D. C: Brooking Institution.

Rogers, A. (1999). Factors Associated with Depression and Low Life Satisfaction in the Low-Income, Frail Elderly, *Journal of Gerontological Social Work*, 31 (1/2), 167-195.

Root, L. (1997). Social Work and the Workplace. In Social Work in the 21st Century. edited by Reisch, M., & Gambrill, E. California: Pine Forge Press. 134-142.

Rowe, J., & Kahn, R. (1997). Successful Aging, *The Gerontologiest*, 37(4), 433-440.

Rubio, M. (1997). Perverse Social Capital: Some Evidence from Columbia, *Journal of Economic Issues*, 31(3), 805-816.

Rust, J., & Phelan, C. (1997). How Social Security and Medicare Affect Retirement Behavior in a World with Incomplete Markets. *Econometrica* 65: 781-831.

Safford, F. (1980) A Program for Families of the Mentally Impaired Elderly. *The Gerontologiest*, 20, 656-660.

Saguaro Seminar (2009). Better Together: Work and Social Capital. Boston: Kennedy School of Government, Harvard University.

Saguaro Seminar (2009). Civic Engagement in America. Boston: Kennedy School of Government, Harvard University.

Saridakis, G., Y. Lai, R. I. Muñoz Torres, & S. Gourlay (2018). Exploring the relationship between job satisfaction and organizational commitment: an instrumental variable approach. *The International Journal of Human Resource Management*, 1-31.

Savikko, N., Routasalo, P., Tilvis, R., Strandberg, T., & Pitkala, K. (2005). Predictors and Subjective Causes of Loneliness in an Aged Population. *Archives of Gerontology and Geriatric, 41*, 223-233.

Scharlach, A., & Boyd, S. (1989). Caregiving and Employment: Results of an Employee Survey. *The Gerontologiest*, 29, 382-387.

Scharlach, A., Sobel, E., & Roberts, R. (1991). Employment and Caregiver Strain: An Intergrative Model. *The Gerontologiest*, 31, 778-787.

Schlossberg, N. (1990). Training Counselors to Work with Older Adults. *Generations, 14*(1), 7-11.

Schneider, R. Kropf, N. & Kisor, A. (2000). Gerontological Social Work. New York: Brooks/Cole.

Schuller, T., & Field, J. (1998). Social Capital., Human Capital and the Learning Society, *International Journal of Lifelong Education*, *17*(4), 226-235.

Searle, M., & Iso-Ahola, S. (1988). Determinants of leisure behavior among retired adults. *Therapeutic Recreation Journal.*, 2, 38-46.

Searle, M., Mahon, M. Iso-Ahola, S. (1995). Enhancing a sense of independence and psychological well-being among the elderly: a field experiment. *Journal of Leisure Research*, 27(2), 107-124.

Select Committee on Aging, U.S. House of Representatives (1987). Exploding the Myths: Caregiving in America. Washington, D.C.,: U.S. Government Printing Office.

Shah, S,. R. Ali, S. Dahri, N. Ahmed, & M. Brohi (2018). Determinants of Job Satisfaction among Nurses: Evidence from South Asian Perspective. *Journal of Academic Research in Business and Social Sciences, 8*(5), 19-26.

Sheehan, N. (1989). The Caregiver Information Project. *The Gerontologiest*, 29, 703-706.

Shiovitz-Ezra, S., & Leitsch, S. (2010). The Role of Social Relationships in Predicting Loneliness: The National Social Life, Health, and Aging Project. *Social Work Research, 34*(3), 157-167.

Shirk, C. (2006). Rebalancing Long-Term Care: The Role of the Medicaid HCBS Waiver Program. Washington, D.C.: The George Washington University.

Siegal., S. (1994). A Comparative Study of Preretirement Programs in the Public Sector. *Public Personnel Management,* 23(4), 631-648.

Silverman, A., & Brahce, C. (1979). As Parents Grow Old: An *Intervention Model. Journal of Gerontological Social Work*, 2, 77-85.

Sørensen, L., Axelsen, U., & Avlund, K. (2002). Social Participation and Functional Ability from Age 75 to Age 80. *Scandinavian Journal of Occupational Therapy, 9*(2), 71-78.

Soumerai, S., & Avon, J. (1983). Perceived health, life satisfaction, and activity in urban elderly A controlled study of the impact of part-time work. *Journal of Gerontology* 38: 356-362.

Spector (1997). Job Satisfaction: Application, Assessment, Cause and Conseqyences,

Advanced Topocs in Organizational Behavior. Thosand Oaks, CA: Sage Publications.

Stone, R., & Kemper, P. (1989). Spouses and Children of Disabled Elders: How Large a Constituency for Long-term Care Reform? *The Milbank Quarterly*, 67, 485-506.

Stone, W. (2003). Ageing, Social Capital and Social Support. Australia: Australian Institute of Family Studies.

Stravynski, A., & Boyer, R. (2001). Loneliness in Relation to Suicide Ideation and Parasuicide: A Population-Wide Study. *Suicide and Life-Threatening Behavior, 31*(1), 32-40.

Strawbridge, W., & Walhagen, M. (1991). Impact of Family Conflict on Adult Child Caregivers. *The Gerontologiest*, 31, 770-777.

Summers, P., & William H. Hendrix (1991). Modeling the Role of Pay Equity Perceptions; A Field Study. *Journal of Occupational Psychology, 64,* 145-157.

Sundquist, K., Hamano, T., Li, X., Kawakami, N., Shiwaku, K., & Sundquist, J. (2014). Linking social capital and mortality in the elderly: a Swedish national cohort study. *Experimental gerontology, 55,* 29-36.

Swanson, R & Holton, E. (2001). Foundations of Human Resource Development. CA: Berrett-Koehler.

Tendler, J. (1997). Good Government in the Tropics. Baltimore: Johns Hopkins University Press.

Tiffany, G. (1996). Making Your Money Work for You: A Retirement Investment Primer. *Public Management.* August. 14-16.

Toseland, R., & Rossiter, C. (1989). Group Interventions To Support Family Caregivers: A Review and Analysis. *The Gerontologiest*, 29, 438-448.

Toseland, R., Rossiter, C., & Labrecque, M. (1989). The Effectiveness of Peer-Led and Professionally Led Groups to Support Family Caregivers. *The Gerontologiest*, 29, 465-471.

Turner, J., R. Kessler, & J. House (1991). Factors facilitating adjustment to employment: Implications for intervention. *American Journal of Community Psychology* 19: 521-542.

UNDP (2019). Human Development Reports: 2019 Human Development Index Ranking. New York: NATIONS DEVELOPMENT PROGRAMME.
http://hdr.undp.org/en/content/2019-human-development-index-rankingUNITED

United Nations (1991). Principle for Older Persons. http://www.un.org

United Nations (2002). Political Declaration and Madrid International Plan of Action on Ageing. New York: United Nations.

US Census Bureau (2019). 2019 US Census Data. Washington D.C.: US Census Bureau. https://www.census.gov/programs-surveys/acs/news/updates/2019.html

Utz, R., Carr, D., Nesse, R., & Wortman, C. (2002). The Effect of Widowhood on Olde Adults' Social Participation. *The Gerontologiest, 42*(4), 522-533.

Van Groenou, M., & Deeg, D. (2010). Formal and Informal Social Participation of the 'Young-Old' in the Netherlands in 1992 and 2002. *Ageing and Society, 30*(3), 445-465.

Vandenberg, J,. & E. Lance (1992). Examining the causal order of job satisfaction and organizational commitment,. *Journal of management, 18*(1), 153-167.

Victor, C., Scambler, S., Bowling, A., & Bond, J. (2005). The Prevalence of, and Risk Factors for, Loneliness in Later Life: A Survey of Older People in Great Britain. *Aging and Society, 25*, 357-375.

Watkins, E. (1989). Five Metaphors: Alternative Theories for Human Resource Development. In D. Gradous(Ed.). Systems Theory Appllied to Human Resource Development. VA: ASTD Press.

Weiss, R. (1999). Reflections of the present state of loneliness research in Loneliness: Theory, Research, and Applications, edited by M. Hojat & R. Crandall. Newbury Park: SAGE Publications.

Wenger, G., Davies, R., Shatahmasebi, S., & Scott, A. (1996). Social Isolation and Loneliness in Old Age: Review and Model Refinement. *Ageing and Society, 16*, 333-358.

WHO (2002). Active Ageing: A Policy Framework, WHO/NMH/NPH/02.8 Geneva: World Health Organization.

Wiener, J., Brown, D., Gage, B., Khatutsky, G., Moore, A., & Osber, D. (2004). Home and Community-Based Services. Washington, D. C.: Administration on Aging.

Wikipedia (2020). Social capital. In Wikipedia, The Free Encyclopedia.

Wikipedia (2011). Loneliness. http://en.wikipedia.org/w/index.php?title=Loneliness&oldid=420907223

Willigen, M. (2000). Differential Benefits of Volunteering Across the Life Course, *Journal of Gerontology*, Vol. 55B, No. 5, S308-318.

Wilson, J. (2000). Volunteering, *Annual Review of Sociology*, 26, pp215-240.

Woolcock, M. (1998). Social Capital and Economic Development: Toward a Theoretical Synthesis and Policy Framework, *Theory and Society*, 27(2), 151-208.

Woolcock, M. (2000). Managing Risk, Shocks, and Opportunities in Developing Economies: The Role of Social Capital., In Gustav Ranis, ed., Dimensions of

Development. New Haven: Yale Center for International and Area Studies.

Woolcock, M., & Narayan, D. (2000). Social Capital: Implications for Development Theory, Research, and Policy, The World Bank Research Observer, 15(2), 225-249.

World Bank (2000). Social Capital. Washington D.C.: World Bank.

Wright, B. (2005). Direct Care Workers in Long-Term Care: Research Report. Washington D.C.: AARP Public Policy Institute.

Yalom, I, & Terrasas, F. (1968). Group Therapy for Psychotic Elderly Patients. *American Journal of Nursing*, 68, 1690-1694.

Yuan (2016). Structural Social Capital., Household Income and Life Satisfaction: The Evidence from Beijing, Shanghai and Guangdong-Province, China. *Journal of Happiness Studies, 17*(2), 569-586.

Zarit, S., Anthony, C., & Boutselis, M. (1987). Intervention with Caregivers of Dementia Patients: A Comparison of Two Approaches. *Psychology and Aging*, 2, 225-234.

Zettel-Watson, L., & Britton, M. (2008), The Impact of Obesity on the Social Participation of Older Adults. *The Journal of General Psychology, 135*(4): 409-423.

Zimmer, Z., Hickey, T., & Searle, M. (1997). Activity Participation and Well-being Among Older People with Arthrities. *Gerontologist, 35*(4), 463-471.

[찾아보기]

ㅈ

저자 소개

허 준 수

미국 Clarion University 사회학과 학사(B.A.)
미국 Washington University 사회사업학 석사(M.S.W.)
미국 State University of New York at Albany 사회복지학 박사(Ph.D.)
미국 Washington University, Ozawa Center for Social Policy, Visiting International Fellow
미국 USC, Roybal Institute on Aging, International Visiting Scholar
숭실대학교 노인복지연구센터 소장 역임
숭실대학교 사회복지연구소 소장 역임
한국노년학회 이사(현)
한국노인복지학회 이사(현)
숭실대학교 초고령사회연구소 소장(현)
숭실대학교 사회복지대학원 원장(현)
숭실대학교 사회복지학부 교수(현)

초고령사회의 노인복지학

초판인쇄 2021년 1월 5일 1판 1쇄 인쇄 | 2021년 1월 10일 1판 1쇄 발행

지은이 허준수
펴낸이 최용구 | **펴낸곳** 도서출판 **신정**
주소 (04316) 서울시 용산구 원효로 89길 19 (원효로1가)
전화 02)3211-4782, 0266(영업부), 3211-4783(편집부), 3211-4784(팩스)
이메일 sjbook2002@naver.com | **홈페이지** www.sjbook.co.kr
등록 2001년 5월 11일 제13-702호
기획마케팅 최용구 장만동 최충구 진소희 | **책임편집** 석기은 황가연

ISBN 978-89-5912-533-3 93330
정가 20,000원